全本全注全译丛书

中华经典名著

王天海◎译注

穆天子传

中华书局

图书在版编目(CIP)数据

穆天子传/王天海译注. —北京:中华书局,2025. 2. —(中华
经典名著全本全注全译丛书). —ISBN 978-7-101-17023-8

Ⅰ. K224.04

中国国家版本馆 CIP 数据核字第 2025ZV9932 号

书　　名	穆天子传
译 注 者	王天海
丛 书 名	中华经典名著全本全注全译丛书
责任编辑	周　旻　舒　琴
装帧设计	毛　淳
责任印制	管　斌
出版发行	中华书局
	(北京市丰台区太平桥西里 38 号　100073)
	http://www.zhbc.com.cn
	E-mail:zhbc@zhbc.com.cn
印　　刷	北京盛通印刷股份有限公司
版　　次	2025 年 2 月第 1 版
	2025 年 2 月第 1 次印刷
规　　格	开本/880×1230 毫米　1/32
	印张 14¼　字数 400 千字
印　　数	1-8000 册
国际书号	ISBN 978-7-101-17023-8
定　　价	42.00 元

目录

前言

　　《穆天子传》是一部奇书，更是一部珍贵的历史古籍。说它奇，是因为它所记述的西周中期周穆王远征西域的事迹具有浪漫、雄奇的色彩；说它珍贵，是因为它长埋地下数百年（《穆天子传》荀勖序文中称五百七十九年），是汲冢竹书中唯一流传至今的先秦文献。令人遗憾的是，汲冢竹书由于盗墓者的损坏、地方官府的收藏不慎，虽经西晋饱学之士荀勖等人整理、编校，留下的仍然是残阙之文。所幸的是，《穆天子传》毕竟是其中"差为整顿"的一种（见孔颖达《春秋左传正义》引晋王隐《晋书·束皙传》），又赖晋人郭璞作注，故能流传到今天。

　　《穆天子传》自郭璞作注后，冷落千有余年，方有清人檀萃为之注疏（檀萃《穆天子传注疏》八卷，有石渠阁本、碧琳琅馆丛书本）。此后，清末至民国时期，研究《穆天子传》一时兴起了热潮，中外研究者不下数十家。新中国成立后，自顾颉刚、岑仲勉二先生著文研究以来，四十余年间，专门论述《穆天子传》的文章也有二十多篇。1994年，华东师范大学出版社出版了王贻樑、陈建敏的《穆天子传汇校集释》一书，可以说是对《穆天子传》研究前所未有的一次"总账式整理"（见王贻樑、陈建敏《穆天子传汇校集释》中方诗铭《序》）。它的价值不仅在汇诸家之校、集前贤之释，更在于随处可见作者新颖、独到的见解与思索。但是，迄今为止，《穆天子传》研究中仍存在着不少疑难问题，未能寻绎出令人信服的答案。这只有期待地下文物的发现，也需要人们进一步深入研究、探讨，才能使《穆天子传》研究结出更丰硕的成果。在这里，笔者拟在前人整理研究《穆天子传》的基础上，略谈一些粗浅的认识。

一、《穆天子传》的出土与整理

据史书载，西晋初年汲县人不準（不，读如 fǒu 或 biāo。唐人何超《晋书音义》说："不準，不，音甫鸠反，姓也。"甫鸠反，读音为"否"。清人张自烈《正字通》："'不'姓之'不'，转注古音，音'彪'。"）盗发了战国时魏襄王的古墓（一说为魏安釐王墓），其中有大量的竹简古书，后被西晋官府收藏。这批书被后人称为"汲冢竹书"。关于汲冢竹书发掘的具体时间，晋代王隐《晋书》有两种说法（据汤球辑《九家旧晋书》）：在《武帝纪》《束皙传》中称太康元年（280）；但在《荀勖传》中又称太康二年（281）。唐修《晋书》则有三种说法（据上海古籍出版社、上海书店出版社《二十五史》缩印本）：《武帝记》作咸宁五年（279）；《律历志》作太康元年（280）；《束皙传》作太康二年（281）。清人雷学淇曾在《竹书纪年义证》（见1939年修绠堂书店版）中折中其说，认为言咸宁五年者，或取盗掘之岁；言太康元年者，或取收书之年；言太康二年者，或指校理之秋。王隐《晋书》早已亡佚，其说散见于他书所引，难以为据。唐修《晋书》三说不一，《武帝纪》作咸宁五年，未见所本；《律历志》作太康元年，恐怕亦受王隐《晋书》影响；《束皙传》作太康二年，正与荀勖《穆天子传序》所载相吻合。荀勖亲自参加校编这批汲冢古书，他在序中说："古文《穆天子传》者，太康二年汲县民不準盗发古冢所得书也。皆竹简素丝编。"（见上海古籍出版社影印明正统《道藏》本《穆天子传》）这应是确实可信的记载。又考晋太康十年（289）三月，汲县令卢无忌所立的太公吕望碑（该碑虽已失，但河南卫辉市博物馆藏有拓片，《金石萃编·卷三十二》载有全文），其上镌文所记发冢事正与荀勖序所言岁时相同。因此，汲冢古书出土的时间可以确定为晋太康二年（281）。《穆天子传》正是这批古书中的一种。

《晋书·束晳传》里记载了这批古书的详细目录,现引录于此:

初,太康二年,汲郡人不准盗发魏襄王墓,或言安釐王冢,得竹书数十车。其《纪年》十三篇,记夏以来至周幽王为犬戎所灭,以事接之,三家分,仍述魏事至安釐王之二十年。盖魏国之史书,大略与《春秋》皆多相应。其中经传大异,则云夏年多殷,益干启位,启杀之;太甲杀伊尹,文丁杀季历。自周受命至穆王百年,非穆王寿百岁也;幽王既亡,有共伯和者摄行天子事,非二相共和也。其《易经》二篇,与《周易》上下经同。《易繇阴阳卦》二篇,与《周易》略同,《繇辞》则异。《卦下易经》一篇,似《说卦》而异。《公孙段》二篇,公孙段与邵陟论《易》。《国语》三篇,言楚、晋事。《名》三篇,似《礼记》,又似《尔雅》《论语》。《师春》一篇,书《左传》诸卜筮,"师春"似是造书者姓名也。《琐语》十一篇,诸国卜梦妖怪相书也。《梁丘藏》一篇,先叙魏之世数,次言丘藏金玉事。《缴书》二篇,论弋射法。《生封》一篇,帝王所封。《大历》二篇,邹子谈天类也。《穆天子传》五篇,言周穆王游行四海,见帝台、西王母。《图诗》一篇,画赞之属也。又杂书十九篇:《周食田法》《周书》《论楚事》《周穆王美人盛姬死事》。大凡七十五篇,七篇简书折坏,不识名题。冢中又得铜剑一枚,长二尺五寸。漆书皆科斗字。初发冢者烧策照取宝物,及官收之,多烬简断札,文既残缺,不复诠次。武帝以其书付秘书校缀次第,寻考指归,而以今文写之。晳在著作,得观竹书,随疑分释,皆有义证。(见孔颖达《春秋左传正义后序》引)

东晋王隐《晋书·束晳传》所载又与此略异:

汲冢竹书大凡七十五卷,其六十八卷皆有名题,其七卷折简碎杂不可名题。有《周易上下经》二卷,《纪年》十三卷,《琐语》十一卷,《周王游行》五卷,说周穆王游行天下事,今谓《穆天子传》。此四种差为整顿……《穆天子传》世间偏多。(见孔颖达《春秋左传正

义后序》引）

以上所引使我们知道《穆天子传》最初编校时题名为《周王游行》，只五卷，经荀勖再次校定后即已改名为《穆天子传》，绝非王隐时方有此名。这从荀勖的上奏序文可知。在所编校整理的杂书十九篇中，另有《周穆王美人盛姬死事》一篇，时人以为既属穆王事，便取之附于五卷之末，由郭璞一并作注，这就是流传至今的六卷本《穆天子传》。自《隋书·经籍志》著录《穆天子传》六卷以来，历代史志书目皆有载。除《四库全书》将其列入子部小说家类外，此前一直列在史传类。

二、《穆天子传》成书年代与作者

关于《穆天子传》的成书年代与作者，历来众说不一，至今尚无确切的结论。归纳起来，大致有这样四种说法：

一是以清人姚际恒为代表的"汉以后人伪作"说。其说见于他的《古今伪书考》："《穆天子传》本《左传》《史记》诸说以为说也，多用《山海经》语，体制亦似《起居注》。《起居注》者，始于明德马皇后，故知为汉后人作。"今人童书业在《穆天子传疑》一文中亦认为："《穆天子传》为晋人杂集先秦散简，附益所成。其间固不无古代之材料，然大部分皆晋人杜撰之文。"（转引自常征《〈穆天子传〉是伪书吗？》，《河北大学学报》1980年第2期）因汲冢古书的出土为史所明载，故疑古派的"汉后人伪作"一说，早已不被学术界所赞同，但他们所提出的一些疑难问题，尚未能得到完满的解答，存在的影响不容忽视。

二是"西周史官实录"说。此说实肇始于《隋书·经籍志》，明人胡应麟据此在《四部正讹》中说："《穆天子传》六卷，其文典则淳古，宛然三代型范，盖周穆史官所记。"民国时，顾实有《穆天子传西征讲疏》一书，力主此说。其后岑仲勉、常征、孙致中、卫挺生诸人皆以翔实的考证支持此说。故此说的影响甚大，赞成者颇多。

三是"成书于战国"说。至于其作者，则又有中山人、赵人、魏人等不同。清人王谟怀疑"战国时人因《列子》书《周穆王篇》有驾八骏宾西王母事,依托为之,非当日史官《起居注》也"(载《中国古代地理考证论文集》中华书局1962年版)。民国时,此说以卫聚贤的《穆天子传研究》为代表,他认为《穆天子传》成书于战国时代,作者为中山国人。解放初期,顾颉刚先生有《〈穆天子传〉及其著作时代》一文(载《文史哲》1951年第1卷第2期),亦考定《穆天子传》成书于战国时期,认为作者是赵武灵王之后人。今人靳生禾先生亦著文赞同顾说(《〈穆天子传〉若干地理问题考辨》,《北京师范大学学报》1985年第4期)。今人钱伯泉在他的《先秦时期的"丝绸之路"》一文里肯定地说:"《穆天子传》一定出于战国时期的魏国文士之手。"(载《新疆社会科学》1982年第3期)今人缪文远、王贻樑等均持此说。

四是成书于"春秋末、战国初"之说。此说由今人王范之先生提出,他在《〈穆天子传〉所记古代地名与部族》一文中考订说:"《穆天子传》的成书时代,大约是《春秋》成书以后,《左传》成书之前。那即应是在春秋末战国初的时代里。"(载《文史哲》1963年第6期)至于作者,则未言及。

对于上述诸说,笔者认为《穆天子传》为西周时史官所作更为合理一些。

首先,从其语言文法看,《穆天子传》行文古朴,全不类《春秋》《左传》《国语》《战国策》及诸子之文,而与《尚书·周书》中与周穆王直接有关的《君牙》《冏命》《吕刑》三篇的文风、词语多有相合之处。

二是观《穆天子传》所记名物制度、邦国人名,皆非春秋战国之时所有,而只能出现于西周时期。这些已有学者通过翔实的考据予以证明。

三是《穆天子传》所载礼制与历法,绝非春秋战国时所行。特别是传中所记时序,皆用周正,以建子之月为岁首。这更有力地证明了《穆天子传》成书在西周,而不在已改用夏正的春秋战国之时。关于这一点,顾实曾在《读穆天子传十论》及《穆王西征年历》二文中专有论述,此不赘引。

四是《穆天子传》中载引诗歌，绝非战国时人所能为。如卷三中穆王与西王母唱和之诗，卷五中又有穆王所作三章哀民之诗。这些诗虽不见于《诗经》所载，但其文法皆与西周之诗无异。《穆天子传》中的诗歌也只能是西周时的作品，《穆天子传》非战国时人所为，其理亦明。

反对《穆天子传》成书于西周说者，曾提出这样的疑问：西周都城宗周本在镐京，为何穆王西征要绕道今河南、山西，出雁门进入阴山河套后再渡河西去呢？如果承认《穆天子传》中宗周在洛邑，就无法坚持成书西周说，因为据文献所载，周幽王之后，洛邑始称宗周。为释此疑，岑仲勉、常征二先生仍主宗周为镐京，并不惜改变穆王西行路线以成此说。这反而增加了人们的疑问，使问题变得更加复杂化。西周时宗周是否已移洛邑？今人卫挺生在他的《穆天子传今考》一书中说："挺为彻底解决此一问题，乃努力金文之断代研究，而藉知周自穆王初年，政府已迁洛邑办公。周与宗周之名，随政府而移洛。洛邑之王城始称宗周，洛邑五六十里内外之东郊专称成周。"（卫挺生《穆天子传今考自序》，收入《中华大典》，上海古籍出版社2012年）如此说成立，便可证明《穆天子传》中"宗周"即洛邑，而不在丰、镐。那么，周穆王西行就不存在绕道之疑了。但此仅为一家之说，尚待学术界认同。至于《穆天子传》作者是否为穆王西行侍从史官，或是其后史官，尚有待于地下出土文物方能证实。总之，《穆天子传》应当是西周时期的作品，作者有可能是周穆王身边记事史官，也可能是穆王身后之史官。

三、《穆天子传》的内容和性质

《穆天子传》于汲冢出土后，虽经荀勖等人精心整理编校，终因盗墓者的损坏，难以恢复其旧貌，只能以残缺之文行世。尽管如此，它的主要内容还是基本清楚、完整的。《穆天子传》一至四卷记述了周穆王从宗周出发，北征犬戎，继而出雁门，入河套，祭河伯，登昆仑，会见西王母，狩猎大旷原，然后返回宗周的经历。穆王此次西征，往返行程总计二万五千里（《穆天子传·卷四》原文误作"三万五千里"），所历邦国、部族有犬戎、䣙人、河宗氏、膜昼、曹□、珠泽、赤乌氏、曹奴、长肱、剞闾、鹐韩氏、西王母之邦、智氏、阏氏、胡氏、诸飦、浊繇氏、骨飦氏、重氎氏、巨蒐氏、𤱶漠等三十多个，所到之处皆受到热情友好的接待，并且相互赠送物品。由此可见，在周穆王时，西周国力强盛，其势力和影响已远至西域各国。卷五则专记周穆王东巡河南诸地事。他于洀水上接见并宴请许男，于圃田设置十虞之官，筑范宫以观采桑，狩猎擒虎，观夏台，猎苹泽，遇风雪冻人，作《哀民诗》三章，而后回到别都南郑。可以说是西周天子巡狩中原的实录。卷六原为杂书中一篇，题名《周穆王美人盛姬死事》。此卷主要记述周穆王东巡河济之间，所宠幸之美人盛姬途遇风寒而夭亡，穆王为之举办盛大隆重的丧礼事。这也是唯一存今的西周丧制、葬礼的实录。从全书所记述的内容来看，完全是以周穆王的活动为中心，详细记录了周穆王整个西征、东巡的具体时间、地点、起止、宿留。只有随行史官才能这样清楚明确地记载帝王的言行举动。这更加证明了《穆天子传》一书珍贵的历史价值。

　　关于《穆天子传》一书的性质，历代皆把它作为史书看待。如《隋书·经籍志》始载于史部起居注类，两《唐书》仍之。《宋史·艺文志》又列于史部别史类，晁公武《郡斋读书志》、王应麟《玉海》皆列于传记类。唯清四库馆臣认为它"为经典所不载"，故退而列入小说家类。但《四库全书总目提要》在论及《穆天子传》性质时却又说："此书所纪，虽多夸言寡实，然所谓西王母者，不过西方一国君。所谓县圃者，不过飞鸟百兽之所饮食，为大荒之圃泽，无所谓神仙怪异之事。所谓河宗氏者，亦仅国名，无所谓鱼龙变见之说。较《山海经》《淮南子》犹为近实。"（见《四库全书简明目录》）这样一来，《穆天子传》的性质就有了争议。治史者认为它是史学著作，至少也是历史传记；治文学者则认为它属于小说，甚至是神话小说。也有人把它视作历史地理著作。折中而论者，则以为它是古代历史小说。然而《穆天子传》本身的体例和内容早已明确地告诉人们：它绝不是向壁虚构的小说，更无神奇怪异之处，而是记载周穆王西征、东巡的实录性散文，是一部具有很高史料价值的历史文献。

周穆王巡狩、游历之事并非后人所杜撰，而是屡见于古本、今本《竹书纪年》中，先秦其他典籍也有记载。如《管子·小匡》："昔吾先王周昭王、穆王世法文武之远迹，以成其名。"《左传·昭公十二年》："昔穆王欲肆其心，周行天下，将皆必有车辙马迹焉。祭公谋父作《祈招》之诗，以止王心。"《国语·周语》亦载："穆王将征犬戎，祭公谋父谏曰：不可……王不听，遂征之。"上引数例已足以证明周穆王游行事并非无稽之谈，而实为西周时史实。当然，《穆天子传》在传入魏国前后，也难以排除它在辗转传抄的过程中，已有增删、夺讹之处。但是，从它内容的纪实性、文章手法的简质、完全不饰文采的笔法来看，也绝不应把它视为小说一类。

四、《穆天子传》的文献价值

由于《穆天子传》是部争议较大的古籍，进而影响到对它的文献价值的认识与使用。随着《穆天子传》研究的不断深入，它的文献价值越来越受到人们的重视。这里仅就前人研究认识所及，对《穆天子传》的文献价值做些简略的介绍。

（一）历史地理方面

有关西周时期的历史地理文献，保存至今而又确实可信的极为匮乏。人们经常提到的先秦地理著作，不外乎《尚书》中的《禹贡》篇，还有《山海经》一书。但《禹贡》所涉及的地域，仅止中原九州，而《山海经》又是一部充满神话色彩的书。相比之下，《穆天子传》所记述的地理概况，特别是西域地理，应当是研究西周时期历史地理的珍贵文献。《穆天子传》的史地学价值，突出地表现在周穆王西征的交通路线上。卷一至卷四写周穆王从宗周瀍水出发，经今山西太行山一线，越今河北井陉山，渡滹沱河，出雁门关，进入今内蒙古阴山河套地区，然后渡河西行，经今宁夏、甘肃、青海，入今新疆，到达准噶尔盆地，即"西北大旷原"，此为穆王西行终点，停留达三个月之久。然后穆王东归，取道东南，经河西走廊，穿今甘、宁沙漠，复至阴山，循来路返回宗周。周穆王此行路程总计二万五千里（本书卷四原文误作"三万五千里"），所历山川、泽薮、大原、部族、邦国（特别是西域之地），大多不见于别的文献，这既是《穆天子传》研究中的难题，也是其价值所在。尽管河套以西的具体地域难以用今地考实，但《穆天子传》中所记沿途风俗人情、物产气候，无疑为我们研究西周时期西域地区的历史地理提供了宝贵的原始资料。

《穆天子传》卷五记周穆王东巡河南事，卷六记穆王丧葬盛姬事，其活动范围皆在中原域内。因而穆王所行之地除具体的小地名无法考实外，大致的方位、地形与他的行动路线，还是可以确定的。这也是研究周朝中原地理不可多得的资料。

历代学者对周穆王西征地理的考证尚未取得一致的意见。至远者如顾实，他认为穆王西行横跨欧亚两洲，直达华沙平原；至近者如常征，他认为穆王西行不会超出今甘肃、青海一带（见常征《〈穆天子传〉是伪书吗?》）。日人小川琢治的考证还是比较切合实际一些，他认为穆王西行的终点"西北大旷原"即今新疆天山之南的准噶尔盆地。今人王贻樑亦赞成此说。虽不能因此就说周穆王车辙马迹所至即为西周版图，但起码也无可辩驳地证明了早在西周时期，远至今新疆天山一带，已为周朝势力和影响所及。中原人民与西域各族人民的友好往来，可以追溯到公元前900多年，这早在张骞出使西域数百年以前。因此，长期认为中西交通由张骞"凿空"的说法（见司马迁《史记·大宛传》），也应由此得到纠正。

（二）古代民族方面

在先秦文献中，有关我国古代民族的资料，以《山海经》所载最为丰富。但其中大多为神话传说，怪异荒诞不足为信。唯《穆天子传》所载真实而可信，为我们保存了西周时期西北各民族居地、习俗、分布与迁徙等情况，而且大多能从秦汉以后的史籍中得到印证。仅卷一至卷四所载西北部族、邦国就有犬戎、焉居、禺知、鄺人、河宗氏、膜昼、容口氏、胹口、赤乌氏、曹奴、长肱、剞闾、鶒韩氏、西王母之邦、智氏、阆氏、胡氏、胹余之人、诸餁、浊繇氏、骨飦氏、重䰇氏、文山之人、巨蒐氏、䅽璃、䍐溲、西夏氏、珠余氏等三十余个（书中脱简、阙文未可知者，尚无法计算在内）。他们都有自己的居地范围、物产，都向周穆王表示了热情友好的欢迎。对于有些部落、邦族的起源、迁徙与演变的记述，更是难得的独家资料。如卷一所记河宗氏部落，这是一个在夏、商、周三代俱为大邦的西北部族。他们长期居住在河套地区，据有黄河上游两岸辽远的土地，阳纡之山为其都居，温谷乐都为其游居，是一个以农牧业为主的邦国，与周王朝关系最为密切。它又是周穆王西行的第一站，故穆王以隆重之礼祭祀河伯，并封之为西北诸邦之长。河宗氏国君柏夭还一直伴随穆王，往返于西征路上，既作为开路的先导，亦兼任翻译之职。由此可见，河宗氏除了所居之地连接中原与西域外，还起着联系与沟通西域各部族的重要作用。

卷二记述："赤乌氏先出自周宗，大王亶父之始作西土，封其元子吴太伯于东吴，诏以金刃之刑，赒用周室之璧。封丌（其）嬖臣长季绰于春山之虱，妻以元女，诏以玉石之刑，以为周室主。"此即说明赤乌氏原与周人同一始祖，周人始立国于西土，至古公亶父时赤乌氏与周人通婚，并成为周朝在西域的附属国之一。至于"天子乃封长肱于黑水之西河，是惟鸿鹭之上，以为周室主，是曰留骨之邦"，则是周穆王深入西域后所封的又一属国。

卷三所载西王母之邦，后被人目为神话传说之邦，西王母其人则演变成各种神话人物形象。但实际上这只是一个保留了母系氏族制的部落，西王母是这个部落的酋长或首领的通称。她可能是德高望重之老妇，亦可以是美貌健壮之女王。由于西王母之邦在西域诸国中地位甚高，影响很大，又是穆王西行的最后一站，故穆王"乃执白圭玄璧以见西王母"。此部落春秋之后被乌孙人所逐，避入荒寒之青海高原，与其他羌人部落混合而被称为"婼羌"。后遂南下西藏,与唐古拉山之唐羌、牦牛羌等组成一大部落联盟,名曰"唐牦"。因仍行女王、女官制度,《魏书·吐谷浑传》及《隋书》皆载而名之曰"女国"。此女国女王诸臣,在南北朝末期支持发羌(亦西羌一支)酋长统一西藏高原,建成吐蕃王国。其国号"吐蕃"可能便是"唐""发"(读"拨")两国的合称(见常征《〈穆天子传〉是伪书吗?》)。

卷四载柏夭曰:"重䣢氏之先,三苗氏之□处。"此处虽有阙文,但大意仍可明白。它告诉我们:重䣢氏的祖先出自三苗。三苗原居中土,《尚书·舜典》称舜"窜三苗于三危"。此三危在何处,旧说不一。《穆天子传》中所载重䣢氏居地正在今甘肃西部与新疆交界一带,那么"三危"在今甘肃敦煌附近的三危山应该是不错的。

至于其他部落与邦国,能从秦汉之后的史籍中寻到踪迹的也不少。如焉居即义渠、焉支、焉耆,禺知即月支、乌氏、虞氏(见岑仲勉《〈穆天子传〉西征地理概测》,《中山大学学报》1957年第2期);剞闾之为伊犁,鹠韩之为单桓(见常征《〈穆天子传〉是伪书吗?》);鬃溲或为渠搜之类(明刊本《穆天子传·卷四》郭璞原注)。总之,《穆天子传》中关于古代民族史的资料是值得今人研究与珍视的。

(三)经济、文化方面

周穆王西征、东巡,跋山涉水,行程数万里,所到之处无不受到热情友好的礼待,故不能视之为侵略扩张之举,也不能认为是周穆王恣意游乐的浪行。沿途各部落、邦国都向周穆王贡献了土特产,而穆王也对他们有大量的赏赐与回赠,通过这种贡献与赏赐所表现的,不仅是中原与西域各族人民的团结友好关系,而且展示了东方与西方经济文化交流的壮观景象。沿途各部落、邦国贡献穆王的,多为本地所产马、牛、羊、狗,这说明西域各国大多从事畜牧业生产;有的还贡献美酒、稷米、穄麦等,说明他们也从事农业生产,甚至酿造饮料。周穆王的赏赐多为金银器皿、珠宝玩物、雕彩、漆器、朱砂、桂姜,还有大量的丝绸织品,这充分说明西周中期铸造、雕刻、纺织等手工业的高度发展,以及高超、精美的工艺。由此可见,穆王西行,不仅为西域人民带去了和平与友好,还带去了中原地区先进的技术与文化知识,并通过东西方的这种交流,促进了双方经济与文化的发展。

如卷四载"天子使重氏之民铸以成器于黑水之上",显然是把东方冶炼、铸造的工艺传给了重氏。春山的𤠔木华、赤乌氏的嘉禾也由周穆王取回,移植于中原。巨蒐人饮白鹄血,以牛羊乳洗足的养生保健之法,也被周穆王摹仿和引用。西周文化的发达还表现在历法的使用上。《穆天子传》记述穆王的行程与活动,使用的是周正,即以建子之月为岁首,以干支记日法记述了周穆王的所有日程。虽然其中有些因后人整理传抄致误,但仍详细、完整地记录了周穆王西征、东巡的具体日期,这在先秦文献中也是绝无仅有的。对《穆天子传》历法的研究虽代有其人,但至今仍无一致的说法。顾实在他的《穆王西征年历》中认为《穆天子传》全用周正,而卫聚贤则认为前四卷用周正,后二卷用夏正。就《穆天子传》所提供的干支记日历法而言,应该说我国历法在西周时即已相当完备准确了,也为进一步研究我国历法提供了书面实证。

(四)语言、文学方面

汲冢竹书出土之时,本为墨书科斗古文,经由荀勖等人整理编校,用今文(即魏晋时通行之隶书)译写出来,故《穆天子传》每卷卷首仍标以"古文"二字,意在说明原书用古文写成。《穆天子传》之古文,因"荀勖等于时已不能尽识",所以译写时不得不保留了那些不能识别的古字、奇字,甚至还有误释之字。加上后人辗转传抄,又以讹传讹,要完全考释出它们的形、声、义,已是一件难事。经过历代训释者的考证与研究,已经考释出其中一些古文奇字。如:山隥—山陵,羽琭—羽岑,於鹊—乌鹊,皆首—稽首,哥余—寿余,崮—笥,笥—笋,丝纀—丝绚,齸駰—骓駰,赤蘦—赤骥,白儀—白义,囱圄—太丙,蹢奴—若奴,陵翟—允狄,荔丘—黎丘,琼—珍,珛—宝,草—茂,遰—边,纍—累,等等。其中有一些是罕见的异体字、俗字、假借字，甚至是传抄致误的别字。如：旹—时，丌—其，澤—泽，㮰—桃，防—房，骆—鹭，㐀—丧，舅—舅，等。还有一些字至今仍未能考释出它们的音和义，如："狗瑵采"之"瑵"，"豨子"之"豨"，"蓐柏"之"蓐"，"无瓓"，"艅𫐓"，"僮䫂𩇓𤲃"，"巇㸄"，"䤵"，"燚䯏"，"糇珛"，"䰞"，"閟"，"囧车"之"囧"，等等。这些字也有可能是甲骨文、金文、籀文中尚未能辨识之字。总之，《穆天子传》古文奇字之多也是先秦其他古籍难以相比的。而且它们大多出现在地名、人名、器物名中，这种现象多见于西周以前的青铜铭文、甲骨文，亦说明《穆天子传》不可能是春秋以后的作品。即使是已考识之字，仍具古义。如："柏絮""柏夭"之"柏"乃伯爵之"伯"；"於鹊"之"於"乃乌鹊之"乌"；"债车"乃赁车；"枋牛"乃骆驼；"㐀氏"乃舅氏；"赵行"乃趋行；牛羊之浑的"浑"字，其义为"乳"；羽琭之"琭"字，其音义与"岑"同。由此可见，《穆天子传》确实为我们研究古代文字保存了一份珍贵的书证资料。

《穆天子传》中有一个突出的语法现象值得人们重视，那就是省略句与紧缩句的合用。如卷二："甲戌，至于赤乌（，赤乌）之人其，献酒千斛与天子。""辛巳，入于曹奴（，曹奴）之人戏，觞天子于洋水之上。"又如卷四："至于巨蒐（，巨蒐）之人𩣡奴，乃献白鹄之血以饮天子。"以上例句括号中"赤乌""曹奴""巨蒐"皆为原句中所省略之部族名，下句句首"之人"之上省略此部族名后，即与上句紧缩为一句。先秦古籍中省略句、紧缩句多见，但这种省略与紧缩合用的句式则少见。过去有的校释者把《穆天子传》中类似句子都视作"文有脱落"而补正；也有学者认为西晋荀勖等整理者不识或者忽略了当时的省略号"＝""："而造成脱文。其实这些都是不明此乃《穆天子传》中保留的古代特殊语法现象。这对研究上古汉语语法当然是不可忽视的书证。

近世治文学史者，多把《穆天子传》与《山海经》相提并论，认为它是我国最早的小说之一。此说实肇始于明胡应麟论《穆天子传》第六卷的评语："兹篇独寡脱简，而文极赡缛，有法可观。三代前叙事之详，无若此者。然颇为小说滥觞矣!"（见胡应麟《少室山房笔丛·三坟补逸》）当胡氏将《穆天子传》与《山海经》做了一番比较之后，即指出《山海经》乃多怪异之说，"二书讵可同日语哉!"通观《穆天子传》全书，它的文字古朴、冷僻，笔法单调、拙直，写人记事平铺直叙，没有鲜明的人物形象、完整的故事情节、具体的环境描写，更无夸张、想象、虚构之词，因而它的文学艺术性并不强，甚至远远不能与《左传》《国语》《战国策》等书相比。它的行文笔法与《尚书》颇有类似之处，从这一点上看，《穆天子传》亦不可能成书于春秋战国之后。当然，从我国早期文章发展的历史来看，《穆天子传》质朴无文的风格，本来就代表着那一特定时期的文学成就。如卷一中写周穆王"田猎钓弋"后自责道："予一人不盈于德，而辨于乐，后世亦追数吾过乎!"卷五写穆王有感于风雪冻人而作《哀民诗》三章的记述，都从正面刻画出周穆王善于自省、体恤民生疾苦的性格特征。卷三写穆王与西王母吟诗唱和，依依惜别之情;卷六写穆王因盛姬夭亡而哀伤哭泣之情，则在叙事中表现出穆王虽贵为天子，但仍同普通人一样，具有重情重义、多愁善感的性格。此外，卷三中写"七萃之士"高奔戎在沙漠中杀马取血"以饮天子"，卷五中关于高奔戎生擒猛虎的记述，无一不是在平淡、简洁的叙事中表现出古代卫士高奔戎忠诚、机智、勇武的个性。第六卷专门记叙盛姬丧葬之事，笔法严谨，详而不乱，层次井然，眉目清晰，在平直冷静的叙事中充满着悲伤哀婉的气氛。尽管《穆天子传》不可能像后来的文学作品那样运用肖像描绘、内心刻画、环境烘托等多种手段来塑造生动的人物形象，但它通过平实、质朴的叙述，却也表现出不同人物的性格特征，给人以一定的感染。正因为这样，《穆天子传》在我国文学史上才有着与众不同的地位和价值。

（五）礼制、民俗方面

《穆天子传》紧紧围绕周穆王的活动，还记述了一系列与他密切相关的礼仪活动，给后人留下了研究周代礼制的真实材料。

一是宴飨之礼。这是古代社会生活中人与人交往最常用而必不可少的礼节。《穆天子传》前五卷所载,既有部族、邦国宴请天子之礼,也有天子宴飨部族、邦国,以及诸侯、王臣、六师、七萃之礼。如卷一"犬戎□胡觞天子于当水之阳";卷二"□之人潜时,觞天子于羽陵之上","天子大飨正公、诸侯、王吏、七萃之士于平衍之中";卷三"天子觞西王母于瑶池之上","天子大飨正公、诸侯、王勒、七萃之士于羽琢之上,乃奏广乐";卷四"天子觞重氒之人鯀蒫","巨蒐之蜀奴,觞天子于焚留之山","郾伯絮觞天子于澡泽之上","犬戎胡觞天子于雷首之阿";卷五"天子饮许男于洧上","天子命歌《南山有鷾》,乃绍宴乐"。由上可知,周时宴礼,向尊者敬酒大多称"觞",宴请诸侯部属则曰"飨",曰"饮"。周穆王在西行途中,各部族、邦国多向他进"觞",只有在西王母之邦和重氒氏,穆王向西王母和鯀蒫进"觞"。这也间接地说明此二国为西方之大邦,故穆王以进"觞"来表示友好和礼敬。穆王东巡河南、饮许男于洧上,则为周王私宴异姓诸侯之礼。记述得具体、详细,非亲历其事者不能为之。此外,《穆天子传》中记述天子巡游时常奏"广乐",私会时则用"宴乐",亦可知"广乐"为盛大隆重的狂欢之乐,而"宴乐"则为饮宴时娱宾遣兴的轻音乐。

二是祭祀之礼。祭祀之礼是古代帝王最隆重、最常用的礼仪之一,《穆天子传》六卷中皆有记述。如卷一有周穆王于燕然之山大祭河伯,其祭礼隆重、肃穆。周穆王穿戴大礼之服,具备全色五牲,由河宗氏柏夭代河伯传言。这实际上是为穆王西游寻宝而举行的一场盛大的祈神求福的仪式。卷二有穆王"具蠲齐牲全,以禋祀昆仑之丘";于刿间氏祭鐵山。卷四有"天子祭于宗周之庙"。卷六有"天子南祭白鹿于漯水"。以上皆为祭祀山川、宗庙的活动。特别引人注目的是,卷六中完整而详尽地记述盛姬死后的丧葬之礼。从入殡、停丧、立丧主,到献祭、哭丧、出丧、诸侯拜祭,直到下棺入葬、赠献丧礼、为死者取谥号等,无一遗漏。这些都是我们研究三代礼制极可珍视的资料。《穆天子传》的这些记载,与现存三礼(《周礼》《礼记》《仪礼》)相比,既有相通之处,也有不同的地方。可以说，它比三礼的记载更为具体，更加合于实际。这是研究周代丧礼者不应该忽略的。

三是献赐之礼。这主要表现在与邦国的友好交往及穆王对部属的奖赏上。《穆天子传》前四卷记述穆王西征往返事，沿途最主要的活动就是接受各部族、邦国的献礼，并赏赐他们以相当的物品。它在本质上实际是大规模的物资交流活动，或者说是变相的贸易活动，但又都是以传统的礼仪方式进行的。如卷一"河宗之子孙䣤柏絮，且逆天子于智□，先豹皮十、良马二六"，"河宗柏夭逆天子燕然之山，劳用束帛加璧"，此为属国对天子的敬献之礼。卷三记穆王"乃执白圭玄璧以见西王母，好献锦组百纯、□组三百纯，西王母再拜受之"，这段记述值得注意，周穆王在接受各部族献礼后都有赏赐，各部族首领皆"膜拜"而受，于此却未见西王母对穆王的贡献，穆王反而执礼相见，并有所献，西王母也只是"再拜受之"而已。有人据此认为西王母可能是神而不是人（说见王范之《〈穆天子传〉与所记古代地名与部族》，《文史哲》1963年第6期）。然而这里并无神奇怪异之处，反而再次证明了西王母为西方之大邦元首，故穆王应执结好友邦之礼表示敬意，西王母则不须"膜拜"而受之。

《穆天子传》记穆王经历西域诸国，于风俗民情方面虽不甚详细，但仍可从字里行间体悟到西域各族人民的友好善良、热情真诚，以及他们的生活习俗。如卷四载浊繇氏以滔水为食，㝡䭠氏以苏谷为衣被，巨蒐之人以白鹄血为饮、以牛羊之乳洗足等，即向我们展示了西域一些部族衣食、习俗的特点，也是研究这些部族生活习俗难得的史料。卷五载穆王东巡中原，与祭公饮酒歌诗，饮于孟氏时观《白鹤》之舞，与井公博塞，三日而决，这些反映的当然是西周上层贵族娱乐活动的风尚。卷五还载"天子筮猎苹泽"，有逢公占卦；"天子梦羿射于涂山"，有祭公占卜，可见当时巫筮之风盛行，周王还常以占卜的方式来决定自己的行为与动向。《穆天子传》关于民俗的记载虽然十分简略，但却真实地反映了那一时期西周社会生活的某些方面，为研究西周史提供了一定的信息。

五、关于《穆天子传》的校刊与整理研究

自《穆天子传》从汲冢出土以来，经晋人荀勖等整理编校，赖郭璞为之作注，方能流传至今。但今存之本最早为明代正统年间的《道藏》本，其本除有荀勖原序外，还有元至正十年（1350）王渐之序。由王序知明本所据乃元代金陵学官刊本。考宋人晁公武《郡斋读书志》及王应麟《玉海》所载，知宋本《穆天子传》六卷原文共八千五百一十四字，今存明本字数，据清人洪颐煊校本称"仅六千六百二十二字"。可见明本已少于宋本达一千九百余字，脱佚之文又不见他书引载，这确是《穆天子传》研究的一大难题。明代专门著文研究《穆天子传》的是胡应麟，他在《少室山房笔丛·四部正讹》中说："《穆天子传》六卷，其文典则淳古，宛然三代型范，盖周穆史官所记。虽与《竹书纪年》《逸周书》并出汲冢，第二书所载皆讫周末，盖不无战国语参之。独此书东迁前，故奇字特多，阙文特甚，近或以为伪书，殊可笑也。"此即《穆天子传》成书西周史官说所本，亦为驳"伪书"者所宗。他在《三坟补逸》中还逐卷论析《穆天子传》与《山海经》一书文同事异之处，认为"二书之旨，有天壤之悬"。他还指出，《山海经》乃"战国好奇之士本《穆天子传》之文与事而侈大博极之，杂傅以《汲冢纪年》之异闻、《周书·王会》之诡物、《离骚》《天问》之遐旨、《南华》《郑圃》之寓言，以成此书。"意在说明《穆天子传》成书本在《山海经》之前，且为性质完全不同的两种书。

明清时对《穆天子传》的研究，多以版本校释为主。在明代，校刊此书除官修《道藏》外，私家就有吴宽、范钦、陈德文、冯舒、吴琯、李宗成、程荣、叶树廉、赵标、唐琳、邵阍生等十余家。清乾隆时，自官修《四库全书》将《穆天子传》收入子部小说类后，私家又有郑濂、汪明际、王鸣盛、周梦龄、洪颐煊、卢文弨、翟云升、黄丕烈、檀萃、褚德彝、陈逢衡、吕调阳、郝懿行、张皋文等十余人校刊此书。现今最通行的本子就是清嘉庆时洪颐煊的校本，收入《平津馆丛书》中。至于翟云升的复校本、檀萃的注疏本、

陈逢衡的补正本,都在对《穆天子传》原文的考释、训诂方面各有所胜。

在民国年间,自刘师培、丁谦之后,可以说一时兴起了研究《穆天子传》的热潮,而且研究的方向也从清人的注重训诂、考释方面转到了对于历史地理的考证。当时国人研究《穆天子传》者有十多家,成果最显著的有丁谦的《穆天子传地理考证》、顾实的《穆天子传西征讲疏》、卫聚贤的《穆天子传研究》、于省吾的《穆天子传新证》等论著。与此同时,外国学者研究《穆天子传》的亦有十多家,其中以日人小川琢治的《穆天子传考》为上乘之作,对今人从事研究亦多有启发。

20世纪50年代以来,自顾颉刚先生始撰《〈穆天子传〉及其著作时代》一文后,研究《穆天子传》的论著也有二十多种。其中岑仲勉先生的《〈穆天子传〉西征地理概测》一文虽用力甚勤,但因拘泥于穆王出发地宗周为镐京,据此所考西征路线与地名不仅完全推翻了郭璞原注,亦与诸家所考大异,故不为学术界认可(说见靳生禾《〈穆天子传〉若干地理问题考辨》及王贻樑《穆天子传汇校集释·整理前言》)。常征先生的《〈穆天子传〉是伪书吗?》、靳生禾先生的《〈穆天子传〉若干地理问题考辨》二文,可以说是80年代《穆天子传》研究的力作。70年代初,台北中华学术院曾经出版卫挺生先生《穆天子传今考》一书,为近世研究《穆天子传》之巨制。据卫氏称,此书费时六载,在顾实研究的基础上修正其说并有所发展。今人王贻樑、陈建敏先生的《穆天子传汇校集释》一书,广采前人研究成果,综合诸家各说,是继卫氏之后对《穆天子传》进行全面校释的又一精心之作。

总计明清以来对《穆天子传》进行校释、研究而有论著的有数十百家,其大体可以分为三个时期。明清时期注重版本校勘,研究的重点在于对原文的训诂、考释方面,其成果最显著者以洪颐煊校本为代表。民国时期转向史地考证,研究的重点在对于西征地理与西域部族的考实,其成果最显著者以顾实的《穆天子传西征讲疏》和日人小川琢治博士的《穆天子传考》二书为代表。20世纪50年代以来,《穆天子传》的研究虽然进展缓慢，但亦有卫挺生先生的《穆天子传今考》那样承先启后的力作和王贻樑、陈建敏先生刮古搜今的《穆天子传汇校集释》问世。正因为有历代学者的不懈努力、潜心研究，《穆天子传》中存在的许多疑难问题正在逐步得到解决。相信随着研究的不断深入与发展，《穆天子传》研究将会取得更加辉煌的成果。

国内对《穆天子传》进行全面今注、今译的，本书是第一次。20世纪70年代末，常征先生曾撰《穆天子传新注》一书，其自序称，只注其前四卷，然未见刊行。今人刘萧芜曾有《穆天子传今译》一文，也只译了前四卷，"至于时间、地点，都按照顾实讲的"，连译者自己也不十分相信（见刘萧芜《穆天子传今译·译者前记》）。70年代中，法国学者雷米·马迪厄曾有《穆天子传译注与考证》一书（见《读书》1984年第6期李清安撰文评介），惜未能见。

笔者对《穆天子传》的整理研究始于20世纪90年代末期。1997年，笔者完成了国家"九五"重点图书出版规划项目中"中国历代名著全译丛书"三种，即《意林全译》《穆天子传全译》《燕丹子全译》，皆由贵州人民出版社出版。此三书皆为国内大陆首次全本全注全译之作。2018年，上海古籍出版社又约稿出版了拙著《穆天子传译注·燕丹子译注》，此书即贵州人民出版社《穆天子传全译》《燕丹子全译》1997年出版之旧作。限于当时的条件，此书未能更多采集相关学术研究成果，且有疏漏与失误。上海古籍出版社出版此书时，本应增添新的相关学术研究成果，修订其原著的疏漏与失误，但因本人当时眼疾刚刚做完手术，只能仅就文字、体例做了一定的修改，拟于相应时期进行全面补充修订。

而今，中华书局"中华经典名著全本全注全译丛书"（简称三全本）将《穆天子传》列入其中，笔者正好实现对旧作进行全面增补与修订之夙愿。此次三全本《穆天子传》完全不同于贵州人民版《穆天子传全译》与上海古籍版《穆天子传译注》，故做以下几点说明：

首先，旧版所用校勘底本为上海古籍出版社影印明正统《道藏》本，而中华书局三全本《穆天子传》则采用上海涵芬楼景印天一阁刊本（晋郭璞注、明范钦订）作底本。此本亦为《四部丛刊》所刊之本。为保留旧刻本原貌，郭璞注文以小号字录入正文中作夹注，并与正文同出注释进行校记与疏解。为方便读者阅读，各卷原文一般皆于干支纪日处划分段落进行校释、翻译。其体例完全依照中华书局三全本统一体例。特别值得一提的是，此次校勘所用主要参校本中有明梅鼎祚《皇霸文纪》卷三中的《穆天子传》（《四库全书·集部·皇霸文纪卷三》）。此版本自清代以来，皆为校勘整理研究《穆天子传》的学者所忽略，顾实《〈穆天子传〉知见书目提要》录有《穆天子传》明刊本12种，郑杰文《〈穆天子传〉知见版本述要》录有《穆天子传》明刊本13种，王贻樑、陈建敏《穆天子传汇校集释》采集的明刊本有12种，日人岛田翔太《日本所藏〈穆天子传〉版本简介》中介绍明刊本10种，皆未提及梅鼎祚此本。

其次，鉴于《穆天子传》原文系古文艰深之作，又兼残简脱文、乱序断篇随处可见，故三全本《穆天子传》仍不避繁难，于注释中汇校勘、集释、案语为一体。校释所引前人与时彦研究成果，皆标明撰著者姓名，其论著题目皆随文附注，不再专列参考引用文献目录（首出括注出处，下所引同）。对于诸家所言择善而从，凡笔者拙见，则以"天海案"标示。由于诸家校勘各自所据底本与文献不同，故凡所引用，如非明显错、讹、脱、衍、倒互处，一律保持原貌。

再次，三全本《穆天子传》各卷撰有改写后的题解，疏解该卷内容与大意。各卷题解之后皆列有《周穆王日程经历名物一览表》，以供研究者参考查检。本书译文以直译为主，意译为辅（郭璞注文不译）。凡原文中脱佚、错乱、不可通读处，则依照注释中的校改、补正与说明试作通译，力求文句畅达，便于读者阅读。

最后，鉴于笔者旧著《穆天子传全译》1997年出版时因受到条件限制，搜集相关参阅资料未能完备，2018年上海古籍出版社《穆天子传译注》再版时也未能补充最新学术研究成果加以及时修订，所参考引用资料截止年限仅为20世纪80年代末（其中有转引自王贻樑、陈建敏《穆天子传汇校集释》所用资料）。但最近三十年来，《穆天子传》的研究不仅有了长足的进展，而且研究视野更加广阔，并涉及多方面的知识与学科。据笔者不完全统计，公开发表的各类论文约有150多篇，出版的专著有7部。故此次为了全面修订改写此书，笔者从网上搜集了20世纪90年代以来发表的相关论著（资料时间为1990—2022年），并进行鸟瞰式的分类整理，附录于书末，尽力为读者提供研究、参考的思路与线索。

鉴于《穆天子传》的特殊情况，据笔者所知，全校、全注、全译此书者，自拙著《穆天子传全译》出版以来，尚无人赓续（抄袭拙著者不论）。虽然2012年郑州大学出版社出版了韩鹏、涂莉、乔建华联名的《鸿荒开封——穆天子传原文新解》一书，但此书主旨全在于张扬地域旅游文化，并非严肃的古籍整理学术著作，故不在笔者所论之列。

由此可知，整理《穆天子传》的工作确实十分艰辛。本书责编不惧编校繁难的敬业精神令人感佩；在资料搜集整理方面，我的学生牟昆昊博士、杨秀岚硕士用力至勤，故一并致谢。

学术者，天下之公器。学无止境，后出转精。《穆天子传》本是一部奇书，加之出土之初就简烬残存、编脱散乱、古文怪字未能尽释，确是一部难解之书，幸有荀勖的整理隶定与郭璞的注解使之流传后世，但难免历代传写、雕刻手民之误，故其中奥秘与困惑之处，非笔者所能彻底诠释。相信此后当有更多时彦后俊为此做出新的贡献。

王天海谨序

2023.6.18 于贵阳花溪

卷一

【题解】

《今本竹书纪年疏证》："十二年,毛公班、共公利、逄公固帅师从王伐犬戎。冬十月,王北巡狩,遂征犬戎。""十三年春,祭公帅师从王西征,次于阳纡。""秋七月,西戎来宾。徐戎侵洛。冬十月,造父御王入于宗周。"(王国维撰,黄永年校点。见1997年辽宁教育出版社《新世纪万有文库•传统文化书系》)

本卷所载,记述了穆天子自宗周洛邑出发,渡黄河北上至蠲山。又从蠲山北上,经今长治,渡漳水,穿平定磐石关,越井陉山,沿滹沱河北岸登越恒山,北巡犬戎。又西行出雁门关,经今山西平鲁到达今内蒙古河套地区。在这里,河宗氏的鄹伯絮隆重迎接穆天子。穆天子在渗泽打猎,检阅六师。之后,穆天子又西征至阴山之下,河宗氏柏夭以隆重的礼节接待穆天子。穆天子在燕然之山大会诸侯群臣,并以庄严隆重的礼仪祭祀河神。河宗柏夭主持祭祀,并代天帝传言,授命穆天子永远治理天下。这是君权神授(亦称"王权神授")的具体表现,为穆天子行使天子权力提供神灵佑助。穆王在此大宴群臣,并以隆重的礼仪祭祀河伯,表现出对属国的尊重与安抚。柏夭代天帝传言,无疑是为穆王西征提供合法的依据。柏夭还充当先导,成为穆王西征路上必不可少的向导与翻译。由此可见,河宗氏是穆王正式进入西域前的第一大站,也是穆王此次西征往返必经的中转站。

祭祀河神之后，柏夭为穆天子做先导，继续西征之旅。穆天子在黄之山大会诸侯群臣，柏夭献上地图典册。穆天子披图视典，以观天子享有的宝器。然后西渡黄河，游至温谷乐都，直至积石之南河。周穆王北征，从上年十月戊寅至次年三月丙寅，共计一百六十八天，结束了第一段近六个月的西北行程。

特别值得一提的是，穆天子在田猎钓弋游乐之余尚能反躬自省，他说："唉！我不能使自己德行盛大，却沉溺于游乐，后人也许会指责我的过错吧！"禁军卫士劝谏穆天子说："后人希望天子的，是不要违背了天道。农夫、百工已有所得，人人丰衣足食，百姓富裕安乐，官吏各司其职，因而天有四季，庶民安居此乡。……天子与百姓利益与共，世上以此为常规。"这不正是天下万民寄予历代统治者的期望吗？

本卷残缺之文较多，原文用方框符号（□）标示的阙文就有二十余处，为使译文通顺，笔者斟酌诸家之说，并根据上下文意给予适当补正。个别文意难明之处，亦不作强解，译文暂阙。

卷一　周穆王日程经历名物一览表（附：阙文次处、疑难字数）

干支	地名（山水）	部族（邦国）	人名	事物名（数量）	职官	经历
	蜀山					饮
戊寅	漳水					绝漳水
庚辰	□、盘石之上、鈃山			广乐		奏广乐，至于鈃山之下
癸未	鈃山之西阿、鈃山之队、虖沱之阳					猎于鈃山之阿，循虖沱
乙酉	□、当水之阳	犬戎	犬戎□胡		七萃之士	北征于犬戎
庚寅						命毛班休
甲午	隃之关隥					绝隃之关隥

干支	地名（山水）	部族（邦国）	人名	事物名（数量）	职官	经历
己亥		焉居、禺知				至于焉居、禺知
辛丑	智之□	鄋人	鄋栢絮、井利	豹皮十、良马二六	河宗	至于鄋人
癸卯	漆泽					舍于漆泽、西钓于河
甲辰	渗泽			白狐、玄貉	河宗	猎于渗泽
丙午	渗泽	鄋邦			六师之人	饮于河水之阿
戊申	阳纡之山、燕然之山		河伯无夷、河宗伯夭、鄋父	束帛加璧		至于阳纡之山
癸丑	燕□之山、寒下、春山、昆仑之丘		井利、梁固、曾祝、伯夭、穆满	冕袆、帔带、璏、佩、璧、牛马豕羊	官人、河宗	大朝于燕□之山；授河宗璧
己未	黄之山		柏夭	玉果、璿珠、烛银、黄金之膏、射人、步剑、牛马、犀□器、征鸟、鹔鸡、狻猊、野马、邛邛距虚、麋□、渠黄之乘		大朝于黄之山；披图视典，用观天子之珤器
乙丑	河□、温谷乐都	河宗氏				西济于河□
丙寅	积石之南河		正公郊父、造父、三百、耿翛、芍及	骏：赤骥、盗骊、白义、逾轮、山子、渠黄、华骝、绿耳。狗：重工、彻止、䨓猱、□黄、南□、来白；左佩玉华	七萃之士	属官效器，出□入薮、田猎钩弋
附1	阙文次处	26处				
附2	疑难字数（不计重复）	4字	鄋 埑 （郭璞注文）澤 嘗			

卷一　古文①

1.1

□□饮天子蠲音涓。山之上②。

戊寅③，天子北征④，乃绝漳水⑤。绝，犹截也。漳水，今在邺县。

庚辰⑥，至于□⑦。觞天子于盘石之上⑧。觞者，所以进酒，因云觞耳。天子乃奏广乐⑨。《史记》云："赵简子疾，不知人七日而寤，曰：'我之帝所甚乐，与百神游于钧天，广乐九奏万舞，不类三代之乐，其声动心。'""广乐"义见此⑩。

载立不舍⑪，言在车上，立不下也。至于钘山之下⑫。即井钘山⑬，今在常山石邑县⑭。钘，音邢。

癸未⑮，雨雪⑯，天子猎于钘山之西阿⑰，阿，山陂也⑱。于是得绝钘山之队⑲，队，谓谷中险阻道也。音遂。北循虖沱之阳⑳。虖沱河，今在雁门卤城县㉑。阳，水北。沱，音橐驼之驼。

【注释】

①古文：顾实云：此二字，当为荀勖等所加。（《穆天子传西征讲疏》。下所引同此）天海案：此所谓"古文"，据孔颖达《春秋左传正义》所引王隐《晋书·束皙传》云："大康元年，汲郡民盗发魏安釐王冢，得竹书漆字科斗之文。科斗文者，周时古文也。其字头粗尾细，似科斗之虫，故俗名之焉。"

②饮：以酒食款待，宴请，行饮酒礼。天子：古代臣民对帝王的尊称。《尚书·夏书》："尔众士同力王室，尚弼予钦承天子威命。"此指周穆王。姓姬，名满。为西周第五位帝王。据今本《竹书纪年》

载,穆王在位共五十五年。《史记·周本纪》亦载:"穆王即位,春秋已五十矣","穆王立五十五年,崩。"故范文澜、翦伯赞认为周穆王约前976—前922年在位(参见《中国通史简编》《中国史纲》二书。下所引皆同此)。张闻玉《西周诸王年表》则认为周穆王在位时间是前1006—前952年(参见《夏商周三代纪年》,科学出版社2019年版)。𤫒(juān)山:𤫒,郭璞注"音涓"。同"泫山"。日人小川琢治认为:"𤫒"与"泫"通,或赵、秦故战场长平附近之山。(《穆天子传考》,商务印书馆1931年《先秦经籍考》下册。下所引皆同此)顾实认为:𤫒山,当在今山西泽州高平县。《水经·沁水注》云:"泫水导源泫氏县西北泫谷。"此泫谷当即泫山之谷,泫山即𤫒山。檀萃云:此上有缺文,不知饮为何国。(《穆天子传注疏》。下所引皆同此)顾颉刚认为:他(穆王)的出发点是洛阳,书上所谓宗周;但晋朝人的本子已经脱去了首页,只从现在山西省的东部说起。(《〈穆天子传〉及其著作时代》。下所引皆同此)陈逢衡云:天子初出,尚未至诸国,此盖群臣饯饮之辞。(《穆天子传注补正》。下所引皆同此)顾实云:饮天子者,当为诸侯饮天子……凡华夏之礼曰饮。郭侃云:𤫒山,山名,在今山西省高平市。此卷卷首直接写穆王宴饮于𤫒山,而无纪日与宴饮对象,推知"饮天子𤫒山之上"前应有缺文,所缺内容应是干支纪日及宴饮对象。(《〈穆天子传〉文本整理及相关问题研究》,吉林大学2018年博士论文。下所引皆同此)天海案:𤫒山,在今山西高平。诸说是。此句之上必有脱文,原文未标阙文符号□。"饮"字上,梅鼎祚本即标有"前缺"二字。即"饮"前应有穆天子从宗周洛邑出发,渡黄河北上至𤫒山事,但晋时此书即已残阙。故于𤫒山宴饮天子者不可知,或为当地国君或部落首领。译文且用□□标示。

③戊寅:此干支记日,具体时间不确。顾实认为是"穆王十三年闰二月初十",即前989年。丁谦《干支表》据《竹书纪年》认为在

周穆王十二年十月（《穆天子传地理考证》。下所引皆同此）。卫
挺生则定为穆王十二年十一月初七（《穆天子传今考》，台北中华
学术院1970年版。下所引皆同此）。张闻玉认为穆王西巡时间
为前994—前993年（《西周王年足征》。下所引皆同此）。天海
案：据今本《竹书纪年》载："十二年，毛公班、井公利、逢公固帅师
从王伐犬戎。冬十月，王北巡狩，遂征犬戎。"下文即言"天子北
征于犬戎"，故以卫说近是。

④北征：向北巡行。征，巡行。《左传·襄公十三年》："先王卜征五
年。"杜预注："征，谓巡狩征行。"陈逢衡云：《尔雅·释言》："征，
行也。"陈建敏云：北征，北往也。《说文》："征，正行也。"（《穆天
子传汇校集释》。下所引皆同此）

⑤绝：横渡。《荀子·劝学》："假舟楫者，非能水也，而绝江河。"檀
萃云：乱流而渡曰绝。漳水：水名。顾实认为：漳水，即源出今山
西潞安府长子县发鸠山东之浊漳水也。蠋山在今高平，从高平而
北绝漳水，正入潞安府长子县境内。横截漳水之上流而过，甚明
也。……则郭注以临漳县之漳水当之，未免迂迂。靳生禾认为郭
璞以来各家考定《穆传》之漳水即当今山西之漳水，在先秦文献
里是不乏根据的。（《〈穆天子传〉若干地理问题考辨》，《北京师范
大学学报》1985年第四期。下所引皆同此）王贻樑云：顾实、靳生
禾考甚是，穆王绝漳当在今山西长治境。郭注云在邺县，盖走新
乡、安阳、邯郸一线，与传文不合。天海案：郭注漳水在邺县，乃漳
水之下游。漳水源出山西，其上游有清漳、浊漳之分。顾实所考
近是。

⑥庚辰：丁谦《干支表》："距前二日，所至地名已脱佚。"顾实作"十
二日"。天海案：据卫挺生说，则为十一月初九日。

⑦至于口：翟云升云：凡"口"以识缺文，字数不等。（《复校穆天子
传》。下所引皆同此）陈逢衡云：空方当是地名。顾实曰："至于

□",缺文当甚多。卫挺生云:盘石正在皋落氏境内……觞天子者当然为皋落氏。王贻樑云:下为盘石,此则当在今山西昔阳、平定间,西周、春秋时为洛(或称落、皋洛、东山皋落氏等,为赤狄别种)与北戎交界处,未知具体地望。卫挺生说为皋落氏,可参,然尚不能过于肯定。天海案:此处阙文必为地名或部族名。译文且从卫说,阙文补作"皋落氏"。

⑧觞:本义为古代盛酒器。作动词用时有敬酒、饮酒的意思。此为向尊者进酒,犹宴请。顾实:凡《穆传》记华戎交际曰"觞",华夏则曰"饮"。盘石:同"磐石"。古代关隘名,诸家所考,多以为是今山西平定故关。陈逢衡云:《太平寰宇记》河东道平定县"盘石故关在县东北七十里"。宋平定县,今山西平定州。顾实云:盘石当在今山西平定州。……清《一统志》曰:"山西平定州,盘石故关在州东。"……且以下文言"载立不舍,至于鈃山之下"而推证之,则必离鈃山不远。今审盘石故关之地望,亦甚合也。王贻樑云:诸考《穆传》盘石为山西平定故关,甚是。又可参《括地志》(《史记·淮阴侯列传》正义引)、《魏书·地形志》《元和郡县志》等。今其地近处有上盘石、下盘石者,盖涉古盘石关而得名欤?天海案:"觞"上当有阙文,疑为部族首领姓名。译文承上注释⑦作"皋落氏首领"。

⑨广乐:盛大之乐。多指神仙聚会之乐。檀萃云:《拾遗记》云:"穆王三十六年东巡大骑之谷,指春宵之宫,西王母乘翠凤之辇而来,王奏环天之和乐。环天者,钧天也。和,广也。然则广乐、和乐可以通名,所谓千人唱、万人和,山陵震动,川谷波荡也。"陈逢衡云:《玉篇》:"广,大也。"盖奏虞、夏、商、周四代之乐,故谓之广乐。顾实云:《广乐》一名辞,《穆传》凡八见……《韩诗外传》曰:"王者舞六代之乐,舞四夷之乐,大德广之所及。"《礼记·明堂位篇》亦云:"纳四夷之乐于太庙,言广鲁于天下也。"盖广乐当以广

合奏六代四夷之乐而得名。故赵简子曰："不类三代之乐也。"余详陈立《白虎通疏证》。郑杰文云：相传为天上的一种音乐，因广陈钟鼓之属而得名。王贻樑云：郭注引《史记》云"与百神"同乐，则可知"广乐"乃战国时方仙思想之产物，其乐似神欲仙，虚幻缥缈，故云"其声动心"。

⑩"《史记》云"几句：天海案：郭璞此注文所引，见《史记·赵世家》，又见《史记·扁鹊列传》。《礼记·明堂位篇》亦云："纳四夷之乐于太庙，言广鲁于天下也。"盖广乐，当以广合奏六代四夷之乐而得名。

⑪载立不舍：站立车上不休息。檀萃云：盖以车为宫也。顾实云："不舍"者，言不为舍以休止也。《周官》有掌舍、掌次、幕人诸职。郑杰文云：此句与上句文意不属，中间当有缺文。王贻樑云：顾说可参。由文献与考古成果来看，至迟在春秋战国时期的车乘肯定可以暂作居舍，西周甚至商代也有此可能。天海案：载，车载；舍，于此有休息之意。由盘石故关至钘山，不过数十里，穆天子站立车上不休息，驱车奔驰，可以直达钘山之下。不一定其车便有居舍，此"舍"，应作"休止"讲。又，此"载立不舍"句上，当有阙文，阙文疑为干支纪日，译文且用□□代替。

⑫钘（xíng）山：山名。即井陉山，在今河北井陉境内，其险为河北、河东关要。洪颐煊校引钱大昕云："井钘即井陉，古读钘如陉，宋牼即宋钘也。"檀萃云：今井陉县也。丁谦云：钘山，即井陉山，亦称"陉山"，在井陉县北，其西阿，今险隘地。丁谦还以为此句前似脱干支"壬午"二字，"距前二日至钘山下"。顾实云：井钘，即井陉山。在今直隶正定府井陉县。顾颉刚云：《北堂书钞》引作"陉山"。郑杰文云：《北堂书钞》卷十四引作"陉"，《太平御览》卷一百六十一引作"铏"。钘、陉、铏，三字并通。井陉山在今河北井陉县，因有井陉（太行八陉之一）而得名。（《穆天子传通

解》，山东文艺出版社1992年版。下所引皆同此）王贻樑引《元和郡县志》："陉山在井陉县东南八十里，四面高，中央下如井，故曰井陉。"天海案：此处"钘山"即"井陉山"，各家版本及所引文献中虽有不同，但实际上无异。

⑬即井钘山：洪颐煊云：郭注作"燕赵谓山脊为钘，即井钘山也"，脱"燕赵谓山脊为钘"七字、又脱"井"字、"也"字。故从《太平御览》卷161、卷85引补。（洪颐煊校《穆天子传》，平津馆丛书。下所引皆同此）翟云升在郭注"钘山"前补"井"字。天海案：诸本郭注皆脱"井"字，此据洪颐煊校补。

⑭常山石邑县：顾实云：郭注晋石邑县，在今正定府获鹿县东南，亦恐道迂耳。天海案：常山，即恒山；石邑，古县名。秦置，属恒山郡。治所在今河北鹿泉东南故邑村。《史记·赵世家》正义引《括地志》："石邑故城在恒州鹿泉南三十五里。"东汉省县，末年复置，北齐改为井陉县。隋开皇六年（586）复为石邑县，徙治今河北石家庄西南。县当太行井陉口，为东西交通重要通道。郭注不误。

⑮癸未：丁谦《干支表》认为距前壬午一日。顾实作"闰二月十五日"。卫挺生作"十一月十二日"（《穆天子传今考》，台北中华学术院1970年版）。卫聚贤云：自"戊寅"至"季夏丁卯"共计二百九十日，季夏为六月，"丁卯"假定为六月的末一日，则"戊寅"为前一年的九月初日。这是用夏正计，若用周正计，则"戊寅"为七月初日。按《穆天子传》说"癸未，雨雪……北循虖沱之杨……庚寅，北风雨雪"。九月初河北虖沱河流域有下雪的情形，七月河北虖沱河流域当无下雪的情形。（《穆天子传研究》，新月书店1928年《古史研究》第二辑）天海案：此书干支纪日当用夏正，依卫挺生说，则为十一月十二日，此正当北方下雪之时。

⑯雨雪：落雪。雨，下，落。

⑰西阿：西面山坡。洪颐煊校本《太平御览》卷十二、卷八十五引皆作"河"。陈逢衡云：《太平御览》八十五引作"山足坡"……直隶正定府猎台在井陉县陉山之上，相传周穆王猎鈃山时筑，见《一统志》。刘萧芜云：今井陉县有地名猎台，相传即穆天子打猎的地方。（《穆天子传今译》。下所引皆同此）

⑱山陂（bēi）：意为山坡。也指山和水、山间水池。

⑲绝：穿过，通过。队（suì）：同"隧"，山谷中险道。檀萃云："队"即古"隧"字，深险如墓道。顾实云：盖鈃山有东西通行之隧道，而穆王北行，故横过之也。

⑳循：顺着，沿着。虖沱之阳：虖沱河的北岸。虖沱河，即"滹沱河"。滹沱河源于恒山南侧，出平型关，绕五台山，东南流入今河北石家庄，至今天津入海。檀萃云：卤城前属代郡，后属雁门。《山海经》："泰戏之山，呼沱之水出焉。"小川琢治云：此为虖沱河上流，忻州北、代州南之地。顾实云：承上文绝鈃山之队，而北循虖沱之阳，则当自今井陉县西境，而入平山县境内也。天海案：周穆王当从今河北平山县渡过虖沱河，然后沿其北岸上行。阳：水之北曰阳。《尔雅》："水北曰阳。"

㉑雁门卤城县：王贻樑云：卤城县（因其地多卤得名），汉晋属雁门郡，故郭注云"雁门卤城县"。穆王渡虖沱处，约在战国时番吾、灵寿（今河北平山县治）附近。天海案：雁门卤城县，即今山西繁峙，正当虖沱河上游处。

【译文】

□□在鹖山宴请周王穆天子。

戊寅这一天，穆天子向北巡行，横渡漳水。

庚辰这一天，到达皋落氏。皋落氏首领在盘石关上向穆天子敬酒。穆天子就命乐队演奏盛大的音乐。

□□，穆天子站立车上不休息，到达井陉山之下。

癸未这一天，北风夹着雨雪，穆天子在井陉山的西山坡打猎，在那里找到通过井陉山的峡谷隧道，便沿着滹沱河的北岸前行。

1.2

乙酉①，天子北升于口②。天子北征于犬戎③。《国语》曰④："穆王将征犬戎，祭公谋父谏，不从。遂征之，得四白狼、四白鹿以归，自是荒服不至。"《纪年》又曰："取其五王以东⑤。"犬戎口胡觞天子于当水之阳⑥。天子乃乐口⑦，赐七萃之士战⑧。萃，集也，聚也。亦犹传有七舆大夫⑨。皆聚集有智力者为王之爪牙也。

庚寅⑩，北风雨雪。《诗》曰："北风其凉，雨雪其雱⑪。"天子以寒之故，命王属休⑫。令王之徒属休息也。

甲午⑬，天子西征，乃绝隃之关隥⑭。隥，阪也。疑此谓北陵。西，隃西，雁门山也⑮。音俞。

己亥⑯，至于焉居、禺知之平⑰。疑皆国名。

【注释】

① 乙酉：丁谦《干支表》认为距前"癸未"二日。天海案：顾实作"十七日"。依卫挺生说，则为十一月十四日。

② 升：即"登"。口：檀萃补"陉"字，卫挺生补"毇之隥"三字。丁谦云：此节下当有脱文甚多，与下"北征于犬戎"不相连接，考滹沱河上源，环五台山南北，云天子北升者，殆即升五台山。顾实云：《穆传》凡云升者，多指登山而言也。王贻樑云：丁谦说为五台山，行程计算近是。但与下"当水"较远，故亦非是。愚意此所升当是古恒山山脉中一山，方可上下无牾。天海案：此处阙文当为山名，其下阙文尚多，不可知。译文且从王贻樑说，阙文补作"恒山"。

③北征：往北巡行。犬戎：为我国古代戎族一支，殷周时居我国西部、北部地区。西周时也称"猃狁"。陈逢衡云："征"字不当作"征伐"解，盖巡行之谓。顾实云：北征者，犹北行也，非奉辞伐罪曰"征"也。《国语》《纪年》所载者，当别为一事。顾颉刚云：《国语》说"穆王将征犬戎"，"征"是征伐；这里说的"北征犬戎"，乃是征行的意义，否则犬戎决不会立即杯酒联欢的。天海案：此事又见今本《竹书纪年》："十二年，毛公班、井公利、逢公固帅师从王征犬戎。冬十月，王北巡狩，遂征犬戎。"此处"北征"，依诸说即北巡。

④《国语》：书名。或称《春秋外传》。《国语》二十一卷，相传是春秋时期左丘明所撰的一部国别体著作。他的编纂方法是以国分类，以语为主，故名"国语"。或谓之西汉刘向校书所辑，或谓多人在不同的历史时期陆续编成，近代包括康有为在内的多位学者怀疑是战国或汉后的学者托名春秋时期各国史官记录的原始材料整理编辑而成的，将存疑考证。该著作记录范围为上起周穆王十二年（前990）西征犬戎（约前947），下至智伯被灭（前453）。《国语》中包括各国贵族间朝聘、宴飨、讽谏、辩说、应对之辞以及部分历史事件与传说。《国语》是我国第一部国别体史书。天海案：郭注所引见《国语·周语上》。

⑤取其五王以东：檀萃云：郭引《纪年》曰："取其五王以东。"虽《竹书纪年》有此文，然三代之书无以僭王，列书于策，疑"五王"为"五玉"之讹。陈逢衡云：《后汉书·西羌传》注引《纪年》有"周王季伐西落鬼戎，俘二十翟王"事，此所谓"王"第作"君"字解。若改作"五玉"，则犬戎之地并不出玉，且与"五"字无着。王贻樑云：陈说是。古边地少数民族称王者甚多，而中原诸侯至战国亦称王，檀氏失察。郭侃云：郭璞注引《国语》《纪年》之事，与此处觞饮之事应不是一事。天海案：郭璞注此六字，又见《后汉

书·西羌传》:"王乃西征犬戎,获其五王,王遂迁戎于太原。"考
《西羌传》前后文皆用《纪年》,此亦当隐括《纪年》语。郭注此语
又见王国维《古本竹书纪年辑校》(辽宁教育出版社1997年版)。

⑥犬戎□胡:□,此处阙文,洪颐煊云:"戎"下□亦疑衍。檀萃云:
此犬戎乃内地之戎,其君长名胡耳。陈逢衡认为阙文□当是
"之"字。常征云:此"犬戎胡"之"胡"字,自郭璞以下所有注家
皆不晓其义。考之于实,它不过是部落酋长的位号。天海案:《逸
周书·谥法》:"胡,大也。"故"胡"有大、长之义。常征之说近
是。故此"胡"字,或为犬戎部落酋长之称谓。译文且从陈、常之
说,译为"犬戎之酋长"。当水之阳:当水的北岸。当水,恒水,源
出恒山之北,与滹沱河相近。洪颐煊校:下文云"犬戎胡觞天子
于雷水之阿","当"疑"雷"字之讹。丁谦径改为"雷水",乃从洪
校。顾实认为"当""常"可通,古书又多以"恒""常"二字通用,
如常山即恒山,则此"当水"亦为古之恒水也。郑杰文云:"当水"
者,犹言"本水",与言"当地""当州"相仿。本水,承上"循滹沱
之阳"而言,仍指今滹沱河。天海案:顾实之说可从。

⑦乐□:此处阙文,陈逢衡云:当是日干。王贻樑云:亦可能再有其
它字。天海案:据上下文意,此阙文□或为"甚"字,即"乐甚"。
译文且作此解。

⑧七萃之士:即甲萃之士,周穆王副车的甲胄禁军侍卫。檀萃云:
《周官》车仆掌戎路之萃,广车、阙车、革车、轻车之萃,凡五萃。
萃同倅,犹副也。穆王或增二萃,故云七萃耳。陈逢衡云:此"七
萃之士"皆亲军以备扈从者,士谓有爵命者。顾实云:《穆传》七
萃,实仍即《周官》之五萃而变言之,非有增也。于省吾云:按
"萃""倅"字通,《周礼·夏官》戎仆"掌驭戎车,掌王萃车之政",
注:"倅,副也。"近世易州出古戎器,有萃锯、萃鐩鋪者,均萃车所
用之兵器也。尝见古钵两枚,一为"王之萃车"四字,一为"萃车

马日庚都"六字,是萃车即副车也。(《穆天子传新证》,《考古社刊》1937年第二期。下所引皆同此)岑仲勉云:传文常以"七萃"与"六师"并举,人似颇多,副车或无需此数,余则疑"萃"为亲卫军或禁军之古称。(《〈穆天子传〉西征地理概测》,《中山大学学报》1957年第二期)卫挺生云:七萃之士,今所谓卫队也。郑杰文云:"七萃之士"即穆王的七队卫士。王贻樑考燕戈铭文,认为"七萃"的"七"字绝对不能解释为数目字,而疑当读为文献习见的漆车之"漆"一类。是《穆传》作者以周王的禁军卫队为七萃,乃源自于战国燕王的侍卫禁军。此事后人早已不知,亦可为《穆传》成书于战国之一证。陈炜湛云:因疑今本"七"为"甲"之误释,古"七""甲"同形,战国时代分别尚不严格(也可能魏地仍"七""甲"无别),"七萃之士"实当为"甲萃之士",即全副武装之卫士也。(《〈穆天子传〉疑难字句研究》,《中山大学学报》1996年第3期。以下引文同此)朱渊清云:"七萃之士"是穆王的警卫部队,古文"七"作"十",古文"甲"字或写作"十",极易相混,"七萃之士"实即"甲萃之士"也。(《〈穆天子传〉的古本旧注》,以下引文同此)郭侃认为此"七萃"释义应从顾实所言,即《周官》"五萃"之变言。天海案:"甲"字、"七"字,古文皆作"十",或疑荀勖抄此古文隶变写作"七"。萃,又通倅(cuì)。在此为副,次。《周礼·春官》:"车仆掌戎路之萃。"《周礼·夏官》:"戎仆掌王倅车之政。"注:"萃,犹副也。又,副车曰倅。"由此,"七萃之士"或当作"甲萃之士"。即"甲副之士",意为副车披甲卫士。战:檀萃云:"士战"者,犹云"战士",语倒耳。翟云升云:传中"战"字义未详,《文选》两注所引皆无之,似是衍文,或曰"戏"之讹。戏,游也。命七萃之士戏游与同乐也。陈逢衡云:战,盖如搜狩义,教以坐作进退之法,故曰"战"。所以示武于异域也。丁谦云:"赐七萃之士战"其下当脱一字,如"战甲""战马"之属,兹不能确定。顾实云："战"者,犹今言作战也。盖演习作战之事,而以为戏娱者。或曰战借为觯,谓赐饮也。小川琢治云:其中唯一可疑之字面,即为"赐七萃之士战"之"战"字,鄙见以为系"觯"字之讹;《仪礼·士冠礼》注、《礼记·礼器》注皆云:"爵三升曰觯。"《说文》曰"饮酒角也",《玉篇》曰"酒觞也"。"赐七萃之士战"当作赐七萃之士觯酒觯。迨西晋学者先有伐犬戎成见在,传钞时误以为当是"战"字,郭璞不察遂致误订。于省吾云:"战"字本应作"獸",即"兽",亦即"狩"之假字。……谓准予七萃之士以狩猎也。古人以狩为游乐,故言赐也。卫挺生云:小川琢治谓"战"字乃"觯"字之讹,饮酒器也,与"觞"同义,"赐觞"谓赐之酒饮也。挺案,此义最通。郑杰文云:"战"与"啴"同声符,音同故可通。啴,《礼记·乐记》"其乐心感者,其声啴以缓",郑注:"啴,宽绰貌。"宽绰,引为缓慢。赐七萃之士啴,即令七队卫士缓行,与下文"天子以寒之故,令王属休"寓意正同。陈炜湛云:"赐"七支队伍"战",更与文意不合。……"战"或系"单(單)"之误释,古单、干同字。愚意原简当为"赐甲萃之士单",谓临行前赐之武器以随王行。郭侃云:"战"从字形来看,当从于省吾考,即"战"为"兽"字之讹。天海案:战(戰),于省吾所考是,译文从此说。

⑨七舆大夫:天海案:郭注原文脱"七"字,此据诸家校补。陈逢衡云:"七舆大夫"见《左传·僖公十年》,杜注:"侯伯七命,副车七乘。"又见《左传·襄公二十三年》,杜注:"七舆,官名。"王贻樑云:由《左传》僖公十年文视,"七舆大夫"非官名,而是指共华、贾华等七位舆帅(沈钦韩《春秋左传补注》说是),杜注等误。其与"七萃"也无直接关系,郭注引证在于明其"皆聚集有智力者为王之爪牙也",则多少有一定的道理。

⑩庚寅:丁谦《干支表》:当作"庚戌",距前二十五日。盖由虖沱上游西抵犬戎境,非五日所能至,移后二十日,情事方合。是日觞

于犬戎南雷水之上,以雨雪天寒休息。天海案:顾实作"二十二日",即距前"乙酉"五日。此说可从。

⑪北风其凉,雨雪其霶(bàng):檀萃云:《诗·卫风》"霶"今作"滂"也。洪颐煊云:《广韵·十遇》注引《诗》作"霶"。翟云升云:今《诗》作"雱"。天海案:郭注引《诗·邶风·北风》,其"霶"字今本作"雱"。霶、滂、雱,形异而义同,即磅礴之义。

⑫王属:周穆王西征随从部属。陈逢衡云:此见体恤臣下之意。顾实云:"王属"云者,当包该七萃之士在内也。

⑬甲午:丁谦《干支表》改作"甲子",并称:"距庚戌十四日,因雪留滞,且犬戎既服,改议远征,自必增调军旅,筹备一切,至是始得启行,西绝隃之关隥。"王贻樑云:丁氏此改乃因上改而不得不再改,亦误。天海案:顾实作"二十六日",距前"庚寅"四日。

⑭绝隃之关隥:隃,地名。即今雁门山。在今山西代县境内。《尔雅·释地》:"北陵、西隃,雁门是也。"关隥,关隘。陈逢衡云:《说文》:"隥,仰也。"段玉裁曰:登涉之道曰隥,亦曰磴。郭侃云:《广雅·释丘》:"隥,阪也。"《说文解字》卷十四:"阪,山胁也。"山胁指山腰部,即山的斜坡处。"绝隃之关隥"即是在山腰部穿过的险隘道路。天海案:郭侃之说可从。

⑮"隥"几句:洪颐煊校云:注"隃西"下本有"己亥"二字,盖误以下正文羼入,今删。翟云升云:诸本皆作"疑北谓北陵"……案:上"北"字误。"己亥"二字,后人以下文相涉羼入耳,今并改正。郭侃云:此处作"北",文意不通。唐琳等校改作"此",是。"此""北"形近而误。天海案:郭注"疑北"当作"疑此",是,径改;"己亥"二字涉下文误衍,此据洪校本删。

⑯己亥:丁谦《干支表》:距前三十五日,至焉居、禺知之平,因军旅粮刍须陆续运至,故沿途留驻以待。顾实作"三月初二日",距前"甲午"只六日。天海案:以顾说近是。

⑰焉居、禺知：古代部族名。岑仲勉认为此即汉时"焉耆""月支"
　两国（《〈穆天子传〉西征地理概测》，《中山大学学报》1957年第2
　期。下所引皆同此）。王贻樑云：焉居、禺知，当为古部族名。其
　地望以里程计，当在今山西平鲁、井坪一带。平：通"坪"，平地。
　《尔雅》："大野曰平。"檀萃云：平，训"坪"。

【译文】

　乙酉这一天，穆天子向北登上了恒山。又向北巡行到达了犬戎国。
犬戎部落酋长在当水北岸向穆天子敬酒。穆天子十分高兴，就赏赐禁军
卫士狩猎游乐。

　庚寅这一天，北风呼啸，大雪纷飞。穆天子因为天寒地冻，命令随从
部属原地休整。

　甲午这一天，穆天子西行，翻越了雁门山的关隘。

　己亥这一天，到达了焉居、禺知两部落居住的大坪。

　1.3

　辛丑①，天子西征，至于䣙人②。䣙，国名。音巨肯切。河宗
之子孙䣙栢絮③，伯，爵。絮，名。古"伯"字多从木④。且逆天子
于智之口⑤，先豹皮十、良马二六⑥。古者为礼，皆有以先之。传
曰："先进乘韦。"⑦天子使井利受之⑧。井利，穆王之嬖臣⑨。

　癸卯⑩，天子舍于漆泽⑪，一宿为舍。乃西钓于河，以观口
智之口⑫。

　甲辰，天子猎于渗泽⑬。于是得白狐、玄狢焉⑭，以祭于
河宗⑮。以将有事于河。奇此获，故用之。汉武帝郊祀得一角白
鹿，以为祥瑞，亦将燎祭之类⑯。

　丙午⑰，天子饮于河水之阿⑱，阿，水崖也。天子属六师之
人于䣙邦之南⑲，渗泽之上。属，犹会也。

戊申^⑳，天子西征。骛行至于阳纡之山^㉑，骛，犹驰也。纡，音呕^㉒。河伯无夷之所都居^㉓，无夷，冯夷也。《山海经》云"冰夷"^㉔。是惟河宗氏^㉕。河，四渎之宗。主河者因以为氏^㉖。河宗伯夭逆天子燕然之山^㉗，伯夭，字也。劳用束帛加璧^㉘，劳，郊劳也，五两为一束。两，今之二丈。先白口^㉙。天子使郊父受之^㉚。郊父，郊公谋父。作《祈招》之诗者^㉛。

【注释】

① 辛丑：丁谦《干支表》："距前二日，至于䣙人。"天海案：顾实作"三月初四日"，亦距前二日。

② 䣙（pěng）人：古部族名、邦国国名。异体字为"鄇"。洪颐煊云：《汉书》"䣙成侯周缲"，《史记》作"鄇"，索隐云："音苦怀反，一音裴。"小颜"音普肯反"，"鄇"即"䣙"字之讹。丁谦云：䣙人，为河宗氏分封之国，地在渗泽以北。小川琢治云：句下当脱"之邦"二字。顾实云：䣙国当在今绥远之归化以西地，南跨图尔根河，而西际博托河。郑杰文云：《穆传》之䣙邦当在今河套东北之土默川平原一带。王贻樑云：于省吾说䣙人即冯夷（之族），䣙人为冯夷之后，其说甚是。推其地望，自平鲁、井坪间西行两日，则大致当在今内蒙黑城至托克托间。

③ 河宗：古人称黄河为四渎之宗。此指主祭黄河的河宗氏，即河伯冯夷。陆德明《庄子释文》："河伯姓冯名夷，一名冰夷。"檀萃云："河宗"者，犹六宗之宗，祭名也。其裔主河之祭，国在河源。䣙栢絮：䣙邦部族首领之名。䣙，为国名；栢，同"伯"，爵名；絮，人名。洪颐煊云：《古今姓氏书辨证》引作"鄇伯繁"。陈逢衡云：吴琯本作"伯"，《路史·国名纪》六引亦作"鄇伯繁"，下注云："《姓纂》作䣙伯繁。"《穆传》今本作"䣙伯絮"，误。陈逢衡又云：

下文河宗伯夭,伯是爵。盖其嫡派子孙承河伯冯夷之后者,故袭其爵,称"河宗伯夭"。此郦伯絮是其别派子孙,不得与河宗伯夭同。疑"伯絮"是二字连名。刘师培云:郦伯、伯夭,同为河宗氏。伯夭在西,为河宗氏嫡裔,郦伯另分工于东。(《穆天子传补释》,见《刘申叔先生遗书》。下所引皆同此)常征认为:兰州地区之河伯氏,周初尚为西北大邦,据有黄河两岸。(《〈穆天子传〉是伪书吗?》,《河北大学学报》1980年第2期。下所引皆同此)王贻樑云:下文"栢夭"之"栢"(伯)表行次,长子是也,故可承其父祖之位而称河宗伯夭。郦栢(伯)为其别封。郭侃云:依《穆天子传》正文,"伯"当应作"栢",盖"伯""柏""栢"三字形近,"伯"亦可与"柏"通,"栢"又为"柏"异体,故此处诸本多误。

④从:天海案:郭注原文作"以",唐本、檀本、陈本、吕本皆作"从",此据诸本径改。"伯""柏"二字可通,故"伯"字可从"木"。

⑤且:陈逢衡云:"且"字有误。顾实云:且,将也。逆:迎。智之□:邦国名。檀萃云:智,国名,即智氏也。陈逢衡云:"以观□智之□",上空方是"于"字,"之"下空方则不知是何字,必强为解之则凿矣。"智"下脱"氏"字,空方当是"邦"字。翟云升云:以下文"□智"证之,"智"上似有脱文。顾实云:据上文云"逆天子于智之□",疑此"智"字上,不当有缺文。"智之□"当为地名,在今托克托城西。卫挺生云:"智"字上之□当作"禺"字,"禺智"即"禺知"。"智之□"当作"智之境"。"智"当即"禺知",犹"吴"之又作"句吴","越"之又作"於越"也。且,"徂"字,古文省彳。徂逆,往迎也。天海案:卫说可从,译文且作"禺智之境"。

⑥先:古代送礼,以轻礼在先,重礼在后,称为"先"。二六:即十二。常征云:此种计数法,东周以后已不多用。如《左传》即罕见,后世即令用之,亦止为典雅用辞,如"三五明月满""年方二九""二八佳人"之类,与作为计数恒语不同。传文多此,亦为其书不出

于汉后之证。王贻樑云:"良马二六"当是十二匹马。《穆传》赠马,凡食马、野马,概以百、十计;凡良马、骏马(用于驾车乘者)皆为"四"之倍数。故卷四有"四马之乘""良马十驷",卷五则直言"骏马十六",皆可证此必为"十二",而绝非"二十六"。

⑦传曰:"先进乘韦":传,此指《左传》。乘韦,即四张熟制兽皮。乘,此代指四;韦,此指去毛熟制的兽皮。陈逢衡云:郭注引传曰"先进乘韦",检僖公三十三年传"以乘韦先",杜注:"古者将献遗于人,必有以先之。"无所谓"先进乘韦"也。郭注盖约其旨以成文。天海案:《左传·僖公三十三年》:"(秦师)及滑,郑商人弦高将市于周,遇之,以乘韦先牛十二犒师。"杜预注:"乘,四;韦,先韦乃入牛。古者将献遗于人,必有以先之。"孔颖达疏:"遗人之物,必以轻先重后,故先韦乃入牛。"乘,古时称四匹马拉的车为一乘,故"乘"又可作数词"四"的代称。先,后用以比喻先送的薄礼。范本"乘韦"作"采韦",误,此据《道藏》本径改。

⑧井利:人名。周穆王时大夫。《今本竹书纪年疏证》作"井公利"。檀萃云:井利,《纪年》作"共公利",盖"井"字之讹耳。陈逢衡云:《广韵·四十静》:"井氏,姜子牙之后,周有井利、井伯。"于省吾云:井利,即"邢利",金文邢国之"邢"均作"井"。王贻樑云:《穆传》"井利"与"邢侯"有别甚明,与金文、典籍完全相合……据金文,该族在穆王至孝王四朝显赫一时,历居高位。可知《穆传》确有西周史料保存。

⑨嬖臣:受宠幸的近臣。檀萃云:嬖,亲狎也。

⑩癸卯:陈逢衡云:旧作"癸酉",误,洪本同,今从檀本。丁谦《干支表》:"距前三十二日,舍漆泽,西钓于河。翟本作癸卯。"顾实作"三月初六日",距前辛丑仅二日。王贻樑云:以上下日期核计,当作"卯"是,故校改之。天海案:范本原文作"癸酉",檀本改作"癸卯",陈逢衡、翟云升皆从之。顾实亦校作"癸卯",故距前仅二

日。王贻樑《集释》本亦校改作"癸卯"。今从诸本改作"癸卯"。

⑪ 舍：住了一夜。漆澤：漆泽，水名。即今内蒙古托克托之山黛湖。檀萃云：澤，古"泽"字。洪颐煊云：孙同元云"漆澤"疑即下"渗泽"之讹。翟云升云：诸本"泽"皆作"澤"，盖传写之讹，非古文也，今改正。小川琢治云："癸卯"舍于漆泽，次于渗泽，及归途所经之澡泽，均系指一沼泽地而言，恐为同一地名，因字形相似误为三耳。其中"渗"字当为本字，他均转误。顾实云："漆"为"渗"之形讹字，卷四又讹作"澡"。今归化城南之图尔根河，亦曰大黑河，流径萨拉齐之南境，又西南而汇为泽，曰山黛湖者，即渗泽也。渗、山音近；泽，古音如莘，亦与黛音近。则山黛即渗泽，不过古今语音之变也。王贻樑云：漆澤，即下文"渗泽"，亦即卷四之"澡泽"，此皆后世传钞所致。……其地望盖以山黛湖近是。天海案："澤"字，字书不载，考《史记·天官书》有"淖"字，齐《李琮墓志》又有"澤"字，皆"泽"字之异体，故"澤"字亦为形近异写之"泽"字。洪颐煊校引孙同元说，疑此为下文"渗泽"之讹，又案引《初学记》所引下文"天子猎于漆泽"，认为渗、漆二字相近，故以孙说为是。译文亦从此说，作"渗泽"。

⑫ 乃西钓于河，以观□智之□：河，此指河套一段的黄河。靳生禾云：《穆传》的"河"，则指河套一带的黄河。以观□智之□，陈逢衡云：上空方是"于"字。"智"下亦当脱"氏"字。天海案：前一阙文或是"于"字，后一阙文或是"境"字，可参见本节上文注⑤，见卫挺生之说，译文且作"以观于智氏之境"。

⑬ 甲辰，天子猎于渗泽：甲辰，丁谦《干支表》："距前三十一日，猎于渗泽。"顾实作"三月初七日"距前仅一日，顾说近是。渗泽，湖泊名。即上文所称"漆澤"，参见上文注⑪"漆澤"。翟云升云：诸本及它书所引皆作"渗泽"，惟《北堂书钞》作"漆泽"，似是。王贻樑云：穆王此时在鄘邦盘桓游乐，自可纵横驰骋，多次往来于

渗泽，非如他处在征程中，往而不返也。更何况渗泽较大，此与上未见得为同一地。

⑭玄貉：黑色貉。貉，同"貊"，哺乳动物，似狸，锐头尖鼻，昼伏夜出，皮毛极为珍贵。天海案：洪颐煊校改"貉"字作"貐"，似无必要；其又疑"白狐、玄貐为两部落"，显与上下文不符。

⑮河宗：此指河神，亦即河宗氏远祖河伯冯夷。陈逢衡云：河宗，即指河伯冯夷，盖河宗氏之远祖，为夏时河伯能治水者。顾实云：猎祭以崇德报功也。狐、貉皆天然产物，而用以祭，则为华夏之礼。

⑯"汉武帝郊祀得一角白鹿"几句：郊祀，古代君王在一年中某些重要的时日，带领三公九卿等诸大臣依据礼法于国都郊外祭祀天地，为百姓和国家祈福的祭祀活动。南郊祭天，北郊祭地。郊谓大祀，祀为群祀。燎祭，古代祭祀仪式之一。把玉帛、牺牲放在柴堆上，焚烧祭天。洪颐煊云：郭氏《尔雅·释兽》注："汉武帝郊雍得一角兽若麃然，谓之麟。"检《史记》《汉书》原文俱同，此注云"白鹿"，约言之耳。郝懿行云："鹿"疑当为"麟"，见《汉书》。（《穆天子传注补》，光绪金蓉镜刻本。下所引皆同此）

⑰丙午：丁谦《干支表》改作"丙子"，并云：距前三十二日，饮于河水之阿，属六师于渗泽之上。考《竹书纪年》"十三年春，祭公帅师从王西征"，此则前在犬戎境时所增调者，及是方至，乃足六师之数。留屯渗泽者，因祭河宗后，须还经此地，乃赴西域，且不欲烦扰河宗国人也。翟本作"丙午"。顾实作"三月初九日"，距前三日。天海案：顾说是。

⑱河水之阿：黄河拐弯处。阿，郭注"水峯也"。峯即峰之异体。檀萃：水之腾起如峯（峰）。翟云升云：诸本"崖"皆讹作"峯"，今改正。陈逢衡云："崖"旧作"峯"，檀本同，今从洪本。顾实云："河水之阿"当在山黛湖之西北，当黄河东南流之屈曲处。阿，曲隅也。山水通称曰阿，则凡黄河之曲流成隅处，皆可曰阿也。王

贻樑云：作"崖"是，吕本作"嵯"为俗体。洪、翟、顾改"崖"未知据何本。天海案：郭注原文作"阿，水峯也"，误，此从洪颐煊校本改作"水崖"。

⑲ 属六师：属，聚会。陈逢衡云：属，兼聚合、存恤二义。六师，同"六军"。穆天子西征随行军队。周天子所统六军之师，亦泛指全部军队。《尚书·康王之诰》："张皇六师，无坏我高祖寡命。"曾运乾云：六师，天子六军。周制一万二千五百人为师。（《尚书正读》）黄以周《礼书通故》曰："天子国制六军，及出征，只用六师。"顾实云：二千五百人曰师，六师则万五千人也。若万二千五百人为军，天子六军，则凡七万五千人也。王贻樑云：据西周金文与文献，周初有二支主力大军：西六师（即"六师"）与成周八师（即"殷八师"，或以殷八师为另一支大军）。西六师为周人本土的嫡系部队。西周中期以后，当殷遗民已不再是西周统治者的重要威胁时，金文与文献中就只见"六师"（即西六师）而不见成周八师（殷八师）了。天海案：此"六师"泛指穆天子随行军队，不一定以编制人数计。

⑳ 戊申：檀本改"寅"作"申"。陈逢衡云：戊申，旧作"戊寅"，误。洪本同，今从檀本。……戊申，"丙午"后二日，洪本作"戊寅"，则上距"丙午"三十二日，误。陈逢衡、翟云升、吕调阳、顾实等俱从之。丁谦《干支表》：距前六日，骛行至阳纡山。翟本作"戊申"。顾实作"三月十一日"，距前二日。常征云："戊申"误为"戊寅"（"寅"字古文为"宊"，与"申"字古文形似）。通学之士如荀勖等不识误译之字且如是其多，等而下者，晋人堪能造此古文《穆天子传》乎？王贻樑云：计以时日，当作"申"为是。天海案：戊申，郭注原文作"戊寅"，误。此从诸本改。

㉑ 骛行：飞驰而行。郑杰文云："骛""骛"古通。《淮南子·主术训》"鱼得水而骛"，高诱注："骛，疾也。"《文选·射雉赋》"咸乘危以

驰骛”，徐注：“骛，疾也。”义同，故可通。天海案：骛，通“鹜”，飞驰之义。郑说是。阳纡（yū）之山：山名。又称阳山，即今河套之阴山。小川琢治云：当在穆王渔猎之渗泽附近地方，阳纡即阴山南麓之别名。顾颉刚云：就“绝隃关隥”以至河宗的道路来看，似乎即是现在的大青山。赵俪生云：在叫做阳纡的河和湖的北面有山，这就是现在内蒙的大青山，文献中又名之曰阳山。（《〈穆天子传〉中一些部落的方位考实》，《中华文史论丛》1979年第十辑。下所引皆同此）王贻樑云：小川、顾实说为今内蒙阴山，是。顾颉刚、赵俪生说为大青山，则更具体。古以其在河之北而名阳山，后则以遮蔽阳光而名阴山。

㉒纡，音呕：天海案：郭注“纡，音呕”。见《集韵》：“乌侯切，音讴。”又《类篇》：“阳纡，山名也。”

㉓河伯无夷：即河伯冯夷，参见本卷前文注。《山海经》云“冰夷”。陈逢衡云：《竹书》作“冯夷”。丁谦云：盖河宗伯夭之远祖，祀为水神者也。顾实云：无夷，盖为鄘伯絮、河宗伯夭之祖先也。于省吾云：冯夷谓夷之国名也。死为河伯，固其为冯夷之国君，沿习既久，遂以冯夷为河伯之名也。王贻樑云：顾炎武《日知录》卷二十五“河伯”条云：“是河伯者，国居河上而命之为伯，如文王之为西伯，而冯夷者，其名尔。”此说极为简明扼要。都居：国都所定居之处。王贻樑云：“都居”者，台湾中华学术院编《中文大字典》（1979年修订版）释为“奠都而居之也”，较他说为佳。

㉔《山海经》云“冰夷”：天海案：郭注“冰夷”，又叫冯夷或者无夷，他的名字最早出现是在《山海经·海内北经》之中：“从极之渊，深三百仞，维冰夷恒都焉。冰夷人面，乘两龙。一曰忠极之渊。”

㉕河宗氏：黄河上游邦国名。洪颐煊校云：《初学记》六引《穆天子传》云：“河与江、淮、济三水为四渎，河曰河宗，四渎之所宗也。”疑此注文。《史记·赵世家》正义：“河宗在龙门，河之上流，岚、胜

二州之地。"

㉖主河者因以为氏：因，郭注原作"目"。郭侃云：目，当为"因"之
　　讹误，郭注意在指出河宗氏命名的缘由，此处作"目"，文意不通。
　　天海案：因，郭注原文作"目"，形近而误。此从郭侃说径改。

㉗柏夭：伯爵，名夭。燕然之山：山名。刘师培云：此燕然山在今甘
　　肃境。非《汉书・匈奴传》之燕然也。王贻樑案：依传文，燕然山
　　显然为今阴山山脉中一山，具体当今何山，尚难确定。

㉘劳：慰劳。檀萃云：郊劳，天子待诸侯来朝之礼也。此之郊劳则诸
　　侯以待天子，王侯迭为宾主。郑杰文云：《左传・僖公三十三年》：
　　"齐国庄子来聘，自郊劳至于赠贿，礼成而加之以敏。"杜注："迎
　　来曰郊劳，君亲拜迎于大门之内。"此迎上邦之君，故柏夭亲出郊
　　迎。束帛加璧：五匹一束的帛再加上玉璧。古代贵重的礼物。天
　　海案：《礼记・郊特牲》："束帛加璧，往德也。"

㉙先白口："白"下阙文檀本填作"马"。卫挺生云：当作"圭"字。
　　圭，天子所执。天海案：译文且从卫说，作"白圭"。白圭，是白玉
　　做成的圭形礼器，上尖下方。

㉚邬（zhài）父：人名。周穆王卿士。

㉛"邬父"几句：邬公谋父，又作祭公谋父。陈逢衡云：韦昭注《国
　　语》云："祭，畿内之国，周公之后也，为王卿士。谋父，字也。"《祈
　　招》诗见《左传・昭公十二年》子革曰："祭公谋父作《祈招》之
　　诗以止王心，王是以获没于祇宫。"杜注："谋父，周卿士；祈父，周
　　司马。招，其名。"天海案：《今本竹书纪年疏证》："十一年，王命
　　卿士祭公谋父。"雷学淇《竹书纪年义证》云："祭公谋父者，周公
　　之孙。其父武公与昭王同没于汉。谋父，其名也。"（修绠堂书店
　　1939年版）此又一说。

【译文】

辛丑这一天，穆天子西行，到达了邲人国。河宗氏的子孙邲国伯爵

絮,前往迎接穆天子于禺智境内,先送上豹皮十张、骏马十二匹作为见面礼。穆天子命大臣井利收下了这批礼物。

癸卯这一天,穆天子在渗泽住了一夜,又西行到黄河边钓鱼,并巡视了智氏境内的风物人情。

甲辰这一天,穆天子到渗泽打猎,在那里捕得白狐和黑貉,就用来祭祀河伯。

丙午这一天,穆天子在黄河岸边宴饮,并命他的随行军队在鄐国南面的渗泽上聚会。

戊申这一天,穆天子西行。快马飞驰前进,到达了阳纡山,这里是河伯冯夷建都居住的地方,也就是河宗氏。河宗氏国君伯夭在燕然山迎接穆天子,用五匹束帛加玉璧进行慰劳,并先以白圭作见面之礼。穆天子命祭公谋父收下了伯夭献上的礼物。

1.4

癸丑①,天子大朝于燕□之山、河水之阿②。盖朝会郡官,告将礼河也③。乃命井利、梁固④,梁固,大夫。聿将六师⑤。聿,犹曰也。天子命吉日戊午⑥,《诗》曰:"吉日庚午。"天子大服⑦:冕袆⑧、冕,冠。袆,衣。盖王、后之上服,今帝服之⑨,所未详。袆,音晖。帗带⑩、帗,韠也,天子赤帗。音弗。搢智⑪、智,长三尺,杼上椎头,一名斑,亦谓之大圭。搢,犹带也⑫。智,音忽。夹佩⑬、左右两佩。奉璧⑭,南面立于寒下⑮。寒下,未详。曾祝佐之⑯,曾,重也。传曰:"曾臣偃⑰。"官人陈牲全五□具⑱。牛羊之品曰牲,体完曰全牲。或曰:全,色纯也。传曰:"牲全肥腯。"⑲

天子授河宗璧,河宗伯夭受璧,西向沉璧于河,河位载昆仑⑳。再拜稽首㉑。稽首,首至地也。祝沉牛马豕羊㉒。河宗

□命于皇天子㉓，加"皇"者，尊上之。**河伯号之**㉔：呼穆王。**"帝曰：穆满**㉕，以名应，谦也。言谥，盖后记事者之辞。**女当永致用呂事**㉖。"语穆王当长干理世事也。**南向再拜。**穆王拜。**河宗又号之："帝曰：穆满，示女舂山之瑶**㉗，《山海经》"舂"字作"锺"，音同耳。言此山多珍宝奇怪。**诏女昆仑□舍四、平泉七十**㉘。疑皆说昆仑山上事物。**乃至于昆仑之丘，以观舂山之瑶。**皆河伯与穆王词语。**赐语晦**㉙。月终为晦，言赐女受终福。"

　　天子受命，南向再拜㉚。受河伯命㉛。

【注释】

①癸丑：丁谦《干支表》："距前三十五日，在阳纡又停月余者，殆祭品未备故耶，是日大朝于燕然之山。"顾实作"三月十六日"，距前"戊申"五日。天海案：顾说近是。

②大朝：大会诸侯、群臣。陈逢衡云：此穆王因征战西戎而行巡狩会同之事，谓合西方五等诸侯而黜陟之，故曰"大朝"，非会郡官也。檀本作"群官"更误，若止会随行之官属，焉得云"大朝"？郭又谓"告将礼河"，义亦小，非觐肆之义，祀河特因巡狩而及之。卫挺生云：此乃在今包头市之西山嘴附近之平野大朝也。燕□之山：洪颐煊云：□，疑"然"字。翟云升云：诸本皆作"□"，檀本据上文拟补作"然"，今从之。天海案：据上文"逆天子燕然之山"，此阙文当补"然"字。

③盖朝会郡官，告将礼河：郡官，郭侃云：《释名·释州国》："郡，群也，人所群聚也。"此"郡"不当释为地方行政区划，郭注是对"大朝"作解，应指穆王召集所有西巡随行大臣，诏告将要祭河，体现穆王对祭河重视程度很高以及祭河行为的重要性。天海案：郭璞注中"郡"字与"群"字通。檀本、翟本皆作"群"，卢文弨亦校

作"群",不当。"郡""群"二字可通。郡官,亦即"群官",即随行
所有官员。《吐鲁番出土文献·专业词典》:"郡,通'群'。高昌
午岁武城诸人雇赵沙弥放羊券'羔子入郡,与大麦一斗'。郡,通
'群'。考《释名·释州国》:'郡,群也,人所群聚也。'"故郭侃所
引《释名·释州国》认为不当解释地方行政区划之义,则非;但说
"郡官"为"所有西巡随行大臣",则是。

④井利:人名。周穆王时大夫。《今本竹书纪年疏证》作"井公利"。
参见前文1.3注⑧。梁固:人名。周穆王时大夫。今本《竹书纪
年》作"逢公固"。郭璞注原作"梁门"。檀萃云:注"门"字误,
当是"固"。郭以梁门大夫,然此有案其从师时,井利、梁固俱称
公,则井、梁皆为所封之国也。洪颐煊云:注"门"字疑是"固"字
之讹,下似又脱一"周"字。陈逢衡云:井、梁,俱是姓,不是封国。
晋有𡙗大夫,周初无此官制,郭谓𡙗臣大约谓亲近耳。《广韵》四
十"静":井氏,姜子牙之后,周有井利、井伯。顾实云:郭注不以
穆王征巡为然,故谓井利为穆王之𡙗臣。实则井利、梁固共将六
师而西征,正是大将才,岂𡙗臣之流耶?于省吾云:"井利"即"邢
利",金文"邢国"之"邢"均作"井"。常征云:将兵随周穆王征
巡之军帅有"逢公固",《穆天子传》又称之曰"梁固"。按此逢公
固为逢国之君,逢伯陵后裔,姜姓,其作国之地在今开封稍西,以
临逢池(亦名制泽),故称"逢国"。逢国原名梁,因又得称"梁
国",其君因得谓"梁固"。卫挺生云:统观全书,"梁固"当即"逢
公固",正如范武子士会又称"随会",而荀林父为"中行氏"、又
称"中行桓子"之例皆是也。王贻樑云:由郭璞于卷二"逢固"下
亦有注"周大夫"看,则可知郭璞并不以"梁固"与"逢固"为同
一人,否则卷二就无需再作注。撇开郭注不论,以《穆传》全书前
后文考察,则又感到他们为同一人的可能性确是很大的,但问题
是缺乏有力的证据。常、卫之说同样显得不足……若"梁固"与

"逄固"果为一人,则只能是"梁""逄"中必有一误,或另有其他原因,目前尚难确知。天海案:郭璞注文原作"梁门",此从洪校,径改"门"为"固"。梁固,依《竹书纪年》,又当作"逄公固"。

⑤聿(yù):无义,用在句首或句中。陈逄衡云:聿,与"遹"同,发语词。天海案:郭注:"聿,犹曰也。"亦通。将六师:率领六师。陈逄衡云:燕然山在边徼,所会皆蛮夷镇蕃之国,恐有奸宄,补课仅以七萃之士守王闲,故大陈六师,特命二大夫将之。

⑥吉日戊午:陈逄衡云:巡狩外事也,故用刚日。郑杰文云:吉日,大吉之日。郭侃云:《礼记·曲礼上》:"外事以刚日,内事以柔日。"孔疏:"外事,郊外之事也。刚,奇日也,十日有五奇五偶。甲、丙、戊、庚、壬五奇为刚也。"外事刚义,故用刚日也。此时穆王所作祭河之事即《礼记》所言之"刚日"。天海案:丁谦《干支表》:"距前五日,祭于河宗。"顾实作"三月二十一日",距前五日。郭璞注文所引见于《诗经·小雅·吉日》:"吉日庚午,既差我马。兽之所同,麀鹿麌麌。漆沮之从,天子之所。"

⑦大服:盛服、盛装,穿戴隆重礼服。

⑧冕袆(huī):古代祭祀时帝王所戴之冠和所穿之画衣。檀萃云:副袆,后服,盖画翟也,然九章华虫鷩冕则亦鷮翟也。陈逄衡云:《太平御览》六百九十引:"吉日戊午,天子大服冕袆,授河宗璧。"孙诒让云:此冕袆于《周礼·司服》当祀四望山川之毳冕,《内司服》先郑注云:"袆衣,画衣也。"王冕服皆衣画而裳绣,故亦通谓之袆。(《〈穆天子传〉郭璞注》,《札逐》卷十一,中华书局1989年第一版。下所引皆同此)郑杰文云:袆,此指蔽膝。……蔽膝,即护膝的围裙,跪拜时用。王贻樑云:此冕袆即金文赏赐物中习见之"冕、衣"也。冕即冠,袆即袆衣(画衣),孙说是。郭侃云:《方言》:"蔽膝,江淮间谓之袆,或谓之被。"可知蔽膝亦称为"袆"。郭璞认为《穆天子传》中"袆"释为"王后的祭服",因此注作:

"今帝服之,所未详。"而下文又有"帗带",此处即不应释作"蔽膝",应以孙诒让所释"袡衣"为是。天海案:郭注"王、后之上服",王、后,皆指古代君王。"后"与繁体字"後"是两个不同的字。"后"本义指远古时代的君主或诸侯,后来专指君主之妻。上服:黑色祭祀之服;此指帝王的上衣。《仪礼·士虞礼》:"尸服卒者之上服。"郑玄注:"上服者,如《特牲》'士玄端'也。"贾公彦疏:"玄端即是卒者生时所著之祭服,故尸还服之。"

⑨今帝服之:天海案:郭璞此注文,是说当今皇帝亦穿此衣服。

⑩帗(fú)带:帗,古代衣裳前的蔽膝,用熟皮制成。帗,通"韍";带,即腰系绅带。洪颐煊云:《说文》云:"市,韠也。篆文作韍。""帗,一幅巾也,从巾,犮声,读若拨。"今借作"韍"字。注"韠"本讹作"韠",今改正。翟云升云:韍,诸本皆讹作"帗";韠,诸本皆讹作"韠",惟《太平御览》六百九十三作"韠",《说文》七下"市,韠也。篆文市,从韦,从犮",五下"韠,韍也"。帗、韠,非此义也。陈逢衡云:帗带,当是以五彩细毛组织为绅带也。……韠是蔽膝,虽《说文》"市"字有"从巾,象连带之形"云云,然究与"带"字不贯。顾实云:"帗"借为"市","市""韍"同字,亦通作"绂""芾""绋"。郭注"帗,韠,天子赤帗",是也。今本注作"韠",则当借为"䙱","䙱""褌"同字,今之裤裆裤也。王贻樑云:"帗、带"即赏赐金文习见之"市、黄"。陈梦家《西周铜器断代》(载《考古学报》一九五六年三期)于《趞曹鼎》下考明:市,又名韠、韍、帗、芾、袚、绋、芾、袡、袡、襜、大巾、巨巾、蔽膝,甚是。案:"市"为象形本字,正是系于腰间、垂于膝前之形。其他皆形声与意称。其起源于原始时期的膝前遮蔽物。天子用市之色,文献或云"赤",或云"朱",金文未见,尚难辨其孰是。带,金文作"黄""㠯",皆读为"横",横系市也。作"带"者,后起。此亦《穆传》晚于西周之一证。天海案:郭注"天子赤帗",即天子所用红

色蔽膝，用熟牛皮制成。其注中"韠"字原误作"鞸"，据改。

⑪搢智（hù）：插笏版于腰带上。搢，插。智，古"笏"字。笏，古代
天子朝会、祭祀时所执之玉版。洪颐煊云：智，《太平御览》六百
九十二引作"笏"。智，古"笏"字。檀萃云：智，今本作"笏"，
《考工记》："大圭长三尺，杼上终葵首，天子服之。"《玉藻》："天
子搢珽方正于天下也。"陈逢衡云：《说文》："搢，插也。"郑杰文
云：《北堂书钞》卷一百二十八、《太平御览》卷六百九十二引作
"笏"。王贻樑云："搢智"即《仪礼·士丧礼》《乡射礼》注文所
云"插笏于带之右旁"者。

⑫搢，犹带也：天海案：搢，与"缙"通，也指赤色腰带，《说文》："缙，
帛赤色也。"故郭注："搢，犹带也。"然而于此不妥。

⑬夹佩：腰间左右所佩饰物。陈逢衡云：疑是佩玉。狰猁云：穆王行
祭河之祀，不能是左右单个玉佩，应该是玉组佩，以显身份和重
视。（《天天诗词网》2022.11.15发布。下所引皆同此）

⑭奉璧：陈逢衡云：奉璧者，执璧秉圭之义，所以致敬也。

⑮寒下：檀萃云：寒下，盖地名。陈逢衡云：此立于寒下露处也。谓
上无屋宇可蔽风雪，非地名。郝懿行：寒下，疑谓谷口寒门也，见
《史记·封禅书》。顾实云：寒者，河宗之神也。昭四年《左氏传》
曰"以享司寒"，杜注云："司寒，玄冥水神也。"此古谓水神曰寒
之证。水神即河神也。天子立于寒下者，殆将受命于河神之前，
神在上，故曰寒下也。狰猁云：陈逢衡之说当为是，寒下，即露天。
天海案：依陈逢衡说，此"寒下"当为寒天野外，译文暂从此说。

⑯曾祝：刘师培云："曾祝"盖职位崇高之祝，即太祝也。卷六"曾
祝"亦然。顾实云："曾""层"，古字通用，谓二重也。……则曾祝
者，或训太祝，或训陪祝，义皆可也。王贻樑云：曾祝，其他文献未
见。从文意视，可能即大祝。郭伲云：曾祝，曾姓太祝官。天海案：
《周礼·春官》有太祝一职，掌祭祀，主颂祝辞。译文且从此说。

⑰曾臣偊：陈逢衡云：曾臣彪，官臣偊，见左氏《襄公十八年传》注："曾臣，犹末臣，此曾臣偊当是曾臣彪之误。"《尔雅·释亲》注："曾，犹重也。"《诗·维天之命》笺："曾，犹重也。"天海案：曾臣偊，此太祝名偊。

⑱官人：同"馆人"。古代掌管驿站馆舍的官员。天海案：《左传·昭公元年》："不然，敝邑，馆人之属也，其敢爱丰氏之祧？"杜预注："馆人，守舍人也。"王鸣盛云：官人，管人也，与"馆"同。古文"馆"作"官"，见《仪礼》注。（王鸣盛校《穆天子传》。下所引皆同此）陈逢衡云：官人，即《仪礼》之"馆人"。顾实云：官人者，《荀子·荣辱篇》所谓"三代虽亡，治法犹存，是官人百吏之所以取禄秩也"。郑玄注《礼记·王制篇》以为"周官府史之属"。孙诒让传《官人义篇》（在《籀庼述林》中），因谓"《穆传》合于礼古经"，良不虚也。郑杰文云：孙诒让《籀庼述林·官人义》曰："官人，即庶人在官者。""无专官，无专职，故凡布幕、具沐浴、汲水、陈牲、膳鹿诸劳辱事无不役之也。"王贻樑云：胡培翬《仪礼正义·聘人》"管人布幕于寝门外"下亦释《穆传》之"官人"为"馆人"，甚是。陈牲：陈列牛羊等牺牲祭物。全五□具：陈逢衡云："全"与"牷"通。郭注引传见桓六年，杜注："牷，纯色完全也。"当以体全具为正解。顾实云："牲全"即"牲牷"，《尚书·微子篇》作"牺牷"。《周官》牧人及《左氏传》皆作"牲牷"。王贻樑云：全，甲文如此作，牷为后起专字。其义有二，争讼既久而终未能决。于甲文察之，似以色纯之说略占上风。郭侃云："牷"释作"肢体齐全"更妥。

⑲传曰："牲全肥腯（tú）"：天海案：此郭注所引见《左传·桓公六年》："吾牲牷肥腯，粢盛丰备，何则不信？"

⑳西向沉璧于河，河伯载昆仑：西向，因黄河由西而来，故面向西方。陈逢衡云：河从西来，故西向。翟云升云："载"读若"戴"，古字

通用，值也。古者有事于山川而非常祭则为位。河源出昆仑在西，位与相值，故伯夭西向而沉璧也。顾实云：此穆王沉璧，所谓望祀，遥望河神而以璧为礼。郑杰文云："设位"即设望表，《国语·晋语八》"设望表"，韦注："望表，谓望祭山川，立木以为表，表其位也。"王贻樑云：此盖言河之神位在昆仑，因古人以河源在昆仑。又，"载"可训始，言河源自昆仑，意亦通。天海案：郭注"河位载昆仑"，言河神神位在西方昆仑，故"西向沉璧于河"。王贻樑所说是。

㉑稽首：叩头至地。陈逢衡云：释文："譜，音启，本又作稽。"《荀子·大略篇》："平衡曰拜，下衡曰稽首。"此言"再拜稽首"者，先空首而后稽首也。盖拜神用再拜，亦见郑注。

㉒祝：即上文"曾祝"。

㉓河宗□命：此处阙文檀萃与卫挺生皆填"致"字，译文从此。致命，即代天帝传言。檀萃云：致上帝命于穆王，如下文所号也。天海案：译文且从此。皇天子：皇天之子。即穆天子。"皇"为赞美之词。卫挺生云："皇天子"谓穆王也。郑杰文云："命于皇天子"者，盖授穆王以帝命也，与《齐侯壶》"齐侯奉嘉命于上天子"之意同，即受上神之命也。王贻樑云："皇天子"指穆王，"皇"乃懿美之辞，金文可见，如《善鼎》："对扬黄天子不休。"下"帝"乃指天帝，未可相混。郭侃云："皇"即应释作"美"。《诗·周颂·执竞》："不显成康，上帝是皇。"毛亨传："皇，美也。"

㉔河伯号之：伯夭高声呼唤穆天子。檀萃云：河伯，冯夷也。见神自出而致命帝。丁谦云："号之"者，大声以诵也。古时西方各国，君皆听命于神，即借巫祝以传其语。郑杰文云："河伯"应作"河宗"，故下言"河宗又号之"，即河宗伯夭代河神加命于穆王。天海案：这里上下文中的河宗、河伯皆指伯夭。

㉕帝曰：穆满：帝，此指天帝。穆满，周穆王名满。檀萃云：郭注以帝

为穆王，上下文义不贯。陈逢衡云：据《尚书·帝命验》云："帝者，天号也。"号，谓名号，胡到切，不作平声读，解作呼号之号。此"号之"，即号皇天子以帝，故下文云"帝曰：穆满"，此文颇合。河伯即河宗伯夭。卫挺生云：河伯号称上帝之命，而河宗伯夭转致之于穆王云云。顾实云："穆满"亦河伯呼穆王之名也。又周成王生前已称"成"，《吕览·下贤篇》曰："周公旦抱少主而成之，故曰成王。"《史记·鲁世家》载周公曰："我，文王之子，武王之弟，成王之叔父。"皆其证也。则穆王何不可生前已称"穆"？故"穆满"云者，不必为死后追记之辞可知也。于省吾云：按注云"言谥，盖后记事者之辞"，此说非是。《通鉴》"穆王在京"，"周穆王亲锡通"，是穆王生称谥号之证。卫挺生云：近人王国维、今人郭沫若，皆从青铜器之铭文加证周穆王生前称"穆"。天海案：郭璞所注未当，顾实、于省吾、卫挺生诸说是。

㉖ 女：通"汝"。永致用昔事：致用，尽其所用；昔事，即时事。指周穆王要永远对河神尽四时贡职。《说文·日部》："昔，古文时。"檀萃云：昔，古"时"字。洪颐煊云：昔，古"时"字，本作"时"，从程氏本改。陈逢衡云：永，即永命之义。顾实云：时，即世也，郭注云"世事"，自是确诂，不可易也。郑杰文云：昔事，此当指穆王对河神应尽之职。

㉗ 示女：指示你。春山之瑶：春山，山名。瑶，古文"宝"字。檀萃云：瑶，古宝字。卫挺生云：锺山，即春山，今帕米尔。

㉘ 诏：告知。昆仑：山名。或指今巴颜喀拉山，为黄河之源，与今昆仑山相邻。口舍四：郑杰文云："口舍四""平泉七十"，与下文"乃至于昆仑之丘"及卷三"天子渴于沙衍"等文联系起来看，似指示去昆仑之便于食宿之处。郭侃云：此处依然是河宗柏夭以天帝之名义，诏告穆王关于昆仑丘上的事物，而非赐予穆王某物。因此当作"诏"。天海案：此阙文檀萃补"宫"字。译文且从之。

平泉：泉水名。陈逢衡云：平泉，平壤之甘泉也。顾实云：大野曰平，平泉，或即大野之泉。平泉七十者，卷二所谓"春山之泽，清水出泉"，或即其一欤？天海案：郭璞注"疑皆说昆仑山上事物"，而下文明言"乃至于昆仑之丘"，可知"□舍四、平泉七十"乃去昆仑途中之事物，郭注未妥。

㉙赐语晦：檀萃云：如注言，"语"应作"汝"。翟云升云："晦"之上下似有缺文。于省吾云：郭注非。依邵本及注文，"语"应作"女"，"晦"宜读作"贿"。《仪礼·聘礼记》"贿，在聘于贿"注："古文贿，皆作晦。"……然则"赐女晦"即"赐女贿"也。郑杰文云：于说是，盖言赐于周穆王昆仑山上之"珍琭奇怪"。天海案：据此，"赐语晦"即"赐女贿"，意为赐给你财宝，译文从此说。

㉚南向再拜：此指穆王对着黄河拜了两次。

㉛受河伯命：表示穆王接受河伯转达的天帝之命。

【译文】

癸丑这一天，穆天子在燕然山下黄河岸边，召集所有随同西巡的大臣举行大型朝觐之会，诏告将要祭祀河神。命井利、梁固两位大夫统率六师。穆天子选定戊午这一天为祭祀河神的吉日，穆天子穿戴隆重盛装：头戴王冠，身穿画衣，腰系蔽膝与大带，绅带上插上笏版，左右佩玉，穆天子双手捧着玉璧，面朝南对着黄河，露天站立在河神牌位下。太祝主持祭祀，馆吏陈列牺牲供品，完整一色的牛、马、猪、羊、犬，五牲齐备。

穆天子把玉璧递给河宗伯天，伯天接受玉璧后，面向西将玉璧沉入黄河之中，叩首至地拜了两次。太祝又将牛、马、猪、羊祭品沉入河中。河宗伯天便向穆天子传达天帝之命，河宗伯天高声呼唤，代天帝说："穆满，你应当永远治理世事。"穆天子面向南拜了又拜。河宗伯天又高声呼唤，代天帝说："穆满，给你看春山上的珍宝，告诉你去昆仑山要经过宫室四处、平泉七十处，才能到达昆仑山高峰，观赏到春山的珍宝，得到赏赐给你的财货。"

穆天子接受了天帝的旨意，面向南拜了又拜。

1.5

己未^①，天子大朝于黄之山^②。将礼河而去。乃披图视典^③，用观天子之珤器^④。省河所视礼图。曰：曰，河图辞也^⑤。

"天子之珤：玉果、石似美玉，所谓女果者也^⑥。璿珠、璿，玉类也。音旋。烛银、银有精光如烛。黄金之膏^⑦。金膏亦犹玉膏，皆其精沩也。

"天子之珤万金、□珤百金、士之珤五十金、庶人之珤十金^⑧。自"万金"以下，宜次言"诸侯之珤千金、大夫之珤百金"。此书残缺，集录者不续，以见阙文耳。

"天子之弓射人，步剑、牛马、犀□器千金^⑨。步剑，疑步光之剑也。犀，似水牛，庳脚，脚为三蹄，黑色^⑩。

"天子之马走千里，胜人猛兽^⑪。言炁势杰骇也。

"天子之狗走百里，执虎豹^⑫。言筋力壮猛也^⑬。"

柏夭曰："征鸟使翼^⑭：曰□乌鸢、音缘，鸦也。鹳鸡飞八百里^⑮。即鹍鸡，鹄属也。名兽使足：□走千里^⑯，狻猊□^⑰，野马走五百里^⑱，狻猊，狮子，亦食虎豹。野马，亦如马而小。狻，音俊。猊，音倪。邛邛距虚走百里^⑲，亦马属。《尸子》曰："距虚不择地而走。"《山海经》云"蛩蛩距虚"^⑳，并言之耳。麋□二十里^㉑。自麋已上，似次第兽能走里数远近。"

曰：柏夭皆致河典^㉒，典，礼也。自此以上，事物皆河图数载^㉓，河伯以为礼，礼穆王也。乃乘渠黄之乘^㉔，为天子先^㉕，先驱导路也。以极西土^㉖。极，竟。

【注释】

①己未：丁谦《干支表》："距前一日，大朝于黄山。"天海案：顾实作
"三月二十二日"，亦距前一日。

②黄之山：檀萃云：黄山无草木，多竹箭，盼水出焉，西流注于赤水。
陈逢衡云：檀所说黄山见于《西山经》。顾实云：黄之山当即今绥
远鄂尔多斯右翼后旗，西北套外之阿尔坦山。又《水道提纲》曰：
"黄河东折处，正当阿尔坦山之南。"蒙古语凡谓金黄色，辄曰阿尔
坦，则"黄之山"即阿尔坦山，至今犹可目验也。王贻樑云：此
"黄之山"与《西山经》黄山盖当一山。其山不在今陕西，郝懿行
《山海经笺疏》早已辨明。由《穆传》看，穆王此时尚在河套河宗
柏夭领地，故"黄之山"当为阳山（今阴山）山脉中一山或其附
近，而不当为套外的阿尔泰山。郭侃云：黄之山，山名，今阴山山
脉最西端之狼山。天海案：以王贻樑说近是。

③披图视典：翻阅图书典册。陈逢衡云：此所谓图，乃河宗柏夭世守
之图籍，如后世地图之类，非穆王时又出河图也。丁谦云："河图"
者，自古相传，出于河中，典则图后附记之文。顾颉刚云：河图是
图，河典是说明书。郑杰文云：此所言"河图"，当指古地图。……
《穆传》此言之"图""典"，盖西域古地理物产图书，与《禹贡》相
类，而为河宗氏所藏者也。或河宗氏据西域商旅传说所绘之图、
所记之书。郭侃云：长沙马王堆三号汉墓、天水放马滩一号秦墓
皆出土过地图，地图有绘在帛上的，亦有绘在松木板上的。依
《穆天子传》"披图"一词分析，穆王所用地图应是绘于布帛之上，
"披"可释为"翻阅、打开"。……由下文可知，《穆天子传》中地
图亦记载"天子琱器"的种类，实际上即是春山、昆仑山上的物产
资源。

④用：即"以"。洪颐煊："周"本作用"，从《事类赋注》九引改。
陈逢衡云：用，"以"也。洪本作"周"字，误。郑杰文云："用"字

是。此"用"作"以"解，"用观"即"以观"，《水经·河水（一）注》引正作"以观"。王贻樑云："周"字是，"周观"即遍览。天海案：据下文皆图典所载天子之宝，作"周观"似不妥。陈说可从。又，郭璞注"省河所视礼图"，洪校本改其"视"为"出"。"视"本通"示"，不当改为"出"。

⑤曰，河图辞也：曰，郭璞此注指河图的记载文字。辞，文辞。

⑥所谓女果者也：王贻樑云："女果"即如果之玉。此作"女"字不误，读为"如"。中山王鼎、银雀山汉简《孙子兵法》"如"字皆作"女"，即证。郭侃云："女"通"如"，古文字中常见，王贻樑说是。天海案：王贻樑说是，译文从之。

⑦璿（xuán）珠：美玉之珠。烛银：光亮耀眼的银器。顾实云：烛银，盖即以银之光耀，能烛照人面，故名。王贻樑云：《尔雅·释器》："白金谓之银，其美者谓之镣。"……此烛银即镣，乃质地精美、光华耀目之银。黄金之膏：或溶黄金成为膏汁，用来涂饰器物。顾实云：黄金之膏，未审何物。或即金泥（盖以纯金为之），用以涂饰器物者欤？王贻樑云：顾先生疑为金泥可参。考古发掘在西周宫室墙壁上有涂金现象（材料待发），盖即以金泥涂敷，但尚未知具体情况。郭侃云："烛银黄金之膏"应是鎏金技术中所使用的金和水银合成的金汞剂。目前学界普遍认为战国时已发明鎏金工艺，其在文献中最早见于《后汉书·祭祀志》："检用金缕五周，以水银和金以为泥。"天海案：郭璞注："金膏亦犹玉膏，皆其精沩也。"洪校云："沩，《太平御览》八百十一引作'液'。"可见"黄金之膏"亦黄金溶液之类。

⑧万金：此指价值万金，极言其宝贵。□珤百金：此处阙文较多。天海案：郭璞注文，自"万金"以下，宜次言"诸侯之珤千金、大夫之珤百金"。译文依郭注补足。庶人：郭注原文作"鹿人"，形近而误，径改。洪颐煊校称孙同元云："'鹿人'疑'庶人'之讹。"王贻樑云：

此与天子、士等对言,必作"庶人"为是。天海案:译文从此说。

⑨射人:疑为良弓之名。步剑:或为步光之剑,古代名剑。顾实云:
"天子之弓"一段,阙文甚多,不可全晓。弓箭为射猎之具,狗马
尤为需要。郑杰文云:步光,古剑名,《史记·仲尼弟子列传》载
文种言于吴王曰:"因越贱臣种奉先人藏器,甲二十领、鈇屈卢之
矛、步光之剑,以贺军吏。"王贻樑云:此处缺文过甚,难知确切
含义,仅知大致为兵器(或射猎之用)之类。犀□:此阙文或作
"角"字,故"犀角之器价值千金"。

⑩庳(bì)脚,脚为三蹄,黑色:洪颐煊云:注本讹作"庳脚,脚为三
角",今据《尔雅》注改正。陈逢衡云:"庳"旧讹作"庫","三蹄"
旧讹为"三角",今从洪本据《尔雅》注改正。郝懿行云:郭注"庫
脚"当为"庳脚",见《尔雅》及《山海经》注。郭侃云:《玉篇·广
部》:"庳,短也。"《周礼·地官·大司徒》:"其民丰肉而庳。"郑
玄注:"庳,犹短也。"庳脚,形容犀牛短脚。庫脚,不明其义;此
当作"庳脚"。天海案:庳脚,矮脚。郭注中"庳"字原作"庫";
"蹄"字原作"角",洪校本据《尔雅注》改正,此从之。

⑪胜人猛兽:王贻樑云:"人"字在此不类。人本远慢于马,何
以能衬托马之疾速? 此下句"执虎豹"对勘,疑为衍字,或为
"于""乎"等字之讹。郭侃云:"胜人猛兽"当指天子之马胜于常
人所驯养的猛兽,强调天子之物胜于常人之物,而符合上文"天
子之琠"的珍奇贵重。天海案:王贻樑说极是,"人"字或衍,译
文删之。檀萃云:"炁"本作"气",此传经《道藏》改之。王贻樑
云:"炁"为道教"气"之专字,但其源起久远、流变时久。"炁"与
"气",音、义俱有相通同之处。郭侃云:郭璞是为"天子之马"作
注,称赞天子之马"炁势杰骏",因此此处"炁"字不应释作道教、
中医中的"真气",而应指马的精神状态,以示穆王之马不同于普通
马匹。此种异于普通马匹的状态可由下文"穆王八骏"得见。天

海案:郭注"炁势杰骏",是说天子之马气势雄壮威武,惊世骇俗。

⑫执虎豹:捕捉虎豹。檀萃云:渠搜以獥犬,獥犬者,露犬也,能飞食虎豹。陈逢衡云:《南山经》郭注引"天子之狗,执虎豹"。《艺文类聚》九十四、《太平御览》九百四引。顾实云:清初吴振臣《宁古塔纪略》云:"猎犬最猛,有能捉虎豹者。"此亦可征《穆传》之语为不虚矣。

⑬筋:天海案:郭璞注中"筋"字原作"觔",此从洪校本改。

⑭征鸟使翼:飞鸟使用羽翼。征鸟,远飞之鸟。郑杰文云:征鸟,飞鸟。《吕氏春秋·季冬纪》"征鸟厉疾",高注:"征,犹飞也。"王贻樑云:此处传注疑皆有缺文。又"鸹"乃"鸦"之异文,故陈以为是释乌字,则当有缺文。但鸦非高翔之鸟,再参以下文"鹖鸡"为一物,此"乌鸢"当亦一物。翟改"鹖",乃鸹也,于此似亦不妥。

⑮鹖鸡:鸟名。鹄类,鹖,同"鹖"。洪校本改作"鹑鸡"。王贻樑云:"鹑(鹖)鸡",简称鹑(鹖),旧或说为凤凰别名,或说为"鸡三尺"者,在此俱不甚合。

⑯名兽使足:□走千里:名兽,大兽。顾实云:名,大也。名兽,大兽也。□,此处阙文疑为"狻猊"二字。陈逢衡云:《尔雅》"狻猊食虎豹",据下文,则上空方当是"狻猊"二字,而衍下"狻猊□"三字,文义自顺。天海案:陈说可从。狻猊,即狮子。

⑰狻猊□:此三字疑衍,译文据陈逢衡说删。

⑱野马:郭注:"亦如马而小。"陈逢衡云:野马,駏驉之属。

⑲邛邛距虚:兽名。也作"蛩蛩距虚"。传说邛邛距虚与蟨互相依存。邛邛距虚善走而不善求食,蟨善求食而不善走。平时蟨以美草供给邛邛距虚,遇难时邛邛距虚负蟨而逃。见《尔雅·释地》。又见《逸周书·王会》:"独鹿邛邛。邛邛,善走者也。"注:"邛邛,兽,似距虚,负蟨而走也。"檀萃云:邛邛距虚,《尔雅》以为兽。《山海经》云:"北海内有素兽,壮如马,名曰蛩蛩。"与駏驉驳并

言之，故郭注云"亦马属也"。张揖亦云："蛩蛩，青兽，壮如马。距虚，似骡而小。"是为二，故郭不引《尔雅》以为比肩兽也。陈逢衡云：《尔雅》"蛩蛩距虚"与"麢比麢"是一物，蛩蛩距虚是一物，非谓蛩蛩是一物，巨虚又一物也。单言之曰"邛邛"，并言之曰"蛩蛩距虚"，其实一物也。《山海经·海外北经》："北海有素兽焉，状如马，名曰蛩蛩。"郭曰："即蛩蛩巨虚也，一日走百里，见《穆天子传》。"王贻樑云：此兽未明。西域广漠，善奔之兽殊多。此兽之名与中原兽名颇不相同，疑是音译，文献对此兽诸说不一，且不明了。

⑳《山海经》云"蛩蛩距虚"：天海案：郭注原文引《山海经》云"坖坖距虚"，其中"坖坖"乃手民之误，此据《山海经·海外北经》："北海有素兽焉，状如马，名曰蛩蛩。"郭璞注："即蛩蛩巨虚也，一日走百里，见《穆天子传》。"径改郭注为"蛩蛩距虚"。

㉑麇□：麇下阙文有人疑为"走"字。天海案：此"麇走二十里"，疑有误。麇鹿善奔走，何止二十里？

㉒曰柏夭既致河典：曰，句首发语词，无义。河典，即河宗氏典册。洪颐煊云："既"本作"皆"，从《太平御览》八百九十六引改。翟云升云：《太平御览》八百九十六作"既致河典"，与下文尤协，当从之。陈逢衡云：此"曰"字疑作空方。"皆致"者，总上文而言也。王贻樑云：此上自"天子之宝"起，皆河典之文。郭注训典为礼，失之。郭侃云："致"释为传达，此处为柏夭一人传达河典之文，文中未提他人，作"皆"不妥。当从《太平御览》作"既"，表示柏夭完成传达图典之文的任务，接下来先行为穆王作先导。天海案：郭侃说是，依洪颐煊引《太平御览》八百九十六改为"既"，译文从之。

㉓数载：一一数列载明。

㉔乃乘渠黄之乘：洪校本引《太平御览》称无"渠"字，顾实亦认为

"渠"字显系后人妄加。陈逢衡云:《太平御览》八百九十六引"所乘马尽黄色,为先驱也",与此不同。王贻樑云:"渠黄"乃穆王所乘,此则柏夭之乘,不当亦作"渠黄"。天海案:本书卷四穆天子八骏之一有渠黄。依王贻樑说"柏夭之乘,不当亦作'渠黄'"。故此"渠"字乃"乘"字之讹,当作"乘乘黄之乘",前"乘"字为动词,即"乘坐"。乘黄,即传说中神马名。见《管子•小匡》:"河出图,雒出书,地出乘黄。"一说为四匹黄马。《诗经》中多有之。又见《汉书•礼乐志》:"出乘黄之乘。"此"乘黄"作四匹黄马为是。"之"下"乘"字,即为所乘之车。

㉕为天子先:为穆天子做先驱向导。

㉖以极西土:以此到达西方。极,竟。郭侃云:《尔雅•释诂上》:"极,至也。"《诗•大雅•崧高》:"崧高维岳,骏极于天。"郑笺:"极,至也。"此为柏夭作为先导到达西部;而非郭注"极,竟"之意,穷尽西部的土地,到达西方的尽头。天海案:郭侃说是,郭注"极,竟",不妥。

【译文】

己未这一天,穆天子在黄山举行大朝会,披阅河宗氏的图册典籍,以观看历代天子的珍宝器物。河图说明书记载:

"玉果、璇珠、烛银、黄金膏。

"天子的宝物价值万金,诸侯的宝物价值千金,大夫的宝物价值百金,士人的宝物价值五十金,庶民的宝物价值十金。

"天子有良弓射人,有步光剑、牛马、犀角之器,价值千金。

"天子的马可跑千里,胜过猛兽。

"天子的狗可跑百里,可以捕捉虎豹。"

柏夭说:"飞鸟善用翅膀。乌鹊、鹑鸡能飞八百里。大兽善用足力:狻猊能跑千里,野马能跑五百里,邛邛距虚能跑百里,麋鹿能跑二十里。"

柏夭已经把河宗氏的图册典籍献给穆天子看了。就乘坐四匹黄马拉的车,为穆天子做向导,以此达到西方的土地。

1.6

乙丑①,天子西济于河□②。爰有温谷乐都③,温谷,言冬暖也。燕有寒谷,不生五谷。河宗氏之所游居④。伯夭之别州邑。

丙寅⑤,天子属官效器⑥,会官司阅所得琚物。乃命正公郊父⑦,正公谓三上公。天子所取正者,郊父为之。受敕宪⑧,宪,教令也。《管子》曰:"皆受宪。"⑨用伸□八骏之乘⑩。八骏名在下。以饮于枝渚之中⑪,水岐成渚。渚,小渚也,音止。积石之南河⑫。积石,山名。今在金成河关县南⑬。河出北山而东南流。

天子之骏⑭:骏者,马之美称。赤骥⑮、世所谓骐骥。盗骊⑯、为马细颈。骊,黑色也。白义⑰、逾轮⑱、山子⑲、渠黄⑳、华骝㉑、色如华而赤。今名马标赤者为枣骝。枣骝,赤也。绿耳㉒。绿耳,《纪年》曰:"北唐之君来见,以一骝马,是生绿耳。"㉓魏时鲜卑献千里马,白色而两耳黄,名曰黄耳,即此类也。八骏皆因其毛色以为名号耳。案:《史记》:"造父为穆王得盗骊、华骝、绿耳之马,御以西巡游,见西王母,乐而忘归。"㉔皆与此同,若合符契。

狗㉕:重工㉖、彻止㉗、雚猳㉘、□黄㉙、南□㉚、来白㉛。皆浚狗之名㉜,亦犹宋鹊之类㉝。

【注释】

①乙丑:丁谦《干支表》:"距前六日,西济于河源。"天海案:顾实作"三月二十八日",亦距前六日。

②西济于河□:丁谦云:"西济于河"下当脱一"源"字。小川琢治云:此至"用伸□八骏之乘",其中认出有若干之脱落。小川琢治

又云：此次渡河地点，当在黄河北端支流（北河）自北南折处。顾实以卷四证之：此阙文当即记至于西夏氏之事，殆可推而知也。顾颉刚云：然而那里还不是河源，恐怕是脱了别的话。天海案：二顾所说近是，然脱文不可详知。小川琢治之说可参。

③爰有：那里有。温谷乐都：地名。意即温暖的河谷城邑。王贻樑云：下文方言"用八骏之乘"，可知穆王此时尚未离河套地区远征，故众说皆劳而无功。穆王此处所济之河，乃今河套西端之乌加河——先秦时为黄河主道。在乌加河（古黄河）与今黄河（《穆传》下文之南河）间，支流密布，正合于下文所言"枝洔"。因此，河宗氏的游居之地温谷乐都也应当是在这里，因此处在北地确可无愧于"温"与"乐"。天海案：王贻樑之说可参。

④游居：游牧所居之地。檀萃云：言其乐都也。陈逢衡云：游居，燕息之地，犹后世离宫、别馆也。郝懿行云：游居，游牧也。天海案：郝懿行之说是。

⑤丙寅：丁谦《干支表》："距前一日，饮八骏于积石之南河。"

⑥天子：天海案："天"字原文脱，此据《道藏》本、梅鼎祚本校补。属官效器：吩咐官吏校检器物，准备出发。檀萃云：谓检阅河伯所献琱物。陈逢衡云：此云"属官效器"，不必专指河伯，盖天子大朝于黄之山，诸侯各以方物来见，而因命官属效其器。顾实云：效，用也。器，谓琱器，下文之骏狗，是也。卫挺生云：效，献也。《汉书·元后传》"天下辐凑自效"，师古注曰"效，献也"。郑杰文云：属，聚也。《周礼·地官·族师》："月吉，则属民而读邦法。"贾疏："此族师亦聚众庶而读法。"效，《广韵》："验也。"然则"属官效器"，即聚集西征部伍，检验车马之具、狩猎之器也。故下言"天子之御""八骏之乘"。王贻樑云：此"效"当读作"校"。《庄子·列御寇》"效我以功"，释文"效，本作校"；朱骏声《说文通训定声》："效，假借为校。"《广雅·释言》"效，考也"，王念孙疏证：

"效之言校也。"《穆传》此"效"即校检之意,校检所有器物,为继续起程西征做准备。卷三"收皮效物"之"效"亦正此意。天海案:王贻樑之说可从。郭璞注"会官司阅所得珍物",阅,亦检校之义。

⑦乃命正公郊父:正公,官名。位在诸侯之上。郊父,人名。陈逢衡云:此正公郊父犹之祭公谋父也。但祭,是封邑;正,则其爵号耳。郊父,疑其名。顾实云:"正""政"古字通。正公者,执政之上公也。后凡两言"天子大绘正公诸侯王",正公在诸侯之上,可证。又,郊父,人名。亦犹造父、谋父,皆人名也。

⑧受敕宪:接受天子教令。敕,告诫。宪,教令。檀萃云:郊父受王之宪令转布之于西方诸侯,使遵行也。伊尹定献令俾四夷以合修贡,成周王会亦然。陈逢衡云:受敕宪者,盖命之正封疆别贤,否而黜陟之,非仅定献令也。皆受宪,见《管子·立政篇》。郑杰文云:《管子·立政》曰:"五乡之师,五属大夫,皆受宪于太史。"注:"宪所以察时令。"受敕宪,谓郊父领受西征途中之戒令、法教,以约束西征部伍。郭侃云:顾炎武《金石文字记·西岳华山庙碑》:"敕者,自上命下之辞。汉时人官长行之掾属,祖父行之子孙,皆曰敕。"《尔雅·释诂》:"宪……法也。"《管子·立政》:"君乃出令,布宪于国。"敕宪,即应是穆王颁布关于西巡的法令。与下文相结合,法令似乎与"八骏之乘"有关。

⑨《管子》曰:"皆受宪":天海案:郭注所引截取于《管子·立政》:"五乡之师,五属大夫,皆受宪于太史。"

⑩用伸□八骏之乘:伸,准备。八骏,八匹骏马,名称见下文。洪颐煊云:"申"本作"伸",下又有"□"字。从《太平御览》四十引改、删。陈逢衡云:申,展也,盖游牧之谓也,使之休息也。宋版《尔雅》疏不可据。顾实云:必至此而始申八骏之乘者,盖自此而西,山路峻危,非骏马之力不胜任也。王贻樑云:申,整饬,备马也。

下文饮马"于枝洔之中,积石之南河",即其中一事。又,穆王行程自宗周洛邑至河宗氏"三千四百里"(其中亦不乏崇山峻岭)之后方言"用申八骏之乘"者,是因为从前的行程基本上是在中域范围内,因此是将出河套以后的行程才视为真正的西征,故俨然整装,充分准备。由此句亦可见此时穆王尚未登程离开河宗国(今河套地区)。郭侃云:"伸""申"二字本义皆无"整饬"之义。……在典籍中多用作"屈伸"之义,没有如"伸八骏之乘"的用例。因此,"伸"似应与下"□"连用,以表达"整饬车马"之意,方能与下文文意相符合。"伸"下"□"亦不应删。天海案:洪颐煊校本据《太平御览》引改"伸"为"申",并删其下阙文。然"伸"与申通,无须改。其下阙文未可知。

⑪枝洔(zhǐ):河流分支处的水中小洲。檀萃云:洔,即"沚"字。洪颐煊云:《文选・海赋》"枝岐潭沦"注引《管子》云:"水别于他水,入于大水及海者,命曰枝。"《毛诗・江有汜传》云"水岐成渚",陆氏释文"本作'水枝成渚'",故此注"岐"字当依正文作"枝"。钱侗云:"洔"与"沚"通。《玉篇》:"沚,小渚也,亦作洔。"陈逢衡云:饮,饮马也。此后世"饮马长城窟"之鼻祖。丁谦云:"洔"者,小渚。"枝洔"谓河源旁支流之小渚。顾实云:《穆传》每言天子饮于某某,则此必为"天子饮于枝洔之中",或曰"饮马于枝洔之中"恐未确也。郑杰文云:《文选・海赋》"枝岐潭沦",李善注引《管子》曰:"水别于他水,入于大水及海命曰枝。"是"枝洔之中",当为黄河支流中一小岛。依穆王行程看,此岛在今青海贵德附近。王贻樑云:洔,通"沚",小渚也。此枝洔在今乌加河(古黄河主道)与黄河主道(即《穆传》之"南河")间,正是一大片小水支道与小渚。天海案:水岐成洔,岐,分支也。不必改作"枝"。

⑫积石:地名。或作山名。具体位置诸说不一。顾颉刚云:他们从

河宗国走了两天即到积石,足见积石即在河套,又在昆仑之东,和《山海经·西山经》说在昆仑西的不同。自从西向渡河之后到了积石,在他的意想中,积石是河套西北角的一座山。从积石以下就是南河,他大概要穆王沿了贺兰山南行。天海案:顾颉刚这里说的"他",是指《穆传》作者。南河:黄河南面的支流。王贻樑云:诸说大多未能细审文义,而未悟穆王此时只是在河套西北角而尚未离开河套。或者只顾去印证古地名,自然谬误百出。唯顾颉刚先生最具慧眼,其说可确信无疑。只是具体当何山难以确定……南河,即今黄河主道,古时因在黄河(今乌加河)之南而得名南河。天海案:黄河在此地为河套之南北流向,故称"南河"。

⑬金成:翟云升云:"金成"即"金城","城"古通用"成"。关:诸本皆讹作"间",今改正。《汉书·地理志·金城郡》:"河关积石山在西南羌中,河水行塞外,东北入塞内。"《后汉书·郡国志·陇西郡》:"河关故属金城,积石山在西南,河水出。"《晋书·地理志》河关、陇西二郡皆无河关。盖东晋之初曾复西汉之旧,而史失之也。陈逢衡云:城,旧作"成"。关旧作"间"。从洪本据《汉志》改。吴本作"金城"。河关:郝懿行云:"河间"当为"河关",字之讹,明藏经本讹同。天海案:金城,郭注原文作"今成";河关,郭注原文作"河间"。吴本、檀本、洪本、翟本、陈本、吕本皆作"金城",洪本、翟本、陈本、吕本皆作"河关"。此据改。

⑭骏:骏马。王贻樑云:八骏之名,各书相异,盖因初时并不毕备,后渐完善。由此亦可知此非西周时所有,而属后起。天海案:本书卷四云:"天子命驾八骏之乘。右服骅骝,而左绿耳;右骖赤骥,而左白仪。天子主车,造父为御,齿啮为右。次车之乘,右服渠黄,而左逾轮;右骖盗骊,而左山子。"

⑮赤骥:红色骏马。小川琢治云:骥,是含有赤色之意味。如《史记》之文,只一"骥"字,已足举其意义到十分,无加"赤"字于其

上之必要。郑杰文云：骐骥，世传为良马，《庄子·秋水》："骐骥骅骝，一日而驰千里。"《荀子·劝学》："骐骥一跃，不能十步。"王贻樑云：小川以土耳其语求八骏之名之含义，失之。八骏之名皆华夏本土之名，不当由外方之语求之。《说文》："骏，马之良材者。"又："骥，千里马也。"则"赤骥"即如赤兔马之类也。天海案：本书卷四作"赤蘎"。蘎，郭注："古'骥'字。"

⑯ 盗骊：黑色骏马。为马细颈。骊，黑色。檀萃云："盗"犹窃也，《尔雅》训窃为浅，谓浅黑色之马也。洪颐煊云：《史记·秦本纪》作"温骊"，"温"即"盗"字之讹。索隐引刘氏音义云："盗骊，骃骊也。"小川琢治云：郭璞解"盗"字有"为马细颈"语。是根据于《尔雅·释畜》"小领盗骊"者。蒋超伯云："盗骊"即《荀子》之"织离"也。……《尔雅》马属有小领盗骊，《广雅》作"駣"，《玉篇》作"桃犁"，《史记·秦纪》作"温骊"，皆"盗骊"之异文。郑杰文云：《诗经·秦风·小戎》"骐骝是中，骊骊是骖"，毛传："黄马黑喙曰骝。"王贻樑云：盗骊，蒋超伯说可参，骊为黑色马。

⑰ 白义：白色高大而有威仪之骏马。陈逢衡云：卷四作"白儀"，《博物志》周穆王"八骏"作"白蚁"。小川琢治云："白义"之"义"字，《列子》作"鸒"，张湛注曰"古义字"，本传卷四作"儀"，郭注"古义字"。郭注总括八骏而解之曰"八骏皆因其毛色以为名号耳"。对于"义"字之意义，不为解释。今按：相与土耳其语Beigir（Pferd）之马相当，则"白义"二字成为一语。在中国北方，对于马之白者，普通亦呼之为白马，但此所谓白义，固因其毛色之白，而特别呼其一头之名称。王贻樑云：义，盖读为威仪之仪。卷四作"儀"，《文选·扬雄〈甘泉赋〉》注："善曰：骏骳，高大貌。"则"白义"当是白色高大而有威仪之马。天海案：本书卷四作"白儀"，《史记·赵世家》无此马名。《列子·周穆王》作"白鸒"，《博物志·物名考》载周穆王八骏作"白蚁"，皆同名而异文。

王贻樑说可从。

⑱逾轮：亦马名。紫色骏马。洪颐煊云：《史记·秦本纪》索隐引《穆王传》作"騟駼"，《玉篇》云："騟駼，紫色马。"陈逢衡云："轮"当作"驳"，《博物志》"逾轮"作"騧騟"。小川琢治云："逾轮"在土耳其语求相当之字，则所谓 Tylar 蛇，为近之。与盗骊同，均取其头细。王贻樑云：驳，字书无释，张文虎《舒艺室续笔》以为"騧"字之误，可信。总而观之，该马有紫、黄、白、杂色四种不同的说法。以八骏中别有黄、白之马与"騧騟"为《博物志》所作考虑，则"逾轮"似为紫色及杂色的可能性较大，尤以紫色的可能性更大些。天海案：此"逾轮"依王贻樑说，作紫色马解。

⑲山子：黄色骏马名。陈逢衡云：《博物志》无"山子"，另有"飞黄"。小川琢治云："山子"为 Sary，想因含有黄色之意味乎。顾实云：盖或传闻有异也。天海案：此或为黄色骏马。

⑳渠黄：黄白间色的骏马。陈逢衡云：《文选·江赋》注引"天子之八骏曰渠黄"。……渠黄，一名駏騟，《尔雅》"黄曰騜"，注："黄白相间色。"郑杰文云：古传为名马，《文选·江赋》："飞廉无以睎其踪，渠黄不能企其景（影）。"王贻樑云：陈逢衡说是，《玉海》《广韵》等与《尔雅》说同。天海案：本书卷四穆天子八骏亦有此马。此依陈逢衡说，或为黄白间色的骏马。

㉑华骝：亦作"骅骝"，赤色骏马，亦名枣骝。毛色如花而赤。天海案：本书卷四穆天子八骏亦有此马，作"蘜骝"，郭注"疑骅骝字"。

㉒绿耳：亦作"騄耳"，因其耳绿色而名。陈逢衡云：绿耳，盖耳之色有异他马，故以为名。《御览》七百九十三引《西域图》记其乌马、骝马多白耳；白马、骢马多赤耳；黄马、赤马多黑耳，亦是类也。天海案："绿耳"之名又见于《列子·周穆王》与《博物志·物名考》。

㉓"《纪年》曰"几句：天海案：郭注原文作"绿耳曰"，无"纪年"二

字，此据补。洪颐煊云：注"纪年"本讹作"绿耳"，从《史记·秦本纪》集解引改。郝懿行云：注中"绿耳"二字误也。《御览》八百九十六卷引作"竹书曰"云云。王贻樑云：此有"纪年曰"三字自然无疑，但是否必改去"绿耳"两字则未必。综观前八骏注文，郭氏多有先列马者，故此"绿耳"两字不改去。天海案：王贻樑此说可从，此郭注"曰"上径补"纪年"二字。郭璞此注文亦见《古本纪年辑校》。

㉔"《史记》"几句：天海案：郭璞此注文乃撮引自《史记·秦本纪》："造父以善御幸于周穆王，得骥、温骊、骅骝、騄耳之驷，西巡狩，乐而忘归。"

㉕狗：天海案：此即"天子之狗"之省文，译文补足。

㉖重工：狗名。五色花狗。檀萃云：重工者，如染工之重入也。

㉗彻止：狗名。毛色碧绿之狗。洪颐煊云："山"本作"止"，从《道藏》本改。檀萃云："彻止"者，色黛，如止水之碧澄也。王贻樑云：作"止"或"山"，未可定论，故未遽改。郭侃云：《道藏》本为残字，遍览现存明版《穆天子传》，皆作"止"。范本即以《道藏》本为底本，作"止"。因此此残字亦当作"止"。天海案：止，《道藏》本作"止"，似"山"或"止"字残缺之文，梅鼎祚本亦作"止"。

㉘𦍹猳（guàn jiā）：狗名。毛青色之狗。檀萃云：猳，猿类。𦍹，其色。谓其腾捷猿猱也。𦍹猳者，毛色如𦍹叶之青也。陈逢衡云：𦍹，当通作"玃"，言其形如玃猳，盖猎犬也。

㉙□黄：狗名。毛黄色之狗。此阙文檀本填作"中黄"，注云："中黄者，毛色黄也。"陈逢衡云：《吕氏春秋》"楚文王得茹黄之狗"，疑即此类。天海案：译文从此二说。

㉚南□：狗名。毛色火红之狗。此阙文檀本填作"南丹"，注云："南丹者，毛赤得南火之精也。"天海案：译文从此说。

㉛来白：狗名。毛白色之狗。檀萃云："来白"者，来，古莱，莱叶面

心白,其毛色似之也。洪颐煊云:张华《博物志》云:"周穆王有犬名耗,毛白。"檀萃又云:此表六狗之名……盖八骏应五方之色,六狗亦如之。皆载于河典。河伯视之而河宗致之者也,岂寻常可比哉?陈逢衡云:"来白"者,白色犬。《广韵》:"吠,兽名,似狼。"六狗,亦天子之猎犬,皆实有是物。檀谓"载于河典",纠缠不清,殊不可解。顾实云:狗之出处不可详知。王贻樑云:六狗之名,除"来白"可征诸于《博物志》外,它皆无可考。

㉜浚狗:即俊狗。浚,通"俊"。《战国策·齐策》:"世无东郭俊,卢氏之狗。"檀萃云:"凌"当作"猎"或"骏"字之误。翟云升云:骏,诸本皆讹作"凌",《博物志·物名考》:"宋有骏犬曰雠。"今据改。郝懿行云:案"凌狗"当为"俊狗"字之误。王贻樑云:"凌"当"浚"之讹,古从"夌"与"夋"多相混作。浚,即"骏""俊"之假借字,故此无须改字。天海案:郭注文中"浚"字原误作"凌",此从王贻樑说改。又,此六狗之名无文献可考,且从檀萃之说。

㉝宋鹊:春秋时宋国良犬名。郑杰文云:宋鹊,春秋时宋国良犬名,《礼记·少仪》:"守犬、田犬则授摈者,既受,乃问犬名。"郑注:"谓若韩庐、宋鹊之属。"

【译文】

乙丑这一天,穆天子往西渡过黄河,那里有温暖的河谷、欢乐的城邑,是河宗氏游牧所居之地。

丙寅这一天,穆天子吩咐官吏查检旅途必需的器物,又命令正公郊父接受告诫和教令,并准备好八匹骏马要拉的车。穆天子又在积石山下南河支流间的沙滩上饮酒。

穆天子的骏马有:赤骥(红色骏马)、盗骊(黑色骏马)、白义(白色骏马)、逾轮(紫色骏马)、山子(黄色骏马)、渠黄(黄白间色骏马)、华骝(赤色骏马)、绿耳(绿色耳骏马)。

穆天子的猎狗有:重工(毛色五花狗)、彻止(毛色纁黑狗)、雚猰

（毛青色之狗）、中黄（毛黄色之狗）、南□（毛色火红之狗）、来白（毛白色之狗）。

1.7

天子之御^①：造父^②、三百^③、下云"三百为御"者。耿翛^④、芍及^⑤。造父善御，穆王封之于赵地^⑥。余未闻也。

曰^⑦：天子是与出□入薮^⑧，田猎钓弋^⑨。弋，缴射也。

天子曰："於乎^⑩！予一人不盈于德^⑪，盈，犹充也。而辨于乐^⑫，辨作游乐之事。后世亦追数吾过乎^⑬！穆王游放过度，行辄忘归，故作此言以自警也。"七萃之士□天子曰^⑭："后世所望^⑮，无失天常^⑯，奉天时也。农工既得^⑰，岁丰登也。男女衣食^⑱，无饥寒也。百姓珤富^⑲，富者，安也。官人执事^⑳，各视职事。故天有时^㉑，四时。民□氏响^㉒，□，音国^㉓。何谋于乐^㉔？言不规乐而乐自及。何意之忘^㉕？常慎德也。与民共利，以为常也^㉖。"天子嘉之^㉗，善其有辞。赐以左佩玉华也^㉘。玉华之佩，佩之精也。乃再拜顿首^㉙。

【注释】

①天子之御：此指为穆天子驾车的驭手。

②造父：人名。天海案：郭璞所注造父，事略见《史记·赵世家》。

③三百：人名。亦作"参百"。《列子·周穆王》作"参百为御"。洪颐煊云："㶷"本作"三"，注引下文本作"㶷"，因改。㶷，古"三"字。翟云升云："三百"即"叄百"，古"叄""三"通用。陈逢衡云："三"同"㶷"，㶷百，人名。

④耿翛（xiāo）：人名。刘师培云：疑"耿翛"即《尚书》之"伯囧"

也。天海案:古文《尚书·周书序》:"穆王命伯冏为周太仆正,作《冏命》。"太仆正,即为周王掌管车马之官吏。

⑤芍及:人名。亦为穆王御者,事未详。

⑥造父善御,穆王封之于赵地:天海案:郭璞此注造父,事略见《史记·赵世家》。

⑦曰:句首语助词,无义。郑杰文云:疑为"郊父曰",布署任务。

⑧出□入薮:檀萃云:言天子出入必与此三人俱,此盖始终而言之。陈逢衡云:此即造父诸人谏王之辞,欲止王之田猎钓弋也。故下文穆王引以为过。空方不止缺一字。王贻樑云:出□入薮,"出"与"入"对,"□"即与"薮"对,则"□"当只一字。钓在薮,则田猎必在陵。故疑"□"盖"林"字之类。天海案:"出□入薮"即出入于山林、沼泽之中。王贻樑说是,译文且从之。此"□"阙文,檀萃补"征"字,不当。

⑨田猎钓弋:打猎、钓鱼、射鸟。田,同"畋"。弋,箭尾系有绳子的箭。此指用带绳的箭射鸟。《诗·郑风·女曰鸡鸣》:"将翱将翔,弋凫与雁。"郑玄笺:"弋,缴射也。"

⑩於(wū)乎:同"呜乎",叹词。

⑪予一人不盈于德:我自己德行不够。盈,满。王贻樑云:予一人,文献、甲骨、金文又作"余一人""我一人""一人"。"一人"为天子专称,见《诗·下武》毛传、《史记·鲁世家》集解引马融说、《左传·文公三年》与《襄公十三年》杜注;"余一人""予一人"则为天子自称专用,见《礼记·玉藻》、《尚书·金縢》与《君奭》孔疏等。对此在甲骨金文中的情况等,胡厚宣先生有《释"余一人"》(载《历史研究》一九五七年一期)与《重论"余一人"问题》(载《古文字研究》第六辑与《四川大学学报丛刊》第十辑《古文字研究论文集》)两文专论,可参。

⑫辨于乐:沉溺于游乐。檀萃云:辨,周遍,言遍作游乐也。洪颐煊

云：辨，《列子·周穆王篇》作"谐"。翟云升云：辨，遍也。遍，古通用"辨"。陈逢衡云：《集韵》："辨，卑见反，音遍。与遍通。"郝懿行云：辨，犹遍也。《曲礼》云："辨，尝羞。"刘师培云：古籍"般""班""辨"诸字互相通用。故此文假"辨"为"般"。般，即《孟子》"般乐"之"般"。赵注："般，大也。"《尔雅·释诂》："般，乐也。"而"般于乐"犹言"淫于乐"也。淫，亦大义。顾实云：辨，借为"昪"，乐也，通作"盘"字。《尚书·无逸》曰"盘于游田"，《孟子·公孙丑篇》曰"般乐怠敖"，皆是也。天海案：刘师培、顾实之说是。译文从之。

⑬后世：后代，后人。追数：对死者的谴责。洪颐煊云：《列子·周穆王篇》此段在纪迹弇山之后。陈逢衡云：王能受谏，故克终允德。洪以《列子》较，此传盖出冢时不无错简，然《列子》采穆王事，其前后恐亦可尽信也。郭侃云：此段为穆王自省之语，穆王仅做周游行乐之事，担心被后人所诟病。

⑭七萃之士□天子曰：丁谦云："七萃之士"脱一人名，其人进言于王云云，故下文云"天子嘉之"。顾实云：以后言"七萃之士高奔戎"句而例之，则此"七萃之士"下缺文当为人名也。郭侃云：两种观点皆有可能，文献中"谏曰"前不必单指某人之名，也可为多人。《史记·秦始皇本纪》"右丞相去疾、左丞相斯、将军冯劫进谏曰"，《左传·成公六年》"知庄子、范文子、韩献子谏曰……"此"七萃之士"应不止一人，檀萃补"谏"字可从，丁谦、顾实认为此脱一人名亦有可能。天海案："谏"上或缺人名。□，此阙文檀萃填作"谏"字，译文且从之。

⑮后世所望：后人所期望的。

⑯无失天常：不要违背天道。陈逢衡云：天常，盖纪纲法度之谓，在天为天常，在人为人纪。《书》曰："以常法度正厥服。"顾实云："天常"者，社会自然日常行用之事也。无论何时何地之人间社

会，必有政府及民间相维相系，一日不可少者。郑杰文云：天常，天之常道，亦即天理、天道。《左传·哀公六年》"惟彼陶唐，帅彼天常"，杜注："言尧循天之常道。"天海案：无失天常，本意为不要违背天道，可引申为不要失去纲纪法度，故陈说亦可通。

⑰农工既得：农夫、百工各得其所。郑杰文云：工，百工，《周礼·考工记》"审曲面执以饬五材，以辨民器，谓之百工。"得，《左传·定公九年》"凡获器曰得。"然则此句谓农夫百工各得其获也。

⑱男女衣食：人人丰衣足食，无饥寒。

⑲琜（bǎo）富：温饱富裕。陈逢衡云："琜"犹"保"也。于省吾云：注训"富"为"安"，非是。琜，古"宝"字，金文亦作"𤬝"。"琜""富"二字不词，"琜"应读作"饱"。《仲𣪊父盘》"用凤鬶仲氏饔"，《弭仲簠》"诸友饲饲具䉛"，"鬶""䉛"均古文"饱"字，"琜"与"鬶"并谐缶声，故得相通。然则"百姓琜富"，即"百姓饱富"。王贻樑云：于说甚是。古从"包"、从"保"、从"缶"者多相通作，其例极多，此不赘举。天海案：译文从于省吾说，"琜富"即饱富，意为温饱富裕。

⑳官人执事：官吏各守其职。官人，檀本作"宫人"。郑杰文云：此"官人"义与上"官人陈牲"之"官人"不同，当指官吏。《荀子·强国》"官人益秩"，注："官人，群吏也。"

㉑故天有时：所以一年有四季。天海案：此"时"指四季。故郭璞注："四时。"陈逢衡云：承上农工言之。郝懿行云：藏经本作"故天有旹"，此误倒。郑杰文云：此句当指天有其运行规律。

㉒民□氏响□：檀萃云："响"同"飨"。陈逢衡云："响"字当断句，与下文"忘""常"叶。翟云升云：以上下四字韵语例之，"民□氏响"为句。氏，"是"也。是，古通用"氏"。"响"则"飨"之讹也。孙诒让云：翟校近是，但此文皆四字句，则"响"下不当更有阙文，□盖误衍。王贻樑云：此处乃韵文，前以"望""常""得""食"

"富""事"叶韵；后以"忘""常"叶韵。此处今存八字以上，则当共有十六字，亦或可能有二十四字，再多的可能性就小了。由于缺字过甚，此处文意难明。天海案：此处阙文甚多，文意不明。陈逢衡断句是，从之。愚又谓：响，即響，与乡（乡的繁体）字同源。故译文从翟云升、孙诒让校说，补作"民安是乡"，即庶民安居此乡。其他不明阙文，以省略号代之。

㉓□，音国：洪颐煊云：孙同元云："注'音国'二字疑即正文'响国'之讹，'响'与'飨'古通用，'国'讹作'□'；音，即'响'字之半耳。"檀萃云：□，古文"国"字，非缺。翟云升云：□，音国，不可晓。□，盖缺文，非字也。孙诒让云：如孙说，则与韵不协，殆非也。翟校近是。但此文皆四字句，则"飨"下不当更有缺文，"□"盖误衍。注"音国"疑当作"享同"，盖郭本"响"正作"飨"，下亦无"□"，故注即以"享"读"飨"，今本正文既讹衍，并以改注，遂不可通。王贻樑云："□"下，郭注既云"音国"，则缺文必非"国"字，檀说非。天海案：此阙文□下，郭注"音国"二字，其义未晓。

㉔何谋于乐：为何说是谋求享乐？郭璞注："言不规乐而乐自及。"檀本"规"下衍"于"字。郑杰文云：规，谋求。《左传·昭公二十六年》"侵欲无厌，规求无度"，孔疏："此言贪求无限度。"

㉕何意之忘：即"何意忘之"，何必认为是忘了德行？郭璞注："常慎德也。"

㉖与民共利，以为常也：天子与百姓利益相同，以此为常规。陈逢衡云：此七萃之士代王解释而因以谏王，言当奉天常，使百姓咸得其所也。顾实云：其所言者，与《庄子·天下篇》云"以法为分，以名为表，以参为验，以稽为决，其数一二三四是也。百官以此相齿，以事为常，以衣食为主，蕃息畜藏老弱孤寡为意，皆有以养，民之理也"一段文，正相吻合。郑杰文云：以上四字韵语例之，"也"字疑衍。郭侃云：以上七萃之士谏穆王之语，句式工整，且有用

韵,陈逢衡校注时便已指出。前部分以"望""常""得""食""富""事"叶韵;后部分以"忘""常"叶韵。

㉗嘉之:赞赏他的说法。郭璞注:"善其有辞。"陈逢衡云:穆王盖因七萃之士能以礼谏,故嘉之,非谓其辞语之善也。

㉘左佩玉华:周穆王身上左边所佩精美玉花。洪颐煊云:"玉"字本脱,"华"下讹增一"也"字,从《太平御览》六百九十二引改。翟云升云:传中"玉"字,诸本皆脱,《太平御览》六百九十二有之,与注合,今据补。陈逢衡云:《御览》引作:"七萃之士,天子赐以左佩玉华。"郝懿行云:"华"上疑脱"玉"字,《太平御览》六百九十二卷引作"佩玉华",是也。顾实云:余检《北堂书钞》一百二十八引亦有"玉"字。陈炜湛云:"左佩华也"当是二物,而非一事。古文字"它""也"同字,"也"实即"匜",金文多有其例(见新版《金文编》第843、877页)。故简文"华也"当读"匜"。华匜,意即花纹精美之"匜"。郭侃云:以郭璞注文对照,此处当以"玉华"为妥,且文意通顺。陈炜湛以金文"也""它"二字同形为据,认为此处穆王所赐为匜。但"华匜"与上文"佩"一起被赏赐似乎并不合理,二者为不同类别器物,匜为盛酒器,佩为饰品,未见其他文献中有将此二物共同赏赐的。天海案:依诸说径补"玉"字。华与花同。玉华,即精美之玉雕花,为周穆王所佩。陈炜湛说"简文'华也'当读'匜'。华匜,意即花纹精美之匜",实不可取,匜(yí)是我国先秦时代礼器之一,用于沃盥之礼,为客人洗手所用。这种礼器怎么可能"左佩"于周穆王之身呢!

㉙顿首:叩头至地,臣拜君之礼。一说当作"稽首"。翟云升云:"顿首"疑"稽首"之误,以前"稽首"有注,此无注也。陈逢衡云:"顿首"见《周礼·春官·太祝》郑注:"头叩地也。"此臣拜君,故再拜。顾实云:"顿"当作"諙","諙"即"稽"之本字,与"顿"形近而误。卷三云"奔戎再拜諙首"可证。王贻樑云:诸说"顿"当

作"諎",是。以金文察之,臣拜君唯见"稽首"一礼。諎,又可隶
作"顜"(今即多此作),则与"顿"更为形近。天海案:翟云升、顾
实、王贻樑三说是,译文从此。

【译文】

穆天子的车夫有:造父、三百、耿翛、芍及。

穆天子带着他们出入于山林、沼泽之中,打猎、钓鱼、射鸟。

穆天子说:"唉!我不能使自己德行盛大,却沉溺于游乐,后人也许
会指责我的过错吧!"禁军卫士有人劝谏穆天子说:"后人希望天子的,
是不要违背了天道。农夫、百工已有所得,人人丰衣足食,百姓富裕安
乐,官吏各司其职,因而天有四季,庶民安居此乡。……为何说是谋求享
乐?何必认为是忘记了德行?天子与百姓利益与共,以此为常规。"穆
天子赞赏他这番话,解下身上左边佩戴的精美玉佩赐给他。于是他叩头
至地,拜了又拜。

卷二

【题解】

本卷主要记述了周穆王从河宗氏出发西行,顺利到达西王母之邦的经历。但本卷开头部分阙文甚多,据卷四载,自阳纡往西,还要经过西夏氏、珠余氏、河首、襄山诸地,方能到达昆仑之丘,历五十余日,行程三千多里,却均未见载。原文既缺,故卷首始自"封膜昼于河水之阳"。其后所记穆王经历部族和邦国有晜□、珠泽、赤乌氏、曹奴、长肱、容□氏、□氏、剞闾氏、鄸韩氏。周穆王的活动除与这些部族互赠礼物外,还封膜昼于黄河上游北岸之地,封赤乌氏于春山之下,封长肱于黑水之西;并登上昆仑之丘、观黄帝之宫,登春山、铭县圃;取春山蓁木华与嘉禾以移植中原;取玉于群玉山;种竹于玄池;休猎于苦山,然后才到达西王母之邦。由此可见周穆王西征并非仅是游乐之行,而是一次重大的政治、外交与经济活动,使周朝的势力与影响扩及西域各国。

本卷用□标示的阙文有四十多处,这给通读原文造成极大困难。为使译文通畅,笔者仍据上下文意,并酌采诸家之说,适当予以增补,如有文意费解之处,则不强解,译文亦暂阙存疑。

卷二　周穆王日程经历名物一览表（附:阙文次处、疑难字数）

干支	地名（山水）	部族（邦国）	人名	事物、献赐名（数量）	职官	经历
	河水之阳		柏夭、䁆昼			封于河水之阳，以为殷人主
丁巳	□之所主居					
戊午	昆仑之阿、赤水之阳、鹴鸟之山	㓤□	居慮			饮
吉日辛酉	昆仑之丘、黄帝之宫					观黄帝之宫、封丰隆之葬
癸亥	昆仑之丘					禋□昆仑之丘
甲子	珠泽、昆仑、黄帝之宫、赤水、舂山		□之人□吾	蘿苇、莞蒲、茅荐、兼葽。白玉□隻、□角之一□三。食□、酒十□、姑劓九□。食马三百、牛羊三千。黄金之环三五、朱带贝饰三十、工布之四、黄牛二六		天子北征
季夏丁卯	舂山之上、县圃			孳木华、玉荣、枝斯之英、□兽、赤豹、白虎、熊罴、豺狼、野马、野牛、山羊、野豕、白鸟、青雕		观于舂山之上，乃为铭迹于县圃之上
壬申						西征
甲戌	东吴、舂山之阴、□山之下	赤乌、周宗、赤乌之人□其	赤乌之人□、祭父、大王亶父、吴太伯、长季绰、女听、女列	酒千斛、食马九百、羊牛三千、穄麦百载。墨乘四、黄金四十镒、贝带五十、朱三百裹。好女、宝玉		取嘉禾以归，树于中国。休于□山之下，乃奏广乐

续表

干支	地名（山水）	部族（邦国）	人名	事物、献赐名（数量）	职官	经历
己卯						北征
庚辰	洋水					济于洋水
辛巳	洋水之上	曹奴	□□之人、戏、逄固	食马九百、牛羊七千、穄米百车。黄金之鹿、银□、贝带四十、朱四百裹		
壬午						北征、东还
甲申	黑水之西河、鸿鹭	西膜、长肱、留骨之邦				留骨六师之属
辛卯	黑水					北征、东还，乃循黑水
癸巳	群玉之山	容□氏、西膜	邢侯	策府。玉三乘、玉器服物		休群玉之山
孟秋丁酉	□之人、□氏、槛□	潜时、伯夭		良马、牛羊。玉石。黄金之嚣三六、朱三百裹		北征
戊戌						西征
辛丑	鐵山之下	剞闾氏				供食六师
壬寅	鐵山	剞闾之人	温归			已祭而行,乃遂西征
丙午	乐野	鹗韩氏		穄、麦。犬马牛羊。宝玉		
丁未	平衍之中					大朝于平衍之中,乃命六师之属休

干支	地名（山水）	部族（邦国）	人名	事物、献赐名（数量）	职官	经历
己酉	平衍	鹗韩	无皂、无皂上下	良马百匹、用牛三百、良犬七千、牝牛二百、野马三百、牛羊二千、稷麦三百车、黄金之罂四七、贝带五十、朱三百裹、变□雕官	正公诸侯王吏、七萃之士	天子大飨。天子乃赐
庚戌	玄池、广乐池			广乐、竹		休于玄池之上
癸丑						西征
丙辰	苦山、茂苑	西膜		苦		休猎、食苦
丁巳						西征
己未	黄鼠之山					宿于黄鼠之山西□，乃遂西征
癸亥		西王母之邦				
附1	阙文次处	40处				
附2	疑难字数（不计重复）	2字	鹗哥			

卷二古文

2.1

□柏天曰①：□封膜昼于河水之阳②，膜昼，人名。疑音莫。以为殷人主③。主，谓主其祭祀，言同姓也。

丁巳④，天子西南升□之所主居⑤。似说古之贤圣以居。爰有大木硕草⑥，硕，大也。爰有野兽可以畋猎⑦。

戊午⑧，鬲□之人居虑⑨，古"畴"字。居虑，名。献酒百□于天子⑩。"百"下脱盛酒器名。天子已饮而行，遂宿于昆仑之阿⑪、赤水之阳⑫。昆仑山有五色水，赤水出东南隅而东北流。皆见《山海经》。爰有鶉鸟之山⑬，鶉，音甄，一音栴。天子三日舍于鶉鸟之山⑭。

【注释】

①□柏夭曰：天海案：此□阙文处，上接卷一阙文甚多。檀萃填一"诏"字，张皋文填一"命"字。小川琢治云：自卷一之末"戊寅"至卷二之首"丁巳"，其间凡五十一日，无一事记载，故卷二篇首脱简颇多，推测其达于十余简，六百字内外。其间自阳纡至于西夏氏二千五百里，又自西夏至于珠余氏及河首千五百里，合计经过四千里之行程。顾实云：阙文在卷端，当所缺甚多，不可详知。郑杰文云：此卷所记第一日为"丁巳"，距上卷末之"丙寅"，中间至少相隔五十一日，可知缺文之多。王贻樑云：此上阙文甚多，据卷四文知其间行程是：自阳纡至西夏氏，再至珠余氏、河首、襄山，又至舂山、珠泽、昆仑之丘，共四千七百里。此处距昆仑尚有二、三日或稍多一些的行程，则此处距阳纡应在四千五百里左右（折合今里在三千至三千七百余里间）。《穆传》虽有大致方向、里程的记载，但具体难免有盘旋曲折，故其间的具体行程、位置，都难以考察清楚。诸家的说法在此有很大的分歧。而须注意的是，有学者往往以现代的地理知识去套合，则是绝对不可取的。王贻樑又云：下有□，上不再作□，故作"曰"，是。郭侃云：以上下文相邻的两个干支来看，缺文所记之事与行程至少五十一日，但若

考虑到下文所载之地望似都无法准确考定,因此弱化地理位置因素的考量,此处极有可能是荀勖等人在整理过程中将竹简错误编联。从前四卷整体来看,若如小川琢治所言,第二卷卷首缺文六百字左右,则卷二之篇幅也与其他三卷有较大出入。天海案:"柏夭曰"其下缺文甚多。当如下文对赤乌氏历史的介绍,然文阙不可知。译文暂缺,以省略号代之。

②□封膜昼:阙文□,檀萃补"其"字。顾实云:"封"上当脱"天子乃"三字,后言"天子乃封长肱于黑水之西阿"可为例证。王贻樑云:顾实说"膜昼为珠余氏",仅其自说而已,并无确证以使人信从。郑杰文云:还当脱"柏夭之语"等。天海案:顾实此说近是,译文从之。然不仅缺"天子乃"三字,其上所缺必为柏夭对膜昼历史的介绍。参见本节注①。膜昼,人名。丁谦云:"膜昼"当是柏夭子姓,故分河水以北地请天子封之。小川琢治云:"膜昼"与"亳丑"同音通用。其地位在汉武威郡朴剌之边……则膜昼封域其位凉州之东南,在凉、兰两邑之街道以东之地方甚明。河水之阳:此必黄河上游北岸一带地方,具体位置不明。

③以为殷人主:让他(膜昼)主持祭祀殷人祖先。陈逢衡云:此或殷遗当日播迁于此,如殷民六族、殷民七族之类,故使之为主以统属之也。顾实云:穆王封膜昼以为殷人主,"主""宝"通用字。谓守宗庙神主也。郑杰文云:当即殷盛时,膜昼先人与之交通称臣,而奉祀殷人先王,代代相承,至膜昼依然,故穆王封之。王贻樑云:"以为殷人主"一句,顾实以郭注为未必同姓,举长季绰为例。然其例却正为反证,其文云"赤乌氏先出自宗周",再叙大王亶父封长季绰之事,是长季绰乃出于宗周,必与周同姓。卷四穆王又封长肱于黑水之西河,"以为周室主,是曰留骨(胥)之邦",则长肱与周亦应是同姓。再回首顾此膜昼,郭注言与殷同姓则大致不误。又,由上两例文推测本句"封膜昼"上之"□",也当是

写封膜昼之历史背景、事件与封主。其缺文当甚多,而决不像檀萃只填一"其"字、顾实只填"天子乃"三字。郭侃云:《广雅·释诂一》:"主,君也。"《书·武成》:"为天下逋逃主,萃渊薮。"由于"封膜昼于河水之阳"前有缺文,并不能确定膜昼身份以及他在部族中的地位,且文中亦为提有关部族中的祭祀活动,因此将"主"理解为主持祭祀似有不妥。以"主"在文献中之常用释义来看,此应指封膜昼为殷人遗部首领。天海案:郭注:"主,谓主其祭祀,言同姓也。"可信,译文从之。

④丁巳:丁谦《干支表》:"距前五十一日,按此上脱文甚多,盖自河宗至昆仑、赤水,须经西夏、珠余、河首、襄山诸地。五十一日行四千里恰合。"天海案:顾实作"五月二十日"。

⑤西南升□之所主居:此阙文□,檀萃补"膜昼"二字。陈逢衡云:空方当是地名,或是山名。"西南"下当云"升于某地"。小川琢治云:此空格处大约是襄山,或"崇吾"之山二字,或三四字。丁谦云:《水道提纲》河源西南有拉母陀罗海山,穆王所升,当即此地。顾实云:"西南升□"当即升今青海之巴颜喀喇山。□缺文当甚多。郑杰文云:"升□"疑即升今雅合拉达合泽山。王贻樑云:据下文,则此当为"寿□之人居虑之所主居"……依《穆传》文例,所升者必山。由下文知此在昆仑近傍,具体未明。穆王一行此时已由河首、襄山临近昆仑,其方向正是西南。天海案:王贻樑所说近是。此□阙文应先有所升之山名,后有"□之人居虑"数字,译文且从此说。主居,即主要居住地。陈逢衡云:"□之所主居"犹上文"河伯冯夷之所都居也"。丁谦云:主居,谓主宰居住,与上卷"无夷之所都居"句法相同。顾实云:金蓉镜曰:"上文都居、游居,与此主居同例。都居,谓都会;游居,谓游牧;主居,谓宗庙所在也。"然或说即膜昼之所主居,未可定也。郭侃云:先秦文献中,除《穆天子传》外,"主居"一词未见于其他文献,其义

应与上文"都居""游居"相类，或指部族的几种居住方式之一。天海案：此□阙文檀萃填"膜昼"二字，译文且从之。郭璞原注"似说古之圣贤所居"，皆与文意不合。

⑥大木硕草：大树丰草。硕，此为丰盛。天海案：郭注"硕，大也"，不确。

⑦畋（tián）猎：打猎。《老子》："驰骋畋猎，令人心发狂。"

⑧戊午：丁谦《干支表》："距前一日，宿于赤水之阳。"天海案：顾实作"五月二十一日"，亦距前一日。

⑨鬻□：古代部族名。阙文□，檀本填作"寿余"，陈逢衡、小川琢治皆从之。顾实云：卷三有"鬻余之人"，非即此也。王贻樑云：此即"寿"字，郭注为"古畴字"，实迂远矣。"寿"字异体异构殊多，无需改字。郭侃云：王贻樑以"寿"字异体较多，认为此即"寿"字，可从。居虑：天海案：鬻□，依诸说作"寿余"；居虑，当然是人名无疑，且为寿余部落首领之名。综合上说，译文且作"寿余之人居虑"。

⑩献酒百□于天子：阙文□，檀本填作"斛"字，王贻樑认为可取，并案称："斛，十斗也，其起于东周。《穆传》多用斛，亦其西周后成书之一证矣。"天海案：下文有"赤乌之人其献酒千斛于天子"句，故此补作"斛"正是。

⑪昆仑之阿：昆仑山脚下。阿，洪颐煊校云：阿，《山海经·西山经》引作"侧"。王贻樑云：本传之昆仑当为今甘肃祁连山。史界对昆仑的地望有以下四说：一说在酒泉南，即今祁连山；二说在新疆于阗（今和田）南，即今昆仑山脉；三说在青海，即今巴颜喀喇山；四说以为古昆仑乃融合西域（包括今新疆、青海、甘肃等）诸地理特点而成的传说。四说虽然各有理，但考稽其时代，在先秦至西汉武帝以前，唯有第一说存在，其它皆为后出。如此，《穆传》之昆仑与历史上的古昆仑所在正相吻合。天海案：古代昆仑山的位

置诸说不一,此引王贻樑之说可参。

⑫赤水之阳:赤水河的北岸。赤水,水名。在《穆天子传》"昆仑山"以南、今祁连山脉南部东西流向河水。顾实云:昆仑之阿,赤水之阳,当在今巴颜喀喇山之西部,那木齐图乌兰木伦河之北岸。顾颉刚云:《西山经》说赤水出昆仑而东南流,与此正合。天海案:水之北为阳,水之南为阴;山之北为阴,山之南为阳。

⑬鹯(zhān)乌之山:山名。今祁连山脉东端一山。吕调阳云:鹯乌,疑百舌也。顾实云:鹯乌之山,当即今新疆于阗东境之勒科尔乌兰达布逊山。王贻樑云:鹯乌之山,为古昆仑山中一山,具体则不明。以《山经》对照,则槐江之山与鸟山皆有可能,然未能确定。郭侃云:郭注是对"鹯"字释音,"名"改作"音",文意可通,指"鹯"可读作两音。天海案:鹯,今字书未见。据郭璞注:"鹯,音甄,一音栴。"(一音,郭注原作"一名",乃误。名,洪本、翟本、陈本皆作"音"。翟云升云:"下'音'字诸本皆误作'名',今改正。"此依翟云升说径改)甄,读作 zhān;栴,亦读作 zhān;皆与"鹯"同,鹯,亦读作 zhān。由此推知,鹯乌,当是"鹯鸟"传写之误。鹯鸟,是古书中说的一种猛禽,似鹞鹰类猛禽。亦称"晨风"。《左传·文公十八年》"见无礼于其君者,诛之,如鹰鹯之逐鸟雀也",译文即作"鹯鸟之山"。

⑭三日舍:住了三天。

【译文】

柏天说:……穆天子就把黄河上游北岸地区封赐给膜昼,让他做祭祀殷人祖先的主祭人。

丁巳这一天,穆天子从西南方升上□山,那里是寿余人主要居住的地方。那里有高大的树木、丰茂的野草,还有野兽可以打猎。

戊午这一天,寿余人首领居虑,向穆天子献上美酒百斛。天子饮酒后上路,后来住在昆仑山脚下、赤水河的北岸。那里还有鹯鸟之山,穆天子在鹠鸟山上住了三天。

2.2

□吉日辛酉①，天子升于昆仑之丘②，以观黄帝之宫③。黄帝巡游四海，登昆仑山，起宫室于其上。见《新语》④。而封丰隆之葬⑤，"隆"上字疑作"丰"。丰隆筮御云，得《大壮》卦，遂为雷师⑥，亦犹黄帝桥山有墓⑦。封谓增高其上土也⑧，以标显之耳。以诏后世⑨。诏，谓语之。

癸亥⑩，天子具蠲齐、牲全⑪，以禋□昆仑之丘⑫。蠲者，洁也⑬。齐祭神曰禋⑭，《书》："天子禋于六宗。"⑮蠲，音圭⑯。

【注释】

①□：天海案：此阙文未可知，或衍。陈逢衡云：《艺文类聚·山部》引"吉日"上无空方。郭侃云：缺文内容应是三日内穆王在"鹠鸟之山"的一些活动。"吉日辛酉"为一句句首，之前应无其他内容。诸家断句多为"□吉日辛酉"，似有不妥。天海案：别本此□阙文标在前"鹠鸟之山"之下。或衍，译文依陈逢衡说删此阙文。吉日：参见本书前文卷一1.4节注⑥。天海案：本书干支纪日，凡冠有"吉日"者，皆为周穆王有重要活动之日。辛酉：丁谦《干支表》："距前三日，升于昆仑之丘。"天海案：顾实作"五月二十四日"，亦距前三日。

②昆仑之丘：《道藏》本作"崐崘之丘"。天海案：诸本有作"崐崘""昆仑""崑崙"之异者，实则一词之别体书写而已。"昆仑"一词最早出于《山海经》，主要来自《西次三经》《北次一经》《海外北经》《海内西经》以及《海内北经》；而"昆仑山"主要出自《海内东经》，"昆仑虚"主要出自《海外南经》《海内西经》《海内北经》

以及《海内东经》，"昆仑丘"主要出自《西次三经》和《大荒西经》。

③黄帝之宫：地名。此"黄帝之宫"或为后人据传说所筑纪念性的宫室，供人朝拜与观览。

④见《新语》：陈逢衡云：《太平御览》五十三引无"见《新语》"三字；八十五引作"登昆仑而起宫室，以上见《新语》"，"以上"当是"于上"之误。检《汉魏丛书》中所载陆贾《新语》十三篇无此语，又唐殷敬顺《列子释文》于《周穆王篇》"黄帝之宫"下亦引陆贾《新语》，"宫室"作"宫望"，疑误。刘师培云：郭注"见《新语》"，系《新书》之误。贾谊《新书》述黄帝事曰："然后济东海入江，内取绿图而济积石，涉流沙，登于昆仑。"是黄帝曾至昆仑之确证。《庄子·外篇》亦曰："黄帝游乎赤水之北，登乎昆仑之丘。"又《山海经·西山经》曰："黄帝乃取峚（mì）山之玉荣而投之锺山之阳。"顾实云：郭注引陆贾《新语》，亦见伪《列子·周穆王篇》，张湛注。今检《新语》无此文。或曰"《贾子新书·修政语上篇》之文"，则《新书》亦名曰《新语》矣。天海案：郭璞所注"见《新语》"，此《新语》即贾谊《新书·修政》，其云："故黄帝职道义，经天地，纪人伦，序万物，以信与仁为天下先，然后济东海，入江内，取绿图，西济积石，涉流沙，登于昆仑，于是还归中国，以平天下。天下太平，唯躬道而已。"然未闻起宫室于昆仑山之上。

⑤封丰隆之葬：天海案：原文作"丰□隆之葬"，此句依郭注与洪校本改。封，给坟墓上土；丰隆，传说中云师，一说为雷神；葬，此指坟墓。洪颐煊云：《山海经·西山经注》《水经·河水注》俱引作"封丰隆之葬"，后传写脱"丰"字。……正文"封"讹作"丰"，今依注改正。翟云升云：封，诸本皆作"丰"。注"疑作丰"者，明言"隆"上缺文，缺文之上，固是"封"字，故注"封云云"。《山海经·西山经》郭注引此直作"而封丰隆之葬"。《水经注》同一后

人传写，不以"丰"当缺文，而易"丰"为"封"，误矣，今改正。陈逢衡云：丰隆为雷师，犹赤松子为神农时雨师，皆古官名，非指先天之神。丁谦云：丰隆，人名，当是从黄帝西征而道卒者，故葬于此。顾实云：丰隆之葬，当与黄帝之宫相近。卫挺生云：黄帝有天下而为"云师"，乃丰隆附于黄帝亦称云师。此可见丰隆乃黄帝之大臣也。穆王在观黄帝之宫时，"而封丰隆之葬"。则可见丰隆之葬乃附于黄帝之宫之侧。郑杰文云：此盖昆仑土人亦从商旅处知中原雷神丰隆之传说，为其筑墓台而祭祀求雨也。王贻樑云：丰隆，战国时文献又见于《楚辞·离骚》《远游》等，王逸注为云师、雷师（《离骚》注），可知檀萃说乃不确。又，先秦相传雷神不一，但无以黄帝为雷神（及云神）者。

⑥"丰隆筮御云"几句：陈逢衡云：郭注"丰隆筮御云，得《大壮》卦，遂为雷师"，此与夏后启筮御飞龙登于天、舜筮登天为神一例，疑亦出《归藏》。顾实云：郭注引"丰隆御云"事，盖出《归藏》文。郑杰文云：黄帝桥山有墓，《文选·思玄赋》注："黄帝葬于西海桥山。"雷师，《水经·河水（一）注》："丰隆，雷公也。"天海案：郭注《大壮》卦为《易经》第三十四卦，其卦曰："大壮，利贞。"《彖》曰："大壮，大者壮也。刚以动，故壮。"《象》曰："雷在天上，大壮。"

⑦黄帝桥山有墓：司马迁《史记·五帝本纪》："黄帝崩，葬桥山。"汉代人就已经认为黄帝陵墓位于桥山。《史记·孝武帝本纪》说，汉武帝曾"北巡朔方，勒兵十余万，还祭黄帝冢桥山"。《列仙传》："轩辕自择亡日，与群臣辞，还葬桥山，山崩，棺空，唯有剑舄在棺焉。"一般认为，桥山的黄帝陵冢建于汉代以前。桥山，山名。在今陕西黄陵西北，相传为黄帝葬处。沮水穿山而过，山状如桥，故名。

⑧封谓增高其上土也：天海案：土也，郭注原文误作"土地"，径改。

⑨诏后世：告示后人。陈逢衡云：命后世子孙著为典则也。郑杰文

云：诏，疑通昭，盖向当地土人及后世昭明中原人对黄帝和丰隆的尊崇态度。天海案：诏，告示。《说文》卷三："诏，告也。"

⑩ 癸亥：丁谦《干支表》：距前二日，禋于昆仑。天海案：顾实作"五月二十六日"，亦距前二日。

⑪ 具蠲齐（juān zī）：置办洁净的谷物以祭神。檀萃云：齐，当读"粢"，自崇吾之山至翼望之山，凡二十三山，其神状皆羊身人面，其祠之礼用一吉玉瘗，糈用稷米。稷曰明粢，即"蠲齐"之义也。翟云升云：注"齐"上当有"絜"字，言"蠲齐"即"絜齐"也。《左传·隐公十一年》注："絜齐以享，谓之禋祀。"絜，"洁"本字。郑杰文云：齐（zhāi摘），古通"斋（斋）"。……"蠲齐"即"洁斋"。王贻樑云："蠲齐"即洁齐，诸考已明。郭侃云：《说文解字》卷三："具，共置也。"《广韵·玉韵》："具，备也，办也。"天海案："蠲齐"即"洁粢"。蠲，洁净，使洁净。《国语·周语上》："明神不蠲而民有远志。"韦昭注："蠲，洁也。"齐，通"粢（盦）"，古代用于祭祀的谷物。《诗经·小雅·甫田》："以我齐明，与我牺羊。"《集韵·脂韵》："粢，亦作齐。"《礼记·祭统》："是故天子亲耕于南郊，以共齐盛。"郑玄注："齐，或为粢。"由此可见，"蠲齐"即洁净的谷物，用作祭神。牲全：即"牲牷"，用全体或纯色的牛、马、猪、羊、犬等动物作牺牲，以供献神灵。参见本书卷一1.4节注⑱。

⑫ 以禋□昆仑之丘：天海案：此处阙文檀本填作"于"字。顾实云：疑即"于"字。陈逢衡云：精意以享之谓禋。《周官·大宗伯》："以禋祀昊天上帝。"郑注："禋之言烟，周人尚臭。烟，气之臭闻者。"案，昆仑为地祇，而以祀昊天之礼祭者，昆仑比五岳为尊也。顾实云：前礼河水，官人陈牲全。兹禋昆仑，亦具牲全。则名山大川同也。……《说文》云："禋，洁祀也。"《周官》云"大宗伯以禋祀祀昊天上帝"，《尚书·洛诰》云"禋于文王武王"，盖凡洁齐而祀，皆曰禋也。天海案：《周礼·春官·大宗伯》："以禋祀祀昊天

上帝。"故知此处"禋"下当缺"祀祀"二字,译文从此补。禋祀,升烟以祭神灵。即把祭神的谷物与牺牲置于柴堆上,烧柴升烟,表示告天。也泛指祭祀。

⑬蠲者,洁也:郭此注见于《国语·周语上》:"明神不蠲而民有远志。"韦昭注:"蠲,洁也。"

⑭齐祭神曰禋(yīn):郭注见《左传·隐公十一年》注:"洁齐以享,谓之禋祀。"禋祀,是古代祭天的一种礼仪。先燔柴升烟再加牲体或玉帛于柴上焚烧。意为让天帝嗅味以享祭。也泛指祭祀。

⑮《书》:"天子禋于六宗":天海案:郭璞此注见于《书·舜典》:"肆类于上帝,禋于六宗,望于山川,遍于群神。"六宗为何神,汉以来诸说不一:西汉伏胜、马融谓天、地、春、夏、秋、冬;西汉欧阳、大小夏侯、东汉王充谓位于天地四方之间,助阴阳变化者;东汉孔光、刘歆谓乾坤六子:水、火、雷、风、山、泽;东汉贾逵谓天宗三日、月、星,地宗三河、海、岱;东汉郑玄谓星、辰、司中、司命、风师、雨六神。

⑯蠲,音圭:蠲,亦"圭"之借字。《仪礼·士虞礼》:"飨辞曰:哀子某,圭为而哀荐之。飨。"郑玄注:"圭,洁也。"《康熙字典》:"《韵会》:'涓畦切,音圭。'又与'圭'通。"《说文解字》段注:"蠲之古音如圭,《韩诗》'吉圭为馐',《毛诗》作'吉蠲'。蠲乃圭之假借字也。"

【译文】

辛酉这一天是吉日,穆天子登上了昆仑山,观看了黄帝的宫室,并给丰隆的坟墓培土加高,以此告示后世的人,他曾经到过此地。

癸亥这一天,穆天子准备了洁净的粢盛和毛色纯一的全牛、全马、全猪、全羊、全犬等牺牲,要烧柴升烟来祭祀昆仑山。

2.3

甲子^①，天子北征^②，舍于珠泽^③，此泽出珠，因名之云。今越嶲平泽出青珠^④，是。以钓于流水^⑤。

曰：珠泽之薮^⑥，方三十里^⑦。泽中有草者为薮。爰有萑苇^⑧、莞蒲^⑨、莞，葱蒲，或曰莞蒲，齐名耳。关西云莞，音丸。茅葶^⑩、葶，今"菩"字，音倍。蒹^⑪、蒹，薕也，似萑而细，音兼。萋。莠属，《诗》曰："四月莠萋^⑫。"

乃献白玉□只^⑬，□角之一□三^⑭，可以□沐^⑮。乃进食□^⑯、酒十□^⑰、姑劓九□^⑱，亓味中麋胃而滑^⑲。中，犹合也。因献食马三百^⑳、可以供厨膳者。牛羊三千。

天子□昆仑^㉑，此以上似说封人于昆仑山旁。以守黄帝之宫，南司赤水，而北守舂山之宝^㉒。欲以崇表圣德，因用显其功迹。

天子乃□之人□吾黄金之环三五^㉓、空边等为环。朱带贝饰三十^㉔、《淮南子》曰："其贝带骏𩤊^㉕。"是也。工布之四^㉖。□吾乃膜拜而受^㉗。今之胡人礼佛举手加头称南谟拜者，即此类也。音模。天子又与之黄牛二六^㉘。以为牺牲种。以三十□人于昆仑丘^㉙。

【注释】

①甲子：丁谦《干支表》："距前一日，北舍于珠泽。"天海案：顾实作"五月二十七日"，亦距前一日。

②北征：北行，北巡。吕调阳云："北征"当作"南征"。王贻樑云：吕说不知何据，此不从。

③珠泽：湖泊名。未详所在。丁谦云：此珠泽《山海经》作"稷泽"，今名伊斯库里泊，在和阗西北百余里。此泊西南有桑珠、披雅尔

满二水流入之，与传言"北征"及"钓于流水"合。常征云：沅水发源之小沼，细泉出地，水泡如联珠，因称"珠泽"。卫挺生云：珠泽，当即巴格思海子，海拔约5200公尺。其命名殆非因产蚌珠而实无之，似因其下（西）玉河多玉石子，其形似珠，而此泽乃其发源地也。王贻樑云：珠泽，当今何地不明。由下文看，方圆三十里（合今里为二十至二十五里间），并非浩瀚大泽，故名不甚著。

④越嶲：檀萃云：郭注引类以譬，非珠泽在越嶲也。陈逢衡云：《御览》八百三十四引。顾实云：郭注引平泽，亦见《本草》，非此珠泽也。晋越嶲县，在今四川西昌县治。天海案：郭注"今越嶲平泽出青珠"，乃解释珠泽得名，非谓"珠泽"在越嶲。檀萃说是。

⑤流水：指珠泽向外流泄之河流。郭侃云：流水，当指珠泽为活水，并非特指某一河流。《诗·小雅·沔水》："沔彼流水，朝宗于海。"天海案：流，洪本、陈本作"沔"。洪颐煊云："沔，本作'流'，从《太平御览》八百九十六引改。沔，古'流'字。《道藏》等明刊本皆作"流水"，无须改，故不从洪校本。

⑥薮：有水草的湖泊。郭璞注："泽中有草者为薮。"陈逢衡云：《周官·职方氏》注"大泽曰薮"。王贻樑云：此薮内遍长芦苇一类植物，为盐碱性池沼，今甘肃、新疆等西北地区内颇多此类池沼。

⑦方：方圆。指面积大小。

⑧萑（huán）苇：即"萑苇"，水草名。又名蒹葭，一名芦苇，多生长于江边、湖泽。朱熹集传："萑苇，即蒹葭也。"陈逢衡云：萑苇，蒹葭也，如苇而细。卫挺生云：萑苇，又名苇、葭、荻，至秋坚曰萑，其细长者曰蒹。生于湿地，高九至十尺。郑杰文云：《唐石经》"萑"作"萑"。萑、苇，两种芦类植物。《诗经·豳风·七月》"八月萑苇"，毛传："薍为萑，葭为苇。"《汉书·晁错传》"萑苇竹萧"，颜师古注："萑，薍也。苇，葭也。"王贻樑云：《说文》："苇，大葭也。"《诗·豳风·七月》"八月萑苇"，疏："初生为葭，长大为芦，成

则为苇。"朱熹集传:"萑苇,即蒹葭也。"郭侃云:诸家版本或作
"蘿"、或作"藿",结合原文中词例,可知其意为珠泽中生长的水
生植物。《广韵·桓韵》:"藿,苇,《易》亦作'萑',俗作'藿'。"即
"萑""藿"二字训作芦苇等水生植物时,二字可通。天海案:郭侃
之说可从。

⑨莞(guān)蒲:草名。即蒲草。郭璞注:"莞,苍蒲,或莞蒲。"卫挺
生云:莞蒲,一名白蒲,又名小蒲,吉林地方呼乌拉草,日本称大
蔺。生泽中,多年生,草本茎绿圆长,高五至六尺,叶小如鳞,褐
色。郑杰文云:莞,莎草科藨草属植物,俗名水葱、席子草。蒲,
即蒲草,又名香蒲,多年生草本水生植物,地下茎横生,叶片广线
形,成两行。嫩可食,叶可织蒲蓆。王贻樑云:莞,属莎草科,多年
生草本植物,生于沼泽、水畔。茎细而圆,高五六尺,丛生,茎可
织席。蒲,《说文》:"小草也,或以作席。"茎细长;圆柱形,长四五
尺。叶细长,多肉互生。夏日开矛形茶褐色花。茎可织席。天海
案:莞蒲,水葱一类的植物,即蒲草,亦指用其编的席。《尔雅》作
"苻蓠",注:"莞蒲。"唐人苏敬《唐本草》云:"古人以莞蒲为香
蒲,以菖蒲为臭蒲。"

⑩茅莜(bèi):草名。茅与黄蓓草。茅,《道藏》本作"芧"。郭璞注:
"莜,今'菩'字,音倍。"天海案:菩"即"蓓"之省文。《尔雅·释
草》:"蓓,黄蓓,草名。"郭注是。顾实云:茅,范本如是,《道藏》本
程本、檀本皆作"芧"。卫挺生云:茅,一曰白茅,生山野中,草本
多年生,高二尺,有匍匐茎,叶长尖,有平行脉,三四月开花。……
莜,俗名葛蒌,多年生蔓草,全株糙涩,卷须单一,叶心形多角形或
掌状。总状花序。苞细小。浆果椭圆形,长二寸。熟时朱红。生
田野,夏季开花。郑杰文云:茅,茅草,又名白茅。芧,三棱草。义
皆可通。王贻樑云:字作"茅"是。茅,即茅草。莜,《管子·地员》
"大莜细莜"注:"草名。"字亦作"菩""蓓""萆"。《说文》:"菩,艸

（草）也。"《尔雅》："蓓，黄蓓，草名。"《广韵》："蓓，黄蓓草也。"茅、蒉亦可编织。郭侃云：《说文解字》卷一："茅，菅也。""菅，茅也。"段玉裁注："统言则茅、菅是一，析言则菅与茅殊。许菅、茅互训，此从记言也。"《说文解字》卷一："芋，艸（草）也。……可以为绳。"从二者释义看，"茅""芋"均为草生植物，二者生长环境与珠泽附近的环境并无不符之处。二字孰为讹误，无法确定，此从《道藏》本。

⑪ 蒹：洪颐煊云：《尔雅·释草》："蒹，薕也。"郭氏注云："似萑而细。"卫挺生云：蒹，荻也，似萑而细长。王贻樑云：《诗·秦风·蒹葭》"蒹葭苍苍"，传："蒹，薕。"疏："郭璞曰：'蒹，似萑而细，高数尺。'"天海案：蒹，此亦芦苇之类水草。郭璞原注："蒹，荷也。似萑而细，音兼。"洪颐煊校本改郭注中"荷"为"薕"，认为是讹字，从之。

⑫ 薽（yāo）：草名。或狗尾草。《说文系传》引字书："薽，狗尾草也。"陈逢衡云：《说文》引刘向说"苦薽也"，是。皆泽中所有，疑皆水草。卫挺生云：薽，薽绕属远志科……五六月开黄花甚美。生产地自秦岭至昆仑山及喜马拉雅山，生于高四千尺以上乃至一万一二千尺地方。天海案：此处郭璞注引《诗》曰"四月莠薽"，见于《诗·豳风·七月》："四月秀薽，五月鸣蜩。"薽，这个字有两个读音和解释。中华书局注音版《说文解字》只注了一个音yāo，解释是"艸（草）也"。《说文解字注》段玉裁认为：南唐徐锴的《说文解字系传》说"薽"是狗尾草，但他并不认可，他认为薽指的是苦薽，是一种味道很苦的草。就叫苦薽。《诗经》里的"四月秀薽，五月鸣蜩"指的就是这种草，它跟狗尾草是两回事。苦薽到底是什么草，现在我们已无法确知。又一说薽为远志。《尔雅·释草》："薽绕，棘菀。"郭注："今远志也。"读作yǎo。远志是著名的中药，多年生草本，主根粗壮，韧皮部肉质。具有安神益智、祛痰、消肿的功能。它的别名也很多，比如：薽绕、棘菀、棘

菀、小草、细草、线儿茶、小草根、神砂草等。

⑬乃献白玉□隻：天海案："乃"上缺献玉之人，译文以省略号……代替。檀萃云：其献之者，即下文"□吾"也，其国名缺。洪颐煊校云：《事物纪原》三引作"珠泽之人献玉石"。陈逢衡云："隻"上空方疑是"十"字。隻，古"雙"字。顾实据洪校本"乃"上补"珠泽之人"四字。郭侃云：此句缺献玉之人，从下文看，此句之后文意错乱不明，缺文甚多，应是原简有残损或简序有误，因此献玉之人亦无法明确推定。天海案：洪颐煊校"乃"上补"珠泽之人"；"□隻"，陈逢衡疑是"十双"，近是；译文且从此二说。

⑭□角之一□三：陈逢衡云："□角之一□三"脱误，不可解。天海案：此句阙文太甚，文意不明，译文暂阙，以省略号……代之。

⑮可以□沐：陈逢衡云："沐"上空方疑是"具"字。天海案：译文从此说。

⑯乃进食□：陈逢衡云："食"下空方当是"物"字。天海案：此缺文必是食物名称与数量，译文以省略号……代替。

⑰酒十□：陈逢衡云："酒十"下空方当是"斛"字。天海案：此阙文或是"斛"字，译文从此说。

⑱姑劓九□：陈逢衡云：姑劓，不知何物。"姑"，疑"牯"字之误，谓牡牛也。劓，割也，一曰刖鼻也。《埤雅》云："牛耳无窍，以鼻听。"或牛之美在鼻，故以为献。"九"下空方疑是数目字，或是盛肉之器。天海案：此处阙文必是数量词。"姑劓"为何物，义不明。译文且从陈说，作"牯牛鼻九盘"。

⑲亓味中麕胃而滑：其味合于麕膚而嫩滑。亓，古文"其"字。中，适合。檀萃云：言其味如麕胃而滑也。翟云升云：麕胃，岂"麕膚"之讹欤？麕膚，亦见《礼记·内则》。郭侃云：此句虽缺文甚多，但其意应与部族首领向穆王进献物资有关。《说文解字》卷十"麕，鹿属。从鹿㐭声。麕冬至解其角。"卷七："糜，糁也。从米

麻声。"《春秋·庄公十七年》:"冬,多麋。"孔颖达疏:"麋是泽兽,
鲁常有。"麋的生活环境多为水边,与上文"珠泽"相符。此进献
物或为麋身上较为贵重的部件。因此部族首领才会向穆王进献
此物。天海案:翟云升所说"麋肤",是指熟的麋鹿肉。《礼记·内
则》:"麋肤、鱼醢。"孔颖达疏:"麋肤谓麋肉外肤食之,以鱼醢配
之……麋肤,谓孰也。"又,麋胃或"麋膏"之讹。麋膏是鹿肉做
成的酱汁。见《周礼·天官·兽人》:"夏献麋。"郑玄注:"狼膏
聚,麋膏散。"贾公彦疏:"夏献麋者,麋是泽兽,泽主消散。故麋
膏散,散则凉。故夏献之云。"以上数句亦因阙文太甚,文意难
明,译文暂阙,且以省略号代之。

⑳食马三百:供食用之马。郭注:"可以供厨膳者。"洪颐煊云:《事
类赋注》二十一引作"其人献食马三百"。陈逢衡云:《太平御览》
八百九十六、八百九十九引"以钓于沱水"下即接"因献食马三
百、牛羊二千"。又《御览》八百九十九"食马"作"良马"。顾实
云:《御览》八百九十九引作"良马","良"当为"食"字形近之误。
卫挺生云:从受献之"食马三百、牛羊二千",可推知王之七萃、六
师、王官皆登山矣。王贻樑云:此作"食马"是,证有二:其一,由
郭注可明。其二,卷一"良马二六"校释已明:《穆传》凡良马概
为四之倍数,而食马概以十、百记数。此处言"三百"则可知必为
"食马"。此一段文字固缺漏过甚,难以确解。陈说仍不清。此
仅可知所献物有三类:一、白玉。二、美酒、食品。三、食马、牛、
羊。王守春云:在西北游牧民族中,马很少是用作食用,马肉很不
好吃,一般不食马肉,只有在极特殊情况下,如食物极端匮乏情况
下,才杀马煮食。马通常是用于骑乘,食用的家畜主要是羊,以及
食羊奶、马奶及奶制品。

㉑天子□昆仑:天海案:此□阙文,檀萃补"以主"二字。陈逢衡云:
檀谓"天子以主昆仑"则是自主也,天子祭天下名山大川,则天下

之山皆其所主,不必于此明示其事。空方当是"封"字,谓以昆仑之丘封□吾也。卫挺生云:郭注是也。所封之人即下文之"□吾"。此封建指定三种职司:(一)"守黄帝之宫";(二)"南司赤水",是即今喇斯库穆河;(三)"北守春山之宝",是殆即指喇斯库穆山所产之玉及琅玕与金而言也。王贻樑云:所封者即下"□吾"甚明。檀、陈所填字似皆过简。天海案:依郭注,□所缺之文当是被封之人姓名。据此,原文或作"天子乃封珠泽之人□吾于昆仑"。译文且从此。

㉒"以守黄帝之宫"几句:郭注:欲以崇表圣德,因用显其功迹。檀萃云:表黄帝之德也。陈逢衡云:守黄帝之宫者,盖命昆仑之人主其祭祀也,即后世奉祀香火之义。南至赤水,北至春山,皆其所主,若黄帝之德表著已久,无庸穆王崇显之也。南司赤水,往南管辖到赤水河。春山,山名。顾实云:春山即锺山。《穆传》春山在昆仑之北,与《山海经》昆仑在锺山之南正合。常征云:赤水以西为青海高原与湟水沃地之界山日月山,即传之春山(《山海经》作"锺山")。

㉓天子乃□之人□吾:天海案:"乃"下之阙文□,檀萃补"赐某"二字。洪颐煊据《北堂书钞》一百二十九引补"赐"字,可从。然"赐"下仍缺部族名称。陈逢衡云:"赐"下空方当是"昆仑"二字。"□吾"则昆仑之人名也。卫挺生云:"乃赐"二字下之阙文,当是"珠泽"二字。郑杰文云:赐,明诸本皆脱,洪曰:"从《北堂书钞》一百二十九引补。"《太平御览》卷六百九十六引亦有"赐"字。王贻樑云:据洪校知檀本"赐"字亦自加。案:有"赐"字是。天海案:据上文诸家所述,此处阙文可作"天子乃赐珠泽之人□吾"近是,译文从之。"□吾"则珠泽之首领姓名。黄金之环三五:三五,即十五环。檀萃云:三五,十五环也。顾实云:"环"之造字,从玉得义,明中国本只有玉环也。贾植诗曰"皓腕约金镯",

此必后世女子之染胡风者,中国古盖无有也。王贻樑云:《穆传》载穆王沿途赐异族诸侯金器、金货甚多。核之出土宝物与文献记载,西周时虽已有黄金使用,但数量并不大。且以镒为黄金计量单位,亦仅春秋、战国始有,故此时代特点亦就很明显了。郭侃云:环,如顾实所述,其造字从玉得义。先秦、秦汉时期的文献中,亦无除玉石之外材质环的记载,直至西晋时期,“金环”才在文献中普遍出现。因此顾实认为《穆天子传》中的“黄金之环”应是由西方传入。但结合近年的考古发现,春秋、战国时期及西汉早期的墓葬中均有“金环”实物的出土,如宝鸡市益门村二号春秋墓和新疆哈密巴里坤西沟遗址1号墓。其实物出现的时代远早于文献的记载。顾实以文献中鲜有“金环”记载且无大量出土实物,证金环由西方传入,其论不妥。

㉔朱带贝饰:用贝壳装饰的朱红色大带。洪颐煊云:贝,《太平御览》六百九十六引作“具”。《史记·佞幸列传》云:“孝惠时,郎侍中皆冠鵔鸃贝带。”《匈奴列传》云:“黄金饰具带一。”具、贝各异。注引《淮南》为证者,必作“贝”也。陈逢衡云:朱是其色,贝饰则用贝之甲以为带饰,故曰:“朱带贝饰。”顾实云:朱带贝饰,后文亦简名曰“贝带”,必朱色之带而以贝为饰也。于省吾云:下文屡言“贝带”,即“朱带贝饰”之简文也。“朱带贝饰”者,以贝饰带也。近世出土之鼎,鼎外周围有饰以贝者,贝之有缝处均外向,以贝饰带,常亦如是也。郑杰文云:西域深居内陆,故以贝饰为贵,前些年,新疆五堡墓地(距今三千年左右)曾出土贝,主要用为装饰品,如配饰于毛织围巾、衣服上。(详王炳华《西汉以前新疆和中原地区历史关系考察》,载《新疆大学学报》1984年第4期)王贻樑云:带以革制,涂以朱色,即为“朱带”。再以“贝饰”,可谓华贵矣。天海案:以顾说为是。

㉕《淮南子》曰其贝带骏鸃:郭注“骏鸃”,洪本、陈本作“鵔鸃”,翟

本作"鶪鸃"。洪颐煊云:注"贝"上本衍"其"字。"鶪鸃"讹作
"骏䮥",今从《佞幸列传》索隐、《淮南》改正。翟云升云:鶪鸃,
诸本皆讹作"骏䮥",今改正。郭侃云:今本《淮南子》中不见"赵
武灵王服贝带鶪鸃"一句,"贝带鶪鸃"为《史记索隐》引《淮南
子》语。"骏䮥"则不见于典籍之中,郭璞注文当以"贝带鶪鸃"
为是。天海案:诸说是,郭注误。

㉖ 工布之四:工布,宝剑名。见《越绝书·外传记·宝剑篇》:"欧
冶子、干将凿茨山,取铁英,作为铁剑三枚:一曰龙渊,二曰太阿,
三曰工布。"《博物志·器名考》作"土市"。又一说为精细之
布。檀萃云:"之"当为"疋",谓工精之布四疋也。翟云升云:传
中"之"字疑误,或其下有缺文。陈逢衡云:"疋四"文不顺,"之"
当作"三",三四,十二也。此书有直言其数者,三十、三百、三千
是也,有文致其语者,三五、三四、三六是也。章太炎云:《越绝
书·外传》记宝剑,欧冶子干将作为铁剑三枚,一曰龙渊,二曰秦
阿,三曰工布。此工布亦当为剑名,其名固不必自欧冶干将始也。
顾实云:"工布"未详何义,或为工巧之布也。王贻樑云:"工布"
为何物不明,章太炎说虽颇有据,但于本传却未必适用。"之四"
陈说为"三四",可参。郭侃云:"工布"作为宝剑名见于典籍之
中,但与"之四"连用,词例不通。如陈逢衡所说"之"或为"三"
传写之讹误,与上文语句契合。工布,此指何物尚不可确考。天
海案:原文"之四",与文例不符,陈说近是,译文依此作"工布宝
剑十二把"。又,卷一有"天子之弓射人、步剑"之语,疑此"工
布"或彼"步剑"耶?

㉗ 口吾:参见上注㉓,"口吾"为珠泽之首领姓名。膜拜:合掌加额,
伏地跪拜。我国古代西北部少数民族对其最敬畏者多行此礼。
陈逢衡云:《玉藻》:"君赐,稽首,据掌,致诸地。""膜拜"者,据掌
致地之谓也。卫挺生云:"膜拜"云者,谓西膜式之参拜也。顾实

云：郭氏以音译"膜"字偶同，而牵混为一，不知佛经亦译作"南谟"，作"南无"，本无一定之用字。蒋超伯云："膜拜"乃戎俗。据传则周时已然。世以为苾刍礼佛之称，误矣。赵俪生云：原是郭璞的注把问题带出了枝节，他说"膜拜"就是"南膜拜"。"南膜"又作"南谟"，又作"南无"，这却是佛教的呼号，呼一声，拜一拜，谓之"南膜拜"。但这个"南"字是郭璞凭空加上去的。假如"西膜"之人的拜法就叫"膜拜"，那就不一定是佛教以后的事情了。郑杰文云："膜拜"就是古代西域土人对最尊敬者或畏服者所行的一种最高礼节，合掌加额，伏地跪拜。王贻樑云：膜拜，西膜人之拜式，具体不明。郭注无端牵于佛礼，遂使后人生疑。郭侃云：由于郭璞注文将"膜拜"与佛礼相结合，并认为其礼即"南谟拜"，以使后人多受误导。而实际上二者并无关联，"南谟"为梵语 Namas 的音译，即"尊敬"之义。"膜拜"一词，最早见于《穆天子传》中，通览《穆天子传》可知，并非所有部族都向穆王行"膜拜"礼，因而此礼应是在一定地域范围内行拜。结合穆王巡行路线及"膜拜"出现的位置可知，昆仑之丘（即今祁连山脉）以西的部族在答谢穆王赏赐时，才行此礼。天海案：诸说是，郭注"谟拜"为"南谟拜"，不确。

㉘黄牛二六：黄牛十二头。檀萃云：彼方无黄牛，多与为种。顾实云：郭注"牺牲种"，则为祭祀之用也；然为家畜之用，或游牧，或耕耘，亦所需也。

㉙以三十囗人于昆仑丘：檀萃云：又以中土人三十人同守昆仑丘。十，或作"千"。陈逢衡云：此本不可解，必欲强解之，则凿矣。仍当以赏赐昆仑之说为正。顾实云：囗人于昆仑丘，有缺文不可知；且亦当作"昆仑之丘"，不当作"昆仑丘"也。天海案：此阙文"囗人"或作数词，未可知。此三十余人或为留下帮助饲养、放牧黄牛之用。译文且从顾说。

【译文】

甲子这一天,穆天子向北行进,驻扎在珠泽,在流水处钓鱼。

珠泽水域方圆三十里。周围生长着芦苇、蒲草、茅草、黄蓓草、芦获与狗尾草。

珠泽之人献上白玉十双……可以用来沐浴。于是又进献食物……酒十斛,割下的牦牛鼻九盘,其味道与煮熟的麋鹿肉相近而滑嫩。……又献食用马三百匹、牛羊三千只。

穆天子就封珠泽之人□吾于昆仑山,以守护黄帝的宫室,向南管辖到赤水河,向北守护春山上的珍宝。

穆天子又赏赐珠泽人的首领吾□黄金环十五双、红色贝饰大带三十条、工布宝剑十二把。珠泽人的首领□吾向穆天子合掌加额,伏地跪拜后收下礼物。穆天子又送给他黄牛十二头,并留下三十人留守在昆仑之丘。

2.4

季夏丁卯①,天子北升于春山之上②,以望四野③。曰:"春山是唯天下之高山也。"④

孳木华不畏雪⑤,天子于是取孳木华之实,持归种之⑥。孳,音滋。曰:"春山之泽,清水出泉,温和无风⑦,飋條适也⑧。飞鸟百兽之所饮食⑨,先王所谓县圃⑩。《淮南子》曰:"昆仑去地一万一千里,上有层城九重。或上倍之,是为阆风⑪;或上倍之,是谓玄圃⑫,以次相及。"《山海经》云:明明昆仑、京圃各一山⑬,但相近耳。又曰:实唯帝之平圃也⑭。"

天子于是得玉荣、枝斯之英⑮。英,玉之精华也。《尸子》曰:"龙泉有玉英⑯。"《山海经》曰⑰:"黄帝乃取密山之玉策,而投之锺山之阳。"是也。曰:"春山百兽之所聚也、飞鸟之所栖也[18]。"爰有□兽[19]，食虎豹，如麇而载骨[20]，盘□，始如麇，小头大鼻[21]。麇，獐是也。爰有赤豹、白虎[22]《诗》云："赤豹黄罴。"[23]熊罴、豺狼[24]、野马、野牛[25]、山羊、野豕[26]。今华阴山有野牛、山羊，肉皆千斤。爰有白鸟、青雕[27]，执犬羊，食豕鹿[28]。今之雕亦能食獐、鹿[29]。

曰[30]：天子五日观于春山之上[31]，乃为铭迹于县圃之上[32]，以诏后世[33]。谓勒石铭功德也。秦始皇、汉武帝巡守登名山所在，刻石立表，此之类也[34]。

【注释】

①季夏：郑杰文云：季夏，六月。周正建子，周历六月当夏历四月。丁卯：丁谦《干支表》："距前三日，北升于春山。"天海案：顾实作"六月初一日"，亦距前三日。

②春山：山名。今祁连山脉中一山。郝懿行云：李善《文选》注王融《三月三日曲水诗序》引此文"春山"作"太山"，《太平御览》八百九十九卷引作"泰山"。并以形近，展转致讹。小川琢治云：春山，即《山经》之"锺山"。顾实云：《御览》三十八引有注，"春，音锺也"四字，盖即卷一郭注"春，锺音同"之异文。张公量云：此"春山"为《山海经》之"锺山"无疑，在贺兰山麓。(《穆传山经合证》，《禹贡》1卷5期，1934年）王贻樑云：春山，是昆仑山中一山，即今祁连山脉中一山。以文曰"春山，是唯天下之高山也"视，似为主峰。然穆王一行非登山家，且古无精确测量手段，仅大约而言之。由下文视之，似春山即县圃，则与《山经》相异。天海案：王贻樑之说可参。

③以望：陈逢衡云：《艺文类聚·人部》引"以望"作"眺望"。

④曰：春山是唯天下之高山也：陈逢衡云：《太平御览》二十二、三十

八、八十五引。天海案:"是唯"犹"是为"。

⑤孳木华不畏雪:檀萃云:孳木,木名。洪颐煊云:今本"孳木"下本作"□华畏雪"。《太平御览》二十三引作"蕃不畏霜","蕃"即"华"字之讹。以下句证之,"孳木"下不应有"□"字,因从《御览》改正。惟"霜"字尚不如今本"雪"字之善耳。翟云升云:"孳木"下缺文疑衍。《太平御览》二十二作"孳木华不畏霜",窃谓当作"孳木华不畏霜雪",此脱"不""霜"二字。《太平御览》脱"雪"字也。天海案:据下文"天子于是取孳木华之实",知原文"孳木□华畏雪"中阙文□为"不"字,且在"华"字下,故以上诸说是,原文应该是"孳木华不畏雪",此依诸说校改,译文从之。孳木华,植物名。华,花。疑为雪莲。顾实云:孳木华,未详何物。今帕米尔境内,树木难遇。但有草根似木者,据《戈登游记》或即此物欤!莫任南云:孳木有谓即丹木……不知确为何种植物。王贻樑云:孳木华,疑为雪莲。雪莲属菊科,多年生草木,高五十厘米左右。茎倒立,下部有褐色残叶。又有绵头雪莲,高十至二十五厘米,全株密被白色绵毛,叶线形或狭倒卵形。皆因不畏雪而得名。但未可终定。郭侃云:通览典籍,除《穆天子传》,其他典籍中并不见"孳木华"一词,结合文句,诸家皆以此物耐寒为线索考证,认为其为"丹木""雪莲"等类植物,但皆为推定。

⑥持归种之:洪颐煊云:"持归种之"本讹作注,从《太平御览》二十二引改正。翟云升云:注"持归种之"四字,《太平御览》毗连传文,语意为备,下言"取嘉禾以归,树于中国"可比例也,当从之。陈逢衡云:末四字"持归种之"旧作注,今从洪本据《太平御览》改入正文。天海案:此四字原为郭璞注文,洪本、陈本改为正文,上接"取孳木华之实"。此从洪、翟、陈说校改,译文从之。

⑦"春山之泽"几句:春山之泽,春山上的湖泊。具体位置无考。顾实云:春山之泽,即今新疆莎车(即叶尔羌)之大帕米尔湖也。清

水出泉，温和无风。卫挺生云：其泽当指小帕、大帕、阿尔楚尔帕之诸湖而言。其湖四面皆有山环绕，故"温和无风"。各溪河之源皆"清水出泉"，故水皆甘冽。郑杰文云：出泉，《太平御览》卷九百十四引作"温泉"。

⑧炁倏适也：郑杰文云：疑"倏"（条的繁体）为"候"之形讹。气候适，言气候宜人也。郭倞云："炁倏适"不见于其他典籍，如郑杰文所言，"倏"或为"候"之讹误，讹误当是在传钞过程中产生。天海案：炁，同"气"；倏适，疑"调适"之音误。气调适，即气候温和适宜。

⑨饮食：顾实云：《艺文类聚·园圃类》引无"食"字。郑杰文云：食，《艺文类聚》卷六十五引无此字。

⑩先王：古代帝王。顾实云：至于先王何指？《尚书·吕刑》曰"禹主名山川"，《孝经释文》引郑玄云："禹，三王最先者。"故《穆传》凡两言先王，皆指禹而言。县圃：即悬圃。传说中昆仑山顶上的仙境。其具体位置不可考。胡应麟云：按"春山"之名，后世不甚传，而"县圃"神仙家所盛依托，以为数倍昆仑。据此，"先王所谓县圃"之文，不过如秦汉所谓《上林》《长杨》所记，鸟兽虽众，皆人世所尝有求。如《山海经》九首八足食人之怪，固无一也。则二书讵可同日语哉！（《少室山房笔丛》）翟云升云：县圃，注作"玄圃"，《山海经》注如之，"玄"与"悬"古字通。

⑪阆风：昆仑山之巅峰。《楚辞·离骚》："朝吾将济于白水兮，登阆风而绁马。"王逸注："阆风，山名，在昆仑之上。"

⑫或上倍之，是谓玄圃：陈逢衡云：《淮南子》所云"或上倍之"者，即《尔雅》"三代为昆仑丘"之义也。此山由酒泉昆仑而上及于巴颜喀拉为真河源所出，又上而达于冈底斯山为最上层。此在后世分而言之，故有此名目。其在三代则总谓之昆仑也。"玄""县"通，亦极状其高耳。顾实云：郭璞注节引《淮南子·墬形篇》文。

⑬明明昆仑、京圃：郝懿行云：郭注引《山海经》"明明"二字衍。"京圃"之"京"即"玄"字之讹，以"幺"俗书作"玄"也。天海案：郝懿行此说可从。

⑭平圃：平坦的园圃。《淮南子·地形训》作"县圃"。檀萃云：凡积石、三危、阴山、天山，皆昆仑也。故传总而言之其"清水出泉"者，则槐江之山，爰有瑶水，其清洛洛也。帝之平圃亦在槐江，而传悉归之于锺山，不复分别，以皆昆仑耳。

⑮玉荣：即玉华。美玉精雕之花。华，花。《山海经》云："黄帝乃取峚山之玉荣"郭璞注："谓玉华也。"檀萃云："策"乃"荣"字之讹，据郭注自见。洪颐煊云："荣"本作"策"，注同。《后汉书·张衡传》注引《山海经》亦作"策"。……《玉海》八十七引《山海经》云"玉策"，小字注云："《穆天子传注》作'玉荣'。"王厚斋所见本尚不误，今改正。陈逢衡云：《山海经》当是"玉荣"，盖谓玉之精华如玉浆、玉脂之类，故可服。其《穆传》之"玉策枝斯"如"璆琳琅玕"，乃是玉器，当分别观之。若上是"玉荣"，下不得又言之"英"，郭注引《山海经》是解释"英"字，非注"玉策"也。顾实云：凡玉之生，有荣，有英，有华。荣，谓玉之始生，如草木之荣也；英，谓一玉中之最美者，如草木之英也；华，谓玉之方成，如草木之华也。见桂馥说。是玉荣为一物，枝斯之英为一物，凡二物也。王贻樑云："荣""策"乃形近而误，汉魏晋唐时简牍碑帖中习见。郭侃云：明诸本多作"玉策"，"筴""策"皆从"竹"，且"宋""束"形近易讹。"玉荣""玉策（册）"二者皆见于典籍之中，"玉策"多指天子祭祀时的礼器或术数之人所用之道书。"玉荣"最早见于《山海经》与《穆天子传》。……"玉荣"似为玉作的花草形饰品，与下连之"枝斯"同为部族进献的贵重物品。以郭注亦引《山海经》，此当以"玉荣"为是。天海案：荣，原文与郭注中"荣"字皆讹作"策"，此据《山海经》与洪校本径改。枝斯：

美玉名。《骈雅·释地》："枝斯……美玉也。"英：精英，美玉之精华。陈逢衡云：枝斯，当如珊瑚之类。案，陈藏器《本草》云："珊瑚生石岩下。"则珊瑚不独生大海中也。《述异记》谓光武时南海献珊瑚，妇人帝命植于殿前，谓之女珊瑚，一旦柯叶盛茂。又《晋书》王恺珊瑚树高二尺许，枝柯扶疏。则此枝斯，即枝柯扶疏之义。丁谦云：此所得玉荣、枝斯之英，即黄帝所投物，以穆王有六师从行，故能遍搜山谷而得之也。顾实云：《穆传》枝斯之英，凡两见，或即今之石英欤？枝斯二字取义，或以其中外莹澈，若可枝解而斯析之者欤？抑以音求之，即今之瑟瑟欤？见章鸿钊《石雅》。钱伯泉云："玉荣"即"玉龙"，古匈奴语，"白"的意思。"枝"当为"技"之误，"枝斯"当作"技斯"，古匈奴语"玉"的意思，突厥语作喀什（Kash）。……"玉荣枝斯之英"，也就是白玉中的精英，指质量最好的羊脂玉。王贻樑云：钱先生考虽甚辩，但"玉荣""枝斯"显为两物（文献多见），且玉荣显非外来译音，故其说仍不妥。顾实所用桂馥说于典籍并无依据。玉荣、枝斯皆玉之精品，但具体各说不一，且并不明了。郭侃云："枝斯"最早见于《穆天子传》，《骈雅》训"枝斯"为"美玉"，所取辞例即引自《穆天子传》。其具体所指，无法明确。

⑯龙泉有玉英：天海案：郭注引此文见《尸子》卷下："清水有黄金，龙渊有玉英。"

⑰《山海经》曰：天海案：郭注所引此文见《山海经·西山经》。

⑱飞鸟之所栖也：栖，息止。顾实云：此承上文而言之，鸟之山可为瑶之圃。此春山为飞鸟百兽之所饮食，亦可谓之"玄圃"。则圃之名义，殆含有动物园或万牲园之性质。

⑲□兽：天海案：此处阙文，陈逢衡疑是"猛"字，译文且从之。

⑳食虎豹，如麇而载骨：檀萃云：言此兽能食虎豹，其形如麇而骨瘦，植立，然兽之能食虎豹，义渠之兹白、史林之酋耳、渠叟之𤟎犬，俱

不似麕也。陈逢衡云：当日据所见之兽而言，不得以兹白、酋耳、
豹犬例之。"史林"误，当作"央林"。"食虎豹，如麕而载骨"当作
一句。虎、豹，大兽；麕，小兽。谓食大兽如小兽，言易也。载者，
置也。见《史记·礼书》："侧载臭茝。"索隐："盖谓弃置虎豹之骨
不食也。"檀氏误解。顾实云：有兽能食虎豹，未详何兽。惟狻猊
及驳，皆食虎豹。然谓曰"如麕而载骨"，"载""戴"古字通，或即
戴骨，则必非狻猊及驳也。殆舂山特产之兽，为他处所无者欤？
于省吾云：载，应读作豺。载，从戋声，古哉字，从才声。金文哉字
多假才为之，载、豺并谐才声，故得相通。"如麕而豺骨"形象如
麕，而骨格如豺也。郭侃云：此句有缺文，所指猛兽不明。从文献
中仅有的"可食虎豹、与麕豺体型相近、头小鼻大"的信息分析，
笔者判断此兽与今之藏獒相似。其生活区域与穆王所在地相符；
獒犬凶猛，可与狼豹相搏；其与麕豺体型相似，毛发旺盛以致遮挡
头部，仅露出口鼻，符合原文"小头大鼻"的特点。《左传·宣公
二年》："公嗾夫獒焉，明搏而杀之。"杜预注："獒，猛犬也。"天海
案：于省吾之说可参，译文且从之。

㉑"盘□"几句：檀萃云：盘盘，兽名，其始生如麕，小头大鼻，后则
不然，异也。陈逢衡云：盘盘，兽名，俟考《司马相如传》："般般之
兽，乐我君王。"注谓："驺虞也。"《事物异名》疏以为是"麟"，陆
玑《诗》疏云："麟，麕，身似为近之。"王贻樑云：此猛兽具体不
明。又《说文》："麕，獐也。"籀文作"麇"。但甲、金文皆有"麇"
而无"麕"，是麇字最早，麕字后起。天海案：盘□，缺文疑"角"
字，"盘角"意即其角盘曲。始，初始，幼小时。檀萃认为"盘□"
为"盘盘"，兽名；陈逢衡亦认为"盘盘，兽名"，并引《史记·司马
相如列传》："般般之兽，乐我君囿。"又引注指"般般"为"驺虞
也"。今考《诗经·召南·驺虞》对"驺虞"有不同的解释，其主
张"诗教"的学者们视驺虞为仁兽，推仁政及于禽兽，但是将"驺

虞"解释为兽名则与诗意不符。有的认为"驺虞"是一种义兽，它不食活物，只食死物，有着慈悲心怀；还有的认为，"驺虞"并非义兽，而是指代专门管鸟兽的官吏。《鲁诗》将"驺"释为天子之囿，将"虞"释为司兽之官。今人鲍昌《释"驺虞"》一文，解"驺"为饲养牲畜的人，解"虞"为披着虎皮大声呼叫的人，将"驺虞"合训为猎人。而《史记·司马相如列传》："般般之兽，乐我君囿。"有司马贞索隐："般般，文彩之皃也。音班。"可见"般般"（盘盘）又非兽名。檀、陈二说不可信。又，麕（jūn），即獐，一作"麏"。似鹿而小，无角，黄黑色。《说文》："獐也。麕，其总名也。"《古今注·鸟兽》："獐有牙而不能噬，鹿有角而不能触。獐一名麕，青州人谓麕为獐。"且上言"食虎豹"之猛兽，其外形如麋鹿，骨骼似豺，头上盘角，幼小时如獐，头小鼻子大。由此，知郭注"麕，獐是也"不确。故译文且作"盘角，幼小时形如獐子，头小鼻子大"。

㉒赤豹、白虎：红色的豹子、白色的老虎。檀萃云：白虎，驺虞也。陈逢衡云：《太平御览》八百九十九引"泰山，百兽之所聚也，爰有赤豹、封牛"，盖约举之词。"泰山"误。

㉓《诗》云："赤豹黄黑"：天海案：此郭注系引《诗·大雅·韩奕》："献其貔皮，赤豹黄黑。"《尔雅·释兽》："黑，如熊；黄，白文。"

㉔熊罴、豺狼：陈逢衡云：《太平御览》九百八引："春山，百兽所聚也，爰有赤豹、熊罴。"又九百九引："春山，百兽所聚，爰有豺狼、野马。"

㉕野马：《尔雅》："野马，如马而小，出塞外。"陈逢衡云：《太平御览》九百九引"春山，百兽所聚，爰有豺狼、野马"。野牛：《玉篇》："犈，野牛也。"陈逢衡云：《太平御览》八百九十九引"爰有赤豹、封牛"，今本有"野牛"而无"封牛"。《尔雅·释畜》注："犦牛，即犈牛。"《玉篇》："犈，野牛也。"《汉书·西域传》："罽宾出封牛。"

注:"师古曰:封牛项上隆起者也。"《后汉·顺帝纪》:"疏勒国献狮子、封牛。"注:"封牛,其领上肉隆起时若封然,因以名之,即今之峰牛。"《酉阳杂俎》:"野牛　高丈余,其头似鹿,其角丫戾,长一丈,白毛,尾似鹿,出西域。"然则野牛、封牛一也。天海案:犎,即封牛,西域所产一种颈项领肉隆起的牛。

㉖ 山羊、野豕:野羊、野猪。陈逢衡云:《尔雅》:"羊六尺为羬。"郭注:"《尸子》曰:大羊为羬。"《山海经·西山经》:"钱来之山有兽,其状如羊而马尾,名曰羬。"郭注:"今大月氏有大羊如驴,而马尾。"野豕,封豨也,大猪曰封豨,见《魏都赋》注。檀萃云:蜀、滇间山羊甚多,然无千斤者。陈逢衡云:檀谓羊无重千斤者。案,《清波杂志》:"河北羊之头有重百斤者。"可为郭注之证。《凉州异物志》:"封羊,其背如驼。"

㉗ 白鸟:白色大枭。疑为外形与猫头鹰相似的白色猛禽。青雕:黑色大雕。檀萃云:白鸟无闻,盖亦金翅之类。洪颐煊云:鷻,本作"鸟",从《山海经·海内西经》注引改。《一切经音义》六引作"白枭"。陈逢衡云:"爰有白鸟、青雕"与上文"爰有赤豹、白虎"是一类。翟云升云:《山海经·西山经》注两引此传皆作"白鸟青雕"。《海内西经》"鷻",注云:"雕也。"《穆天子传》曰:"爰有白鷻、青雕。"音"竹笋"之"笋",言鷻即青雕,其字音"笋"。"白鸟"作"白鷻"者,以相涉而误也。陈逢衡云:鷻,旧作"鸟",今从洪本据《海内西经》注引改,又云《一切经音义》六引作"白枭"。郝懿行云:以"白鸟青雕",盖即钦䲹及鼓所化为者也。顾实云:鷻,原作"鸟",洪校据《山海经》注引改。鷻亦雕也。然《西山经》注两引作"白鸟",盖因习见《诗·大雅·灵台》篇之"白鸟"而误。不悟彼"白鸟"为鹭,决不能执犬羊食豕鹿也。又洪校据《一切经音义》引作"白枭",枭,当亦"鸟"或"隼"之误。卫挺生云:"白鷻""青雕"而能"执犬羊,食豕鹿"则皆今日所谓"鹫"类

也，与上文"鹖鸟之山"之鹰鹯同物。郑杰文云："雕""鹖"古通用。又，"白鸟"误，白鸟，指鹭（《诗·周颂·振鹭》"振鹭于飞"，毛传："鹭，白鸟也。"），非"执犬羊，食豕鹿"之鸟。郭侃云：从下文"执犬羊，食豕鹿"来看，此作"白鹖"为妥。天海案：白鸟，当依《一切经音义》六引作"白枭"。一种与鸱鸺相似的鸟。同"鸮"。此处"白枭"，疑为外形与猫头鹰相似的白色猛禽。

㉘ 执犬羊，食豕鹿：陈逢衡云："执犬羊，食豕鹿"上当有脱字，盖指七萃、六师之属，不与上六字相连，盖"天子五日观于春山"而命群下纵猎于是也。周处《风土记》曰："犬则有青鹖、白雀。"疑亦因此而误。王贻樑云："鹖""雕"皆猛禽，执犬羊，食豕鹿并不为奇。天海案："犬"底本原文作"太"，据《道藏》本径改。

㉙ 雕亦能食獐、鹿：檀萃云："赤"当为"亦"。洪颐煊云：注"麋"本作"獐"，从《文选·鹪鹩赋》注引改。翟云升云：注"亦"字，诸本皆讹作"赤"。檀疏云"赤"当为"亦"。《昭明文选》张茂先《鹪鹩赋》注引此注云"今雕亦能食麋鹿"，字正作"亦"，今据改。獐、麋皆通，未知孰是。陈逢衡云：亦，旧作"赤"，今从洪本。獐，洪本从《文选·鹪鹩赋》注引改作"麋"字。郝懿行云：此注"赤"当为"亦"，今本及明藏经本并讹。天海案：郭注"赤"当为"亦"。诸说是，此径改。

㉚ 曰：此为句首发语词，无义。洪颐煊云：钱詹事云，古文"曰"与"粤"通，此书多有云"曰天子者"，当与"粤"同义。陈逢衡云：书中"曰"字，有其地君长语王之词，有柏夭对王之词，有史官执笔记事之词。郑杰文云：粤，句首助词，多用来表某种严肃、审慎的语气。王贻樑云：此"曰"亦语首虚辞，卷一有说。

㉛ 观于春山之上：檀萃云：此"观于春山之上"，凡一切鸟兽草木皆在其内，不但观珛也。

㉜ 铭迹：把行程、事迹、功德铭刻在石碑上。檀萃云：缅想所铭必与

《周书》诸命相同，而（郭注）以秦政俪之，不然矣。陈逢衡云：铭文惜不传。鸡山亦名"县圃"，其名同耳。顾实云：铭迹，比于秦皇、汉武之勒石铭功德。《庄子·天运篇》曰："六经，先王之陈迹也。"盖古者，仓颉观于鸟迹而知作书，故凡铭诸金石、书之竹帛，皆得称之曰"迹"也。

㉝诏后世：告知后人。

㉞刻石立表，此之类也：天海案：前215年，秦始皇亲临碣石山，勒石记功，令人刻下《碣石门辞》，赞颂统一中国的历史奇功。其后，秦始皇登山刻石之处分别是峄山碑、泰山碑和琅琊石刻。前110年，汉武帝下诏东巡，三月封禅泰山，并令人刻石立于泰山之巅，彰显其文治武功。

【译文】

六月丁卯这一天，穆天子往北登上了舂山，在山顶眺望四方原野，说："这是天下最高的山啊！"

山上有孳木花不怕风雪，穆天子于是采了孳木花的种子，要带回去栽种它。穆天子说："舂山上的湖泊，是清水的源泉，这里气候温和无风，是飞鸟、百兽饮水觅食的好地方，也是先王所说的悬圃仙境。"

穆天子在那里还采得玉华、枝斯一类的美玉精品。他说："舂山是百兽、飞鸟聚居栖息的地方。"那里有猛兽，能捕食虎豹，外形像麋鹿，骨架似豺狼，头上有角盘屈，幼小时像獐，头小鼻子大。那里还有红色的豹、白色的虎，有熊黑、豺狼、野马、野牛、山羊、野猪。还有白色的巨枭、黑色的猛雕，它们能捕捉犬羊，能吃猪和鹿。

穆天子在舂山上观赏了五天，又在悬圃上竖立石碑，铭刻他的功绩，以告知后世的人。

2.5

壬申①，天子西征。

甲戌[2]，至于赤乌[3]。赤乌之人□其献酒千斛于天子[4]，食马九百、羊牛三千、稷麦百载[5]。稷，似黍而不粘。天子使祭父受之[6]。曰：赤乌氏先出自周宗[7]。与周同始祖。大王亶父即古公亶父，字也。之始作西土[8]，言作兴于岐山之下，今邑在扶风美阳，是也。封其元子吴太伯于东吴[9]，太伯让国入吴，因即封之于吴。诏以金刃之刑[10]，南金精利，故语其刑法也[11]。贿用周室之璧[12]。贿，赠贿也。封丌璧臣长季绰于春山之虿[13]，妻以元女[14]，诏以玉石之刑[15]，昆仑山，出美玉石处，故以语之。以为周室主[16]。

天子乃赐赤乌之人□其[17]，墨乘四[18]，《周礼》："大夫乘墨车。"黄金四十镒、二十两为镒。贝带五十、朱三百裹[19]。丌乃膜拜而受[20]。裹，音罪过之过。丌，名，赤乌人名也。

曰："□山是唯天下之良山也[21]，宝玉之所在[22]，嘉谷生之[23]，草木硕美。"天子于是取嘉禾以归[24]，树于中国[25]。汉武帝取外国香草美菜，种之中国。

曰：天子五日休于□山之下，乃奏广乐[26]。赤乌之人丌献好女于天子[27]，所以结恩好也。女听、女列为嬖人[28]。一名听名；失一女名，下文[29]。曰："赤乌氏美人之地也[30]，宝玉之所在也[31]。"

【注释】

①壬申：丁谦《干支表》："距前五日，西征。"天海案：顾实作"六月初六日"，亦距前五日。

②甲戌：丁谦《干支表》："距前二日，至于赤乌。"天海案：顾实作

"六月初八日",亦距前二日。

③赤乌:西域部族名。赤乌,古部族名。洪颐煊云:"至于"下依文义当脱"赤乌氏"三字。陈逢衡云:赤乌氏国,盖在春山之西。《路史·国名纪七》:"《穆传》有赤乌氏在泰山西。"盖因《御览》八百九十九引作"泰山"而误也。《史记·匈奴传》"岐、梁山、泾、漆之北有乌氏之戎",疑即赤乌氏之遗种也。赵俪生云:《山经》中的"赤国妻氏"是否就是《穆传》中的"赤乌氏",我们不敢说定,但很可能是。常征云:赤乌氏部落为周人婚姻之族。周族在太王居豳原(在今宁夏固原北)之前,曾在祖厉河流域。其先君"祖类"即因祖厉河而得号。……故当周族后来东返后,其婚姻部落赤乌氏得留居青海边。王贻樑云:赤乌在春山西三百里(合今里在200至249里间),则仍当在昆仑区(今祁连山脉区域)内。赵先生说可能是《山经》(《大荒西经》)的"赤国妻氏",颇可考虑。天海案:"赤乌"下当断句。

④赤乌之人:天海案:《道藏》本无此"赤乌"二字。王贻樑云:先秦时重文多是在字的右下角标"="号以明之,故后世极易疏漏,简书尤然。此作重文是。郭侃云:王贻樑认为此处当是"至于赤乌,赤乌之人其献酒",其观点可从。金文、简帛文字多有重文、合文,符号作"=",多在文字下方,荀勖等人整理过程中应未注意到重文符号,且西晋时重文符号亦有作":",因此,此处重文或未被整理者识别出来。天海案:王贻樑、郭侃之说"赤乌"二字乃重文符号"="或":",因"或未被整理者识别出来"而脱失。可备一说。然荀勖等人乃当时硕学大儒,岂有不识(或疏忽)重文符号之理?明《道藏》本脱此二字,或抄写手民之误。囗其:赤乌人的首领名叫"囗其"。檀萃云:其,下文作"丌",古"其"字。洪颐煊:丌,本作"其",案下文"丌乃膜拜而受","赤乌之人丌",字皆作"丌",古"其"字,传写者讹作"其"耳。陈逢衡云:《艺文类

聚》六十七引"天子征至赤乌之人,赤乌氏先出自宗周,乃赐贝带五十具",盖截录之词。又《太平御览》六百九十六引"西征至于赤乌氏先出自周宗,乃赐赤乌之人贝带五十"即接上文"舍于珠泽,朱带贝饰三十"下。顾实云:丌、其,通用字,不必改。下文之"丌璧臣",即"其璧臣"可证。王贻樑云:丌,"其"之同音假字,但战国时人多喜用"丌"。本传"其"字字体不一,盖传写所致,此无须改作"丌"。天海案:□其,赤乌氏首领姓名。下文四见,即"封丌璧臣","赐赤乌之人□其","丌乃膜拜而受","赤乌之人丌",可知"丌"即"其"之古文;姓名单作"丌"者,乃为"□其",此阙文符号□疑衍。献酒千斛:顾实云:献酒千斛,则造酒甚发达矣。郑杰文云:酒千斛,西域自古以盛产葡萄酒著称,《史记·大宛列传》言西域诸国"以葡陶为酒。富人藏酒至万余石,久者数十岁不败"。

⑤穄(jì)麦百载:穈子与麦子一百车。穄米,农作物名。与黍子相似,而子实不黏,也叫穈子,可以作饭。《说文解字》:"穄,穈也。似黍而不黏者。"载,即车。郝懿行云:《御览》八百四十二卷引作"稔麦百载"。"稔"与"穄"或形近而讹,或古有二本,其义俱通。稔,训熟也。顾实云:有食马、牛羊、穄麦,盖农业之初步,然皆戎礼也。《吕氏春秋·本味篇》曰:"饭之美者,阴山之穄。"凡黍之不黏者,别名曰"穄",色黄而饭用之。其黏者用以酿酒,及为饵餈酏粥,则名曰黍。天海案:据《本草》,稷(jì)即穄,一名粢。称粘者为黍,不粘者为稷;民间又将粘的称黍,不粘的称穈。

⑥祭父:即"郯公谋父",周穆王卿士。陈逢衡云:韦昭注《国语》云:"祭,畿内之国,周公之后也,为王卿士。谋父,字也。"天海案:《今本竹书纪年疏证》:"十一年,王命卿士祭公谋父。"雷学淇《竹书纪年义证》云:"祭公谋父者,周公之孙。其父武公与昭王同没于汉。谋父,其名也。"此又一说。"祭""郯"二字通。

⑦周宗：与周族同祖宗。檀萃云：谓与周同出自帝喾也。洪颐煊云：周宗，《艺文类聚》六十七引作"宗周"。陈逢衡云：檀本作"宗周"，《太平御览》六百九十六引"西征至赤乌氏先出自宗周"，据此当作"宗周"。……其曰"宗周"者，尊也，言为后世子孙之所尊也。顾实云：周宗，指周室宗系而言；宗周，指洛邑王城而言，二者截然不同。当以作"周宗"为长。王贻樑云：顾辨"周宗"与"宗周"之异，甚是。但以"出自周宗"指嫁女则失之。古来无以女子可承宗者，且此亦非招赘，姑仍当以郭注所说为是。郭侃云：赤乌氏出自周宗，指赤乌氏部族起源自周，即郭璞注所言之与周同宗，而非陈逢衡所指之外戚。天海案：《路史·国名纪三》："《穆传》赤乌之国在舂山西三百，与周同祖，谓是高辛氏后。"故"周宗"是，他本引作"宗周"者，或误。

⑧大王亶（dǎn）父：即古公亶父。古代周族祖先，相传为后稷十二代孙，是周文王的祖父。原居豳，后迁岐山，使周族强盛。周人追尊为太公王，亦称太王。事见《史记·周本纪》。始作西土：当初从西方发迹。顾实云：周自不窋窜于戎狄之间以来，自当谙于西荒事情。故太王亶父始作西土，兴作也，犹言缔造经营也。郭侃云：《说文解字》卷八："作，起也。"《尔雅·释言》："作、造，为也。"《书·康诰》："周公初基，作新大邑于东国洛，四方民大和会。"此指亶父始发展、兴建西部地区。亶父，即为穆王所见赤乌氏之先祖。天海案：此"西土"必指"豳"或更西之地，绝非岐山，郭璞注言"作兴于岐山之下"似不妥。

⑨元子：天子或诸侯的嫡长子。吴太伯：古公亶父之长子。相传古公欲传位给季历（周文王之父），太伯乃与其弟仲雍逃至荆，号"句吴"。后断发文身，开发江南，为吴国始祖。檀萃云：言"东吴"者，对"西虞"而言。"虞"同"吴"。陈逢衡云：此将言元女而先叙元子出，封明其为姊妹也，故曰"出自周宗"。顾实云："其

元子"者,太王之元子也。郑杰文云:《史记·吴太伯世家》:"吴太伯、太伯弟仲雍,皆周太王之子,而王季历之兄也。季历贤,而有圣子昌。太王欲立季历以及昌,于是太伯、仲雍二人乃奔荆蛮,文身断发,示不可用,以避季历。季历果立,是为王季,而昌为文王。太伯之奔荆蛮,自号句吴。荆蛮义之,从而归之千余家,立为吴太伯。"天海案:据《史记》载,至周武王时方追封吴太伯,非大王亶父所封,与《穆传》有异。

⑩诏以金刃之刑:把制作金属刀剑的方法告诉他。檀萃云:言著刑法于金刃上,如赋鼓铁铸刑书也。陈逢衡云:刑,通作"型",典型也。不谓刑法。金刃,犹金版也。诏,谓古公诏太伯也。顾实云:金刃之刑,及玉石之刑,"刑""型"古字通,谓范刑、法则也,即铸金刃,及制玉石之范型、法则也。后世吴越利剑,及今日本人善铸刀,皆东南长于金刃之法,至今犹未泯也。西方善铸玉石,则其天产物亦至今未改也。郑杰文云:刑法,即成法,犹言范式也。《礼记·学记》"教之不刑",郑注:"刑,犹成也。"王贻樑云:两"刑"字似训"法"为妥,且不当异训。但"金刃之刑"与"玉石之刑"总难免有些不够清晰,因其他文献未见也。天海案:金刃,吴地所产金属刀剑之类。刑:通"型",谓方法、法则。此"刑法"则顾实所谓范型、法则也,非惩罚人之刑法。由下文"诏以玉石之刑"可证。

⑪语:底本原文作"与",此据《道藏》本径改。

⑫赆用周室之璧:以周王室的璧玉相赠。赆,赠送财物。檀萃云:所谓分宝玉于同姓之国也。陈逢衡云:天子于诸侯,入有郊劳,出有赠赆。言元子虽出封,而于来朝返国时有宠赉焉,"赆用周室之璧",亲亲也,以上言封元子事。

⑬丌璧臣:丌,同"其"。璧,通"嬖",嬖臣,亲信之臣。丌璧臣,太王之嬖臣。檀萃云:丌,古"其"字,赤乌人之名也。陈逢衡云:檀说荒谬之至,似全未读上下文者,何至乱道若此?盖此亦古公时

事，言封丌先氏璧臣之长季绰。孙诒让云："璧"疑当作"嬖"，形近而讹。顾实云："丌""其"古通用。孙曰"璧"疑作"嬖"，形近而讹。然当承上文"周室之璧"而讹。……"丌璧臣"者，太王之璧臣也。璧，当为"嬖"之形讹字。王贻樑云："璧""嬖"同音可通，非必讹字。郭侃云：此"丌璧臣"与上文"其元子"相对，皆为太王分封之事。"丌"为代词，指太王亶父，并非诸家所言之赤乌氏的首领名。"璧""嬖"可通，嬖臣，即太王亲信之臣。长季绰：人名，其事未晓。陈逢衡云：长季，犹长子也。璧臣、绰，皆人名，皆赤乌氏之先民。绰为璧臣之子。春山之虽：即春山之阴。檀萃云：虽，犹各在一搏之搏，谓在春山之胁也。洪颐煊云：虽，疑是古文"属"字之讹。翟云升云：虽，俗"蚤"字，在此未详其义，疑字误也。……或曰"虽"，"蜀"之讹。《尔雅·释山》："独者，蜀。"疏："言山之孤独者名蜀。""春山之蜀"谓"春山之独出不相连属"者。陈逢衡云：虽，盖古文"西"字之误。吕调阳云：虽，"仄"之讹。丁谦云："虽"字无解，或是"原"字之讹。顾实云：虽，非"蚤"字，当为"蜀"之坏文。蜀，本训大也，以其独出不相连属，故大也。卫挺生云：顾以"虽"为"蜀"之坏文甚是。常征云："虽"即"尸"，"尸"古亦作"夷"。夷者，裔也，又即边裔。春山之虽，就是"春山之边"，《山海经》名之曰"边春之山"。钱伯泉云：虽，侧也，山麓的意思。郑杰文云：疑翟说于义为近。卷四言"赤乌氏春山"，是赤乌氏居处有春山支脉之独立山丘。王贻樑云：虽，疑"西"字之讹。西字篆文作"属"，汉印及后人文钞中犹可见之。郭侃云：战国文字中，"阴"作"全"，李学勤先生提出"虽"当是战国文字"阴"字之讹误，"虽"这个字应该就是"阴"，"春山之阴"。"阴"（繁体为陰）古文字有时不写"阜"字旁，上边一个"今"字，底下与"虫"完全一样。此"春山之虽"当为"春山之阴"，即春山之南。天海案：虽，或当"全"字讹误。李学勤、郭侃之说可从。春山之阴,译文作"春山之南"。

⑭妻以元女:把长女嫁给他为妻。檀萃云:同姓已远且入于夷,故妻之以结好而丌亦献女于天子之国也。陈逢衡云:妻以元女,谓古公以长女妻绰也。则凡绰之后皆出自周宗矣。檀不知是异姓,又谓是穆王妻丌胥,失之矣。顾实云:大王封臣嫁女,乃远至今之兴都库士山,洵不愧周太王之崇号,其经营西土之伟略,亦惊人矣哉!

⑮诏以玉石之刑:把制作玉石的方法告诉他。檀萃云:诏以《周官》刑法者,不欲外于夷。陈逢衡云:此亦古公诏绰以玉石之刑也,同姓用金,故诏太伯以金刃;异姓用玉,故诏绰以玉石。玉石犹玉版也。以,犹用也。此以上言元女出嫁之事皆在古公时,所以追原赤乌氏之先与我周相维系,非同诸国泛泛也。

⑯以为周室主:让他作祭祀周人祖先的主祭人。意即承认他作为赤乌氏首领、周朝属国的地位。檀萃云:以为西巡之东道也。陈逢衡云:"以为周室主"谓其为甥舅也,亲之之谊故尊宠之,据下文"封长肱以为周室主",长肱是异姓,与赤乌同。顾实云:"以为周室主"者,亦为周室守也。上古母系之制,行于西方之象。本卷发端之"以为殷人主"可互证而益明。

⑰赤乌之人□其:檀萃云:"其"者,名也。洪颐煊云:□,疑衍字。翟云升云:此以下言穆王赐与之事,故特书曰"天子",所以别于太王时也。丁谦云:此句"人"下当脱"丌"字,校者注"其"字于旁,遂改误入正文。顾实云:"其"上原有□缺文,今删。洪曰"疑衍",是也。丌、其,通用;其,即丌也。上文"赤乌之人其献酒",无缺文,下文"赤乌之人丌献女",无缺文;皆即此亦不当有缺文之证。天海案:顾说极是,"其"上阙文□衍,考上下文例皆无,译文删之。

⑱墨乘四:黑漆车四辆。墨乘,即墨车,不加彩绘的黑漆车。《周礼·春官·巾车》:"大夫乘墨车。"檀萃云:比爵于畿内之大夫。

陈逢衡云：《释名》："墨车，漆之正墨，无文饰，大夫所乘也。"孙诒
让云：此赤乌氏盖是荒服诸侯，不当赐以大夫墨车。此墨乘疑即
《周礼·春官·巾车》："木路，以封藩国。"郑注云："木路不挽以
革，漆之而已。"盖木路髹漆色黑，故通谓之"墨乘"也。王贻樑
云：孙说可参。又此墨车亦可能为通名，不必拘于三礼，《穆传》
与三礼不合者甚多。

⑲镒：古代重量单位，二十两为镒，四十镒则为八百两。小川琢治
云：小岛祐马文学士《春秋时代与货币经济》考究所得，谓"镒"
字见于《孟子》《国语》《战国策》《管子》等书，乃行于战国时代
以黄金为单位之用语。王贻樑云：镒，小川引小岛说乃行于战国
时代黄金所用单位，大致不误。亦或写作"溢"。其制有二：一为
二十两，见《史记·平准书》集解引孟康注、《孟子·梁惠王》注
等；一为二十四两，见《礼记·丧大记》注等。言黄金者，多用二
十两制，郭注不误。贝带：即上文"朱带贝饰"之省文。参见本卷
2.3节注㉔。洪颐煊云：贝，《太平御览》六百九十六引作"具"。
陈逢衡云：《艺文类聚》六十七引作"乃赐贝带五十具"，末"具"
字疑误。……古者五贝为朋，贝带五十与十朋之锡同。天海案：
"五十具"犹五十副。译文从《艺文类聚》六十七引。朱三百裹：
朱砂三百袋。朱，即硃，矿物名，本作朱砂，亦称朱丹、丹朱。为炼
汞的主要原料，大者成块状，小者为六角形结晶，色鲜红，亦可供
药用，也可作染料。裹，包裹，布袋。檀萃云：朱者，缥帛布乘，黄
朱皆贵赤。陈逢衡云：《玉篇》："裹，包也。"《集韵》："古卧切，音
过。"小川琢治云：朱，即朱丹。见于《周礼》"锺氏染羽"之郑注，
想为装饰用颜料之必要品。顾实云："朱""硃"古今字，《说文》
云："硃，纯赤也。裹，缠也。"《豳风·七月》之诗曰"我朱孔扬"，
毛传云："朱，深缥也。"然则"朱三百裹"者，犹言朱帛三百缠也。
今人所谓三百包也。于省吾云：《书·禹贡》"砺砥砮丹"，《穆传》

"丹朱"类。《山海经·大荒北经》"有始州之国有丹山",注:"此山纯出丹朱也。"《说文》:"丹,巴、越之赤石也。"《荀子·王制》"南海有羽翮、齿革、曾青、丹干焉",注:"丹,丹砂也。"按,朱,亦称丹,又谓之丹朱,亦谓之朱丹。下文言"朱四百裹",又言"朱三百裹",卷三言"朱丹三百裹"者一见,言"朱丹七十裹"者再见。《吕览·本生》"无不裹也"注:"裹犹囊也。"然则"朱三百裹",犹言"朱三百囊"矣。一说"囊""橐"字通,古韵裹歌部,橐鱼部,鱼、歌通协。郑杰文云:此"朱"疑为朱砂,卷三言"朱丹三百裹""朱丹七十裹",与"丹"相连可证。王贻樑云:于省吾考甚是。本传后文有作"硃"者,更是其证。朱为硃之先字,硃为后起专字。

⑳亓:同"其",即"赤乌之人亓",赤乌氏的首领,下同此。

㉑囗山:天海案:此阙文囗,檀萃补"春"字。据上下文意,作"春山"是,译文从之。良山:犹宝山。下文云"宝玉之所在",故称"良山"。另一说,亦名狼山。在今河北怀安(柴沟堡镇)南。《方舆纪要》卷十八"怀安卫":"良山,在卫西十五里。旧名狼山。"

㉒宝玉之所在:顾实云:大抵昆仑出玉石,尚不过原料。赤乌氏春山产玉,乃为玉工精制之玉。故特称曰珤玉,必玉而宝之,已非原料也。

㉓嘉谷生之:嘉谷,古代以粟(小米)为嘉谷。檀萃云:《海内西经》云:"昆仑之墟上有木禾,长五寻,大五围。开明北有视肉、珠树、文玉树、玗琪树、离珠、木禾、柏树、甘水、圣木、曼兑、挺木、牙交。"顾实云:谷者,五谷也;而禾则谷之一种也。《说文》云:"禾,嘉谷也,二月始生,八月而孰。"故知为稻属,而非麦属也。……虽然,赤乌氏食马,则黄色民族也。一以务农,故嘉谷生之。王贻樑云:"禾"字在甲、金文中已有。顾实云为稻属,误矣。《吕览·审时》叙六种作物为:禾、黍、稻、麻、菽、麦,可证禾非稻甚明。又《任地篇》云:"种稑禾不为稑,种重禾不为重,是以粟少而失功。"又,《说文》:"禾,嘉谷也。""粟,嘉谷实也。"《广韵》:"粟,

禾子也。"可知禾、粟乃一也。细言之,则禾乃植株,而粟专指籽粒。混言之,则皆可独指全物。郭侃云:《说文解字》卷六:"榖,楮也。"《说文解字》卷七:"榖,续也。百谷之总名。"此"榖"与下文"嘉禾"应指一物。《说文解字》卷七:"禾,嘉谷也。""榖"为树木,"榖"(简体为谷)为粮食,此处字应作"榖"为是。藏经本因二字形近而误。"榖"为落叶乔木,叶子和茎上有硬毛,花淡绿色,雌雄异株,果实球形,皮可制纸。也称"构"或"榖"。天海案:"榖"与"榖"二字形近极易混淆。"榖"简化字与"谷"同,为禾本粮食作物。榖,读音一同"榖",但不能写作简化字"谷",又读作"构",为木本落叶乔木构树,树皮纤维可造纸。亦称"构""楮"。

㉔嘉禾:与嘉谷同。分言之,则嘉谷为子实,嘉禾为株苗;泛言之,皆指粟之优良品种。檀萃云:(郭注)引重汉事以例之也,今中国高粱高丈余,即木禾之遗。陈逢衡云:高粱来自蜀,断非长五寻之木禾。此云"嘉禾"即《本味》所云"玄山之禾",古圣王留心民食,即此可见。莫任南云:嘉禾有谓即高粱,均不知确为何种植物。王贻樑云:《广韵》:"粟,禾子也。"可知禾、粟乃一也。细言之,则禾乃指植株,而粟专指籽粒。混言之,则皆可独指全物。禾、粟乃北地与西北主要粮食作物,各处自有不同的良种。传之"嘉禾",乃是赤乌人培育之良种,移赠华夏民族也。此事之背景,即民族间的交流之事实。

㉕树于中国:移植到中原。

㉖天子五日休于□山之下,乃奏广乐:天海案:此阙文□,檀萃补"春"字,译文且从之。檀萃云:赤乌地所谓"五日观于其上""五日休于其下"也。"奏广乐"者,以娱远人也。陈逢衡云:"奏广乐"者,以宾礼待赤乌之人也,犹启棘宾商九辩、九歌之义。

㉗赤乌之人刀:此即上文"赤乌之人其",赤乌氏的首领,名冗。献好女:贡献美女。好女,美女。《说文》:"好,美也。从女、子。"郝

懿行云:《艺文类聚》十八卷引"丌好"作"甚好","献女"作"献
二女"。《御览》三百八十一卷亦引作"献二女于天子"。天海案:
顾实认为作"献好"则与郭注不合。洪校本依《道藏》本作"好
献"下据《艺文类聚》《太平御览》引补"二"字。

㉘女听、女列:"听""列",为所献二女之名。檀萃云:二女一名听,
一名列。天子皆嬖幸之也。郑杰文云:"女听""女列"疑所献二
女之名,《太平御览》卷三百八十一引此作:"赤乌之人献二女于
天子:女聪、女列。"聪,疑"聽"(听的繁体)之讹。嬖人:帝王宠
幸的姬妾。

㉙一名听名:失一女名,下文:洪颐煊云:注有脱讹,不可晓。翟云升
云:注义不可晓,盖有颠倒错误,当云"一女名听,下失一女名"。
陈逢衡云:"下文"二字当衍……郭以"列"字当备位之义,故云
"失一女名"。檀谓"一名听,一名列",得之。郝懿行云:此注讹
错,不可晓。金蓉镜云:近刻本作"一女名听,一女名失。"王贻樑
云:以传文视,二女当一名听、一名列。但由注文视,虽有些错乱,
但仍可看出似说一女名失,与传文似有矛盾。故此处诸家争论
颇盛。而金蓉镜所举近刻本显为改动本,不可取。天海案:传文
已言二女"一名听、一名列"。郭璞此注文却说一女名听,一女失
名,其中"下文"二字疑衍。此注文当有颠倒错乱之处,不可取。

㉚赤乌氏美人之地:檀萃云:言宝气所钟,故多美人,所以重叹美之。
陈逢衡云:《太平御览》三百八十一引"赤乌之人献二女于天子,
女听、女列。赤乌氏,美人之地也"。顾实云:"赤乌氏美人之地"
者,《山海经》亦谓之"赤国妻氏"。妻氏者,以其女子宜为人妻
而名之欤! 王贻樑云:《山经》等传说,确反映了当时东、西通婚
状况。又,从"美人之地"看,则其中很可能有高鼻深目之类异于
中域民族的女子。

㉛宝玉之所在:陈逢衡云:《太平御览》八百五引:"赤乌氏美人之

地，宝玉之所在也。"天海案：宝玉，即前文所言"天子于是得玉荣、枝斯之英"。

【译文】

壬申这一天，穆天子继续西行。

甲戌这一天，到达了赤乌氏。赤乌氏首领名叫其的人向穆天子献上美酒千斛、食用马九百匹、牛羊三千头、糜子和麦子一百车。穆天子命祭父接受了这批礼物。祭父说："赤乌氏的祖先与周人同宗，大王亶父开始兴起于西方时，就封赐他的长子到东吴，称为吴太伯，把制作金属刀剑的方法传给他，把周王室的璧玉赠给他。又封赐他的亲信臣子长季绰到春山以南，并把长女嫁给他，把制作玉石的方法传给他，让他做祭祀周人祖先的主祭人。"

穆天子就赏赐赤乌人首领其黑漆马车四辆、黄金八百两、贝带五十条、朱砂三百袋。其于是合掌加额，伏地跪拜后接受。

穆天子说："春山是天下最好的山啊，是宝玉出产的地方，嘉谷也生长在这里，树木高大，花草茂盛。"穆天子于是收取了粟米良种，要带回中原栽种。

穆天子在春山下休息了五天，还演奏了广乐。赤乌人首领其献上美女二人，以结好穆天子。美女一名听、一名列，都做了穆天子宠爱的姬妾。穆天子说："赤乌氏是出产美人和宝石的地方。"

2.6

己卯①，天子北征，赵行□舍②。　赵，犹超腾。舍，三十里③。

庚辰④，济于洋水⑤。　洋水出昆仑山西北隅而东流。洋，音详。

辛巳⑥，入于曹奴⑦。□□之人戏⑧，觞天子于洋水之上⑨。　戏，国人名也。乃献食马九百、牛羊七千、稷米百车⑩。天子使逢固受之⑪。　逢固，周大夫。天子乃赐曹奴之人戏□

黄金之鹿、银□⑫、今所在地中得玉肫、金狗之类。此皆古者以赂夷狄之奇货也。贝带四十、朱四百裹⑬。戏乃膜拜而受。

【注释】

①己卯:丁谦《干支表》:"距前五日,济泽水,入于曹奴氏。"天海案:顾实作"六月十三日",亦距前五日。

②赵行□舍:此阙文□,檀萃补"不"字。檀萃云:言天子吉行甫三十里,今"不舍"者,不以"舍"计也。郑杰文云:赵,通"宵"(赵、宵,同在宵部,从"肖"得音)。□,疑作"莫(暮)"字。舍,旧注有误。遍检《穆传》,无以"舍"作计程单位者。《穆传》之"舍",皆作止息义。如卷一"载立不舍""舍于漆泽",卷二"舍于鷪鸟之山""舍于珠泽"等。然则"赵行莫舍",即早出晚止,言赶路也。郭侃云:檀萃补"不"字以及郑杰文训"舍"为"止息"的观点可从。"不舍"亦见于卷一。《说文解字》卷二:"赵,趋也。"即疾行。此时穆王似急于向西巡行,因此疾行不舍。天海案:此处阙文□,檀本填作"不"字,译文且从之。但檀萃依郭注"舍"为"三十里"则谬。"赵行不舍"即急驱不停。赵、超,同声相训,因而有急趋奔驰之意。

③"赵"几句:王念孙《广雅疏证》:"超腾,亦谓疾行。"引申为轻捷义。天海案:郭注"舍,三十里",当以《左传·僖公二十三年》"避君三舍"为训,但于此不确。说见上郑杰文之说。

④庚辰:顾实作"六月十四日",距前一日。洪颐煊云:《山海经·西山经》注引作"戊辰"。陈逢衡云:庚辰,"己卯"之明日,郭注《西山经》引作"戊辰",则相距四十九日,误。郝懿行云:郭氏《西次三经》"昆仑之北"注引此文作"戊辰,济洋水"。《水经·漾水注》引与今本同。天海案:庚辰,据前"己卯"一日,上文言"赵行不舍",即急驱不停,当然次日"庚辰,济于洋水"。故此处不以郭

注《西山经》引作"戊辰"为训。

⑤洋水：水名。或在今甘肃西部酒泉左近。檀萃云：此洋水，即《山经》之洋水，亦即黑水。陈逢衡云：云"济"者，但迳渡而已，非循洋水之上而蚁行也。顾实云：洋水，即今新疆疏勒府之喀什噶尔河。刘师培云：此文郭注误，《山海经》明言"洋水西南流"，此云"东流"。卫挺生云：洋水，即喷赤河。常征云：洋水，亦称养水，或名养女川，即今西宁市境之长宁河。王贻樑云：本传之洋水，当在今甘肃西部酒泉左近。上古此处水系不明，汉时流入居延泽有两大河流：呼蚕水与羌谷水，二水合而为弱水。又西有籍端水流入冥泽。此洋水与下黑水当在此处水系中，只是未能确指（郦道元时已不明）。郭侃云：洋水，水名，应在今祁连山脉中段一带。天海案：洋水当今何地已不明，诸说多歧，王贻樑之说可参。"济于"上，当有"穆天子"三字，译文从此。

⑥辛巳：顾实作"六月十五日"，距前一日。

⑦入于曹奴：曹奴，西域部族名。洪颐煊云：今本依文义"入于"下当脱"曹奴氏"三字。郝懿行云："曹奴"下复脱"曹奴"二字，见《水经·漾水注》所引。顾实云："曹奴"二字，各本多脱，惟邵本不脱，重"曹奴"二字。顾实云："曹奴当即疏勒。"又《汉书·西域传》之疏勒国，今新疆疏勒府之疏勒县治，适在喀什噶尔河之上。常征云：赤乌氏东邻曹奴氏，以洋水为界。可见此二国相去不甚远。王贻樑云："曹奴"二字，范、陈本亦重，是。天海案："入于"上当有"穆天子"三字；"曹奴"下当断句，并于"之人"上当重"曹奴"二字。译文从此说。曹奴，西域部族名。一说为匈奴，然皆无可考。

⑧□□之人戏：天海案：此处阙文□□当作"曹奴"二字；"戏"当为曹奴人首领名。译文从此。

⑨觞天子：向穆天子敬酒。

⑩乃献食马：洪颐煊云：食，《水经·渭水注》引作"良"。王贻樑云：此作"食"是，因以有百、十计也。

⑪逢（páng）固：人名。周大夫。檀萃云：穆王十二年，逢公固帅师伐犬戎，则爵公而非大夫。陈逢衡云：檀说太泥，大夫、上大夫盖公卿之通称。天海案：即《竹书纪年》中"逢公固"，参见卷一1.4节注④。诸本"逢"字又多作"逄"，二字常通用。

⑫□黄金之鹿、银□：天海案："黄金"之上之阙文□，陈逢衡认为当是"以"字，译文且从之。黄金之鹿，用黄金制成的鹿，系工艺品，玩赏之物。银□，洪颐煊、陈逢衡据《艺文类聚》《太平御览》《事类赋注》、高似孙《史略》等引补为"白银之麚"，即白银制作的獐。此处阙文依诸说作"白银之麚"，译文从之。檀萃云：当云"黄金之鹿，银之某"耳。……然西征所赐以金银物而不以玉，则知西人不贵玉也。洪颐煊云："白银之麚"本讹脱作"□"，从《艺文类聚》九十五、《太平御览》九百六引补。翟云升云："麚"字旧缺，今据《太平御览》八百十二、《玉海》百五十四补。又《太平御览》九百六、九百七,《事类赋》二十三皆作"白银之麚"，当从之。陈逢衡云："白银之麚"旧脱，误作"银□"，今从洪本据《艺文类聚》九十五、《太平御览》九百六引补。衡案，《太平御览》九百六、九百七俱作"白银之麚"，无"戏"与空方二字。又，高似孙《史略》二引《穆传》亦作"白银之麚"。……"黄金之鹿""白银之麚"乃是以金银镕铸而成。若如郭云"玉肫""金狗"之类，则是生存之物矣。郝懿行云：《艺文类聚》九十五卷、《御览》九百六卷并引此文云："天子赐曹奴之人黄金之鹿、白银之麚。"今本脱三字，衍一"□"，宜据以订正。顾实云："黄金之鹿""白银之麚"等物，当亦皆依西方之俗，而特制以赐之者。金蓉镜云：《云仙散录》引《穆天子传》云："天子北征，曹奴之人觞天子洋水之上，赐金鹿、银麚，今有地上得银肫、金狗之类，皆赂夷狄奇货。"此条隐括

《经》注为文。而"金鹿银麋"与《类聚》合。卫挺生云："黄金之鹿""白银之麋",乃中原高度文化所产生之工业艺术上品也。

⑬朱:底本原文作"珠",此据上下文与《道藏》本径改。

【译文】

己卯这一天,穆天子往北行进,急驰不停。

庚辰这一天,穆天子渡过了洋水。

辛巳这一天,穆天子进入曹奴氏。曹奴人首领戏,在洋水上向穆天子敬酒。又献上食用马九百匹、牛羊七千头、糜子一百车。穆天子命大夫逢固收下这批礼物。穆天子又赏赐曹奴氏首领戏以黄金制作的鹿、白银制作的獐、贝带四十条、朱砂四百袋。戏合掌加额,伏地跪拜后接受。

2.7

壬午①,天子北征、东还②。从东头而旋归。

甲申③,至于黑水④,水亦出昆仑山西北隅而东南流。西膜之所谓鸿鹭⑤。 西膜,沙膜之乡,以言外域人名物与中华不同。《春秋》:"叔弓败莒师于濆水。"⑥《穀梁传》曰:"狄人谓濆泉失名,号以中国,名从主人"之类也⑦。于是降雨七日,天子留骨六师之属⑧。穆王马骏而御良,故行辙出从众前⑨。

天子乃封长肱于黑水之西河⑩,即长臂人也⑪,身如中国,臂长三丈。魏时在赤海中得此人裾也。长脚人国又在赤海东,皆见《山海经》。是惟鸿鹭之上⑫。以为周室主⑬,是曰留骨之邦⑭。因以名之。

辛卯⑮,天子北征、东还,乃循黑水⑯。

【注释】

①壬午:丁谦《干支表》:"距前三日,北征东还。"天海案:丁说有误,

实距前"辛巳"只一日。顾实作"六月十六日",正距前一日。

②天子北征、东还:东还,转东路返回向西行。檀萃云:"己卯"自赤乌而北行,"壬午"自北而东还于黑水,盖与洋水同出一隅,或合或分,同入海羽民之南,时循昆仑而东,故言"还"。陈逢衡云:此东还,不过盘旋回折于道路。下文"辛卯,天子北征、东还"亦然,非车辙东归也。小川琢治云:今从交通线而追迹,"东"字恐是"西"字之误。

③甲申:丁谦《干支表》:"距前二日,至于黑水。"天海案:顾实作"六月十八日",亦距前二日。

④至于黑水:黑水,水名。郭璞注:"水亦出昆仑山西北隅,而东南流。"常征云:"黑水"即今武威境内之石羊河。其河三源并发冷龙岭,东源曰长泉水,又名白塔河,中源曰马城河,西源曰五涧水,或曰沙河。三源汇流于武威北,即称黑水。钱柏泉云:"黑水"即今新疆的叶尔羌河。突厥语和维吾尔语称之为"喀拉苏","喀拉"为黑的意思,"苏"为水的意思。郭侃云:黑水,水名,此段黑水应在今甘肃省酒泉市一带。天海案:黑水所在,具体位置不明。钱柏泉认为黑水即今新疆叶尔羌河,此说可从。

⑤西膜之所谓鸿鹭:西膜,即西域。膜,通"漠"。鸿鹭,此为西膜人对黑水的称呼。丁谦云:西膜,种人名,一作仙摩,一作塞米的,一作西米科特。《汉书》所谓塞种是也。亚西里亚国,即本传西王母邦。为其人种所建设,当时葱岭以西,皆在此国势力范围内。小川琢治云:穆王之旅行中,其在北方者为西夏,而其在南方者为西膜(膜,即薄及亳),是殷民族所散布之部落。刘师培云:"西膜"即"塞米"之转音,"塞"又"西膜"之省音也。"膜拜"及卷四"膜稷"均由西膜得名,非沙漠也。顾实云:惟卷四云"西膜之人",则自有西膜之国……西膜之命名,与西夏、西河同例,可证必非译音也。岑仲勉云:提到西膜语言的地方,都属于今新疆范围内,《汉

书·西域传》之南道。而特提"西膜之人"只有文山一处,可见文山是彼时西膜的住地。赵俪生云:观隋唐类书中,提到西域概念时,有时作西胡,有时作西极,那么西膜会不会是与西极、西胡、西域是同义的一个词呢? 待考。王贻樑云:西膜,当以郭注及赵俪生说近是。《穆传》言西膜者分布较广,可知并非一地或一国之名,而当如后人之谓西域者。膜,当读为广漠之漠。郭侃云:《说文通训定声·豫部》:"膜,叚借为漠。"《说文解字》卷十一:"漠,北方流沙也。""西膜"盖如郭璞所言为"沙漠之乡",赵俪生所言之"西胡""西域",并非为一国家或部族之名。原因有二:其一,"西膜"在《穆天子传》多见,其地域位置、分布较广,并不相邻,此非一部族、国家之应有范围;其二,"西膜"并无首领会见穆王,向穆王献礼,与《穆天子传》其他部族见穆王的状态不同。可知,"西膜"当是大的地区范围,在此处居住之人或有相同的生活习惯与语言习惯,因此在提到某一地名时,"西膜"地区的人对某地有不同于中原地区的称谓。天海案:郭注"西膜"为"沙漠之乡",与下文"之所谓鸿鹭"不相属,故此"西膜"应是泛指西域人。"之"下,似脱"人"字。译文且作"西域人把黑水叫鸿鹭"。小川琢治云:鸿鹭,与土耳其语之 Kara 日本语之异同,又与连互于其北之合黎山山脉同,则由黑水而起之名可知矣。顾实云:中国谓之黑水,而西膜谓之鸿鹭,必以其为鸿鸟、鹭鸟之产地,遂因以名之,非有他义也。郑杰文云:鸿鹭,即孔雀河。鸿鹭即苍鹭,与孔雀形似。而称"苍",可与"黑水"之"黑"相参。

⑥《春秋》:"叔弓败莒师于溃水":天海案:郭璞此注所引见《春秋穀梁传·昭公五年》,作:"戊辰,叔弓帅师败莒师于溃泉。溃泉者何? 直泉也。直泉者何? 涌泉也。"今本《左传·昭公五年》"戊辰,叔弓帅师败莒师于蚡泉",杜注:"蚡泉,鲁地。"

⑦"《穀梁传》曰"几句:檀萃云:"号以"之"以"当是"从"字之误。

翟云升云：台，诸本皆讹作"名"，"号从"之"从"，诸本皆误作"以"，今并改正。渍泉，今《穀梁经传》作"赉泉"，《公羊经传》乃作"渍泉"也。陈逢衡云：郭引《穀梁》见《昭·五年》："叔弓帅师败莒师于赉泉。"《穀梁传》："狄人谓赉泉失台，号从中国，名从主人。"案，"失台"二字不可解，当作郭引作"失名"，得之。郝懿行云：郭注引《穀梁传》"渍"今本作"赉"，"水"作"泉"，"名"作"台"，"以"作"从"并形声之讹也。王贻樑云：今本《穀梁》作"从"。以文义论，作"从"者是，但前皆未改，此亦姑从之。天海案：郭璞此注所引见《春秋公羊传·昭公五年》："戊辰，叔弓帅师败莒于赉泉。狄人谓赉泉失台，号从中国，名从主人。"郭注以为《穀梁传》则非。

⑧天子留骨六师之属：留骨，或"留胥"之讹。留胥，即停留等待之意。檀萃云："骨"当为"胥"。《七发》"胥母之场"盖"胥母之场"也。胥者，待与俱也。王先行至黑水，大雨七日，六师在后，故留于黑水七日，以待六师之至也。洪颐煊云：骨，疑是"胥"字之讹。胥，有待义。《韩敕碑》"胥"作"肎"，与"骨"字相近因误。陈逢衡云：檀、洪二说固当，然下文有"留骨之邦"，若作"留胥之邦"颇无义味。且穆王先六师之属不止一处，何独命此邦为"留胥"也？五月以来，必有军士路死者，至是埋骨于此，故曰"留骨六师之属"，而名其地曰"留骨之邦"。翟云升云：考《管子·大匡》："将胥有所定也。"注："胥，待。"字作"胥"，注义乃合。胥，或作"肎"，以字形近"骨"而致讹也。郝懿行云：骨，疑是"肎"字之讹。肎，古"胥"字也。《尚书·大传》有"肎余"，郑康成注云："肎余，里落之壁。"此云"留骨"，义亦近之。顾实云：胥，为"壻"之借用字。留胥者，留待也。王贻樑云：由传文"降雨七日"及郭注视，此"骨"字当"胥"字之讹。胥，汉以后别体甚多……皆与"骨"字形近。此当是后世传钞所致。天海案：留骨，依诸说当作

"留胥"。留胥，即停留等待之意。上文云"降雨七日"，此言"天子留待六师之属"，正与郭注"穆王马骏而御良，故行辙出从众前"相符。故译文从之。又，陈逢衡所谓"五月以来，必有军士路死者，至是埋骨于此，故曰'留骨六师之属'，而名其地曰'留骨之邦'"，亦可备一说。

⑨辙出从众前：车行出于随从众人之前。辙，《道藏》本作"辄"，吴本、汪本、檀本、洪本、翟本、陈本、郝本、吕本皆作"辄"。郭侃云："辄"皆为"辄"之异体字，"辙"则为音近而误。《古今韵会举要·叶韵》："辄……每事即然也。"《正字通·车部》："辄，俗'辄'字。"郭侃引《古今韵会举要·叶韵》："辄……每事即然也。"所谓"'辙'则为音近而误"，非是。天海案：辙，车辙；辄，同辄（zhé），本义指车箱左右板上端向外翻出的部分，亦称"车耳"，故亦可以指代车乘。"辄""辙"二字本可通。郭注"穆王马骏而御良，故行辙出从众前"之"行辙"，即行车。

⑩长肱：留骨之邦部族首领名，或部族名。陈逢衡云：长肱，疑古贤裔，久而式微，穆王举废国，故封于此。或曰即《大荒南经》之张弘国，亦非也。丁谦云：长肱，人名，当是其地酋长。常征云：留胥国君曰"长肱氏"，封地在黑水之西阿。王贻樑云：此长肱或为穆王之臣子（同姓），或为前赤乌长季绰之后裔（亦同姓），故可又为"周室主"。黑水之西河：西河，即黑水上游一带。翟云升云："河"疑"阿"字之讹。卫挺生云："河"字乃"阿"字之讹。因周秦以上，"河"为专名，乃"黄河"也。天海案：西河，黑水西来向东南流，此西河即黑水上游一带，故下文云"是惟鸿鹭之上"。卫挺生认为"河"字乃"阿"字之讹。因为周秦以上，"河"为黄河专名。此说太泥。河，故可以指黄河，亦可以泛指其他河流。何况此处明言"黑水之西河"？又，西河作为地名历史悠久。据《竹书纪年》记载，夏朝第六个国王胤甲（别名孔甲）即位，建都于西

河。《古史纪年》中引孙之绿说:"西河,是周文王之子周武王封其弟康叔为始祖的卫国之地,此村地处古黄河西岸。"据传西河村名的由来,就是由于黄河未改道东移之前,此村位处古黄河西岸,后演变为西河,延用至今。又据《中国古今地名大辞典》和隋朝《图经》记载,春秋时期孔子门徒卜子夏曾多次游历西河。《史记·仲尼弟子列传》中说,卜子夏(前507—? 河南温县西南人)居西河教授,曾为魏文侯之师。此皆"西河"为河西之证,故"河"非"阿"之误。

⑪即长臂人:丁谦云:旧注以长肱为长臂人,非是。王贻樑云:"长肱"者,人名也。郭注以"长臂"解之,未允。天海案:郭注"长肱"为长臂人,大不妥。所引《山海经》本为神话传说,不足为据,或望文生义所致。王贻樑说"长肱"为人名,可参。

⑫是惟鸿鹭之上:是在鸿鹭的上游。鸿鹭,即黑水。檀萃云:言国于黑水之上也。洪颐煊云:《山海经·西山经》注引"惟"下有"昆仑"二字。郑杰文云:鸿鹭(今孔雀河)在昆仑山北,故言"昆仑鸿鹭"。鸿鹭之上,即今孔雀河畔。孔雀河古与塔里木河下游分合不定,故上言"黑水之西河"后,今又复言"鸿鹭之上"。王贻樑云:《太平御览》《太平寰宇记》记载酒泉有鸿鹭山,虽然山水相异,但何尝又不是一条间接的证据呢? 证明酒泉附近确有鸿鹭者。山名鸿鹭,或是由水名而及者。鸿鹭,当是译音,亦可能是言黑水之盛,或有鸿鹭栖息于此处,未能终定。

⑬以为周室主:让长肱做祭祀周人祖先的主祭人。顾实云:主者,宗庙神室也。

⑭是曰留骨之邦:原文作"留国",《道藏》本作"留骨",此据改。洪本、郝本作"留骨",翟本、吕本作"留胥"。陈逢衡云:此新立国而因事以名之,故曰"留骨之邦"。盖穆王所历诸国皆边夷、外蕃,此特引西近之,故以为周室主,与赤乌同。顾实云:是曰"留

胥之邦"者,本不名曰"留胥之邦",而特锡之以名也。天海案:据
上文"天子留骨六师之属",此亦当作"留骨",亦为"留胥"之讹。
"留胥"即停留等待之意。译文从此。

⑮辛卯:丁谦《干支表》:"距前七日,北征东还。"天海案:顾实作
"六月二十五日",亦距前七日。

⑯乃循黑水:仍旧沿黑水河前进。

【译文】

壬午这一天,穆天子向北行进,转东路迂回前进。

甲申这一天,到达黑水,西域人把黑水叫鸿鹭。在那里遇上七天大
雨,穆天子只好停留等待后续的六师部属。

穆天子就把黑水西边封赐给长肱氏,是在黑水河的上游一带。让长
肱氏做祭祀周人祖先的主祭人,并把这里命名为"留待之邦"。

辛卯这一天,穆天子向北行进,转东路迂回而行,仍旧沿着黑水河
前进。

2.8

癸巳①,至于群玉之山②,即《山海经》云:"群玉山,西王母
所居者。"容□氏之所守③。曰:群玉之山,□知阿平无险④,
言边无险阻也。四彻中绳⑤,言皆平直。先王之所谓策府⑥,言
往古帝王以为藏书册之府,所谓"藏之名山"者也。寡草木而无鸟
兽⑦。言纯玉石也。爰有□木⑧,西膜之所谓□⑨。

天子于是取玉三乘⑩,玉器服物⑪,环佩之属。于是载玉
万隻⑫。隻玉为毂,见《左氏传》⑬。

天子四日休群玉之山⑭,休,游息也。乃命邢侯待攻玉
者⑮。待,留之也。邢,今广平襄国县⑯。

【注释】

①癸巳：丁谦《干支表》："距前二日，至于群玉山。"天海案：顾实作"六月二十七日"，亦距前二日。

②群玉之山：山名。今祁连山脉中一山。丁谦云：群玉山，《山海经》作"峚山"，今称"密尔岱山"，在叶尔羌西南，库克雅尔池、克里克二庄之西。《汉书》西夜、子合国产玉石，即其地。陈逢衡云：《太平御览》三十八引"北征"作"西征"，六百十八引"之山"作"之上"，误。又八百二引无"癸巳"二字，下即接"先王所谓策府"。……《太平寰宇记》引"群玉山"作"璧玉山"，不知何据。又谓是鸿鹭所栖，故名鸿鹭山，则与"西膜之所谓鸿鹭"又不合。疑乐史未阅《穆传》，故有斯说。又《太平御览》五十"鸿鹭山"引《穆天子传》"天子循黑水至于群玉之山"谓此也，今名为鸿鹭山，以山多鸿鹭所栖得名也，此与乐史同误。顾实云：群玉之山，当在今叶尔羌及西南之密尔岱山。郭注谓即"群玉山"者，误也。顾颉刚云：祁连山出玉，所以有群玉山。王贻樑云：顾颉刚说是。据卷四文，群玉山在赤乌氏、舂山东北，方约七百里（折合今里在四百六十五至五百八十里间），则当在今祁连山脉中或至合黎山、龙首山一带。王守春云：《穆传》中记载了有关"群玉之山"的若干地理特征"阿平无险"，"寡草木而无鸟兽"。若把"黑水"比定为张掖地区的黑水，那么"天子"循黑水而到达群玉之山，就应当是溯黑水而上，向地势高的群玉之山上走去。因此，"群玉之山"应当是黑水上游地区的祁连山地。祁连山地也出产玉石。天海案：顾颉刚、王贻樑之说是。又，"群玉之山"上应有"穆天子"三字。译文径补。

③容□氏：部族名。此阙文洪校本填作"成"字。洪颐煊云："成"本作"□"，从《太平御览》六百十八引改。《路史·前纪》五引作"庸成氏之所守"，"庸""容"古字通。钱伯泉云："容成"与"也里

虏”“叶尔羌”谐音，也许是古匈奴语中的另一汉语音译。叶城，
中古也叫“也里虔”，上古叫“容成”，这不一定是偶然的巧合。王
贻樑云：容成氏出于黄帝时史官容成公（传为始造律历、房中术
者），参《庄子·胠箧篇》《淮南子·本经训》等。本传置容成氏
于群玉山者,盖因与黄帝传说有关（而黄帝传说又与昆仑有关）
之故。天海案：译文据诸说,阙文□作“容成氏”。

④群玉之山,□知阿平无险：檀萃云：郭注《山海经》引此传谓“群
玉之山,见其山河无险,四彻中绳”,与此更明,当从之。洪颐煊
云：阿,《史记·太史公自序》索隐、《山海经·西山经》注引皆作
“河”。险,《太平御览》六百十八、《路史·前纪》五引皆作“隘”。
陈逢衡云：《御览》六百十八引作“山,阿平无隘”,六百六引作
“阿平无险”,无上七字。《北堂书钞》一百一引：“壬子,北征东还,
乃循黑水,至于群玉之山,阿平无险,四辙中绳。”……郭引盖钞撮
之辞,何可据以改《穆传》？“田”字是“之”字之误,“山”下“□
知”二字当衍。郝懿行云：郭氏《西山经》“玉山”注引作“山河
无险”。小川琢治云：则“田山”乃“禺”一字之讹字。当以“禺
知”为是。顾实云：《穆传》“阿”字或作“河”,然盖形近之误。本
谓山河平而无险,叶尔羌是也。郭侃云：“田”当为“之”字之讹,
上文已出现“群玉之山”之名,而通览《穆天子传》中“（柏夭）
曰”后所接即为柏夭向穆王介绍某地或某族历史及基本状况,因
此结合上文应作“群玉之山”为是。“□知”与前后似不相连,其
义无考。天海案：上诸说可从,原文“群玉田山”中“田”为“之”
字讹,据改；“□知”为衍文,据删。故此二句当作“群玉之山,其
阿平无险”。译文本此。

⑤四彻中绳：地势平缓,四面直达。檀萃云：此即佛经所谓其国无
丘陵险阻,以黄金绳为界。洪颐煊云：彻,《山海经·西山经》注
引作“辙”。陈逢衡云：《书钞》亦作“辙”。四彻,四达也。中绳

言直。郑杰文云：四，胡应麟《少室山房笔丛》引作"明"（见《广雅丛书》卷三十四）。王贻樑云：彻，当是"辙"之假字，故亦无不可（战国时人恒用假字）。因今已无从断定本作何字，故此权作"辙"。郭侃云：《说文解字》卷三："彻，通也。"陈逢衡认为"四彻"即"四达"，与此义相符。《荀子·劝学》："木直中绳，𫐓以为轮，其曲中规。"《韩非子·有度》："巧匠目意中绳，然必先以规矩为度。""中绳"为木匠用以取直的线绳。此"四彻中绳"与上文"阿平无险"皆是形容群玉之山无险阻、地势平缓、地形广阔。天海案：四彻中绳，此指群玉之山地势平坦，四边平直。

⑥策府：亦作"册府"，即古代帝王藏书籍的府库。檀萃云：考《山海经》所载帝王陵寝多在海外大荒间，而玉山且为先王册书之府，其一统车书之盛可见矣。洪颐煊云：册，本作"策"，从《文选》谢玄晖《郡内高斋闲坐答吕法曹诗》注引改。《说文》云："册，符命也，象其一长一短中有二编之形。""策，马箠也。""册""策"本不同，今经典通用。陈逢衡云：《太平御览》六百六、六百十八、八百二俱引作"策府"。小川琢治云：《管子·揆度篇》有"禺知边山之玉一笑（策）也"之语。与"先王之所谓策府"同义。郝懿行云：李善、谢晖《郡内高斋闲坐答吕法曹诗》注引此文"策府"作"册府"，以郭注推之，作"册"是也。顾实云：古用玉策，故群玉之山为先王之策府。郑杰文云：此注误。"册府"当言出玉策之地。岩盐为等轴晶系，晶形呈立方体。故《水经·河水（一）注》言蒲昌海（今吐鲁番盆地）"地产千里，皆为盐而刚坚也。……掘发其下，有大盐方如巨枕"。岩盐可采成方体，故《穆传》作者想象其可为"玉册"，而言盐湖为"册府"。王贻樑云："册"为本字，"策"为假字，此无需改。此"策府"之类，显为战国时人驰骋想象传说之语，恐难以真正考明。天海案：策府，亦作"册府"，即古代帝王藏书籍的府库。古代无纸，刻玉石为书，此群玉山盛产玉石，故有

此说。

⑦寡草木而无鸟兽：寡，少。檀萃云：所以不育余物。陈逢衡云：《山海经·北山经》："白沙山无草木、鸟兽，是多白玉。"盖与此同。顾实云：至于寡草木而无鸟兽，殆因遍山皆玉，遂少生草木而鸟兽不居之，郭注或不误也。且名曰"群玉之山"者，必以其山产玉备五色也。

⑧爰有□木：天海案：此阙文"□木"，檀萃填为"大木"，译文且从之。

⑨西膜之所谓□：天海案：此句式犹上文"至于黑水，西膜之所谓鸿鹭"，针对"大木"而言。此阙文□，檀萃填作"榣"字，译文且从之。榣（yáo），一种大的树木。《说文解字·木部》："榣，树动也。"《玉篇·木部》："榣，木名。"《山海经·西山经》："（槐江之山）其阴多榣木之有若。"郭璞注："榣木，大木也。"

⑩于是取玉三乘：此指未治之玉石。三乘，三车。洪颐煊云："攻其玉石"四字本脱，从《山海经·西山经》注引补。"版"字从《西山经》注、《太平御览》三十八引补。翟云升云：《山海经·西山经》注引作"取玉石版三乘"，《太平御览》八百五作"取玉版三乘"，三十八"取玉版"，今诸本盖脱"版"字。陈逢衡云：洪本"于是"下从《西山经》注引补"攻其玉石"四字，又据《西山经》注、《太平御览》三十八引"玉"下补"版"字。《太平御览》八百五引"天子北征东还，乃循黑水，至于群玉之山，先王所谓策府，天子于是取玉版三乘、玉器服物，于是载玉乃反也。"郝懿行云：郭氏《西山经·玉山》注引作"取玉石版三乘"。郑杰文云：今检涵芬楼影宋本《太平御览》卷三十八引作"玉板"。又，《北堂书钞》卷十六引作"取玉版三乘"。王贻樑云："取玉三乘"语甚不类，故此权从补"版"字，但仍感不满。天海案：此句原文作"于是取玉三乘"，无"板"字。洪颐煊据《山海经·西山经》注引补改为"天子于是攻其玉石，取玉版三乘"。诸家引文献以证"版"字当有。

故此据涵芬楼影宋本《太平御览》卷三十八引作"玉板",补"板"字。然洪本"于是"下从《西山经》注引补"攻其玉石"四字则不可从。因下文有"乃命邢侯待攻玉者",似玉石尚未"攻","玉版"当未成。故此处不当有"攻其玉石"之文,故不可补,依从原文。

⑪玉器服物:即玉器佩饰等物件。服,佩。陈逢衡云:环佩之属太小,当是珪璋。

⑫于是载玉万隻:万隻(只的繁体),即万雙。檀萃云:按注则"万隻"作"万雙"。洪颐煊云:"载"上本有"于是"二字。……今从《西山经》注、《御览》三十八引改正。惟《御览》引"隻"讹作"候",今不从。陈逢衡云:《太平御览》三十八引"天子于是取玉版、玉器服物,载玉万候"。案,"候"字误。"万隻"之"隻"即古省"雙"字,故引杜注为证,盖玉必以雙玉为献,故赐予、纳贿、祈祷皆用毂,无用隻玉之理。卢文弨校云:凡此书"隻"字皆当为"雙"字。顾实云:隻,借为雙,犹中借为艸,古文通也。……取玉版三乘、玉器服物,载玉万隻,论其数量,当不止万斤之谱。玉材至于如此之丰,自非密尔岱山,万不能供给,此愈可为群玉之山即密尔岱山之证也。王贻樑云:"载"上有"于是"二字甚不类,此从洪校删。天海案:洪校本删此"于是"二字,王贻樑校本从之。

⑬隻玉为毂(jué),见《左氏传》:洪颐煊云:注又脱"半毂为隻"一句,今从《西山经》注、《御览》三十八引改正。翟云升云:《左传·僖三十年》"皆玉毂",注:"雙玉曰毂。"是传注"隻"字皆当作"雙",又据《山海经·西山经》注作"载玉万隻以归,雙玉为毂,半毂为隻",《太平御览》三十八略同。则传中"雙"字不讹,惟注讹"雙"为"隻",且脱"半毂为隻"四字,而四字亦当在"见《左氏传》"之下,以《左传》无言"隻玉"之文也。陈逢衡云:"隻玉为毂"下,洪本据《西山经》注、《太平御览》三十八引补"半毂为隻"四字。衡检《左传》及杜注俱无此四字,故仍从旧本。又

"隻玉",洪本作"雙玉"。……《左传·庄公十八年》:"虢公、晋侯,王皆赐玉五瑴。"杜注:"雙玉为瑴"。《僖公三十年》:"晋侯使医衍酖卫侯,不死。公为之请,纳玉于王与晋侯,皆十瑴。"杜注:"雙玉为瑴"。《襄公十八年》:"晋侯伐齐将济河,献子以朱丝系玉二瑴,祷于河。"俱无所谓"半瑴为隻"也。又"雙玉为瑴"出杜注,非《左氏传》,当云"见《左氏传》注"。至《山海经》"玉山"下所云"雙玉为瑴,半瑴为隻",盖以己意解说《穆传》"万隻"之"隻",而非取之《左氏传》注也,明矣。王贻樑云:注"瑴"为"珏"之异文,《说文》:"二玉相合为一珏。"核之甲文,其形正合。瑴,从玉,殼声,是后起的形声字。由此可知"隻"当作"雙",故从改。天海案:瑴,为双玉。《左传·僖公三十年》:"公为之请,纳玉于王与晋侯,皆十瑴,王许之。"注"双玉曰瑴"。郭璞注"隻玉为瑴",又见《左传·庄公十八年》杜预注:"雙玉为瑴。"可见此"隻"字确当作"雙"字,译文亦从此。其后之文,凡所出"隻"字,皆依诸说而作"雙"。

⑭天子四日休群玉之山:顾实云:"休"下当脱"于"字,后言"天子三月休于玄池之上",可为例证。天海案:顾说是,译文从之。

⑮邢侯:姬姓,周公之后,封于邢(今河北邢台),穆王时大夫。待攻玉者:等待制作玉器的人。檀萃云:攻玉者,役群玉之人攻其玉。天子将北征,而留邢侯于群玉以待之也。郑杰文云:"邢""刑"古通。《战国策·魏策三》"刑丘",鲍本作"邢丘",《史记·魏世家》亦作"刑丘"。

⑯邢,今广平襄国县:檀萃云:"襄"应为"襄"字之误也。邢,今顺德之邢台,有夷仪城,有邢侯夫人墓。翟云升云:国,诸本皆误作"邑",今改正。《晋书·地理志》:"广平郡襄国,故邢侯国都。"郝懿行云:《晋书·地理志》云:"广平郡襄国,故邢侯国都。"《汉志》亦同此。注"襄"当为"襄"字形之讹也。顾实云:郭注晋"广平

郡襄国县"，今直隶顺德府邢台县。王贻樑云："襄邑"当作"襄国"。天海案：《元和姓纂·十五青》载："周公第四子封于邢，后为卫所灭，子孙以国为氏。"《通志·氏族略·以国为氏》载："邢氏，侯爵……其地广平襄国县是也。"又，汉高祖四年（前203）在原信都县故城（今河北邢台王快镇百泉村）设襄国县，属赵国（景帝三年国废，改为邯郸郡，五年复封赵国）。郭注原作"邢，今广平襄邑县"，有误。应作"邢，今广平襄国县"，此据改。

【译文】

癸巳这一天，穆天子到达了群玉山，这是容成氏守护的地方。群玉山冈峦平缓没有险阻，四周平直，先王称这里是藏书的府库，草木很少又没有鸟兽。那里有一种大树，西域人把它称作㰀。

穆天子在那里取得玉石三车，还有玉器佩饰之物，又用车装载了美玉一万双。

穆天子在群玉山游玩休息了四天，又命令邢侯留下等待制作玉器的人。

2.9

孟秋丁酉①，天子北征，□之人潜时②，潜时，名也。觞天子于羽陵之上③，乃献良马、牛羊④。天子以其邦之攻玉石也⑤，不受其牢⑥。重慎费，其牢，牲礼也。

伯夭曰⑦："□氏，槛□之后也⑧。"天子乃赐之黄金之罂三六、即盂也。徐州谓之罂。朱三百裹⑨。潜时乃膜拜而受⑩。

【注释】

①孟秋丁酉：丁谦《干支表》："距前四日，北征，觞于羽陵。"天海案：顾实作"七月初一日"，亦距前四日。

②□之人潜时：岑仲勉云：据余揣之，缺名地似当在喀什噶尔附近。
卫挺生云：上言"容成氏之守"，下言"天子以其邦之攻玉石也，
不受其牢"。则"□之人潜旹"之缺文，当然为"容成"。郑杰文
云：□，疑为"容成"二字。潜时，古部族首领名。时，洪本、陈本
作"旹"。陈逢衡云：旹，旧作"时"，下并同。天海案："之"上阙
文□，檀萃填作"群玉"二字，据上文"容成氏之所守"，卫挺生作
"容成"近是，译文从此。潜时，即群玉之人首领名。洪颐煊校本
作"潜旹"，旹，古文与"时"同。

③羽陵：地名。位置不详。丁谦云：羽陵地未详，当去群玉山不远。
顾实云：羽陵亦必为丘陵，而其上皆禽鸟所落羽毛，故名之曰羽陵
耳。卫挺生云：此羽陵当即铁格山或海立雅山。王贻樑云：顾说
是。天海案：羽陵，具体所在不详，但必在群玉山范围之内。卷
三："王勒七萃之士于羽琢之上。"郭注疑与"羽陵"同。

④良马：顾实云："良"，以前珠泽、赤乌、曹奴皆献"食马"比证，则此
亦当作"食"。天海案：此作"良马"亦通。

⑤攻玉石：开采、打磨、制作玉石。攻，洪颐煊云：《道藏》本作"功"。
天海案：《道藏》本正作"攻"，洪校有误。

⑥不受其牢：不接受容成之人所献牺牲之礼。古代祭祀所用牺牲称
作"牢"。檀萃云：谓攻玉人众、费多，不受其牢，所以优之。顾实
云：献马牛羊而天子不受其牢，则凡献马牛羊者，皆供天子之牢
也。是古者天子出行，虽荒服之邦，亦有牢礼之供也。卫挺生云：
穆王厚赐之而不受其牢，亦礼也。王贻樑云："费其"不类，权改
"其费"。天海案：郭注断句当作"重慎费。其牢，牲礼也"，王贻
樑之说不确。

⑦伯夭：诸本有作"栢夭""柏夭"者，皆同一人。

⑧□氏，槛□之后也：檀萃云：柏夭明潜时之先也。陈逢衡云："氏"
上空方似谓潜时为某氏，如下文"温归为剖间氏"也。小川琢

治云："氏"字上之空格，当为重容氏之一族。"槛"下之字，当以"诸"字填之。《淮南子·修务训》云："玉坚无敌，镂以为兽。首尾成形，磙诸之功。"高诱注："磙诸治玉之石。可以为错。"是"磙"读廉氏之"廉"。一曰"槛"也。天海案：据上下文意，"囗氏"当为"容成"二字。"槛囗"依小川琢治填"诸"字，则同"磙诸"，即治玉工之后。译文从此。

⑨黄金之罂三六：黄金酒瓶十八只。罂，盛酒器，小口大腹，比缶大。《说文》："罂，缶也。"三六，即十八只。罂，洪本、陈本作"婴"。洪颐煊云：婴，本作"罂"，《山海经·西山经》注引作"黄金之婴"。婴，古"罂"字。翟云升云：《山海经·西山经》"婴以百珪百璧"，注："婴，谓陈之以环祭也。或曰'婴'即古'罂'字，谓盂也，徐州云。《穆天子传》曰'黄金之婴'之属也。"据此则传注"罂"字皆本从"婴"。陈逢衡云：婴，旧作"罂"，注同。今从洪本据《西山经》注、《玉海》一百五十四引改。婴，古"罂"字。小川琢治云：黄金制成之罂形，体积小而价高，极便于长途携带。不能否定罂是细口扁圆之水瓶，恐此形状乃流入于扁圆之铸型时，尚留其口，故名之曰罂耳。王贻樑云：罂，郭注训"盂"（与其注《山经·西山经》同），误。《说文》："罂，缶也。"字又作罃、甇、盎。《尔雅·释器》："盎，谓之缶。"《诗·宛丘》释文："缶，盎也。"《急就章》卷三云"甄、缶、盆、盎、瓮、㽀、壶"，颜师古注："缶，即盎也，大腹而敛口。"是。缶之行在春秋、战国时期。而盂为侈口、深腹（亦有方形），行于商周时期。两者俨然不同，未可相混。此亦是《穆传》成书在西周以后之一证。……传文下或有作"婴"者，假字，无须改字。天海案：下文有"黄金银罂"。《穆天子传》文中"罂"字有时作"婴""罃"，诸本亦如此。实皆"罂"字之异形。

⑩膜拜：西域人礼节。举双手至额合掌，伏地跪地而拜。檀萃云：不言"拜"，省文。洪颐煊云："膜"下本脱"拜"字，依前后文例补。

翟云升云：诸本皆脱"拜"字，今补。天海案："膜"下，范钦本、梅鼎祚本皆不脱"拜"字，《道藏》本脱"拜"字。

【译文】

初秋七月初一，穆天子要动身北行，容成氏的首领潜时在羽陵上向天子敬酒，又献上好马、牛羊。穆天子因为他的邦国担任了采集玉石、制作玉器的工作，没接受他所献的牲礼。

柏天说："容成氏是治玉工的后裔。"穆天子就赏赐给潜时黄金缶十八只、朱砂三百袋。潜时合掌加额，伏地跪拜后才接受。

2.10

戊戌^①，天子西征。

辛丑^②，至于刉闾氏^③。音倚^④。天子乃命刉闾氏供食六师之人^⑤，天子六军，《诗》曰："周王于迈，六师及之。"^⑥于鐵山之下^⑦。

壬寅^⑧，天子登于鐵山^⑨，乃彻祭器于刉闾之人^⑩，以祭余胙赐之^⑪。温归乃膜拜而受^⑫。温归，名也。天子已祭而行^⑬，乃遂西征。

丙午^⑭，至于鸐韩氏^⑮。爰有乐野温和^⑯，穄、麦之所草^⑰，此字作草下阜，疑古"茂"字^⑱。犬马牛羊之所昌^⑲，昌，犹盛也。宝玉之所□^⑳。

丁未^㉑，天子大朝于平衍之中^㉒，衍，坂之下者，见《周礼》^㉓。乃命六师之属休。

【注释】

①戊戌：丁谦《干支表》："距前一日，西征。"天海案：顾实作"七月初二日"，亦距前一日。

②辛丑：丁谦《干支表》："距前三日，至于剞闾氏。"天海案：顾实作"七月初五日"，亦距前三日。

③剞闾氏：西域部族名。常征云：剞闾读如"倚吕"，即战国后期出现之匈奴国家王族"虚连氏"。钱伯泉云：晋郭璞注"剞"音"倚"，所以"剞闾"当是"伊犁"的不同音译。《汉书·陈汤传》译作"伊列"，《长春真人西游记》译作"益离"。天海案：此剞闾氏距群玉山五日之程，具体地望不明。

④音倚：底本郭注原无，此据《道藏》本补。

⑤供食六师之人：为穆天子的随从军队提供饮食。顾实云：郭注云"天子六军"，则误解六师为六军也。天海案：供食，梅鼎祚本作"借食"，疑形讹。

⑥"《诗》曰"几句：天海案：郭注所引出于《诗·大雅·棫朴》："周王于迈，六师及之。"郑玄笺："迈，行。"

⑦鑯山：即铁山。鑯，"铁"字异体。铁山，在今甘肃省嘉峪关市附近。洪颐煊校本据《北堂书钞》《太平御览》引改为"铁山"，云"鑯"为俗字。丁谦认为当在完治河上游，顾实亦同。小川琢治认为在肃州以西，嘉峪关北侧，黑山之边。顾实云：天子祭天下名山大川，则铁山至今犹产铁者，可不谓曰西方之名山哉。天海案：铁山或因产铁而得名，或因草木不生而得名，但具体位置不详。

⑧壬寅：丁谦《干支表》："距前一日，登于铁山。"天海案：顾实作"七月初六日"，亦距前一日。

⑨天子登于鑯山：登，天海案：洪颐煊校本据《北堂书钞》《太平御览》所引改为"祭"，据文意，作"祭"是，译文从此。洪颐煊云：祭，本作"登"。从《北堂书钞》十六、《太平御览》五十引改。陈逢衡云：祭，本作"登"。今从洪本据《北堂书钞》十六、《太平御览》五十引改。郭侃云：从下文"彻祭器于剞闾之人"看，此作"祭"于意更通。洪本、陈本"鑯山"下有郭注"祀于郊门"四字。

洪颐煊云：四字本脱，从《北堂书钞》十六引补。陈逢衡云：四字本脱，今从洪本据《北堂书钞》十六引补。顾实云："郊门"者，盖犹言郊关也。《孟子》书所谓"郊关之内"也。汉世之士，长征西域，以生入玉门关为幸。是直以玉门为郊门也。王贻樑云：四字注文则需谨慎处之，不遽补入。

⑩ 彻祭器：彻，同"撤"。祭器，指祭祀供品时盛祭物之礼器。陈逢衡云：祭器当如笾豆、鼎俎之属。郑杰文云：彻，通"撤"，撤下。郭侃云：《左传·宣公十二年》："且虽诸侯相见，军卫不彻，警也。"杜预注："彻，去也。"《淮南子·主术训》："史书其过，宰彻其膳。""彻"训"撤去"，无需作通"撤"解。

⑪ 以祭余胙（zuò）赐之：余胙，祭祀所余之肉。将祭祀之后剩余的肉赏赐给温归。

⑫ 温归：人名。当为剞闾氏首领。天海案：依文例，"温归"之上当有"剞闾之人"四字，此承上而省。"剞闾"当有重文，原文应作"乃彻祭器于剞闾，剞闾之人温归乃膜拜而受"。译文从此。

⑬ 已祭：祭祀完成之后。

⑭ 丙午：丁谦《干支表》："距前四日，至于鹠韩氏。"天海案：顾实作"七月初十日"，亦距前四日。

⑮ 鹠韩氏：西域古部族名。洪颐煊云："鄄"本作"鹠"，下同。又注"鄄，之然切"四字本脱，从《事类赋注》二十三引改补。丁谦云：西出葱岭，抵今布哈尔部地，即传鹠韩氏国。刘师培云：鹠韩之地，以地望审之，疑即撒马尔干。卫挺生云：此"鹠韩"当在今安集延城一带。王贻樑云：洪补注文四字，此权不从。又，檀本所增注文三字乃其自加，非郭注。此据剞闾氏又四、五日行程，大约在今敦煌至罗布泊一线上。或稍准确些说，约在科什库都克与库木库都克附近，边上正库姆塔格沙漠北缘，即下文之"平衍"。天海案：洪本、陈本"鹠韩氏"下，有郭璞注文"鄄，之然切"。鄄，本作

"鹝"。

⑯乐野温和：乐野，意即欢乐的原野。檀萃本眉批："乐野"即大乐之野，一曰"大遗之野"，一曰大穆，一曰大穆之野也。陈逢衡云：此乐野犹乐土、乐郊也。谓其平旷，何得以大乐之野为即乐野乎？《穆传》之"乐野"，此"乐"字音洛，是"康乐"之"乐"，犹前所云"温谷乐都"也。乐都，犹乐国，言在温谷之中，犹如有城郭也。此乐野，犹乐土、乐郊也，谓其平旷。郑杰文云：天山北麓空气中常常形成一个"逆温层"，阻止层上层下空气对流，产生温室效应。精河流域南有婆罗科努山，北有阿拉套山，这种温室效应特别明显，更利于作物生长。元人刘郁《西使记》曰："西南行过孛罗城，所种皆麦、稻。"金、元时孛罗城，即今精河。至今这里仍旧农业发达，畜牧业昌盛。郭侃云：《越绝书》卷八："乐野者，越之弋猎处，大乐，故谓乐野。"《穆天子传》之"乐野"虽未指明为弋猎场所，但其命名亦应取"大乐"之意，如陈逢衡所言，"犹乐土、乐郊"。

⑰稌、麦之所草：是稌麦茂盛生长的地方。洪颐煊云：钱詹事云"草"当为"阜"字之误，隶楷形相涉耳。宋咸熙云"草"，古"阜"字，当读《诗》"既方既阜"之"阜"。陈逢衡云：草，旧本作"草"，洪本同。顾实云：草，洪、翟校改作"草"，从艹下阜，然草亦变作阜，则改与不改有何异耶？据郭注则疑当作"草"，非作"草"也。郑杰文云：既方既阜，《诗经·小雅·大田》诗句，毛传"实未坚者曰阜"。依此，则"稌麦之草"的"草"字不当作"阜"。顾曰"疑当作'草'"。《类篇》曰"郁香草"。亦于义未安。按，上古音中，"草""茂"同在"幽部"，故音近可通。王贻樑云：草，为草字异文，又作阜、薗。《说文》："草，草斗，栎实也。"段注："草斗之字，俗作阜。"栎实曰阜，引申则凡结籽实皆可曰阜，《诗·大雅·大田》"既方既阜"即是。其《诗》毛传云："实未坚者曰阜。"正合

上文所论。是此可释穋麦初实而未终熟，言环境气候很适合于作
物生长秀实。如改"草"，于义亦通，然因无据，此不从改。郭侃
云：草，可训作植物初实而未终熟。但穋、麦本为两种农作物，其
生长周期并不相同，二者不会有同时初熟的情况。应作"葍"是，
"葍""茂"，音近可通，此当指植物生长繁盛。天海案："穋、麦之
所草"之"草"，依顾实说疑当作"葍"是。"葍""茂"音近可通。

⑱此字作草下阜，疑古"茂"字：顾实云：郭注疑"草下阜，为古茂
字"，当本作"艸下阜"，"阜"讹为"阜"，遂不可通。盖"阜"训
大也，盛也。阜而从艸，故郭氏疑为古"茂"字耳。王贻樑云：作
"草"于此显然不妥。……依传文，此应作阜，故顾氏会疑为"阜"
字。由此而知传文"草"当作"葍"，只是无据而未能改。郭侃云：
此应作"艸"，即"从艸，从阜"之字。天海案：顾实所言是。郭璞
注文当作"此字作草下阜，疑古'茂'字"，故释作"茂盛"。

⑲昌：兴旺，兴盛。

⑳宝玉之所□：此阙文檀本填作"聚"。天海案：视上文有"群玉之
山"，为宝玉聚集而得名，此阙文□疑作"出"字较妥，译文从此。

㉑丁未：丁谦《干支表》："距前一日，大朝于平衍。"天海案：顾实作
"七月十一日"，亦距前一日。

㉒平衍：指水边和低下平坦的土地。陈逢衡云：盖上文之"乐野"即
此"平衍之中"，是也。……其平衍而温和，故曰乐野。宜其穆王
于此行朝礼而又行飨礼也。顾实云："平衍"者……又上承温都
库士山脉之北麓，带有所谓山阪之余势，则谓之曰平衍者，盖当兼
有大野及山阪之意味也。郑杰文云：平衍，即低洼的平原。精河
入艾比湖处，有一片低洼的平原，当即此所谓"平衍"。郭侃云：
张衡《南都赋》："上平衍而肱荡，下蒙笼而崎岖。"《水经注》卷
九："自朝歌以南，南暨清水，土地平衍。""平衍"在典籍中习见，
多指地势平坦广阔，亦指广阔平坦之地，非顾实所谓"山阪"处，

亦非郑杰文所谓有“低注”之意。

㉓“衍”几句：陈逢衡云：《周礼·地官·大司徒》：“辨其山林、川泽、丘陵、坟衍、原隰之名物。”郑注：“水崖曰坟，下平曰衍。”郭引作“坟之下者”，误。郑杰文云：旧注“衍，坟下者”系误读郑注。天海案：《周礼·夏官·邍师》：“掌四方之地名，辨其丘陵、坟衍、邍隰之名。”贾公彦疏：“水涯曰坟，下平曰衍。”汉王粲《登楼赋》：“背坟衍之广陆兮，临皋隰之沃流。”《国语·周语上》：“犹其原隰之有衍沃也。”韦昭注：“广平曰原，下湿曰隰。”据此，知郭璞此处注文有误。

【译文】

戊戌这一天，穆天子向北进发。

辛丑这一天，到达了剞闾氏。穆天子就命剞闾氏在铁山之下为六师部属准备食物用品。

壬寅这一天，穆天子祭祀了铁山，把剩余的祭物和祭器都送给了剞闾人，剞闾人首领温归就合掌加额，伏地跪拜后收下。穆天子祭祀结束后，于是又向西行。

丙午这一天，穆天子到达鄄韩氏。那里有欢乐的原野，气候温和，穈子和麦子生长茂盛，犬马牛羊肥壮兴旺，还是宝石出产的地方。

丁未这一天，穆天子在平坦广阔的原野上举行盛大的朝觐仪式，并命令六师部属在此地休整。

2.11

己酉[①]，天子大飨正公、诸侯、王吏[②]、七萃之士于平衍之中。鄄韩之人无凫乃献良马百匹[③]、用牛三百[④]、可服用者。良犬七千[⑤]、调习者。牥牛二百[⑥]、野马三百、牛羊二千、穄麦三百车。天子乃赐之黄金之罂四七[⑦]、贝带五十、朱三百裹[8]，变□雕官[9]。无皃上下乃膜拜而受[10]。疑古"上下"字，今夷狄官多复名[11]。

【注释】

①己酉：天海案：顾实作"七月十三日"，距前二日，知在"平衍"中休整二日。

②大飨：诸侯朝见天子，行过朝见礼之后，天子设盛宴招待诸侯称作大飨。《礼记·仲尼燕居》："大飨有四焉。"郑玄注："大飨，谓飨诸侯来朝者也。"正公、诸侯、王吏：陈逢衡云：大飨礼见《周礼·大行人·掌客》。正公在诸侯、王吏上，盖三公之职也，"正公郊父"见前。郝懿行云："吏"疑当为"勤"，卷三内亦有此句，可证。顾实云：卷三言"天子大飨正公、诸侯王，勤七萃之士"，据《老子》及《史记》《汉书》中多言"侯王"，则"侯王"二字相连，为古成语，明当于"侯王"断句。吏，亦"勤"字之误，不能以郭氏于此无注，而于卷三之"勤"字有注，遂谓此不误也。王贻樑云：郝、顾说非。此处"正公、诸侯、王吏、七萃之士"层次清楚、文义明晰。而以"诸侯王"为称，与《史》《汉》之侯王亦义有异，其说此不从。郭侃云：《左传·昭公三十年》："王吏不讨，恤所无也。"《商君书·来民》："臣窃以为王吏之明为过见。""王吏"在典籍中习见，专指王之官吏。改"吏"为"勤"，于义不通，亦无据，或当是卷三之"勤"为"吏"之讹误。天海案：春秋以上，诸侯不见称王者，亦无"诸侯王"连用之词。故郝、顾说非。卷三之"勤"为"吏"之讹误。郭侃之说是。

③无皃：鶪韩之人首领名字。

④用牛：用来驮物拉车之牛。洪颐煊云：服，本作"用"，从《北堂书钞》三十一引补。翟云升云：《北堂书钞》三十一作"服牛"，《唐类函》同。王贻樑云："服牛"在此，义不切合，此不从。用牛，

愚颇疑当读"庸牛",但唐人（如颜师古等）说即封牛（亦即下之"牬牛"），故此只可权从郭注。天海案：原文本作"用牛"，梅鼎祚本亦同。洪本用郭璞注文据《北堂书钞》改作"服，可服用者"，不可从。"用牛"即驮物拉车服用之牛。此仅据洪本补郭注。

⑤良犬七千：经过训练的优良猎犬和看护犬。陈逢衡云："七千"疑误，当作"七十"。翟云升本据《北堂书钞》《太平御览》《事类赋》等所引，改作"七十"。王贻樑从之。天海案：核以事理，作"七十"是，译文从之。

⑥牬牛：即单峰骆驼。卷四有"牬牛二百，以行流沙"。郝懿行云：《玉篇》云："牬，良牛名，日行三百里，又云驼驼。"刘师培云："牬牛"与"良马"对文。牬，通作"彭"，大义也。顾实云：盖牬牛有二解，一即《尔雅》释兽之㸲牛，一曰犎牛，牬、㸲一声之转。牬、犎则同音字也。又一即驼驼，据卷四云"牬牛以行流沙"，则非即驼驼而何物哉！蒋超伯云：《尔雅》牛十七种，无牬牛。郭注"㸲牛"云："即犎牛也，领上肉㸲胅起，高二尺许，状如橐驼，肉鞍一边，健行者日行三百余里。今交州合浦徐闻县出此牛。"郝疏谓"犎"当作"封"。《汉书·西域传》："罽宾国出封牛。"正作"封"字。又名一封橐驼，驼肉鞍两边，此止有前一边也。超案，牬、封一声之转，牬牛即封牛也。王贻樑云：牬牛，即封牛、犎牛、峰牛、峰牛、㸲牛，亦即今所谓单峰骆驼。

⑦黄金之罂：天海案：之，原文作"银"，意不可解。据《穆传》前四卷中穆王赐西域各部族"黄金之罂"尚有数处，唯此处作"黄金银罂"，与上下文例不合，疑"银"乃"之"字之讹，径改。四七：即二十八。

⑧朱：底本原文作"珠"，此据上下文与《道藏》本径改。

⑨变口雕官：檀萃云：第四卷天子赐髽虘有"丝缥雕官"，当即此四字，今所谓克丝之类。陈逢衡云：古文"管"为"官"，前卷一"官

人陈牲",后卷六"官人设几","官人"即"管人"。据此,则"雕官"即"雕管",盖乐器之类。顾实云:盖赐以雕工之官,专司刻镂之事者。于省吾云:按卷四有"丝绲雕官"……"官""管"古字通。《仪礼·聘礼》注:"古文管作官。"《荀子·赋篇》"管以为母"注:"管所以盛箴。"疑"变□"、丝绲,皆丝类。雕管,管之雕以华文者,丝类与盛箴之管,均物用之相因者。陈逢衡云:古文"管"为"官"……则"雕官"即"雕管",盖乐器之类。天海案:檀、陈、于三说可参,此"变□雕官"或当作本书卷四之"丝绲雕官",即雕有花纹的管状乐器并拴有丝带编织的流苏。丝绲,亦即丝绦,用丝编织的带子或绳子。

⑩上下:檀萃云:言其君臣上下同膜拜而受天子之赐也。洪颐煊云:注疑古"上下"字,正文必不作"上下",凡书中讹字无别本可校者,俱仍其旧。顾实云:上下,当指无怌及其从属而言,郭注未谛。天海案:上檀、顾二说可参,译文且从之。

⑪疑古"上下"字,今夷狄官多复名:陈逢衡云:"上下"二字正文应有,故郭疑之,然以为复名,非也。檀谓是君臣上下同拜受,亦未允。"上下"亦拜之品节,如登降之义。《论语》:"拜下,礼也。今拜乎上,泰也。"据此,则无怌登成拜后又复下阶而膜拜也。上,时掌切;下,亥驾切,谓升降之上下。翟云升云:注义未详,盖有颠倒脱误,传亦或有缺文。顾实云:上下,当即指无怌及其从属而言,郭注未谛。天海案:郭注疑"上下"为夷狄官复名,无据,不可信。

【译文】

己酉这一天,穆天子在原野上大张筵席,宴请正公、诸侯、穆王属官、禁军卫士。鼱韩人首领无怌献上好马百匹、服役用的牛三百头、驯犬七十只、骆驼二百只、野马三百匹、牛羊二千只、糜子麦子三百车。穆天子就赏赐他黄金峖二十八件、贝带五十条、朱砂三百袋,还有拴着丝带流苏的雕花管乐器。无怌君臣上下都合掌加额、伏地跪拜而接受。

2.12

庚戌[1]，天子西征，至于玄池[2]。天子三日休于玄池之上[3]，乃奏广乐[4]，三日而终[5]，是曰广乐池[6]。因改名为广乐池，犹汉武改桐乡为闻喜之类[7]。天子乃树之竹[8]，种竹池边。是曰竹林。竹木盛者为林。

癸丑[9]，天子乃遂西征。

丙辰[10]，至于苦山[11]，西膜之所谓茂苑[12]。天子于是休猎[13]，于是食苦[14]。苦，草名，可食。

丁巳[15]，天子西征。

己未[16]，宿于黄鼠之山西□[17]，乃遂西征[18]。

癸亥[19]，至于西王母之邦[20]。

【注释】

①庚戌：丁谦《干支表》："距前三日，西征，至于玄池。"天海案：前一日为"己酉"，下一日即"庚戌"，故顾实作"七月十四日"，距前只一日。丁说有误。

②玄池：湖泊名。在今甘肃西北一带。檀萃云：据《山经》："河水之间，附禺之山，帝颛顼之丘，方圆三百里，帝俊竹林在焉，大可为舟。其西有沉渊，颛顼所浴，帝水精所浴之池黑，即玄池也。"陈逢衡云：穆王是时方周循黑水，其玄池是必黑水之支流停蓄而为小水泊者，断非《山海经》之沉渊。丁谦云：玄池，今布哈尔城西南有登吉斯湖，地望相合，且舍此别无他池。顾实从丁说。常征云：而玄池则马城河畔、姑臧故城之"渊池"，又名"灵渊池者"，是也（见《水经注》）。钱伯泉云：伊犁之西有玄池，此必伊塞克湖。王贻樑云：玄池距西王母邦仅近十日左右之程，而西王母邦距群玉山有三千里（折合今里在二千至二千五百里间），则此玄

池与黑水当已不相干。愚意此玄池当今新疆之罗布泊。罗布泊古名坳泽，见《山经·西山经》等。……玄、坳皆水黝黑之意，此乃湖滨多芦苇、水草及腐殖质，又有盐分积累，遂使湖水微带黑色。旧或说罗布泊乃游移湖，乃误。罗布泊为历代通西域之要道，考古发掘在这一带已发现自先秦以来大量的中域遗物，更是明确无误的证明。天海案：王贻樑之说近是。

③天子三日休于玄池之上：洪颐煊云："休"上本有"三日"二字，当涉下文而误，从《事类赋注》二十四、《玉海》一百七十一引删。陈逢衡云：洪本从《事类赋注》二十四、《玉海》一百七十一引删"三日"二字，云："涉下文而误。"衡案，《太平御览》九百六十二引亦无"三日"二字。《艺文类聚·水部》《太平御览》六十七引俱有"三日"二字。顾实云：《北堂书钞》百五引无"天子三日休于玄池之上"句，《艺文类聚·水部》《御览》六十七引同，当系删落。三日，洪校据《事类赋注》《玉海》引删，未当。王贻樑云："三日"二字存之无碍文义，故无需删去。天海案：下文亦有"三日"二字，虽无碍文义，但此二字稍嫌重复。

④乃奏广乐：洪颐煊云：《文选·宋孝武宣贵妃诔》注引无"广"字。陈逢衡云：《艺文类聚·水部》引"乃奏广乐而归"，又《乐部》引与今本同。郝懿行云："奏"下无"广"字。天海案：洪颐煊、陈逢衡所引，及依下文郭璞所注"广乐池"，此"广"字当有。

⑤三日而终：郝懿行云：《艺文类聚》卷九引此文"而终"作"而归"，四十一卷仍引作"而终"。

⑥是曰广乐池：翟云升云：注"乐池"上旧有"广"字，今删。陈逢衡云："乐池"上旧衍"广"字。王贻樑云：以义衡之，"广"字当删，但因无据而只能存之。天海案：原文无"广"字。依郭璞注，此当为"广乐池"，脱"广"字，此径补，译文从之。上文有"乃奏广乐"，故郭注"因改名为广乐池"，上下文契合，郭注不误。

⑦犹汉武改桐乡为闻喜之类：洪颐煊云：注"桐"本作"祠"，今改正。翟云升云：桐，诸本皆讹作"祠"。檀疏云："祠，应为桐。"汉武元鼎六年行东，将幸缑氏至左邑桐乡，闻南越破，以为闻喜县。今改正。陈逢衡云：桐，旧作"祠"，檀曰"祠"应作"桐"。今从洪本。郝懿行云：《汉书·地理志》云："河东郡闻喜，故曲沃。武帝元鼎六年行过，更名。"此注云"汉武改祠乡为闻喜之类"，"祠乡"二字误也。郑杰文云：此事见《汉书·武帝纪》。天海案：郭注"桐乡"，原误作"祠乡"，此据诸说径改。闻喜，秦称左邑县，西汉元鼎六年（前111），汉武帝刘彻去河南缑氏巡幸，途经左邑之桐乡，闻南越（南越国，今广东、广西一带）被攻破之喜讯，遂改桐乡为闻喜县。闻喜县在今山西运城。

⑧树之竹：在玄池周围栽上竹子。洪颐煊云：《太平寰宇记》三十鳌屋县下"司竹园在县东一十二里"，穆天子西征至池乃植之竹，是此。故《史记》云"渭川千亩竹"。汉谓鄠杜竹林。陈逢衡云：《太平御览》九百六十二引"乃树之竹，是曰竹林"。……穆王于池边通树以竹，盖移植于此，其曰林者，谓其多也。顾实云：中央亚细亚产竹有名，黄帝使伶伦取竹于大夏之西，印度语曰睹货逻篷奢，睹货逻者，大夏也，篷奢者，竹也，章炳麟语。故穆王种竹池边，且以人众栽多而成林，殆留下作纪念欤？

⑨癸丑：丁谦《干支表》："距前三日，西征。"天海案：顾实作"七月十七日"，亦距前三日。

⑩丙辰：丁谦《干支表》："距前三日，至于苦山。"天海案：顾实作"七月二十日"，亦距前三日。

⑪苦山：山名。具体位置不详，可能在今帕米尔高原以西。洪颐煊云：《山海经·中山经》有苦山，与帝台相近。《晋书·束皙传》言此书记"周穆王游行四海，见帝台、西王母"，疑即此山。陈逢衡云：洪说非。此苦山当以苦菜得名。卫挺生云：苦山，当在撒马尔

罕一带。王贻樑云：苦山距玄池二三日程，距西王母邦五六日程，具体未明。

⑫茂苑：草木茂盛的园林。顾实云：西膜谓之茂苑，可以休猎，则必指为草木畅茂之林苑也。

⑬休猎：休整止猎。陈逢衡云：休猎，罢猎也。

⑭食苦：吃苦菜。顾实云：苦，谓苦菜，《诗经》云"采苦采苦"，《仪礼》特牲礼记云"铏芼用苦若薇"，《礼记·内则》篇云"濡豚包苦实蓼"，皆谓荼菜也，亦名曰苦菜。王贻樑云：苦，以之为名植物甚多，此可食者，盖即苦菜（苦荼）也。文献多见，属菊科草本植物，嫩苗可食。天海案：王贻樑之说可参。

⑮丁巳：丁谦《干支表》："距前一日，西征。"天海案：顾实作"七月二十一日"，亦距前一日。

⑯己未：丁谦《干支表》："距前二日，宿于黄鼠山西阿。"天海案：顾实作"七月二十三日"，亦距前二日。

⑰黄鼠之山西□：黄鼠之山，山名。黄鼠山当今何地未详。顾实云："西"下，程本、范本俱无"膜"字，黄校朱笔添"膜"字，不知何据。天海案：西□，丁谦《干支表》作"西阿"；黄丕烈校跋《穆天子传》填作"西膜"，然而无据。译文且从丁谦作"西阿"。

⑱乃遂西征：陈逢衡云："乃遂"上空方当是日干。

⑲癸亥：丁谦《干支表》："距前四日，至于西王母邦。"天海案：顾实作"七月二十七日"，亦距前四日。

⑳西王母之邦：西域部族国名。其国以女性为其首领，又远在西域，故称。王贻樑云：西王母从一开始在文献中露面，便充满传奇色彩。古今中外考证者无数，但凡言之具体者，则皆在似是似非之间，无一可确凿而信者。今考《穆传》西王母者，当撇开其传言，就《穆传》而论，其位置可由两个方向推定：（一）昆仑为今祁连山，群玉山在昆仑东北约三、五百里（折合今里约二百至四百里

间），西王母又在群玉山西三千里（折合今里在二千至二千五百里间）。（二）前考昆仑时已阐明旷原之野当今新疆准噶尔盆地，西王母邦在其南一千九百里（折合今里在一千二百至一千六百里间）。由此两方勘合，则西王母之邦当在今新疆塔里木盆地与塔里木河东北缘之库尔勒、尉犁一带。西王母者，乃其邦之女酋长、女首领。考古发掘表明，这一带确有母系社会遗迹，一些女性（特别是老年女性）的随葬品明显高于他人，则在考古上证明了我们的考证确有实据。天海案：王贻樑之说可参。

【译文】

庚戌这一天，穆天子向西进发，到达了玄池。穆天子在玄池上休息了三天，又演奏了广乐，三天后才结束，便把这里改名叫"广乐池"。穆天子又在池边栽种了竹子，后来长成了竹林。

癸丑这一天，穆天子又向西前进。

丙辰这一天，到达了苦山，西域人把这里叫茂苑。穆天子于是在这里休整罢猎，品尝了山上的苦菜。

丁巳这一天，穆天子继续西行。

己未这一天，穆天子住宿在黄鼠山西面山坡，然后又向西行进。

癸亥这一天，穆天子到达了西王母国。

卷三

【题解】

本卷记述了周穆王会见西王母,大猎于旷原,然后东行返国,南越沙漠的事迹。

西王母之邦是西域一大国,也是穆王此次西征的最后一站。故穆王在瑶池与西王母宴饮、吟诗话别一段,极富情趣,因而被后人所渲染,成为小说史上的佳话。但这里所描写的西王母,既非《山海经》中的神怪形象,也不同于汉魏以后的仙女形象,而是一位和平友好、雍容大度的西方女性国君。应该说这才是历史上西王母的真实形象。

此外,六师之人大猎于旷原,致使"鸟兽绝群"一段,也颇为壮观而令人遐想。再有穆王东归,南越沙漠时口渴缺水,卫士高奔戎杀马取血以饮天子一节的描写,不仅具有浓郁的生活气息,而且在质朴的叙事中塑造了生动的人物形象。

本卷除用口标示的阙文有十九处外,穆王与西王母吟诗唱和一节,文字错乱也很严重,令人无法通读。现据《山海经》注引与诸家所说,径行补正,以便读者阅读。

卷三　周穆王日程经历名物一览表（附：阙文次处、疑难字数）

干支	地名（山水）	部族（邦国）	人名	事物、献赐名（数量）	职官	经历
甲子			西王母	白圭、玄璧、锦组百纯、䌶组三百纯		宾于西王母
乙丑	瑶池、弇山		西王母	笙、簧		觞西王母，唱和。驱升于弇山，树之槐
丁未	温山			□考鸟		饮于温山
己酉	溽水、旷原、羽琌	旷原		硕鸟、羽百车	六师之人、正公、诸侯、七萃之士	饮于溽水、大飨
己亥						东归
庚子	□之山					休，以待六师之人
庚辰						东征
癸未	戊□之山、䣙子之泽	智氏		白骖二疋、野马野牛四十、守犬七十。食马四百、牛羊三千。狗瑞采、黄金之罂二九、贝带四十、朱丹三百裹、桂姜百□		北游于䣙子之泽
乙酉						南征，东还
己丑	献水					东征。饮而行，乃遂东南
己亥	瓜纑之山、沙衍	阚氏、胡氏				东征，南绝沙衍

续表

干支	地名（山水）	部族（邦国）	人名	事物、献赐名（数量）	职官	经历
辛丑	沙衍		高奔戎	马血。玉一隻	七萃之士	天子乃遂南征
甲辰	积山之遦	翯余	命怀	蓦柏。黄金之罂、贝带、朱丹七十裹		
乙巳			□诸飦	黄金之罂、贝带、朱丹七十裹		诸飦乃膜拜而受
附1	阙文次处	16处				
附2	疑难字数（不计重复）	8字	遦　蓦　瑰　䊷　隉　縛　逬　䇶			

卷三古文

3.1

吉日甲子①，天子宾于西王母②，西王母如人，虎齿、蓬发、戴胜、善啸③。《纪年》："穆王十七年，西征昆仑丘，见西王母④，其年来见，宾于昭宫⑤。"乃执白圭、玄璧⑥，以见西王母，执赘者，致敬也⑦。好献锦组百纯⑧、䇶组三百纯⑨，纯，匹端名也⑩。《周礼》曰："纯帛不过五两。"组，绶属，音祖⑪。西王母再拜受之⑫。

【注释】

①甲子：丁谦《干支表》："距前一日，宾于西王母。"天海案：顾实作"七月二十八日"，亦距前一日。檀萃云：日用"甲子"，示始也。郝懿行云：郭注《西次三经》"玉山"及《太平御览》八十五卷及八百十五卷引此文，并作"吉日甲子"，以下文"乙丑"推之，当是

"甲子",明藏经本作"甲子"。

②宾于西王母:在西王母那里作客。顾实云:称"宾"者,《尚书·尧典》曰"宾于四门",古本《竹书纪年》曰"诸夷宾于王门",则内外相见皆称宾,故《周官》:"大宗伯以宾礼亲邦国","大行人夷宾之礼以亲诸侯","明以宾礼亲之也。"

③西王母如人,虎齿、蓬发、戴胜、善啸:如人,如同常人;虎牙、头发蓬松、头戴羽冠、善于呼啸。洪颐煊云:注"善啸",《道藏》本作"善笑"。陈逢衡云:《山海经·西山经》:"玉山是西王母所居也,西王母其状如人,豹尾虎齿而善啸,蓬发,戴胜。"案,《山海经》所载是禹益时所见之西王母,至穆王时已千余年,其国犹是其人,则非也。焉得取《山海经》之文以注此,即依《山海经》文证之亦无甚怪。豹尾者,其衣有尾也,《后汉书·梁冀传》"冀作狐尾单衣",注:"后裾曳地若狐尾也。"又《西南夷列传》:"槃瓠生子十二人,槃瓠死后,因自相夫妻,好五色衣服,制裁皆有尾形。"又哀牢夷种人皆刻画其身象龙文,衣皆有尾,此类是也。虎齿,言齿粗大也;善啸,如后世孙登、阮籍之类。蓬发者,古时质朴不似后世女人梳妆,故发四垂也;戴胜者,戴玉花胜也。本无神怪。顾实云:夫谓曰"如人",则神而非人也。然《山海经》本为夏禹之书,虞夏之世,群后亦称群神,尚在神权时代,故西王母虽神之而实人也。至云"豹尾、虎齿",当为古时一种仪式,今谓之曰"假面具",是也。陈国生、李廷勇云:因其地盛产豹、虎,所以这里的居民还多取豹皮为衣,后拖一豹尾为装饰。《山海经·西山经》说西王母衣有"豹尾","蓬以戴胜"。"蓬发"指游牧民族质朴,少梳妆扮。"戴胜"即戴玉花胜,新疆盛产玉石,有玉花胜是自然的。天海案:郭此注所引见《山海经·西山经》:"玉山是西王母所居也。西王母其状如人,豹尾,虎齿而善啸,蓬发戴胜,是司天之厉及五残。"郭此注谓"西王母如人",是说不似传说中怪异,而与常人一

样;虎牙、头发蓬松、头戴羽冠(案:戴胜,是戴胜科鸟类。戴胜鸟的外形极其独特,头顶羽冠长而阔,呈扇形。颜色为棕红色或沙粉红色,具黑色端斑和白色次端斑。尖长细窄的小嘴,错落有致的羽纹、机警耿直的禀性,忠贞不渝的习性,使得它自古以来就成为了宗教和传说中的象征物之一。在中国,戴胜鸟象征着祥和、美满、快乐。中国古代有许多赞美戴胜鸟的诗。如唐贾岛《题戴胜》:"星点花冠道士衣,紫阳宫女化身飞。能传世上春消息,若到蓬山莫放归。"由此可见,"戴胜"必然指的是西王母头上所戴如同戴胜鸟的羽冠一样。又,中国金币总公司于2000年春节期间推出了寓意"千年伊始,戴胜如意"的一盎司彩色纪念银币《戴胜鸟》,又称作《中国珍禽》银币)。洪颐煊说郭注"善啸",《道藏》本作"善笑",不是,《道藏》本亦作"善啸"。

④"《纪年》"几句:小川琢治云:穆王西征,有十三年与十七年两回。本书卷三王母有"将子无死,尚能复来"语,郭注:"将,请也。"天子答以"比及三年,将复而野",郭注:"复反此野见汝也。"由此推之,则本书所记载之西征,始于十三年。至十七年,实践其约,而再西征。顾实云:穆王答西王母,本有"比及三年,将复而野"之语,自必有践约二次西征之举。当是穆王十三年西征,十四年东归,越二年后,至十七年而复西征,其年乃是西王母来见,宾于昭宫,方始合于事理耳。惜《穆天子传》不记十七年西征之事,而徒见郭注之谬。《穆天子传》所记者,止是穆王十三年及十四年西征往返之事也。刘师培云:今即《穆传》所记干支核以三统术,当以十三年为确。于省吾云:西王母者,西母也,加"王"字乃尊大之义。岑仲勉云:顾氏信奉西周年谱,拟起行于十三年闰二月,归周为十四年十月,尚难定论。王贻樑云:穆王西征,今本《纪年》云在十三年,古本《纪年》云在十七年。各家考证颇多,但终未得一令人满意的明确答案。愚亦曾详稽于金文文献,亦无所获。且穆

王是否西征，尚是一个疑题，故此权从岑仲勉说。天海案：郭此注又见于《今本竹书纪年疏证》："十七年，王西征，至昆仑丘，见西王母。其年西王母来朝，宾于昭宫。"

⑤其年来见，宾于昭宫：檀萃云："公"应作"宫"，《纪年》："穆王元年己未正月即位，作昭宫。"十七年西王母来朝，宾于昭宫，以宾礼见西王母，故郑重书之，所以示别于诸国之人也。洪颐煊云："宫"本讹作"公"，从《山海经·西山经》注、《太平御览》八十五引改。翟云升云：宫，诸本皆误作"公"。檀疏云"公"应作"宫"，《纪年》："穆王元年己未正月作昭宫"，"十七年西王母来朝宾于昭宫。"今改正。陈逢衡云：宫，旧作"公"，从洪本据《西山经》注、《太平御览》八十五引改。王贻樑云：字作"宫"是，但各校所据皆《纪年》而非《穆传》文字，故未可直改。天海案：郭璞原注"昭公"乃"昭宫"之误，此从诸说据改。

⑥白圭、玄璧：白玉圭、黑玉璧，皆古代君臣朝见时所执礼器。陈逢衡云：洪云"圭"《太平御览》八百十五引作"珪"。衡按，八十五、五百三十九俱引作"珪"。又八百六两引，一引作"圭"，一引作"珪"。《艺文类聚》八十三引作"珪"，又八十四作"乃执白珪璧以见之"。郝懿行云：郭注《西山经》引作"圭白璧"。顾实云：《北堂书钞》八十一引，"执"下有"玉"字，衍文。……《周官·典瑞》小行人、《考工记·玉人》有"天子执圭以朝诸侯"。而并用圭璧，希见明文。惟《诗·卫风·淇澳篇》曰"如圭如璧"，此以喻人君之德也。又《尚书·金縢》曰："周公告于三王，植璧秉圭。"而《管子·形势篇》、《墨子·明鬼篇》《尚同篇》皆言"圭璧琮璜、币帛牺牲以飨鬼神"。然则古犹在神权时代，故宾诸侯，与宾神同耶！《禹贡》曰："御锡玄圭。"郑杰文云：圭，古代帝王、诸侯举行隆重仪式时用的玉制礼器，上尖下方。《周礼·春官·典瑞》有大圭、镇圭、桓圭、信圭、躬圭、四圭、裸圭等区别，详清人武亿《授

堂文钞》卷一《古玉圭图说》。王贻樑云：《穆传》不合于其他文献者甚多，与此外域交往更不足奇，故顾说"宾诸侯与宾神同"恐未必妥当。郭侃云：《说文解字》卷十三："圭，瑞玉也，上圜下方。公执桓圭，九寸；侯执信圭，伯执躬圭，皆七寸；子执谷圭，男执蒲圭，皆五寸。以封诸侯。"《史记·鲁周公世家》："周公北面立，戴璧秉圭，告于太王、王季、文王。"裴骃集解："孔安国曰：璧以礼神，圭以为贽。"《诗·大雅·抑》："白圭之玷，尚可磨也。"以上皆可与《穆天子传》互证，知有天子执圭、璧之礼。

⑦执贽者，致敬也：陈逢衡云：郭注以"执贽"为解，误矣。按《曲礼》，凡挚，天子鬯，诸侯圭，卿羔，大夫雁，士雉。则白圭、玄璧非所以为贽，明矣。郑杰文云：执贽，古代宾主相见，赠送礼物。也作"执挚"，《仪礼·士相见礼》："士相见之礼，挚。"郑注："挚，所以挚至者。君子见于所尊敬，必执挚以将其厚意焉。"郭误解执玉之义，据《周礼·春官·典瑞》："王晋大圭，执镇圭。"《秋官·小行人》："成六瑞，王用镇圭。"注："瑞，信也，皆朝见所执以为信。"《冬官·玉人》："天子执冒四寸，以朝诸侯，是不独诸侯执圭见天子，天子亦执圭见诸侯也。"故郑注云："皆朝见所执以为信。"

⑧锦组百纯：锦组，织有彩色花纹的丝带。此似指锦绣丝绢。纯，古代布帛计量单位。洪颐煊云：《山海经·西山经》注引作"锦组百缕、金玉百斤"。陈逢衡云：《太平御览》八十五、五百三十九引"献锦组百纯"，又八百十五引"吉日甲子，天子乃执白珪、元璧以见西王母，好献锦组百纯，西王母再拜受之"，又八百十九引"天子见西王母，好献锦组百纯"。

⑨鼯组三百纯：王贻樑云：三百纯，六千丈也。天海案：鼯组，鼯，字书不见，其意不明。《道藏》本、梅鼎祚本皆作"□组"，檀本填作"素组"。素组，即白色的丝带。"素组"与上"锦组"相对成文，

译文从之。《山海经·西山经》引此作"锦组百缕、金玉百斤",或
传文有异同。

⑩纯,匹端名也:王贻樑云:由文献可知,一纯为一束,五两、十端、二
十丈。天海案:纯,相当于匹。郭注是。

⑪"《周礼》曰"几句:郭璞此注文,唐本作:"组,音祖,绶属。纯,匹
端名也。《周礼》曰:纯帛不过五两。"檀萃云:匹,端者,大概释
纯之称;至于组,则言端不足匹。陈逢衡云:《史记·苏秦列传》:
"锦绣千纯。"集解云:"纯,匹端名。"又《张仪列传》:"乃以文绣
千纯。"索隐云:"凡丝绵布帛等一段为一纯。"《仪礼·乡射礼》
《大射仪》并云:"二算为纯。""纯,耦也。"《说文》:"匹,四丈也。"
据《小尔雅》:"倍丈谓之端,倍端谓之两,倍两谓之匹。"则匹是
八丈,两犹纯也。《周礼·地官·媒氏》:"纯帛无过五两。"郑谓:
"纯,实缁字。"与此"百纯""三百纯"异,郭盖以"两"释"纯"
字。小川琢治云:赠于西王母之锦帛,汉代以来,罗马人闻知有中
国人之存在者,实以当时携带此重要货物之故。顾实云:纯,借为
稇,或借为缠。《诗·召南》所谓"白茅纯束",是其义也。百纯、
三百纯,比于《史记·苏秦传》言"锦绣千纯",《张仪传》言"文
绣千纯",则奢俭悬殊,故世有指《穆传》为战国时人作者,真妄见
矣。卫挺生云:此"□组"者,当即缟纻之类,周代以为赠品,《左
传》纪季札、子产之互献是也。郑杰文云:战国时期,我国丝织业
大发展,各诸侯国常用丝织品作赏品,有时竟至"锦绣千纯"(见
《战国策·秦策一》和《赵策二》),每纯五匹。这里所反映的,正
是战国时期古丝绸之路上的丝织品交易活动。王贻樑云:组,郭
注"绶属",乃本之《说文》,但段注云:"属,当作织。"浅人所改
也。组可以为绶,组非绶类也。绶织,犹冠织,织成之帻、梁谓之
缅,织成之绶、材谓之组。大为组绶、小为组缨,其中之用多矣。
《说文通训定声》:"阔者曰组,为带绶。陿者曰条,为冠缨。"可正

郭注之误。

⑫西王母再拜受之：檀萃云：不用"膜拜"者，礼仪神灵之域，所以
别于诸方之人也。陈逢衡云："受"谓受锦组之物，"再拜"者，臣
下之礼应然。顾实云：《穆传》凡见天子之拜有三种：一曰再拜稽
首，二曰再拜，皆中国礼也。三曰膜拜，则西膜礼也。天海案：此
处用"再拜"而不用"膜拜"，可见西王母之邦非一般西域小邦，
乃西方一大邦国。原文"受之"后有"䚦"字，此字字书无，疑衍，
此径删。此"䚦"字，《道藏》本作"囗"阙文、梅鼎祚本亦标"阙"
字，且断句在下文"乙丑"之上。

【译文】

甲子这一天是吉日，穆天子到西王母那里做客。他带上白玉珪、黑
玉璧，去见西王母，表示友好而献上锦绣丝绢一百匹、白色丝绢三百匹，
西王母拜了两拜，接受了礼物。

3.2

乙丑①，天子觞西王母于瑶池之上②，西王母为天子谣③，
徒歌曰谣。曰："白云在天，山陜"陵"字。自出④。道里悠远，
山川间之⑤。间，音谏。将子无死⑥，将，请也。尚能复来。"
尚，庶几也。天子答之，曰："予归东土，和治诸夏⑦。万民平
均⑧，吾顾见汝⑨。顾，还也。比及三年，将复而野⑩。复，返此
野而见汝也。"

【注释】

①乙丑：丁谦《干支表》："距前一日，觞西王母于瑶池。"天海案：顾
实作"七月二十九日"，亦距前一日。"乙丑"上原文有"䚦"字，
《道藏》本标有"囗"阙文，梅鼎祚本标"阙"字，皆在"乙丑"之

上。作"唔"字或标"□"阙文,皆不可通,此据删。

②瑶池:湖泊名。郝懿行云:滛,明藏经本作"瑶",《西山经》云:"槐江之山,爰有滛水。"滛水,当即"瑶池",是"滛""瑶"古字通用也。小川琢治云:瑶池,是湖水之所在也。接巴里坤近傍,有巴尔库勒淖尔,为汉代之蒲类海。……据徐松《西域水道记》(卷三),则在今之镇西府西北四十余里。顾实云:瑶,《北堂书钞》百十一引同,但十六又引作"滛"。王贻樑云:瑶池,愚疑为今新疆和硕县南、库尔勒东北之博斯腾湖。西汉时名海,东汉时名秦海,亦即《水经注》之敦薨薮。此处湖光山色甚美,颇合"瑶池"之名。天海案:王贻樑之说可参。

③谣:不用乐器伴奏的清唱。檀萃云:谣者,盖西王母传道于穆王之微言,如《汉武内传》所载诸歌曲,但辞致浑融不露耳。陈逢衡云:《艺文类聚》九百四十三引、《太平御览》六十七引"天子觞西王母于瑶池之上,西王母为天子谣",又五百七十二引"谣"作"歌"。……郭注见《尔雅·释乐》言,但以人声,不用丝竹也。顾实云:此谣辞与下吟辞,皆周人纯粹之四言诗也,是亦西王母必为中国女子之证也。卫挺生云:言西王母之谣吟二首,皆周时四言诗之佳作,自无疑义,然此皆穆王之侍从文官意译西王母伊兰语之诗辞而成之周代型古诗。……诗之意境之佳,不必为中国女子。诗之格调与词语之佳,则才艺并高侍从文官之功也。……不能以诗证明其为中国女子也。王贻樑云:顾实说非,此辞可由中原人译写,如近人以七言诗形式等译作外国人诗一样,何能即以据而断定其必为中国人呢? 郭侃云:《玉篇·言部》:"谣……独歌也。徒歌曰谣。"《诗·魏风·园有桃》:"园有桃,其实之殽,心之忧矣,我歌且谣。"毛亨传:"曲合乐曰歌,徒歌曰谣。"《列子·周穆王》:"西王母为王谣,王和之,其辞哀焉。"《列子》语可为"穆王对歌西王母"之证,但因《列子》成书时代及真伪的争议,或此

魏晋时所辑之《列子》文即取自《穆天子传》。

④白云在天，山陜自出："陜"字，即"陵"字古文。《山海经·西山
经》正引作"陵"字。檀萃云："白云在天"者，肃肃出乎天也；
"山陵自出"者，赫赫发乎地也。洪颐煊云：《文选》沈休文《早发
定山诗》注、《太平御览》八引作"丘陵"。陈逢衡云：《列子·周
穆王篇》："遂宾于西王母，觞于瑶池之上，西王母为王谣，王和
之，其辞哀焉。"张湛注："徒歌曰谣，诗名《白云》；和，答也，诗
名《东归》。"衡案，《白云》《东归》皆后世摘取诗中字面以标题
之，非当日有此名也。郝懿行云：李善注沈约《早发定山诗》引
此文云"丘陵自出"，其注谢朓《拜中书记室辞隋王笺》引此文仍
作"山陵自出"。褚德彝云："自出"二字疑作"阻之"，"阻"字古
文、"之"字篆文与"自出"字同。顾实云：下言"山川"，则此当
作"丘陵"，山莫大于昆仑，犹尚称昆仑之丘也。郑杰文云：出，当
为"止"之形讹。古文"出"作"ⳍ"，"止"作"ⳑ"，形近易讹。又，
这首谣辞的下两个叶韵字"之""来"在上古韵中同为之韵。"止"
正为之韵。"山陵自止"言在天的白云飘到此处为山陵自然阻止，
以喻穆王远道来此，且与下诗意正合。王贻樑云：褚说"自出"为
"且之"，可参。天海案：褚德彝所说可从。译文且按"阻之"而译。

⑤道里悠远，山川间之：间，间隔，阻隔。檀萃云："道里悠远，山川间
之"，不能两者交通成和而生物也。洪颐煊云：里，《太平御览》八
引作"路"，八十五引作"理"。陈逢衡云：上言"道里悠远，山川
间之"，隐有谕王不可轻出之义。郝懿行云：李善注谢朓《拜中书
记室辞隋王笺》引作"道路悠远"，《太平御览》五百七十二卷引
此文"悠远"作"攸远"。郑杰文云：今检《事类赋注》卷二引亦
作"理"。顾实云：谏，原作"间"。《颜氏家训·书证篇》云："《穆
天子传》音谏为间。"段玉裁曰："案颜语，知本作山川谏之，郭读
谏为间。"今据改，注同。王贻樑云：以上下文义察之，当作"间"

字为是,改之不确。

⑥将子无死:希望您不会死去。意即希望您长寿。将,请求,希望。
顾实云:一部《诗经》十五国风所咏,泛称男女曰子。泛称在上
者亦曰子。独二雅斥及王政,往往曰天子,曰王。今西王母为天
子谣,遽面斥穆王曰子,则非泛泛之称可比。据《尚书·洛诰》
曰"朕复子明辟",又曰"考朕昭子刑",乃周公以叔父之亲,而称
成王曰子也。然犹未也,桓十五年《左氏传》,载祭仲女告祭仲
曰"雍氏舍其室而将享子于郊",则女称其父,亦得面斥之曰子
也。……然则《穆传》西王母者,确即穆王之女也。此谣辞曰"将
子无死,尚能复来",不能不认为有亲属上之意味者也。天海案:
子,先秦尊称也。顾实之说近迂。

⑦予归东土,和治诸夏:我将返回东方,和谐治理中原各国。诸夏,
指周代分封的中原各诸侯国。洪颐煊云:归,《山海经·西山经》
注引作"还"。……治,《山海经·西山经》注引作"理",是唐时
避讳所改,《太平御览》五百七十二引作"治"。陈逢衡云:穆王
虽勤远略,然拳拳于中夏如此,故犹为西周之令主。顾实云:穆王
自称曰予,称西王母曰汝,西王母虽为己女,而建邦于西方,则诸
侯也。证以《尚书·文侯之命》篇,亦有称予、称汝者,可知周天
子之出辞有体也。前封赤乌氏曰"大王亶父始作西土",与此曰
"予归东土",明明东土、西土二名词,皆出自穆王之口,则西周以
前之作西土,实逾葱岭以西,而其东土乃明指中国文言也。抑且
于此可见上古东西一家,中外一人,自有区分东土、西土而为其治
之必要也。卫挺生云:西王母对穆王受献而不奉献,其自视甚高,
最多视穆王同等。波斯民族之王者,由来自称"万王之王"。故
其称穆王曰"子"、曰"汝",自称曰"我"。穆王亦以平等视之,而
称之曰"汝"、曰"而"即"尔",而自称曰"予"、曰"吾"。故二人
之间皆平等对称,无所谓亲属父女之称呼也。郑杰文云:唐高宗

名李治,故唐人改"治"为"理","治"乃"治"之形讹。

⑧万民平均:万民齐心,天下统一。平均,平定统一。陈逢衡云:平均,《艺文类聚》四十三引作"乐均"。天海案:《礼记·乐记》:"子夏对曰:修身及家,平均天下。"正义:"修身及家,平均天下者,言君子既闻古乐,近修其身,次及其家,然后平均天下也。"《史记·滑稽列传》:"东方生曰:天下平均,合为一家。动发举事,犹如运之掌中。"

⑨吾顾见汝:顾,再来。檀萃云:帝王之道,以在宥为登真,治国、治身在于和,治均平所以得大还而相见也,彼此皆取喻于微言。然皆和平、中正,有雅颂之遗音,不若后世之激切而入于幻也。洪颐煊云:顾,《太平御览》五百七十二引作"愿"。陈逢衡云:此二诗宋赵德麟《侯鲭录》引"吾顾"作"吾愿",是宋时所见本俱作"愿"也。顾实云:"顾见"二字,程本误作夹注。郑杰文云:今检涵芬楼影宋本《太平御览》卷五百七十二仍作"顾"。天海案:作"顾"是。

⑩比及三年,将复而野:比及,等到。而,同"尔",即你。野,古韵读yǎ,与"夏"叶韵。陈逢衡云:尔,洪本作"而"。案,《艺文类聚》四十三引作"而",此下洪本俱从《山海经》注改。……王母云"尚能复来",是期望未定之辞,王答以"比及三年,将复尔野"是相见不远之义。郝懿行云:《太平御览》五百七十二卷引此文"而野"作"于野"。顾实云:答辞曰"比及三年,将复而野",则穆王又所以有十七年之西征也。郑杰文云:今检涵芬楼影宋本《太平御览》卷五百七十二引仍作"而"。

【译文】

乙丑这一天,穆天子在瑶池上向西王母敬酒,西王母为穆天子唱道:"白云悠悠飘天上,山峦绵绵来阻挡。道路漫漫远又长,山水间隔阻友邦。祝愿您万寿无疆,希望您再来我邦。"穆天子答唱道:"我将返回东方，和谐治理华夏。万民安乐一统，我将再来见您。等到三年之后，将又来此原野。"

　　天子遂驱升于弇山①，弇，弇兹山，日入所也②。乃纪丌迹于弇山之石③，铭题之。而树之槐④，眉曰⑤："西王母之山。"言是西王母所居也。西王母还归⑥，丌锘世民，作忧以吟⑦，曰："比徂西土⑧，徂，往也。爰居其野⑨。虎豹为群，於鹊与处⑩。於，读曰乌。嘉命不遷⑪，言守此一方。我惟帝女⑫。帝，天帝也。天子大命，而不可称⑬。世民之恩，流涕埵陨⑭。吹笙鼓簧，簧在笙中。中心翔翔⑮。忧无薄也。世民之子，唯天之望⑯。所瞻望也。"

【注释】

①弇山：山名。在今准噶尔盆地附近。洪颐煊云：弇，《西山经》注作"奄"。陈逢衡云：《太平御览》六百七十二引作"于是天子升于崦嵫"，《列子·周穆王篇》："乃观日之所入。"张湛注引《穆天子传》云"西登弇山"。天海案：弇山，《山海经》注引作"奄山"。

②日入所也：此郭注，陈逢衡云：洪本作"入所"，《太平御览》六百七十二引作"日入处山也"。翟云升云：《山海经·西山经》作"崦嵫之山"。

③乃纪丌迹于弇山之石：檀萃云：石，玉也，崦嵫之山，其阴多玉。铭文也。洪颐煊云：名，本作"丌"，邢昺《尔雅》疏引作"其"，《山海经·西山经》注引无"丌"字，《大荒西经》注引作"乃纪名迹"，元朱珪《名迹录》谓取义于此，则宋本固有作"名迹"者矣。以注及上文云"乃铭迹于县圃之上"校之，宋本是也，因改正。陈逢衡云："纪迹"犹"铭迹"也，"丌"字本可衍，若"纪名迹"似不通

贯,《太平御览》六百七十二引"乃纪迹于崦山"。惜其文不传,
《文心雕龙》曰:"碑者,裨也。上古帝王纪号封禅树名神岳,故曰
碑也。"周穆纪迹于弇山之石,亦古碑之意也。郝懿行云:开,藏
经本作"丌",郭氏《大荒西经》注引此文"丌"作"名"。顾实云:
丌迹,洪校作"迹",洪据《尔雅》疏引作"其","丌""其"通用字。
《西山经》注引作"纪迹",无"丌"字。《大荒西经》注又作"乃纪
名迹",亦无"其"字,而有"名"字。盖出传写有异。天海案:"纪
丌迹",在石碑上著文铭刻他的功绩。丌,即"其"古文。

④ 而树之槐:檀萃云:以槐为表识也。陈逢衡云:此穆王以弇山益封
西王母也,故特树之槐以为表识,犹后世建铜柱之义,盖槐以内皆
王母所封邦城。

⑤ 眉曰:檀萃云:铭者,著其文;眉者,书其额也。洪颐煊云:今本自
"天子遂驱弇山以下"本在上文"将复而野"下。又《列子·汤
问篇》言"穆王越昆仑至弇山",反有"献工人偃师"一段。翟云
升云:《尔雅·释地》疏引作"名曰:西王母之山",当从之。"名"
与"眉"形近而误也。陈逢衡云:眉,如眉目书之,使西人共见知
此弇山亦西王母之山,不特玉山也。顾实云:眉,翟校据《尔雅》
疏引作"名"。然《墨子·非乐》上篇曰"眉之转朴",眉,亦即名
也,则不必改。王贻樑云:顾实说是,详参孙诒让《墨子间诂·非
乐上》孙氏考之甚明。天海案:眉曰,即题写曰。檀萃说近是。
因眉毛与额头相连,故"眉"也指被题写事物的上部,如题写书页
上方的空白叫"书眉""眉批"。

⑥ 西王母还归:檀萃云:谓自弇山还归瑶池也。翟云升云:此上疑有
缺文。陈逢衡云:此谓穆王自西王母之山东还也。顾实云:"西王
母"下,原有"之山"二字。翟,郝校据《御览》九百二十一引作
"西母还归",则宋人所见本无"之山"二字,当承上文而误衍,今
删。……洪校删去此句,然《西山经》注引至"眉曰西王母之山"

句而止,不能断定此句之有无也,则不必删。惟此下直接"丁未,天子饮于温山"句,各本无征,不能不出于以意缀合耳。王贻樑云:此句自有其涵义,于上下文意正合,不删为宜。天海案:"西王母"下,原文衍"之山"二字,此据洪校删去。

⑦丌辝世民,作忧以吟:檀萃云:吟,亦曲名,穆王久留王母之宫不归,因念中国之人民而作歌吟。陈逢衡云:"念"字,旧作空方,《太平御览》九百二十一引"西王母还归,世民谣嘎以吟",语有脱误。……此穆王已别西王母之后而作歌,以寄忧思之意也。郝懿行云:郭注《西山经》引作"西王母又为天子吟曰"。顾实云:缺文不尽可晓,惟卷四云"柏夭归于丌邦",即彼例此,则此亦当是西王母还归其邦也。郭侃云"天子遂驱升弇山,乃纪迹于弇山之下,树之以槐,眉曰:西王母之山","西王母之山,还归丌囗"两句,在洪本"唯天之望"之下,《道藏》本此处语序错乱,文意不贯通。此句之上当有西王母答穆王的另一首诗,即下文"比徂西土"至"唯天之望"的一段诗。天海案:丌辝,此二字疑为"其语"形讹,译文从此。《道藏》本作"丌囗",梅鼎祚本"丌"下标"阙"字。世民,即世人,亦即"子民",下同此。

⑧比徂西土:檀萃云:言比者,往此西土驻跸于旷野中,但见虎豹鸟兽久且厌之,而思中国之世民也。盖始者思慕至道,欲肆其心,观河宗之宝,历群玉之山,对金母之怡妙颜,举微词以相酬答,其乐慰良深及所之既倦,情随事迁,乃感慨系之矣。比徂,洪颐煊云:今本作"比徂西土"。陈逢衡云:洪本作"徂彼",下注云"今本作比徂"。衡案,当作"彼徂"。彼,谓西王母也;徂,当是阻之讹,谓隔绝也,与上文"予归东土"紧对,亦与下文"我为帝天子"相应。此时已别西王母,故曰"彼",觌面作歌语气。郝懿行云:北,明藏经本作"比",是也。……郭注《西山经》引作"徂彼西土"。《御览》九百二十一卷引作"西王母还归,世民谣嘎以吟,曰:徂彼

西土，爰居于野，豹虎为群。於鹊与处，嘉命不还，惟我惟女。"所引与今本字句异，而较为完善。卫挺生云：愚见以为此乃为穆王送别之诗，乃针对其西行与东归之计划而言也。曰"徂彼西土"，乃指其将往西北大旷原也。曰"彼"者一千九百里而遥也。天海案：比徂，乃"彼阻"音误。洪校是。

⑨爰（yuán）居其野：洪颐煊云：野，《西山经》郭注作"所"。陈逢衡云：此穆王叹念王母所居非若中国之有城郭宫室也。檀谓穆王往此西土驻跸于旷野中，但见虎豹乌鹊娱玩。"爰居"二字断指王母。郝懿行云：郭注《西山经》引作"爰居其所"。卫挺生云：曰"爰居其野"，乃指下文之"三月舍于旷原"也。曰"虎豹为群，於鹊与处"，乃指此大旷原鸟兽多而人类少也。下文言"翔畋于旷原，得获无疆，鸟兽绝群"，其明证也。天海案：爰，于是，连词。《尚书·无逸》："爰知小人之依，能保惠于庶民。"孔传："于是知小人之所依。"

⑩於鹊与处：於，同"乌"。《山海经·西山经》注引正作"乌鹊"。郝懿行云：於鹊，郭注《西山经》引作"乌鹊"。

⑪嘉命不迁：迁，"迁"字古文。天命难改。檀萃云：言受上帝受守万方也。洪颐煊云：迁，《事类赋》十九引作"还"。陈逢衡云：洪云"迁"，《事类赋》十九引作"还"。衡案，"还"字误。……嘉命不迁，犹云"大命不改"也，盖兢兢保有此位之义。顾实云："嘉命"者，帝命也。前河伯称穆王曰帝，则此帝即穆王甚明也。天海案：嘉命不迁，犹天命难改。嘉命，称天帝的敕命。

⑫我惟帝女：帝女，天帝之女。洪颐煊云："女"字本脱，从《事类赋注》十九引补，《太平御览》九百二十一引作"惟我惟女"。陈逢衡云：《太平御览》九百二十一引"徂彼西土，爰居于野。豹虎为群，於鹊与处。嘉命不还，惟我惟女"。……此穆王自念承任之重，言我惟帝天之子，不可亵视也。"我"字与上"彼"字紧相照

应，一曰彼一曰我，亲之之义。土、野、处、女，叶。郝懿行云：郭注《西山经》引作"我惟帝女"，此脱"女"字。顾实云：女，原脱，洪校据《西山经》注、《事类赋注》引补。《御览》引作"惟我惟女"，虽误，然可证宋人所见本俱不同今本，而今本有出于元明人所窜乱者矣。……"我惟帝女"者，西王母自陈为穆王之女也。其是否以和亲保西垂，不能明也。卫挺生云："我惟帝女"之句，可能亦元明人窜乱之结果。宋人《太平御览》所引旧本之句原为"惟我惟汝"。故"帝女"之文，原本无之。郑杰文云：今检涵芬楼影宋本《太平御览》卷九百二十一引仍作"我惟帝女"。王贻樑云：顾实说失之。先秦时单言"帝"者，基本上皆为天帝，战国时或稍有为五帝等之省称者，但绝无称人王者。故此之"帝"者，绝不可理解为穆王，顾说不可信从。天海案：帝女，乃"天帝之女"。"女"字，《道藏》本原脱，此处阙文□，据洪校本补。

⑬天子大命，而不可称：檀萃云：言我不能报称帝之大命，乐于远游，然每顾念帝付我以世民之恩，所以忽然陨涕而欲归也。天海案："天子大命"者，即上所言穆天子之"嘉命"；"而不可称"者，西王母谦言自己不能配称穆天子之命。

⑭世民之恩，流涕芔（huì）陨：世人感恩，涕泪汇流。翟云升云：《昭明文选》司马长卿《上林赋》："芔然兴道而近义。"郭璞注："芔，犹勃也，许贵切。"此"芔"字音义当与同。陈逢衡云："顾世民之恩"语有脱误，流涕者，盖与王母远别故也。"忽""陨"二字似不甚稳。恩、陨，叶。"芔"下注吴本无，此二字疑有误。郝懿行云："天子大命"以下十七字错误不可读，郭注《西山经》引作"彼何世民，又将去子"八字。天海案："世民"上原文有"顾"字。西王母与穆天子唱答之诗皆四言，"顾"字于此为衍文，径删。"芔"为"卉"字的异体写法，同"卉"。《广韵》许贵切，《玉篇》许胃切，并音汇。陨，坠落。流涕芔陨，意即涕泪交汇坠落。

⑮吹笙鼓簧,中心翔翔:檀萃云:言瑶池谵语,志同道合,相应笙簧,而心悬悬,无终薄者。洪颐煊云:《西山经》注作"翺翔"。翟云升云:檀本作"翺翔",《山海经·西山经》注所引同。陈逢衡云:《艺文类聚·乐部》引"西王母吟曰:吹笙鼓簧,中心翔翔"。又《太平御览》五百八十一引"西王母吟曰:吹笙鼓簧"至"唯天之望",均以此语属之西王母,误。顾实云:《诗·齐民·载驱篇》,毛传曰:"翺翔,犹仿佯也。"《郑风·羔裘篇》,郑笺曰:"翺翔,犹逍遥也。"盖翺翔为形容词,忧乐皆可。故郭注亦训忧无薄也。吹笙鼓簧,中心翺翔,是固不能无忧乐也。卫挺生云:曰"吹笙鼓簧,中心翺翔",乃席间之念远惜别意也。王贻樑云:此当作"翔翔"为佳。翔翔,即洋洋,悠然快意之状。《古文苑》十三班固《十八侯铭》五注:"洋洋,得意貌。"《列女传》二《贤明齐相御妻》:"意气洋洋,甚自得也。"天海案:吹笙鼓簧,笙中有簧片,吹笙使簧片鼓动而发音。笙,管乐器,大者十九簧,小者十三簧。中心翔翔,心中乐洋洋。翔翔,即洋洋,悠然快意貌。

⑯世民之子,唯天之望:檀萃云:以天帝之望,我能于此,中国之世民不得,遂高谢万邦也。西王母期以复来者,原促其归也,王亦以归自明者不改所志也,然为来问道之,故而久留,道得而翻然矣。陈逢衡云:此言我去中国已久,中国之民望我如望岁。"世民之子"指百姓。"唯天之望"言望我也,盖自是回辕返斾。穆王之心已见于答诗之第一语"予归东土"之内,故下文言东归者,一言东征者,八言南征东还者,二言东征南还者,一言南征者,四言南还者,至穆王遂入南郑而西巡之事毕矣。顾实云:"世民之子"者,此子又别有所指,《易林·小畜之大有》曰"金牙铁齿,西王母子",或即西王母自指其子而言也。惟天之望,则天即天子,所以深述世民于穆王既行而后之去思,且以慰穆王者也。卫挺生云:曰"世民之子,唯天之望",乃预述穆王一行人别后,西王母本人之感念

也。《诗·邶风·燕燕》有句曰："之子于归，远送于野。瞻望弗及，泣涕如雨。"而今之"之子"指穆王也。此言"穆王及同行之万余随从者皆远去矣，远望之唯见天际之云霞而已"。天海案：世民之子，世人对于您。之，对于、于此，作介词用。唯天之望，只能对天盼望。

【译文】

穆天子于是驱车登上弇山，就在弇山上刻石记载他西行的事迹，还栽上槐树，题写了"西王母之山"五个大字。西王母回去后，将此事告诉她的子民，忧心忡忡吟唱道："我来这西方土地，便安居茫茫原野。虎豹野兽来相伴，乌鸦飞鸟共相处。天命难改变，我是天帝女。天子大命，难以相称。子民感恩，涕泪沾襟。吹起芦笙来，心中乐洋洋。世人向往您，抬头仰天望。"

天海案：此一节为《穆天子传》原文与郭璞注文，其中"天子遂驱升于弇山"一句以下至"世民之子，唯天之望"一段文字，原文与郭璞注皆错乱，不可通读。洪颐煊认为：今本多讹舛不可句读，或是后人传写之误。《山海经》注文义明顺，又同为郭氏所注、所引，当得其真，因改此而从彼。故洪颐煊校本据《山海经·西山经》注引改。将"天子遂驱升于弇山"至"西王母之山还归丌囗"一段改在"世民之子，唯天之望"之下。洪校本所改原文与诸本不同处有：改"世民作忧，以吟曰"作"西王母又为天子吟曰"；改"天子大命，而不可称。顾世民之恩，流涕丱陨"作"彼何世民，又将去子"。顾实、郑杰文、王贻樑校释本皆以洪校本改变此节原文次序及内容。故拙著《穆天子传全译》（贵州人民出版社1997年版）、《穆天子传译注》（上海古籍出版社2018年版）亦据《山海经·西山经》郭注所引本《传》之文，并参洪颐煊校本将原文校理如下：

西王母又为天子吟曰："徂彼西土，徂，往也。爰居其野。

虎豹为群，於鹊与处。於，读曰乌。嘉命不遷，言守此一方。我惟帝女，帝，天帝也。彼何世民，又将去子。吹笙鼓簧，簧在笙中。中心翔翔。忧无薄也。世民之子，唯天之望。所瞻望也。"西王母还归开□。天子遂驱升于弇山，弇，弇兹山，日入所也。乃纪开迹于弇山之石，铭题之。而树之槐，眉曰："西王母之山。"言是西王母所居也。

天海又案：笔者旧著所用底本，系明正统《道藏》本，故文字与本书所用范钦本略有不同。且陈逢衡认为，郭璞注《山海经》引用《穆传》而添补其词以顺文义，故补"西王母又为天子吟"八字于"曰徂彼西土"之上，而以"纪迹弇之石"移缀于后，又删去数句，其为郭氏抄撮无疑。大约撮取前后文而约其旨以成文。根据古籍整理原则，在无确实可信的证据时，不能轻易改动旧本原文。因而此次校理《穆天子传》，原文与郭注原则上皆不改动。

3.3

丁未①，天子饮于温山②，□考鸟③。《纪年》曰："穆王见西王母，止之曰：有鸟縛人。"④疑说此鸟，脱落不可知也⑤。

己酉⑥，天子饮于溇水之上⑦，溇，音淑。乃发宪令⑧，宪，谓法令。诏六师之人□其羽⑨。爰有□薮水泽⑩，爰有陵衍平陆⑪，大阜曰陵，高平曰陆。硕鸟解羽⑫。六师之人毕至于旷原⑬。言将猎也。下云"北至旷原之野，飞鸟之所解其羽"。《山海经》云："大泽方千里，群鸟之所生及所解。"⑭《纪年》曰："穆王北征，行积羽千里。"⑮皆谓此野耳。曰：天子三月舍于旷原□⑯。天子大飨正公、诸侯⑰，王勒⑱勒，犹劳也。七萃之士于羽琌之上^⑲。下有"羽陵"，疑亦同。**乃奏广乐，□六师之人^⑳，翔畋于旷原^㉑**，翔，犹游也。**得获无疆^㉒**，无疆，无限也。**鸟兽绝群^㉓**。言取尽也。**六师之人大畋九日^㉔，乃驻于羽琴之□^㉕。收皮效物^㉖**，物，谓毛色也，《诗》云："三十维物。"^㉗**债车受载^㉘**，债，犹借也。**天子于是载羽百车^㉙**。"十羽为箴，百羽为缚，十缚为緷"，见《周官》^㉚。

【注释】

①丁未：陈逢衡云：此上疑有脱误，不得羁留如此日久。丁谦《干支表》："距前四十二日，至弇山还饮于温山。……合往返、游观、休息计之，故历四十二日。"天海案：顾实作"十一月十二日"，则据前"乙丑（七月二十九日）"为一百余天。据《干支表》推算，丁未距前乙丑，实为四十二日。西王母之邦距于温山不当历四十余日，此或文有脱误。

②温山：山名。具体所在不详。檀萃云："饮于温山"者，王母饯天子之归也。陈逢衡云：温山即《西山经》之"鸟山"，在穆王时则名温山也。此盖天子自饮为文，故曰"天子饮于温山"，与下文"饮于溽水"一例，于西王母无涉。顾实云：此山曾为喷火山，故《穆传》称曰"温山"。温者，温暖之意。王贻樑云：温山，距旷原一二日程，盖是天山山脉北侧，靠准噶尔盆地南缘之一山，具体当今何山不明。

③□考鸟：陈逢衡云：空方当是"戊申"，日干。"考"上阙文檀本填"以"字，并云："考者，校也。鸟犹禽，禽犹猎，留之校猎也。"郝懿行云：李善《赭白马赋》注引古文《周书》曰："穆王田，有黑鸟若鸠，翩飞而跱于衡，御者毙之以策，马佚不克止之，颠于乘，伤帝左股。"案，古文所纪或即考鸟之事。无以知其是非，姑附识于

此。丁谦云:"考鸟"义不可晓,当阙疑。惟《山海经》有"鸟山,辱水出焉"语,此考鸟或指鸟山言,故下节接言"饮于瀙水上",姑录以备一说。郑杰文云:疑此"考鸟"为考察太阳鸟。我国古人以为日中有三足乌,或曰乌载太阳飞行,《山海经·大荒东经》曰:"大荒之中……有谷曰温源谷。汤谷上有扶木。一日方至,一日方出,皆载于乌。"郭注:"中有三足乌。"《楚辞·天问》曰:"羿焉弹日?乌焉解羽?"《淮南子·精神训》"日中有踆乌",高注:"踆,犹蹲也,谓三足乌。"穆王至此日落之地、近日之处,故考察日中三足乌。因系乌,故古文《周书》载穆王曰"有黑乌"。王贻樑云:此处缺文较多,具体未明。郭侃云:今检典籍,除《穆天子传》外,未见有"考鸟"一词,且上有缺文,"考鸟"或不可解释作一词。由下文所见之"瀙水"与《山海经·西山经》"鸟山,辱水出焉"结合,推想此"鸟"或与"鸟山"有关。天海案:□考鸟,此处阙文不可知,"考鸟"之义不可解,梅鼎祚本则作"老鸟"。郭璞引《纪年》于此作注文,其文义仍不可解,译文暂缺,以省略号代之。

④"《纪年》曰"几句:洪颐煊认为,郭注所引,今本《纪年》无此文,原本《纪年》久佚,今本乃后人采掇成书,故年数、次第多与此《传》不合。翟云升亦云:《艺文类聚》七引《纪年》云:"穆王十七年,西征至昆仑丘,见西王母,西王母止之。"即此,盖十七年见西王母之文,而今脱也。郝懿行云:注"镈"字未详。顾实云:郭注引古本《竹书纪年》,"镈"字不见于字书,其义不可晓,或是伤害人之意。雷学淇云:愚案"镈"字或作"磲",字书无此字。《尔雅·释训》曰:"粤夆,掣曳也。"司马相如《上林赋》曰"适足以粤君自损",晋灼注曰:"粤,古贬字。"然则"粤",或是"磲",即古"砭"字,谓以喙刺人如针石也,否则即制曳之矣。盖王见西王母,犹欲西征,故西王母止之曰"有鸟镈人",而王始由西而北

也。朱右曾云：字书无"䜌"字，讹。"傅"之讹。《说文》："傅，使也。通作㑎。"《尔雅·释训》："粤夆，制曳也。"王贻樑云：雷、朱说可参。又，"䜌"字所从谷，疑或字书之谷，义为开口发笑，文献通作"喙""唧"。但此仅臆测，未可定论。郭侃云："䜌"字，字书未见，以《纪年》文意推测，雷学淇、顾实说考其字义似是。天海案：郭璞此注文意义费解，雷学淇之说可参。

⑤疑说此鸟，脱落不可知也：郭璞此注文认为此处脱文未可知其义。

⑥已酉：丁谦《干支表》："距前二日，饮于溽水。"天海案：顾实作"十四日"，亦距前二日。

⑦天子饮于溽（rù）水之上：檀萃云：亦西王母济之。陈逢衡云：此二地既不云天子济西王母，又不云西王母济天子，其为自饮无疑。顾实云：饮，《北堂书钞》八十二引作"大饮"。溽水，古代水名。洪颐煊云：《太平御览》八十五引作"辱水"。陈逢衡云：《艺文类聚·水部》引亦作"溽水"。丁谦云：溽水，当即尼尼微东北郭马尔河。顾实云：溽水，当即库拉匕阳河。钱伯泉云：溽水，古名素叶水，今名楚河。郑杰文云：然今检涵芬楼影宋本《太平御览》卷八十五引作"溽"，洪所见当非善本。天海案：溽水，诸说各异，具体何地未详。

⑧宪令：命令。檀萃云：此发校猎之命也。陈逢衡云：当从郭说作"政令"，即巡守黜陟之义，与卷一"命正公郊父敕宪"同。盖此发宪命是一事，下文"诏六师之人"又一事。檀牵连言之，故云发校猎之命，失之。

⑨诏六师之人□其羽：阙文□，檀萃补"收"字，卫挺生补"捕鸟而取"四字。陈逢衡云："□其羽"盖择其可以为旌旄之用者。小川琢治云：鸟羽中之白羽，除适用于武器之矢外，其余古代间多用作装线品，如羽旄、羽橶、羽盖、六羽等之语是也（江侠庵译）。顾实云：穆王西征所取两大物品，一曰玉，二曰羽，此为其第二事之

大取鸟羽也。诏六师之人□其羽,疑缺文颇多,下文云"毕至于
旷原",当即复述此文,要其以取羽为目的甚明也。卫挺生云:"其
羽"上缺文,今按照下文文意,推补"捕鸟而取"四字。王贻樑云:
此时尚未正式取羽,乃为取羽作铺垫也。天海案:卫挺生之说可
参,译文且从之。

⑩爰有□薮水泽:天海案:此处阙文□,檀本填作"林"字,卫挺生亦
从之。译文从此。顾实云:□薮水泽,与"陆衍平陆"相对为文,
则"□薮"当即"林薮"二字,班固《典引》云"肴覈仁义之林薮",
此古人以"林薮"连言之证。然则"□薮"者,即《世界史纲》所
屡言"南俄之森林"也。此"□薮"之解也。丁谦云:大泽者,里
海也。卫挺生云:"薮"上缺文,今按照前后文文意,及现代地理
知识,沙漠绿洲有泽薮处多有林,故推补"林"字。天海案:此
"□薮",译文依诸说作"林薮"。

⑪陵衍平陆:平缓绵延的丘陵地带。陈逢衡云:《周官·大司徒》:
"辨其山、林、川、泽、丘、陵、坟、衍、原、隰之名物。"郑注:"竹木曰
林,水钟曰泽,大阜曰陵,下平曰衍。"又《尔雅·释地》:"大野曰
平,高平曰陆,大阜曰陆。"顾实云:□薮水泽即今黑海以北,陵衍
平陆即今高加索山以北,而旷远则其总名也。天海案:如顾实所
言,则辽远无据。

⑫硕鸟解羽:大鸟羽毛脱落,死去。天海案:解,原文作"物",此从
洪校本改。每君在《释"飞鸟之所解其羽"》(《文史哲》1981年
第3期)一文中释"解羽"为鸟死去之词,其说可从。解,古音读
gǎi;解羽,即解脱羽毛而死去。檀萃云:言其地有硕大之鸟,毛色
成物之羽也。陈逢衡云:《淮南·地形训》:"烛龙在雁门北,蔽于
委羽之山。"委羽,犹解羽也。郝懿行云:明藏经本作"物",盖讹。
顾实云:"硕鸟解羽"者,古本《竹书纪年》亦曰"青鸟所解",曰
"积羽千里",然千里云者,辜较言之也。其实何止千里哉! 郭注

引《山海经》云"群鸟之所生及所解",则谓鸟生育于斯,解脱于斯,而为一鸟世界也。或曰:"幼鸟解脱乳羽而成长之谓,故古曰翰海也。"卫挺生云:每年阳历九月、十月为其解羽季节。鸟类之翎羽即在此时更换。其时在周历为十月、十一月间。近沙漠地带雨雪甚稀,故丘陵多积羽。而穆王于其初解羽季节至此旷原,对于鸟羽之多,印象特深,而遂以猎羽结束其西征也。每君云:《竹书纪年》《穆天子传》与《山海经》之外,战国时期的文献中,《楚辞·天问》也使用了"解羽"这个词,很值得重视。在《天问》里,"解羽"这个词是作为鸟类死亡的同义语来使用的。郑杰文云:西西伯利亚沼泽是候鸟度夏的去处,故上言"硕鸟解羽"。

⑬六师之人毕至于旷原:旷原,平旷的原野。亦地名。小川琢治《地名表》:旷原在镇西之西北,科布多之南。卫聚贤云:"大旷原"在今新疆过和阗至疏勒(《穆天子传研究》)。翟云升云:详传义,"乃发宪命,诏六师之人□其羽"疑当在"硕鸟解羽"之下,或在"毕至于旷原"之下。陈逢衡云:《太平御览》八十五引"六师之人"二句,即接于"饮于溽水之上"下。刘师培云:此文传写互讹,以文义审之,当作"天子饮于溽水之上,爰有□薮水泽,爰有陆衍平陆,硕鸟解羽,召发宪命,诏六师之人□其羽,六师之人毕至于旷原。"郑杰文云:此改虽文意顺畅,然无本可据,存参。顾颉刚云:众说大多过远了。自宗周(洛阳)至阳纡(河套)三千四百里,从阳纡到旷原七千里,算起来至多只有到新疆哈密呢!王贻樑云:旷原位置,前考昆仑已明。由阳纡(今内蒙古阴山)往西略北七千里(折合今里为四千六百至五千八百里间),则非准噶尔盆地莫属。天海案:王贻樑说旷原近是。

⑭"《山海经》云"几句:檀萃云:《大荒北经》有"大泽方千里,群鸟所解",《海内西经》:"大泽方千里,群鸟所生及所解。"陈逢衡云:《大荒北经》注引《穆天子传》:"北至广原之野,飞鸟所解其羽,

乃于此猎,鸟兽绝群,载羽百车。"检今本《穆传》"飞鸟之所解其羽"分见卷四。郭于《山海经》注抄撮言之。天海案:此郭注借用《山海经》注文。

⑮ "《纪年》曰"几句:檀萃云:郭注并言《纪年》云:"行流沙千里,积羽千里,征犬戎取其五王以东,西征于青鸟所解三危山。西征还。履天下亿有九万里。"三危山亦解羽之地矣。天海案:此郭注见《大荒北经》注引《纪年》,文略。

⑯ 天子三月舍于旷原□:阙文□,檀萃补"之野"二字。陈逢衡云:檀本填"之野"二字。衡案,空方当是日干,上文"己酉"又历三日则是"壬子"之次日,当为"癸丑"。三月,陈逢衡云:"三月"疑是"三日"之误,穆王不得舍于此至三月之久。顾实云:穆王舍于旷原三月,实即居此过冬也。王贻樑云:檀填可参,但无据。陈说"三月"为"三日"者,仅其臆说而已,不足凭信。天海案:此阙文□,檀本填"之野"二日,此说可参,译文且从檀本所填,作"旷原之野"。

⑰ 天子大飨正公、诸侯:陈逢衡云:正公,内三公也;诸侯,外诸侯也。先是天子大飨正公、诸侯、王吏、七萃之士于平衍之中,盖至是其礼再行矣。郑杰文云:正公,《太平御览》卷八百三十二引作"王公"。天海案:作"正公"是,西周时无称"王公"者。

⑱ 王勤:洪颐煊云:"勤"本讹作"勒",从《太平御览》八百三十二引改。翟云升云:以前文例之,"王"下盖脱"吏"字。郝懿行云:"勒"字误,《御览》八百三十二卷引作"勤"。刘师培云:"勒"乃"吏"字之误,卷二"天子大飨正公、诸侯、王吏、七萃之士于平衍之中",此其证。卫挺生云:"王勤"乃为王服勤务之人。王贻樑云:依卷二文则"勒"乃"吏"之误。依《御览》所引及郭注视,则又当"勤"字之误。孰是未可终定,但似以作"勤"字更近些。郭侃云:檀萃等句读"王勒七萃之士"文义不通。而"王吏"一词则

习见于古籍,且卷二已出现"天子大飨王公、诸侯、王吏、七萃之士"之语,此与前文同。"勒"(勤)应为"吏"之讹误。天海案:依本书卷二文例,当作"王吏",而郭璞其下注云:"勒,犹劳也。"疑郭注所见原文应依《太平御览》八百三十二卷作"勤",则形讹为"勒"字,故正文与注文中"勒"字又皆"勤"字之讹。洪颐煊校本据《太平御览》引改作"勤"。然而依本书文例当作"王吏"为妥。译文即据此补正。或疑"勒"乃"吏"字音讹。

⑲ 羽琌(líng):琌,古同"陵",羽琌即羽陵。檀萃云:羽陵者,羽泽中之高陵。洪颐煊云:《太平御览》八百三十二引作"羽陵"。上文"山隥自出",注云"陵"字。《水经·汝水注》云:"楚武王冢,民谓之楚王琴。"《皇览》作"楚王岑"。皆"陵"字之讹。陈逢衡云:琌,盖"坽"之讹,钦上声,坎也。盖旷原之卑下处,所谓下平曰衍,是也。郝懿行云:羽琌,《御览》引作"羽陵"。丁谦云:"羽琌"非地名,盖羽积如山,久遂腐而成土,人可登陟,故称之曰"羽琌"。顾实云:琌,据郭注当作"陵",西王母歌曰"丘隥自出",则"陵"本作"隥","琌"当为"隥"之形讹字,洪校据《御览》引作"陵",并据《水经注》引《皇览》之"楚王岑"。岑,亦即"陵"之误,更可为"陵""琌"易讹之证。常征云:《史记·楚世家》注引《皇览》曰"楚武王冢在汝南铜阳县葛坡乡城东北(今新蔡西北六十里),民谓之楚王岑",《水经注》称,六安县"有大冢,民传公琴者,即皋陶冢也,楚人谓冢曰琴"。《水经注》"琴"字,即《皇览》之"岑"字同音假借,而"岑"即《穆天子传》"蠹书于羽琌"之"琌"字省文。郑杰文云:"羽陵"是也,即水泽旁硕鸟解羽之陵阜。王贻樑云:常征说甚是,唯其以"岑"为"琌"之省,则略有不妥。实"岑"为正字。《说文》:"岑,山小而高。"(《尔雅·释山》《释名·释山》等皆同)今西北沙漠、盆地多有这样的小山。楚谓冢为岑,乃因其形似而称。琌则是岑的繁形,东周(尤其是战国)

文字恒有增加立、土、王（玉）等偏旁的习惯，所增之旁有许多并无什么含义，"琗"字即当属此。郭侃云：以穆王巡行日程、方向来看，此"羽琗"与下文之"羽陵"当不是一地。"琗"与"陵"当为两字。天海案：羽琗，即羽陵。群鸟解羽，积而成山丘。

⑳□六师之人：此□阙文，檀本填"命"字；洪校本则据《太平御览》引删。陈逢衡云：此□当是日干缺字，删之非是。郝懿行云：《御览》引此文，"广乐"下无空格一字。天海案：作"命"字与文意合，译文且从檀本。

㉑翔畋：放纵畋猎之意。陈逢衡云：翔畋，盖纵放鹰犬、猎骑奔驰之谓。王贻樑云：《说文》："翔，回飞也。"即言盘旋。是知翔畋即纵横驰骋、放意行猎也。

㉒无疆：无限制。

㉓绝群：绝迹。陈逢衡云：《太平御览》八十五引，自"乃奏广乐"至"鸟兽绝群"即接上"毕至于旷原"下。顾实云：此时正合于冬狩围猎，故克奏鸟兽绝群之效也。

㉔大畋九日：檀萃云：千里大泽，大畋九日而取之尽，师众士力皆极盛而言之也。陈逢衡云：大畋九日，不知从何日至何日也，无干支可考。顾实云：翔畋于旷原，以地域言也。大畋九日，以时日言也。

㉕羽琗之□：洪颐煊云："陵"字本脱，据上注引补。翟云升云："羽"下疑脱"琗"字。陈逢衡云：据洪本"羽"下补"陵"字，则此空方当作"上"。顾实云：□缺文，疑即"上"字。卫挺生云："羽陵之□"，缺文当作"下"字，今补。天海案：上言"天子大飨正公、诸侯、王吏、七萃之士于羽琗之上"，次言"□六师之人，翔畋于旷原"，"六师之人大畋九日"当在旷原，故此时必驻于"羽琗之下"。"羽"下，原文脱字，洪校本补一"陵"字，据此上文，当补"琗"字；此"之"下阙文□，卫挺生认为是"下"字；译文皆据此补之。

㉖收皮效物：收集查验所获禽兽羽毛兽皮。檀萃云：效者，效而致之于天子也。陈逢衡云：物，即指鸟兽，诗见《小雅·谁谓篇》。顾实云：曰"鸟兽绝群"，曰"收皮效物"，则是名为羽，而实则羽毛齿革咸备，不但取鸟，亦兼取兽，可见《周史》记事之简而赅，必有所包甚广，而为后世所不能测知者多矣。郑杰文云：效，致，上缴。《左传·文公八年》"效节于府人而出"，杜注："效，犹致也。"王贻樑云：效、校，音义俱同。效者，校核验证也。郭侃云：此"效"当与前文"属官效器"之"效"释义同，作"校检"之义。

㉗《诗》云："三十维物"：翟云升云：三，诸本皆误作"九"，今改正。王贻樑云：本《诗·小雅·无羊》。天海案：郭此注"三十"原误作"九十"，径改。所引见《诗·小雅·无羊》："三十维物，尔牲则具。"

㉘债车受载：租车承载。檀萃云：以车不足而借之，恐未然。债，当为"赁"，谓载重而几债车。洪颐煊云：王怀祖观察《广雅疏证》引作"赁车受载"，今俗语犹谓以财租物曰赁矣。翟云升云：传、注"赁"字诸本皆讹作"债"，今改正。赁，借佣也，见《玉篇》。陈逢衡云："债"为"赁"之误，檀说不可从。顾实云：赁车受载，则车不足于用而借之也。将借之于诸侯王耶？抑借之于民间耶？不能明也。天海案："债车"之"债"，原文、郭注皆同。据郭注："债，犹借也。"可知传文与郭注或皆"赁"字之讹，译文径改。

㉙百车：檀萃云：言"天子载羽百车"，则师旅之私载者，更多矣。洪颐煊云：《广雅疏证》引"百车"作"百緷"。翟云升云：传文言羽数而注云云，疑"百车"为"百緷"之讹。顾实云：緷，原作"车"，王念孙《广雅疏证》、孙诒让《周礼正义》，皆引作"緷"，盖据郭注引《周官》，则可知《穆传》本作"緷"。而"緷"之坏文，讹作"车"也。今据改。郑杰文云："一緷"仅万羽（从《周礼》说，详下），与六师之人所获不符，还是作"百车"是。天海案：车，若据

郭注，疑当作"緷（gǔn滚）"。緷，古代量词。百緷，即一千根羽
毛捆成一束。然而诚如郑杰文所说，百緷之羽，"与六师之人所获
不符"；且上文有言"借车受载"，故郑说作"百车"为是，可从。

㉚"十羽为箴"几句：檀萃云：《地官·羽人》："掌以时征、羽翮之政
于山泽之农。凡受羽，十羽为审，百羽为抟，十抟为缚。"与注小
异。《尔雅》亦然。洪颐煊云：《周礼·羽人职》云："十羽为审，百
羽为抟，十抟为缚。"《尔雅·释器》云："一羽谓之箴，十羽谓之
缚，百羽谓之緷。"此注郭氏本引《周官》，今名从《尔雅》，疑后人
所改。翟云升云：今《周礼·地官·羽人》作"十羽为审，百羽为
抟，十抟为缚"，注与此异。质之《尔雅·释器》："一羽谓之箴，十
羽谓之缚，百羽谓之緷。"亦有不同，所未详也。陈逢衡云：此盖郭
氏记忆不清，未检原本，故《周官》与《尔雅》互错耳，非后人所改。
小川琢治云：往旷原之目的为采集羽之原料甚明，获羽百车，则是
达其目矣。顾实云：今《周官·羽人》："十羽为审，百羽为抟，十
抟为缚。"与郭注引不同。惟"箴""审"同部通用字，"缚""抟"
同声通用字。而"十抟为缚"之"缚"字，当系"緷"之讹字。则
郭璞所见《周礼》本犹不误也。至于《尔雅·释器》云："一羽谓
之箴，十羽谓之缚，百羽谓之緷。"乃今本流传之误，说详《周礼正
义》。天海案：郭注所引见《周礼·地官司徒·草人/羽人》："羽
人，掌以时征羽翮之政。于山泽之农，以当邦赋之政令。凡受羽，
十羽为审，百羽为抟，十抟为缚。"文有不同，或如顾实所云"郭璞
所见《周礼》本犹不误也"，那么郭注所见《穆天子传》原文"百
车"或已讹作"百緷"了。

【译文】

丁未这一天，穆天子在温山饮酒。……

己酉这一天，穆天子在㴉水上饮酒，又发布命令，命六师部属捕捉禽
鸟，收集羽毛。那里有山林沼泽、湖泊，也有绵延不尽的山峦丘陵，巨大

的鸟儿在那里脱羽而死。六师部属都到达了旷原。穆天子在旷原大野休整了三个月。

穆天子还在羽陵上大宴正公、诸侯、王吏,慰劳禁军卫士。又奏起广乐,命六师部属在旷原上尽情游猎,无限制地擒获,使鸟兽绝迹。

六师部属大举畋猎九天,就驻扎在羽陵之下。最后收集查验所获兽皮禽羽,借车装载。穆天子在这里装载了羽毛一百车。

3.4

己亥[1],天子东归[2],六师□起[3]。

庚子[4],至于□之山而休[5],以待六师之人[6]。

庚辰[7],天子东征。

癸未[8],至于戊□之山[9],智氏之所处[10]。□智□往天子于戊□之山[11],劳用白骖二疋[12]、骖,騑马也。野马、野牛四十、守犬七十[13]。任守备者。乃献食马四百、牛羊三千。曰:智氏□[14]。

天子北游于澞子之泽[15]。智氏之夫献酒百□于天子[16],天子赐之狗瑶采[17],疑玉名。黄金之罂二九、贝带四十、朱丹三百裹[18]、桂姜百□[19]。□□乃膜拜而受[20]。

【注释】

①己亥:丁谦《干支表》:"距前一百十日,盖北赴旷原,行程十余日,又休息三月,阅大畋九日,至是始东归也。"天海案:顾实作"三月初六日",则距前己酉(十一月十四日)一百四十日。据干支表推算,己亥距前己酉只五十日,因舍于旷原三月后东归,则又当加五十日,可知此距前"己酉"实整百日,丁说近是。

②天子东归:陈逢衡云:其曰"东归"者,盖前此由北而折于西,爰至西极昆仑之丘,王母之所居,自是遂取道向宗周矣。故以下但以

东南言之,故特书曰"东归"。

③六师□起:此阙文□,檀本填"继"字。陈逢衡云:必是"未"字。卫挺生补"集"字。天海案:据下文"以待六师之人",作"未起"近是,译文且从陈说。

④庚子:丁谦《干支表》:"距前一日,至□山以待六师。"天海案:顾实作"三月初七日",亦距前一日。

⑤至于□之山而休:天海案:"至于"上,当有"穆天子"三字,译文从此;阙文"□",似是山名,具体位置无考。顾实云:读《穆传》者,于此地名有无之关系,诚不可不重视也。所惜书阙有间,则虽有地名,而仍不可详知耳。

⑥以待六师之人:顾实云:穆王马骏御良而行速,六师行迟,故常休以待之。卫挺生云:六师之人散在旷原。恐集合命令发出而师众不及周知,故待至四十日也。

⑦庚辰:丁谦《干支表》:"距前四十一日,待六师至乃行。"郑杰文云:庚辰,距前四十日。按:卷三文字仅及他卷之半,疑此上脱落过多,故时日不连贯。天海案:顾实作"四月十七日",亦距前庚子(三月初七日)四十一日。

⑧癸未:丁谦《干支表》:"距前二日,至于戊□之山。"天海案:顾实作"四月二十日",距前实为三日。

⑨至于戊□之山:王贻樑云:"戊□之山"距旷原并不远,大约在今新疆巴里坤或哈密附近。天海案:"至于"上,当有"穆天子"三字,译文从此;戊□,为山名,具体位置无考。"戊"下阙文□未可知。王贻樑之说可参。

⑩智氏:西域部族名。陈逢衡云:智氏,犹河宗氏……疑如后世之部落,不必定有国也。吕调阳云:今奇台县西北浮远城。刘师培云:智氏,乃里海附近国名。天海案:诸说各异,因"戊□之山"为其居处,或亦距旷原未远。

⑪□智□：陈逢衡云："智"上空方疑是日干。智□，檀本作"智氏"。洪颐煊云："智"下"□"疑"氏"字。翟云升云："智"下缺文当是"氏"字。小川琢治云：居此处之智氏，其上当脱去一"禺"字，或其他之字未明。顾实云："智"下缺文，洪、翟皆曰当是"氏"字。檀本正作"氏"，盖据上文而补。王贻樑云："智"上空方缺字恐较多，难以确定，而小川云"禺"则不妥。"智"下空方内当有"氏"字，但未能确定尚有它字否，故此不能像檀本那样只填一"氏"字。天海案："智"上阙文□疑是纪日干支，又疑因下而衍，皆未详。"智"下阙文，檀本填作"氏"字，洪颐煊、翟云升亦疑为"氏"字，译文且从此说。往天子：往，慰劳。檀萃云：往，王也，用来王之礼迎天子也。翟云升云："往"字下似有阙文。或曰"智氏往天子"云云，与上"河宗伯夭逆天子燕然之山"同文，往犹逆也。丁谦云：往，往见也。顾实云：《方言》云"往，劳也"则"往"亦劳也。盖重复言之，故上文曰"王"，下文曰"劳"也。丁谦云：往，往见也。卫挺生云：往者，迎也。郑杰文云：古者，以物致人曰往，曹植《与杨德祖书》"今往仆少小所著辞赋一通"（见《文选》卷四十二）及《王羲之帖》"今往丝布单衣财一端"之"往"，即此意。郭侃云："往"无迎接之意，此处"往"应训作"劳"，亦与下文相符。《方言》卷十二："往，劳也。"《广雅·释诂一》："往……劳也。"王念孙疏证："往之为劳，犹来之为勤。"天海案：往，此当作慰劳，顾实、郭侃二说是。译文依此说。

⑫劳用白骖二疋：劳，慰劳。白骖，白色边马。檀萃云：循郊劳之礼，上下通用之。陈逢衡云：《礼记·曲礼》注："车有一辕四马，中两马夹辕，名服马；两边名骖马，亦名骖马。"又《本草》："马三岁曰骓。"疋，譬吉切，音匹。案，《小尔雅》："倍两谓之疋。"二为两，然则四马为疋，二疋盖八马也。疋与乘马同义。顾实云：劳用白骖二匹，盖华夏之礼。不图西方有西王母之行再拜，又有智氏

之用白骖礼，何异空谷足音耶！王贻樑云：一乘四马，二服二骈（骖），此不当云为八马。郭侃云："疋"字于战国陶文、货币中习见，非为"匹"之后起俗字。王贻樑认为"疋"为后人传写讹误，不妥。天海案：古代驾车，居中者称服马、辕马，左右两边的叫骖马、骈马。疋，同"匹"。又，陈逢衡所引《礼记·曲礼》注已经说明一车驷马，即二辕二骈，却又引《小尔雅》谓"二疋盖八马也"，此大误。其不知《小尔雅》所谓"倍两谓之疋"乃指布匹丝绸之类量词，《礼记》疏："束帛，十端也。丈八尺为端。"《小尔雅》："倍丈谓之端，倍端谓之两，倍两谓之疋。"可见《小尔雅》之言"疋"，乃指四端之布帛，与马匹无涉。陈氏不应如此断章取义。

⑬ 守犬：同"狩犬"，即经过训练之猎犬。檀萃云：此劳礼之物数。陈逢衡云：守犬，狩犬也，盖猎犬之类。

⑭ 曰：智氏□：陈逢衡云：此下当有赞美之辞，如上文"曰赤乌氏，美人之地也""宝玉之所在也"云云，其辞脱落不可考。卫挺生云：此脱文当为"导"字，并当连下文读。郭侃云："智氏"下缺文甚多，此句缺文内容当为柏夭做向导时，对穆王介绍智氏部族的情况，即陈逢衡提到的"赞美之辞"。天海案：译文且从卫挺生说，并连下文而译。

⑮ 鶾子之泽：湖泊名。檀萃云：鶾，古"师"字。师子，狻猊。陈逢衡云：《汉书·西域传》："条支国出师子，乌弋山离国出师子。"《续汉书》："章帝章和元年，安息国献师子。"《后魏书》："至拔国出师子。"《北史》："伏卢尼多师子。"《太平寰宇记》："西戎，天竺国出狮子，其旁有师子国能驯养师子，故以为名。"大抵此兽产于西方。小川琢治认为"鶾"即"归"字。顾实云：鶾，盖鶾当即"希"之古文，从重希，古文作鶾。形讹作鶾耳。《玉篇》曰："希，狸子也。"借希为狸，此鶾子正即狸子矣。王贻樑云：此泽疑今新疆巴里坤湖。天海案：鶾，当是"鶾"的讹字。读为希，见《说文》。

其义且从檀萃说，作"狮子"解。此湖畔为狮子栖息之地，故名。《说文解字》："古文鶛。《虞书》曰，虞当作唐。说详禾部。鶛，类于上帝。《尧典》文。"许慎所据盖壁中古文也。伏生《尚书》及孔安国以今文读定之《古文尚书》皆作"肆"。

⑯智氏之夫：檀萃云："智氏之夫"犹言"智氏之人"也。翟云升云：夫，疑"人"之讹。小川琢治云：智氏之夫，此"夫"字非人名，乃普通名词之意味，其下想脱去人名。天海案：檀、翟二说可从，译文从之。百□：陈逢衡云：以前后文例之，空方疑是"斟"字。天海案：译文从此说。

⑰狗瑰采：檀萃云：郭以玉疑而不然也，西戎不贵玉而贵汉缯帛。瑰，古"缳"字，同"藻"。瑰采，当是缫缳佩带。狗，为就音之混也。洪颐煊云：瑰，疑"璞"字之讹，古文"璞""璂"通用。翟云升云：瑰，疑与下"玲瑰厏瓗"是一字而小异，或有一误也。陈逢衡云："狗瑰采"者，或是以狗之茸毛织成藻采。小川琢治认为"瑰"即"璞"字之讹。钱伯泉云："银木瑰采""狗瑰采"等错银雕花的漆器，这些就是上古从内地运去的深受西方欢迎的商品。王贻樑云："狗瑰采"与卷四之"黄木瓥银采""银木瑳采"疑为同类物，瑰与瓥、瑳亦当为同字之异构。卷四又有"玲"，乃玉名，郭注"音钤瑱"，则郭璞应该是认识这个字的。如此，瑰如释璞（璂），无论在音或义上都恐怕就不妥当了。由卷四"玲瑰"及郭注看，字应是玉名、音瑱，只是终难确定。陈炜湛云："瑰"疑系"璋"字之讹。考从玉之字，其右半部分中笔下垂而可弯曲者，唯有"章"。郭侃云：以辞例"瑰采"看，卷四之"瓥""瑳"与"瑰"当为一字，按字形看，陈炜湛分析甚是，"瑰"即应是"璋"字。天海案：狗瑰采，具体何物未详，郭璞亦注为玉名，皆同类之物。译文且从之。瑰、瓥，各家隶定字形小异。

⑱朱丹：前文所称之"朱"，亦即朱砂。底本原文作"珠"，此据上下

文与《道藏》本径改。顾实云：朱、丹，皆帛也。朱，已见赤乌氏等；丹，则浅赤色也。智氏献酒，而穆王赐之珍物倍蓰，见古之柔远人，待遇至为优渥。

⑲桂姜百□：桂，即肉桂。姜，即生姜，或干姜。皆调味品。陈逢衡云：桂、姜性暖，是二物，此地寒冷，故以赐之。郝懿行云："桂、姜百厱"屡见下文，疑此亦同也。常征云：桂、姜，一望即知是以乳肉为食者畜牧部落亟需之调味品。莫任南云：在我国古籍中，桂、姜并提或连用常见。如《礼记·檀弓上》："丧有疾，食肉饮酒，必有草木之滋焉，以为姜、桂之谓也。"又如《吕氏春秋》卷十四："和之美者，杨朴之姜，招摇之桂。"这两条记载，明谓姜、桂为调味的植物产品，与《穆传》说到的"桂姜"自应相同。百□，此阙文□，檀本填"厱"字。洪校本亦认为当脱"厱"字。天海案：卷四有"桂姜百厱"，故填"厱"字是。但字书虽载此字，却音义未详，王贻樑认为或是"笥（sì）"字，常征亦认为是"笥"之古文，译文且从之。笥，是一种古代较为普遍使用的盛物器具，形状如同今日长方形小箱。凡鲜干食物、日常用品，乃至衣着巾饰等都可以盛放。笥多以竹篾、藤皮、苇皮编织，也兼用荆条。

⑳□□乃膜拜而受：翟云升云：缺文当是"智氏"二字。洪颐煊云：依前后文义，"□"下尚脱"智氏"二字。郭侃云：依前文例，"乃膜拜"之上缺文，当是智氏部族首领名，似非"智氏"二字。天海案：依本书文例，"乃"上阙文"□□"当是"智氏之人"，译文且从此。

【译文】

己亥这一天，穆天子起身向东返回，六师还未动身。

庚子这一天，穆天子到达□山休息，并等待六师部属的人。

庚辰这一天，穆天子向东进发。

癸未这一天，穆天子到达了戊□山，这里是智氏居住的地方。智氏人前往戊□山慰劳穆天子，送上白色边马两匹、野马野牛四十头、猎犬七十只,作为慰劳。又献上食用马四百匹、牛羊三千头。

　　智氏人引导穆天子游玩了北边的狮子湖。智氏的人又向穆天子献酒百斛,穆天子赏赐他狗瑙采美玉、黄金缶十八件、贝带四十条、朱砂三百袋、肉桂干姜一百箱。智氏人合掌加额,伏地跪拜接受。

　　3.5
　　乙酉①,天子南征,东还。
　　己丑②,至于献水③,乃遂东征。饮而行④,乃遂东南。
　　己亥⑤,至于瓜纑之山⑥。三周若城⑦,言山周匝三重,状如城垒。阏氏、阏,音遏。胡氏之所保⑧。天子乃遂东征,南绝沙衍⑨。沙衍,水中有沙者。
　　辛丑⑩,天子渴于沙衍⑪,沙中无水泉。求饮未至。七萃之士高奔戎⑫,刺其左骖之颈⑬,取其青血以饮天子⑭。今西方羌胡刺马咽取血饮,渴亦愈⑮。天子美之⑯,乃赐奔戎玉一隻⑰,奔戎再拜稽首⑱。古“稽”字。天子乃遂南征。

【注释】
①乙酉:丁谦《干支表》作“距前二日,南征东还”。天海案:顾实作“四月二十二日”,亦距前二日。
②己丑:丁谦《干支表》:“距前四日,至于献水。”天海案:顾实作“四月二十六日”,亦距前四日。
③至于献水:献水,水名。约在今新疆与甘肃交界处,具体所指无考。王贻樑云:献水,当今何水不明,约在今新疆与甘肃交界边缘。天海案:“至于”上,译文补“穆天子”三字。
④饮而行:檀萃云:饮军马于献水而后行。陈逢衡云:饮而行,盖自饮之词,未及七萃、六师。檀云饮车马不合。天海案:当作“穆天

子饮而行"，译文从此。

⑤已亥：丁谦《干支表》："距前十一日，至于瓜纑之山，乃南绝沙衍。"天海案：顾实作"五月初六日"，亦距前十一日。

⑥至于瓜纑（lú）之山：瓜纑之山，山名。约在今新疆与甘肃交界处，具体所指无考。小川琢治云：此山位置，推定为后汉之伊吾卢，即今之哈密附近。天海案："至于"上，译文补"穆天子"三字。瓜纑山，具体当今何山未详。

⑦三周若城：瓜纑山如环缠绕三周，形如城堡。顾实云：瓜纑之山，当有一支阜，或连麓之小山，故三周若城也。

⑧阏（è）氏、胡氏之所保：阏氏、胡氏，皆西域部族名。保，即守护、管辖。檀萃云：保此山以为险阻，六师不能过。……阏氏、胡氏之人不纪劳献，以是知其御六师者也。翟云升云：《路史》七《国名纪》作"阏胡氏"，当从之。陈逢衡云："所保"犹所处也。檀云"六师不能过"，非是。盖穆王未驻跸此山，故无劳献拜赐之事。郭侃云：《诗·大雅·崧高》："南土是保。"郑玄笺："保，守也，安也。"《一切经音义》卷九："保，守也。"瓜纑之山为阏氏、胡氏所守，盖此部族与穆王非友好关系，故没有如其他部族的进献、赏赐活动。檀萃说是。天海案："阏"下"氏"字疑衍，翟说可参，译文从之。所保，所守护。

⑨南绝沙衍：向南穿越沙漠。檀萃云：沙衍，谓沙而平衍者耳。如水中有沙，天子曷至于渴哉？翟云升云："水中"二字疑误。陈逢衡云：沙衍，衍当如坟衍之衍，即流沙。刘师培云：沙衍者，今里海东之沙漠也。顾实云：是沙而以沙衍释之，则沙衍之即沙也，何疑哉？盖沙衍者，犹言沙阪也。王贻樑云：此沙衍，当即古流沙也。今西起甘肃与内蒙西北角，东至河套西侧，南至甘肃、宁夏古长城北界，北至阿拉善高原，是一大片沙漠（最为著名的即巴丹吉林沙漠与腾格里沙漠），间有山陵、草原与沼泽。计算里程，穆王此

时当在甘肃、内蒙的西部,亦正是流沙的西北角或稍进入一些,故穆王遇渴。天海案:郭璞注:"沙衍,水中有沙者。"其下又注云"沙中无水泉",皆与正文牴牾。沙衍,即流沙。其地望,王贻樑说可参。

⑩辛丑:丁谦《干支表》:"距前二日,渴于沙衍。"天海案:顾实作"五月初八日",亦距前二日。

⑪天子渴于沙衍:洪颐煊云:衍,《太平御览》六百九十二引作"中"。陈逢衡云:沙漠之地恒乏水草,其与沙流转者浑而不甘,故难进御于天子。郝懿行云:《太平御览》六百九十二卷引此文"沙衍"作"沙中"。小川琢治云:由是经沙漠无水处。顾实云:沙中,原作"沙衍"。洪曰《御览》六百九十二引作"中",今据改。《北堂书钞》百四十四引作"沙间",间亦中也。然《御览》八百九十六又引作"沙衍",盖据误本矣。王贻樑云:当作"沙衍"是。作"沙中"者,乃涉注文而误。作"沙间"者,又"沙中"之误。天海案:郭璞此注"沙中无水泉",与上注"水中有沙者"自相矛盾,注文或有误。

⑫高奔戎:人名。余事未详。

⑬刺其左骖之颈:陈逢衡云:刺,《太平御览》八百九十六引同,八百六十一"刺"引作"割"。左骖,古代驾车的马,在中间的叫服,在两旁的叫骓,也叫骖。

⑭青血:檀萃云:青血,似血羹,亦以见此马之异。洪颐煊云:清,本作"青",从《太平御览》六百九十二引改。翟云升:清,诸本皆讹作"青",据《太平御览》六百九十二、八百六十一、八百九十六、《事类赋》二十一改正。郑杰文云:"青""清"古通用,《诗经·郑风·野有蔓草》:"清扬宛兮。"《韩诗外传》卷二引"清"作"青"(据《诗考》引)。《国语·晋语四》《大戴礼记·五帝德》"青阳",《汉书·律历志》作"清阳"。天海案:洪颐煊据《太平御览》引

改"清血",译文从此。

⑮刺马咽取血饮,渴亦愈:陈逢衡云:《太平御览》八百六十一引作
"取血饮之,疮亦寻愈也"。案,《御览》所引甚是,当从之。郝懿
行云:《御览》八百六十一卷引此注云:"刺马咽取血饮之,疮亦寻
愈也。"王贻樑云:《御览》引此文格调与《穆传》有异,未可遽从。
天海案:上言"天子渴于沙衍",郭此注不误。

⑯美之:认为马血很甘美。檀萃云:谓饮而甘之。天海案:美之,认
为马血更美。亦可谓"称赞了高奔戎"。

⑰一隻:檀萃云:天子自佩之玉,优渥之也。陈逢衡云:隻(只的繁
体),即"雙"之省文,《御览》引作"雙",可据。天海案:此"隻"
字为"雙"字省文,参见本书卷二2.8节注⑫⑬。

⑱諨首:即稽首,古代叩头至地的礼节。諨,古文"稽"字。

【译文】

乙酉这一天,穆天子向南进发,转东路迂回前进。

己丑这一天,穆天子到达献水,于是又向东进发。穆天子饮酒后,又
向东南方向前进。

己亥这一天,穆天子到达了瓜纑山。这座山如环缠绕三周,形如城
堡,是阀胡氏守护的地方。穆天子于是又向东出发,往南穿越沙漠。

辛丑这一天,穆天子在沙漠中缺水干渴,找不到水喝。禁军卫士高
奔戎便刺破车子左边马的颈脖,接取清血来给穆天子喝。穆天子觉得很
甘美,就赏赐高奔戎玉佩一双,奔戎叩头至地拜了两拜。穆天子于是又
向南行进。

3.6

甲辰①,至于积山之邊②,爰有蓴柏③。

曰:冒余之人命怀④,命怀,人名。献酒于天子。天子赐

之黄金之罂、贝带⑤、朱丹七十裹。命怀乃膜拜而受。

　　乙巳⑥，□诸飦献酒于天子⑦。诸飦，亦人名。音犍牛之犍。天子赐之黄金之罂、贝带、朱丹七十裹。诸飦乃膜拜而受之⑧。

【注释】

①甲辰：丁谦《干支表》："距前三日，至于积山之原。"天海案：顾实作"五月十一日"，亦距前三日。

②积山之邌：积山，山名。约在今内蒙古西南端，当今何山未明。丁谦云：积山，原当为今什贝尔昆城地，城南之山即古时积山。小川琢治云：今考此积山与癸未所到之苏谷（卷四首）是同一名。……恐即哈密东南约三百粁之一带。王贻樑云：此积山与文献中之大、小积石山及本传卷一之积山俱非一山，当今何山不明。邌，陈逢衡云："邌"犹尾也。刘师培云："邌"疑"边"字古文之别体。顾实云：疑"邌"即"边"之古文，岂即臱字，辶即辵字，金文凡字从辵者，往往兼从彳，数见不鲜也。盖非山之主干，而为其边裔微末，故谓曰积山之邌欤！于省吾云：邌，疑"边"字之讹，散盘邊字作⿰彳⿱自⿵冂方。王贻樑云：邌，即"边"字。陈炜湛云：或当是"道"字之繁。郭侃云：以辞例看，"积山之边""积山之道"皆可，但显然"积山之边"于文意更佳。天海案：邌，或"邊"（边的繁体）之古文。译文从此说。

③蓐柏：陈逢衡云：字书无"蓐"字，吴任臣《字汇补》疑即"蔓"字，引《穆天子传》云："爰有蓐柏。"衡案，《汉·礼乐志》："蔓蔓曰茂。"又《类篇》云："蔓，枝长也。"盖谓此柏茂密而枝长，故曰"蓐柏"。顾实云：蓐，即"蔓"之别体。碑别字，曼多作曼可证。王贻樑云：蓐，"蔓"之俗字。汉《校官碑》、魏《李超墓志》《李挺

墓志》等皆作"募",可知本传字下从"方"乃"万"之讹。蔓柏,
疑即叉子圆柏(Sabina vulgaris),为匍匐灌木,成片生长于固定
或半固定沙地,蔓延生长,今内蒙、宁夏、甘肃、青海、新疆等地多
见。天海案:诸说可参,译文且作"蔓柏"。

④曰翯余:郑杰文云:曰,疑"□"之讹,当说翯余之邦事。翯余,古代
西域部族名。檀萃云:翯,古"俦"字。卫挺生云:《后汉书·西域
传》"粟弋国"显为"寿余"之对音。陈逢衡云:《集韵》引吕忱
《字林》"翯",力知反,南方鸡名。则与"畴"字有别。天海案:翯,
为古文"寿"字。寿余,古代西域部族名,居积山之边。命怀:寿
余人首领名字。

⑤黄金之罂、贝带:檀萃云:不言数者,皆一也。天海案:此与下文,
所赐物品给命怀、诸飦之人,皆无数量,或文有脱失。檀说不确。

⑥乙巳:丁谦《干支表》:"距前一日,诸飦氏献酒。"天海案:顾实作
"五月十二日",亦距前一日。

⑦□:陈逢衡云:空方疑是至于某地。郭侃云:此处缺文似为另一部
族名。上文已述翯余首领献酒,穆王赏赐,此应不会再有翯余之人
献酒。且穆王赏赐命怀、诸飦之物相同,可知二人地位亦应近似。
此部族首领应是闻听穆王巡行于翯余之地,而由他处到此拜见,
献酒于穆王。天海案:此阙文□,当是穆天子至于某地,未可详
知。据此,译文且依《穆传》文例,补阙文作"天子至于□,□之
人"。诸飦:□之人的部族首领名。郭注:"诸飦,亦人名。音犍
牛之犍。"不知何据?

⑧受之:洪颐煊云:"受"下本有"之"字,依前后文例删。顾实云:
"之"下有缺文,不可知矣。天海案:据本书前后文例,"受之"下,
似无阙文。

【译文】

甲辰这一天,穆天子到达积山边缘,那里有蔓延生长的叉子圆柏灌

木丛。

寿余人首领命怀向穆天子献酒。穆天子赏赐他黄金岳、贝带、朱砂七十袋。命怀合掌加额,伏地跪拜后接受。

乙巳这一天,穆天子到达了□,□之人首领诸釬向穆天子献酒。穆天子赏赐他黄金岳、贝带、朱砂七十袋。诸釬合掌加额,伏地跪拜后接受了这些礼物。

卷四

【题解】

本卷上承卷三,记述周穆王由西域继续东行返国的行程与事迹。所历西域部族计有浊繇氏、骨飦氏、重氉氏、三苗氏、西膜之人、文山之人、巨蒐氏、郦人、犬戎,然后又回到河套阳纡山,经郦人国,过澡泽,辞别河宗氏柏夭,穿越钘山峡谷,登太行,渡黄河,返回宗周,结束了这次规模浩大的西征。其后便在宗周大会诸侯、群臣,统计西行往返里程,祭祀宗庙,最后西行入于别都南郑。穆王东返的行程,在西域一段与西去时路线稍有不同,但返至阳纡山后,其路线则与去路大致相合。

本卷以□标示的阙文虽然只有十二处,但奇文异字却有三十五处之多,为本书各卷之最。这些字多出现在地名、人名、物名中,有些字至今尚未能考释出它们的读音与字义,因而只好照录其文,注释与译文付阙。

卷四 周穆王日程经历名物一览表(附:阙文次处、疑难字数)

干支	地名(山水)	部族(邦国)	人名	事物、献赐名(数量)	职官	经历
庚辰	滔水	浊繇氏				
辛巳						东征
癸未	苏谷	骨飦氏				南征东还

干支	地名（山水）	部族（邦国）	人名	事物、献赐名（数量）	职官	经历
丙戌	长淏	重鼌氏				
丁亥	长淏					东征
庚寅	黑水之阿、采石之山	重鼌氏、西膜		野麦、答茧、木禾、枝斯、璿瑰、玻瑶、琅玕、玲瑰、无瓂、玙琪、徽尾		
癸巳		重鼌氏				命重鼌氏共食天子之属
丁酉	采石之山、黑水之上	重鼌之民		采石		天子一月休
癸亥		重鼌之人	膥氄	黄金罂罌二九、银鸟一只、贝带五十、朱七百裹、简箭桂姜百褧、丝縦雕官		觞重鼌之人膥氄
乙丑	长沙之山	重鼌氏、三苗氏	膥氄、柏夭	黄木趣银采		东征
丙寅						东征，南还
己巳	文山	西膜之人	毕矩	食马三百、牛羊二千、穄米千车。采石		游文山
壬申	文山之下	文山之人	归遗	良马十驷、用牛三百、守狗九十、牜牛二百。豪马、豪牛、龙狗、豪羊三十。黄金之罂二九、贝带三十、朱三百裹、桂姜百褧		饮于文山之下

续表

干支	地名（山水）	部族（邦国）	人名	事物、献赐名（数量）	职官	经历
癸酉		巨蒐氏	造父、齿啻、柏夭、参百、奔戎、蹻奴	八骏：蘪骊、绿耳、赤骥、白俄、渠黄、逾轮、盗骊、山子。白鹄之血、牛羊之湆		至于巨蒐氏
甲戌	焚留之山	巨蒐	蹻奴、柏夭、造父	马三百、牛羊五千、秋麦千车、膜稷三十车。枝斯之石四十、僆瑶瑧瑶玉佩百只、琅玕四十、糗麨十箧。银木雕采、黄金之器二九、贝带四十、朱三百裹、桂姜百笥		巨蒐之人蹻奴觞天子于焚留之山
乙亥	阳纡之东尾					南征
辛巳	燹霄之谷、鬵璃河、鬻溲之□		河伯之孙柏夭	模菫。佩玉一隻		
癸丑	澡泽之上、斳多之汭	鄌人	柏夭、鄌伯絮			东征。休于澡泽之上，以待六师之人
戊午	长松之隥		柏夭		河宗正	东征。南还
壬戌	雷首	犬戎	胡、孔牙	食马四六。黑牛白角、黑羊白血		
癸亥	髭之隥					南征
丙寅	钘山之队、三道之隥、二边		毛班、逢固			宿于二边
癸酉	翟道、太行、河、宗周		造父	八骏之乘、赤骥之驷。白鹄之血、羊之血	官人	遂入于宗周

干支	地名（山水）	部族（邦国）	人名	事物、献赐名（数量）	职官	经历
庚辰				二万有五千里		大朝于宗周之庙，乃里西土之数
甲申						祭于宗周之庙
乙酉	洛水之上					口六师之人
丁亥	口羝之队、盟门九河之隥					北济于河
壬辰	羹山之上					奏广乐
丁酉						入于南郑
附1	阙文次处	12处				
附2	疑难字数（不计重复）	35字	羹 岠 斮 艭 璕 霥 燚 罾 峾 殐 彃　　糦 娩 倕 韜 勈 貔 齒 峹 俄 鼺 峾　　黽 觧 㲈 毵 緢 笴 壆 徴 瑰 旡 瓛　　玻 浼			

卷四古文

4.1

庚辰①，至于滔水②。浊繇氏之所食③。《山海经》曰："有川名曰三淖，昆吾之所食。"④亦此类。

辛巳⑤，天子东征。

癸未⑥，至于苏谷⑦。骨飦氏之所衣被⑧。言谷中有草木，皮可以为衣被⑨。乃遂南征东还。

丙戌^⑩，至于长澨^⑪。重氏之西疆^⑫。疆，界也。

丁亥^⑬，天子升于长澨，乃遂东征。

【注释】

①庚辰：丁谦《干支表》："距前三十五日，至于滔水，因在积山原休息月余，至是方行也。"天海案：顾实作"六月十八日"，亦距前"乙巳"（五月十二日）三十五日。

②滔水：水名。吕调阳云：滔水，今洮赖图河。丁谦云：滔水，似即《汉书》奶水，今曰阿母河。小川琢治云：兹所谓滔水者，即注入于今居延海之兆赖河，其流域在西部沙漠与山间之凹地带。顾实云：滔水，当即今之楚河。常征云：滔水，今永昌县境之郭河。天海案：诸说各异，滔水当今何地未明。"至于滔水"上，当有"穆天子"三字，译文从此。

③浊繇氏之所食：浊繇氏，西域古代部族名。顾实云：浊繇，亦作诸繇、居繇、属繇。见《史记·六国年表》《山海经·海内东经》、《三国志》注引《魏略》："其国既在流沙之西，与大夏相次。"所食，天海案：意即滔水是浊繇氏赖以为生的河流。

④"《山海经》曰"几句：檀萃云：《大荒西经》有："龙山日月所入，有三泽水，名曰三淖，昆吾之所食也。"《中山经》："阳山西二百里曰昆吾之山，其上多赤铜以作刀，切玉如泥，则此昆吾乃山名也。"又《大荒南经》："白水山，白水出焉，而生白渊。昆吾之师所浴也。"注以昆吾古王者号音义曰昆吾山，名黊水，内出善金。二文有异，莫知所辨，测此注所引又殊忒矣。顾实云：郭注引《大荒西经》曰"昆吾之所食"，《国语·郑语》亦曰"主芣騩而食溱洧"，俱可互证。《穆传》《国语》皆古文，然则《山海经》亦出自古文矣。

⑤辛巳：丁谦《干支表》："距前一日，东征。"天海案：顾实作"六月十九日"，亦距前一日。

⑥癸未：丁谦《干支表》："距前二日，至于苏谷。"天海案：顾实作
　"六月二十一日"，亦距前二日。

⑦苏谷：地名。大约在今河西走廊北部，内蒙古与甘肃交界处，具体
　位置不详。卫挺生云：苏谷，回语即河谷。天海案：顾实认为此谷
　或与木棉有关，岑仲勉从此说。常征认为苏谷是以产苏而名，苏
　之为物，从传称"可以衣被"度之，不过是麻类纤维植物，或竟即
　后世所谓"胡麻"。常说可参。"至于苏谷"上，当有"穆天子"三
　字，译文从此。

⑧骨飦氏之所衣被：骨飦氏，古代部族名。翟云升云：《路史》七《国
　名纪》："诸飦衣被胥谷。"诸飦，人名，与骨飦国名不同，疑《路史》
　误。"胥""苏"音近，或通用也。吕调阳云：当作"胥犴"。常征云：
　骨飦，或"坚昆"，即《汉书》"鬲昆"、隋唐之"结骨""黠嘎斯""吉
　利吉斯"、《元史》之"吉尔吉斯"。该族曾与西膜人有血缘联系，
　为西膜人与河西走廊他族通婚而形成，战国时代曾为乌孙王部
　属。卫挺生云："骨飦"者，浩罕也。王贻樑云：苏谷、骨飦氏，具
　体难定，大致在今甘肃居延以西，至多五六日程处。天海案：衣
　被，此指苏谷的草木可以提供做衣被的材料。

⑨言谷中有草木，皮可以为衣被：檀萃云：剥其草之皮及木之皮，绩
　之以为衣。陈逢衡云：骨飦氏之所衣被，犹前云"阏氏、胡氏之所
　保""智氏之所处""浊繇氏之所食"也。郭注不可从。顾实云：
　前言"智氏之所处"，"阏胡氏之所保"，"浊繇氏之所食"，与此言
　"骨飦氏之所衣被"，盖皆变辞言之。而阏胡氏、浊繇氏、骨飦氏，
　以俱不为礼于天子，天子亦不责其供应，所以示怀柔者欤？郭注
　言"谷中有草木，皮可以为衣被"，此初民之生活。然木棉产于印
　度，上古已传播至中亚细亚，则骨飦氏之所衣被，或与木棉有关，
　亦未可知。郑杰文云：此系以中原麻枲比之，故言"皮可以为衣
　被"。考此"草木"实指草棉。《梁书·诸夷传》曰："高昌国……

其国盖车师之故地也。……多草木，草实如茧，茧中丝如细纩，
名为白叠子，国人多取织以为布。布甚软白，交市用焉。"高昌
国故都，在今吐鲁番与鄯善之间。据袁庭栋《棉花是怎样在中国
传播的》一文讲，非洲草棉便是"经由中亚传入我国新疆地区，
再到河西走廊"的（见中华书局《文史知识》编辑部编《古代礼
制风俗漫谈（二集）》第100页）。据《农史研究》第二辑《中国
农业考古资料所引》统计，截至1979年4月，新疆地区已出土汉
至唐代的棉布制品共十批，其中大部分在吐鲁番盆地一带出土。
吐鲁番的晋代古墓中还出土过已碳化的非洲棉籽。由此可见，
此"苏谷"可供"衣被"之草木即木棉。郭侃云："衣被"当与前
文"保""处""食"内涵相似。即苏谷为骨馀氏部族所生活、守护
之处，郭璞注似不可从。欧阳修《夫子罕言利命仁论》："衣被群
生，瞻足万类。"衣被，训作养护，与此"骨馀氏之所衣被"义同。
天海案：《荀子·正论》："衣被则服五采，杂间色，重文绣，加饰之
以珠玉。"《淮南子·人间训》："车马所以载身也，衣被所以掩形
也。"可见"衣被"是能够单指衣服的，郭璞所注是。郭侃所云
"衣被，训作养护"，于此不协。即使要训为"养护、加惠"之义，
其书证早见于《老子》："衣被万物而不为主：则恒无欲也，可名于
小。"郭侃采用欧阳修文例不亦太晚乎！

⑩丙戌：丁谦《干支表》："距前三日，南征东还，至于长浃。"天海案：
顾实作"六月二十四日"，亦距前三日。

⑪长浃：山名。具体位置无考。檀萃云：山名，从淡省，音炭。洪颐
煊云：下云"送天子至于长沙之山"，"浃"疑"沙"字之讹。陈逢衡
云：长浃，疑是地之高阜处。长浃，地名，在今甘肃省中东部。翟云
升云：《路史》二《国名纪》作"长玙"。小川琢治云：地名之长浃，
当作"沙"。顾实云：浃，翟校据《路史·国名纪》引作"玙"，皆不
见于字书。郑杰文云：浃，见《字汇补》。王贻樑云：《字汇》收有

"夵",训"山也",盖据此文而省录。长淀,非下文"长沙之山"甚
明。其地更近居延,具体未可确指。天海案:"至于长淀"上,当
有"穆天子"三字,译文从此。

⑫重氄氏:西域古部族名。檀萃云:从氄省,音雍。洪颐煊云:氄,道
藏本皆作"毷"。翟云升云:《路史》二《国名纪》作"重艵氏"。
《玉篇·色部》:"艵,同彮。黄病色。"不言国名。郝懿行:氄,明
藏经本作"毷",篇内并同。顾实云:巨搜之人献偼韶鼖氄,玖佩
百只,疑氄、氄为一字,则重氄氏以宝石之名为国名也。钱伯泉
云:重氄氏的国境,无疑在敦煌一带。郑杰文云:顾说系据下文
重氄氏采石之山出玉臆测,西域部族之名多为音译,难以字测意。
王贻樑云:当以读音近"雍"。

⑬丁亥:丁谦《干支表》:"距前一日,升于长淀,又东征。"天海案:顾
实作"六月二十五日",亦距前一日。

【译文】

庚辰这一天,穆天子到达了滔水。这里是浊繇氏赖以为生的地方。

辛巳这一天,穆天子向东进发。

癸未这一天,穆天子到达苏谷。这里是骨飦氏采集衣被原料的地
方。穆天子于是又向南行,转东路前进。

丙戌这一天,穆天子到达了长淀山。这里是重氄氏的西部边界。

丁亥这一天,穆天子登上了长淀山,于是又向东行。

4.2

庚寅①,至于重氄氏黑水之阿②,爰有野麦③,自然生也。
爰有答堇④,祇、谨两音。西膜之所谓木禾⑤,木禾,粟类也。长
五寻,大五围,见《山海经》云⑥。重氄氏之所食⑦。

爰有采石之山⑧,出文采之石也。重氄氏之所守⑨。曰:

枝斯⑩、璿瑰⑪、璿瑰，玉名。《左传》曰："赠我以璿瑰⑫。"旋、回两音。玟瑶⑬、亦玉名。瑶，音遥。琅玕⑭、石似珠也。琅、玕两音。玲瓏⑮、无瓊⑯、皆玉名，字皆无闻。玲瓏，音玲珑。玗琪⑰、玉属也。于、其二音。徽尾⑱，无闻焉。凡好石之器于是出⑲。尽出此山。

【注释】

①庚寅：丁谦《干支表》："距前三日，至于重毣氏黑水。"天海案：顾实作"六月二十八日"，亦距前三日。

②黑水：水名。具体所在未详。顾实云：重毣氏黑水之阿，当在今新疆乌什之南，即叶尔羌河北流，合喀什噶尔河之处。顾颉刚云：此黑水，即前黑水也。重毣氏和前赤乌氏是同一流域而南北分居的。王贻樑云：顾颉刚说是。重毣趣所在更北，大致已在居延泽近处。钱伯泉云：重毣国有黑水，即是敦煌的党水。天海案：顾颉刚与王贻樑之说近是。

③野麦：野生之麦。

④荅堇：荅，檀本、洪本、翟本、陈本皆作"苔"。檀萃云：荅，竹个也。堇，茎也，草木枝干也。草曰茎，竹曰个，木曰枝，言木禾长大。陈逢衡云：苔，《说文》云："小尗也。"案，"尗"与"菽"通，则"苔堇"盖野豆之属，以其长大故谓之木禾。孙诒让云：苔，疑当作"苔"，注当作"音坻"。《集韵·六脂》陈尼切纽有"蒤"字。"苔"与"蒤"字同。顾实云：《史记·货殖传》之"盐豉千荅"，集解云："或作合，器名有瓵，合为瓵，音贻。"是"合""荅"本一字而合可为瓵，则合、台二字互混也。卫挺生云：苔，《说文》"小尗也"；堇，"苦堇"。盖木本而产小豆角，回人呼之曰"木禾"也。菲律宾产木芸豆，其类也。王贻樑云：荅堇，有二说：一指堇类植物，荅，表

明某品种,只是具体未明。顾实说为粗大之堇,可参。二指木稷,即高粱。……但此"荅堇"究为何物,则尚难确定。郭侃云:战国文字中,"艸"与"竹"作为意符时,多可作同义互换。《说文解字》卷一:"荅,小尗也。"《广雅·释草》:"小豆,荅也。"此处"荅"可训作小豆类作物。《说文解字》卷一:"堇,艸也。根如荠,叶如细柳,蒸食之,甘。"《说文通训定声·屯部》:"《经》传皆以堇为之,省艸。"《尔雅·释草》:"啮,苦堇。"郭璞注:"今堇葵也,叶似柳,子如米,汋食之,滑。"天海案:此二字疑为"荅堇"之讹。据文意,当是比较高大的植物名称,如今之高粱、玉米之类。

⑤木禾:即西域人对"荅堇"的别称。檀萃云:《海内西经》昆仑之上有木禾,开明之北有木禾,两言之。陈逢衡云:此木禾专指荅堇,郭注《山海经》以为"谷类生黑水之阿,可食,见《穆天子传》",此说未可据。夫"长五寻"则长四丈矣;五寸曰围,"大五围"则二尺五寸矣。而其结实又与五谷同类,岂非至实?穆王前在春山取孳木华之实,持归种之,则此木禾较之孳木华尤为可贵,何不持归种之?盖《穆传》之木禾是野豆之属,是谷类可食。郭氏混而一之,误矣。顾实云:此荅堇为木禾,即木稷之证,今之高粱也,又曷足奇哉!王贻樑云:郭注以粟释禾,乃据通说(前已言明,粟、禾乃一物之异名),于此不管合否,俱不必改字。且改粟为谷,亦未见得妥贴。

⑥《山海经》云:天海案:郭璞注所引见《山海经·海内西经》:"昆仑之虚,方八百里,高万仞。上有木禾,长五寻,大五围。"注:"木禾,谷类也,生黑水之阿,可食。"可知木禾当为谷类植物,长大之说涉于怪异,不足信。

⑦所食:意指重氏以木禾为主要粮食。檀萃云:自然之麦,如木之禾皆其所食也。陈逢衡云:此指黑水之阿,盖其所食邑也,与前浊繇氏之所食同义,不必指野麦、荅堇。檀说过泥。郭侃云:结合上

文,此"食"当指野麦、苔堇,与前文"食邑"当不同。

⑧采石之山:即彩石山,当因其山所出宝石色彩绚丽而名。陈逢衡云:《西山经》聪山多采石。郭注:"采石,石有采色者。今雌黄、空青、碧绿之属。"《水经·河水注》有画石山,一名省嵬山,在今甘肃宁夏府宝丰县。顾实云:采石之山,当即赤沙山。在今新疆阿克苏北。卫挺生云:当即《北山经》之带山,其上多玉,其下多青碧。盖所云"采石",乃各次玉之石也。天海案:诸说各异,采石山当今何山未明。

⑨重姫氏之所守:陈逢衡云:重雍氏之所守,指上文采石之山。犹前言"戊□之山,智氏之所处";"瓜垆之山,阏氏、胡氏之所保也";前卷"群玉之山,容成氏之所守"亦然。盖谓其所封域,子孙世守之。天海案:此与上文"阏氏、胡氏之所保"意义同,"所守"亦守护之义。

⑩枝斯:玉石名。陈逢衡云:枝斯,珊瑚之属。卫挺生云:章鸿钊《石雅》以枝斯为瑟瑟,即蓝宝石。以璿瑰为玛瑙,为赤宝石;琅玕为绿松石珠;瑶瑶为碧玉;玗琪为赤石,亦称锦州石。

⑪璿瑰:玉石名。檀萃云:《左传》:"齐洹之水赠我以琼瑰。"今郭引作"璿瑰",盖所见异本也。翟云升云:今《左传》作"琼瑰"。陈逢衡云:郭引《左传》见《成公十六年》。《说文》:"璿,美玉也。从王,睿声。"瑰,玫瑰,亦见《说文》。顾实云:注"璿",今成公十七年《左氏传》作"琼",与郭所见本不同。……《诗·秦风·渭阳篇》曰"琼瑰玉佩",毛传云:"琼瑰,石之次玉者。"则不以为即玫瑰而训火齐也。卫挺生云:章鸿钊《石雅》……以"璿瑰"为玛瑙为赤宝石。郑杰文云:此《左传·成公十七年》语,今本"璿"作"琼",杜注:"琼,玉。瑰,珠也。"《诗经·秦风·渭阳》"琼瑰玉佩",毛传:"琼瑰,石之次玉者。"王贻樑云:璿瑰,与卷一"璿珠"或即一物。郭侃云:《说文解字》卷一:"瑰,玫瑰,从玉鬼声,

一曰圜好。"……可知此璿瑰似即王贻樑所言,与前文"璿珠"或为一物,为玉名。

⑫《左传》曰:"赠我以璿瑰":天海案:郭璞注所引见《左传·成公十七年》,本作"赠我以琼瑰"。

⑬玟瑶:玉石名。檀萃:玟,《说文》作"玐",音没,玉属。瑶,玉之美者也。洪颐煊云:玐,本作"玟",从《玉篇·玉部》引改。翟云升云:《说文》一上:"玐,玉属,从玉殳声,读若没。"《玉篇·玉部》:"玐,莫骨切。"《穆天子传》云:"采石之山有玐瑶。"郭璞曰:"玉名。"诸本皆讹作"玟",今改正。陈逢衡云:玟,洪本从《玉篇·玉部》引改作"玐"。郝懿行云:玟,《玉篇》作"玐",云"莫骨切"。引此传及郭注。顾实云:《诗·卫风·木瓜篇》有琼瑶,而玟瑶则不可知矣。郭侃云:《字汇补·玉部》:"玟,玉名,见《穆天子传》。""玟"字不见于《穆天子传》外的其他典籍,《玉篇》《字汇补》皆以《穆天子传》中"玟瑶"为"玟"之辞例,诸家皆以"玟"为"玐"之讹误或异体,却无确凿证据。但结合"玟"之意符以及《穆天子传》原文来看,"玟"训美玉或美石无疑。

⑭琅玕:次于玉的美石,一说为玉石珠。陈逢衡云:《书·禹贡》:"璆琳琅玕。"郑注:"琅玕,珠也。"《说文》:"琅玕,似珠也。"吕调阳云:玛瑙也。顾实云:《尚书·禹贡》《尔雅·释地》,皆载雍州之璆琳琅玕,而《海内西经》又言昆仑有琅玕树,殆似珊瑚树之类。汉后释琅玕者,或曰青珠,或曰石珠,张衡四愁诗曰"何以报之青琅玕",曹植《美人篇》曰"腰佩翠琅玕",皆是也。卫挺生云:章鸿钊《石雅》……"琅玕"为绿松石珠。天海案:《荀子·正论》:"琅玕、龙兹、华觐以为实。"注:"琅玕似珠,昆仑山有琅玕树。"

⑮玲瓃:玉石名。檀萃云:《说文》曰:"玲墼,石之次玉者,音玲勒。"瓃,今作"瓅",《说文》曰:"石之次玉者,音藻。"注以"玲瓃,音钤琐","瓃"当是"瓈"字也。翟云升云:《玉篇·玉部》:"瑊,占

咸切。玲，同瑊。采石山有玲珩琪。"说见前。陈逢衡云：《尚书》"璆琳"，郑本作"璆玲"，注："璆，美玉；玲，美石。"《潜确类书·服御》七引作"玲瑰旡□貫□"，误。又于"瑰"字下注"珑同"，更非。郝懿行云："玲"当为"玲"字之讹，"玲"同"瑊"，见《玉篇》。此与下"旡瓘"，郭璞注："皆玉名，字皆无闻。"

⑯旡瓘：玉石名。音义皆无考。檀萃云：旡，古"天"字。郭以瓘音璝，璝近智。《周书·世俘解》注："天智，玉之上天美者也。"洪颐煊云：本作"瑰旡、玲瓘"，传写者讹在"玲"字。下"旡"即"采"字之讹。陈逢衡云：旡，疑"砆"字。《广韵》："美石次玉，同砆。"《山海经》："会稽之山下多砆石。"盖此采石之山所取皆是石之次玉者，若天智玉则玉之精美者，恐非是。洪谓是"采"字，亦非。郝懿行云：旡，疑古"天"字。瓘，疑"珛"字之或体。又明藏经本"旡"作"旡"，未审孰是。王贻樑云：上字显非"天"字，下字疑为"宝"字之异构。郭侃云："旡"字疑为"屶"字之讹，《穆天子传》中"旡"即"屶"直接隶定之形。战国文字中，"屶"为"媺"或"微"之声符，读作"美"，亦有用作人名或曲目名。在《穆天子传》中，此字或可训作精美，修饰"瓘"这种玉石。天海案：皆玉石名，音义无考。

⑰玗琪：玉石名。陈逢衡云：《书·顾命》"夷玉"，郑注："东北之珣玗琪也。"《尔雅》"东北之美者"，有医无间之珣玗琪焉。琪，同璂。《说文》："玗，石之似玉者。"顾实云：《海内西经》言"开明北有玗琪树"，亦似珊瑚树之类。而《尔雅·释地》《淮南子·墬形篇》又皆载有"医无间之珣玗琪焉"。玗琪，当即珣玗琪之略。则不独西方产此物矣。卫挺生云：章鸿钊《石雅》……"玗琪"为赤石，亦称"锦州石"。郑杰文云：《山海经·海内西经》："开明北有视玉株树、文玉树、玗琪树。"郭注："玗琪，赤玉属也。"又，顾曰："玗琪，当即珣玗琪之略。"按：此说误。《尔雅·释地》："东

方之美者,有医无闲之㻬玕琪焉。"《说文》:"㻬,医无闲㻬玕琪,《周书》所谓夷玉也。"《尚书·顾命》曰:"夷玉在东。"是㻬玕琪与玕琪产地不同,一在东,一在西,应为两物。王贻樑云:玕,金文作𤣥,所增o疑即此玉之形。郭侃云:王贻樑以"玕"在金文中之o形,认为其为累增之玉形。李孝定、徐中舒二人与此观点不合。徐中舒认为《集成》5373中之o形为"璧"字;李孝定认为此o无义。王贻樑以金文中某一偶有之字形释"玕"之外形,似并不妥。

⑱ 㻅尾:亦玉石名。或为翡翠玉。㻅,字书不载,音义未详。檀萃疏:㻅,中从"录",古稄字,通绿,亦从之。古有结绿,今之翡翠玉也。㻅,音绿。陈逢衡云:《潜确类书·服御》七引"㻅尾"。"㻅"字,注云:"㻅同。"非是。于省吾云:当即"璂"之古文。郑杰文云:璂,《广韵》:"玉名。"

⑲ 好石之器:美好的玉石器物。

【译文】

庚寅这一天,穆天子到达重䳅氏的黑水河边。这里生长着野麦,还有答堇,西域人把答堇叫作木禾,是重䳅氏的主要食物。

这里有彩石山,为重䳅氏所守护。山上有枝斯、璿瑰、琅瑶、琅玕、玲瓏、无瑮、玕琪、㻅尾等各种宝石,凡是美好的玉石器物都是这里出产的。

4.3

孟秋癸巳①,天子命重䳅氏共食天子之属②。音共。言不及六师也③。

五日丁酉④,天子升于采石之山⑤,于是取采石焉。天子使重䳅之民铸以成器于黑水之上⑥,今外国人所铸作器者,亦皆石类也。器服物佩好无疆⑦。曰:天子一月休⑧。

秋癸亥⑨,天子觞重䳅之人鼫鼄⑩,乃赐之黄金之罂二九[11]，银鸟一隻[12]，贝带五十，朱七百裹[13]，箘箭[14]、桂姜百筐[15]，丝缫雕官[16]。傸䍙乃膜拜而受。

乙丑[17]，天子东征，傸䍙送天子至于长沙之山[18]。□隻[19]，天子使柏夭受之[20]。柏夭曰："重䵣氏之先[21]，三苗氏之□处[22]。"以黄木麗银采[23]。□乃膜拜而受[24]。三苗，舜所窜于三危山者[25]。

【注释】

①孟秋癸巳：丁谦《干支表》："距前三日，命重䵣氏共食五日。"天海案：顾实作"七月初一日"，亦距前庚寅（六月二十八日）三日。孟秋，即初秋七月。陈逢衡认为"孟秋"节气与干支不符，"孟秋"当在下文"天子觞重䵣之人"之上。

②共食：供给食物给养。檀萃云：共，同"供"。言止供天子之属，公卿及七萃之士之在左右者，不及六师之众也。顾实云：天子之属即王属。王贻樑云：共，甲金文皆为双手奉物之形，乃"供"之本字，"供"则后起专字。天海案：共，与"供"通。据郭璞注文，亦当作"供"。卷二"天子乃命剸闾氏供食六师之人"正作"供"。

③音共。言不及六师也：翟云升云：供，古通用"共"。"音"上当有"供"字，诸本皆讹"供"为"共"，今改正。陈逢衡云：供，旧作"共"，误。今从洪本。郝懿行云：郭注"音供"之"共"当作"恭"，经典尽然。王贻樑云：此作"共"则显然不妥，作"供"又无据，余从吴钞本作"恭"。顾实云：郭注因传前言"天子命剸闾氏供食六师之人"，故知此不及六师也。天海案：郭注"音共"之上必脱"供"字，故洪颐煊校改作"音供"。

④五日丁酉：从前"癸巳"至"丁酉"合计五日。丁谦《干支表》："距前四日，升于采石之山，命一月休。"天海案：顾实作"七月初五

日",亦距前四日。

⑤采石之山:天海案:本书上文4.2节已言重䲡氏黑水之阿有采石之山。

⑥铸以成器:将彩石熔化,铸成器物。檀萃云:今水晶、琥珀之类,多
有烧石而成者矣。卢文弨校云:如今玻璃、珐琅之类。郝懿行云:
铸石成器,如今琉璃之类。顾实云:《大易》有言:"制器尚象。"然
此不曰"制以成器",而曰"铸以成器",则可异也。大凡古书言
铸,本指销镕金铁而言。《管子·任法》曰"犹金之在炉,恣冶之
所以铸",是其证也。故《说文》云:"铸,销金也。"颜师古《急就
篇》注云:"凡金铁销冶而成者,谓之铸。"然更引申其义,则石质
销镕而成者,亦可谓之曰铸也。顾颉刚云:穆王令重䲡氏之民铸
以成器,那就是烧料的琉璃了。卫挺生云:询之哈佛大学矿学专
家Dr Hurlbut云,各色次玉之宝石,可以切磋琢磨,独不可冶铸,
因冶铸即失去其美观也。故此"铸"字,当是"鋽"字之讹,"鋽"
乃"彫""雕"之古文,其字形与"铸"字之古文形近相似。郑杰
文云:冶炼金属技术,中原较西域领先,故穆王不会求诸西域"铸
以成器",还是郝说"铸琉璃"为长。琉璃技术,似乎东汉初已为
中原方士们所掌握。《论衡·率性》说:"《禹贡》曰璆琳琅玕者,
此则土地所生真玉珠也。然而道人消烁五石,作五色之玉,比之
真玉,光不殊别。……阳遂取火于天,五月丙午日中之时,消烁
五石,铸以为器,磨砺生光,仰以向日,则五采至,此真取火之道
也。"……旧题西汉东方朔撰《海内十洲记》曰:"周穆王时,西胡
献昆吾割玉刀及夜光常满杯。……杯是白玉之精,光明夜照。"
此夜光杯或即重䲡之民所铸"成器"之类,至今甘肃弱水上游的
酒泉一带仍以夜光杯闻名。王贻樑云:卢文弨、顾实等疑所铸即
玻璃,甚是。只是当时无实证而仅是推测,且先秦时有玻璃更是
前所未知。近年来,在陕西、河南、山东、湖南等地出土了大量的
自西周至战国时期的原始玻璃制品,以圆珠、管珠为主。这显然

都是装饰品,与本传所载"服物佩好"亦正相合。这些玻璃制品经科学测定,可以确定与后来西方传入的玻璃(因含钠盐成分较高而通称"钠玻璃")不同,而是我国早期所独有的(因含铅盐、钡盐成分较高而称"铅钡玻璃"或"铅玻璃")。因含杂质较多,这些原始玻璃呈绿黄、紫等半透明彩色,且易风化。这些地下出土的原始玻璃实物,是本传"铸石成器"的最佳注释;而本传的记载,又是先秦时期有关原始玻璃唯一的文献证据。郭侃云:上文"采石"名称甚多,亦有不识之字,且具体为何物亦不可明考。顾实、顾颉刚、王贻樑等学者认为所铸之物即今之玻璃,并无确凿证据。仅以"采石""铸""器"等词判断铸成之器为玻璃,未免过于武断。天海案:尚未闻各色石头可以融冶以铸成器。卫说"此铸字,当是镗字之讹","镗"乃"彫""雕"之古文,其字形与"铸"字之古文形近相似。此说可从,译文从之。

⑦ 器服物佩好无疆:器服,指器物与佩戴之物。《诗·卫风·木瓜序》:"齐桓公救而封之,遗之车马器服焉。"物佩,指玩物与佩饰。好无疆,指精美无比。此句的意思是:制作的器物、佩饰美好无比。服,于此指佩带之物。檀萃云:言以为器服物佩其美好无量也,必使重趼之民者,其工巧也,必于黑水之上,其水良也。

⑧ 天子一月休:檀萃云:休秋犹休夏,西域之俗也。初秋暑热,故休六师。翟云升云:疑脱"于采石之山"五字,及"仲"字。陈逢衡云:周之秋,夏之夏也,于时为五月,所谓休秋,盖休息于此以待秋也。顾实云:一月休者,盖以待铸器之成也。云自七月初五日"孟秋丁酉"迄八月初七日(仲秋)己巳,共为时三十三日。减去应酬时间,不过三十余日。按日前进,每日马行需行一百二三十里始能到达。可知"曰天子一月休"六字,乃元明之妄人所增。天海案:上文言"丁酉",至下文"秋癸亥",前后共二十七天。一月休,大约之数,原文无误。顾实所言不妥。

⑨秋癸亥：丁谦《干支表》："仲秋癸亥，距前二十六日，筋重䍦氏。"
天海案：顾实作"八月初一日"，亦距前二十六日。檀萃、陈逢衡
以"秋"字属上，故作"休秋"解。翟云升认为"秋上"疑脱"于
采石之山"五字及"仲"字。丁谦、顾实俱疑"秋"上当脱"仲"
字。译文据此补"仲"字。

⑩觛䍦：人名。重䍦氏部落首领。此二字不见于字书，音义未详。
檀萃云：其君名，音"鳏鸳"。洪颐煊云：《北海相景君铭》"元二
觛寡"，《曹全碑》"抚育觛寡"，"觛"皆作"鳏"，疑古"鳏"字。顾
实云："觛䍦筋重䍦之人"者，盖劳之也。上言"重䍦之民"，此言
"重䍦之人"，是古者"人民"二字有区别。盖"民"为群众，而
"人"则代表一国者也。王贻樑云：觛，即"鳏"，亦即"鳏"之异
体。古角字作角，故极易变作角，银雀山汉简《孙膑兵法》"角"字
即作"觛"，极近"角"。陈炜湛云："觛䍦"数见，据上下文知为人
名。角，即角；觛，即鳏，字亦见《曹全碑》"抚育觛寡"，《北海相景
君铭》："元元觛寡，蒙祐以宁。"清顾蔼吉《隶辨·山韵》："觛，即
鳏字，变鱼从角。"（《汉语大字典》第6册第3931页）按据传文，
知战国即有"觛"字，与训"鱼也"的"鳏"本不同字。偏旁角古
文字多作肎之形，稍变其形则作觛，复与鱼近，后人不辨，遂与从
鱼之"鳏"相混，而赋"鳏"以"男子无妻"之义。郭侃云：王贻
樑、陈炜湛观点可从，"觛"即应是"觛"之讹误。"䍦"字未见于
其他典籍，此字或从"夗"声。天海案：据诸说，"觛"或古文"鳏"
字，"鳏"即"鳏（guān）"之异体。

⑪黄金之罂二九：黄金缶十八只。天海案：黄金之罂，本书屡见。
罂，即缶，盛酒浆器皿，小口大腹。"罂"下，梅鼎祚本标有"阙"
字，不知何据。

⑫银乌一隻：银制乌形器物一雙。檀萃云：银乌，犹铜乌，所以相风。
陈逢衡云：银乌，疑酒器。隻，即"雙"字。顾实云：乌，范本作

"乌",《北堂书钞》引作"马"。王贻樑云:"银乌"者,疑为银制乌形酒器。天海案:银乌,《道藏》本、梅鼎祚本皆作"银乌"。1968年满城陵山中山靖王刘胜墓出土有"错金银乌篆文铜壶",大约是西汉(前206—8)的文物,通高44.2厘米、腹径28.5厘米。可见作"银乌"是。隻(只的繁体),"雙"字省文。说见卷二2.7节"于是载玉万隻"注⑫。

⑬ 朱:底本原文作"珠",此据上下文及《道藏》本径改。

⑭ 筒箭:即竹笋。笋,又作"筍",故形近易讹。檀萃云:筒,古"筍"字。箭,箭萌,亦筍也。洪颐煊云:筒,当作"笛",古文"攸",通作"卤",作"竹"下"卤"者,因作"竹"下"攸"耳。筱,箭类也。郝懿行云:筒,疑"箚"字之讹,见《竹谱》。郑杰文云:筒箭,细竹作杆的箭。王贻樑云:由所赐物品看,"筒箭"释为箭竹可取。……筒,当笛之讹,笛读筱。《说文》:"筱,箭属,小竹也。"天海案:筒,当为古文"筍"字,筍箭即为干燥的竹笋。当与桂、姜同为干燥后的食物。

⑮ 百崀:即一百竹箱。崀,疑古文"笥(sì)"字。笥,古代盛食品、衣物的方形竹器,似今竹箱。檀萃云:崀,石鼓文作"峀",音芮,量名。此皆食蔬,中国之所有而出于南方者,想西戎之所珍,故比于诸币而赐之也。于省吾云:崀,疑即"亹"字,乃"釁"之省文。古籍"亂"(乱的繁体)每训治,金文"治"字亦作"釁",实则"亂"无"治"训,"亂"乃"釁"字之讹也。"百釁"犹言"百枚"。《齐侯壶》"玉备一釁,备玉二釁",犹今人言一个、二个也。王贻樑云:于省吾释"崀"为"亹",为"釁"字省文,甚是。然云"百釁犹言百枚"则未确。……字在此当进而读为"笥"。《说文》:"笥,饭及衣之器也。"……《礼记·曲礼上》郑注云:"方曰笥。"核之出土实物,笥正是方形竹筐。马王堆一号、三号墓所出土竹笥中,盛有各种食物、药物、丝织品、香料等。尤其引人注目者,正有桂、姜在其

中。凡此皆可证明此读"笥"不误。天海案:百崀,即百笥。笥,古
代盛食品、衣物的方形竹器,似今竹筐、竹箱。王贻樑说可从。

⑯丝缐雕官:栓有丝绳流苏的彩雕管状乐器,参见卷二2.11节注⑧。
缐,字书无,或"绚"之古文。檀萃云:缐,音绦。今之丝绦,流苏
也。洪颐煊云:缐,《道藏》本作"繉"。陈逢衡云:丝缐,疑亦乐
器有弦。郝懿行云:明藏经本作"繉"。小川琢治云:缐,即"旒"
字。顾实云:丝缐,疑即"丝绦"。王贻樑云:缐,疑读为缫(璪)。
《周礼·夏官·弁师》注:"缫,杂文之名也,合五采丝为之绳,垂
于延之前后各十二。"字下所从儿(巛)盖即垂流之形。郭㑮云:
王天海观点可从,"儿"或为累增。《广雅·释器》:"绚……索也。"
《诗·豳风·七月》:"昼尔于茅,宵尔索绚。"训作绳索亦可与
"丝"相契,此或指丝织品等器物。郝懿行云:"彫"作"雕"。陈
逢衡云:金婴、银乌、丝缐、雕官,皆中原之美术工艺精品,布化意
义甚厚。边疆民族得之,益向慕也。天海案:丝缐雕官,栓以丝绳
流苏的彩雕管状乐器。檀萃之说近是。

⑰乙丑:丁谦《干支表》:"距前二日,东征,至于长沙之山。"天海案:
顾实作"八月初三日",亦距前二日。

⑱长沙之山:山名。或为绵长之沙丘。洪颐煊云:《山海经·西山
经》云"长沙之山",泚水出焉,北流注于泑水。顾实云:长沙之
山,当即今之沙山,在新疆哈喇沙尔之南。哈喇沙尔即焉耆。盖
以其山东西相属而绵长,故古亦谓之长沙之山也。卫挺生云:长
沙之山,当即巴尔库山之南麓,砂石嶙峋长数百里。其山岭东
头尽处迤南,即今哈密县城所在。王贻樑云:《西山经》"长沙之
山",郝懿行笺疏亦云与《穆传》此山相同,可参。

⑲□隻:檀本填作"献玉百隻"。小川琢治云:想为出迎人所献品
名、数量之脱简。由"隻"字而推,当是玉石之类。顾实云:"□
隻"上,缺文甚多,当系所献牛羊之类。郑杰文云:顾说是,戈壁

阿尔泰山附近至今仍草泽密布，畜牧业发达，故重䳿氏献牛羊。天海案：《穆传》中凡言"隻"者，多与玉石类有关，且为"雙"之省文。故檀萃、小川说近是，译文且作"献玉石百雙"。

⑳天子使柏夭受之：穆天子让柏夭接受䣙韇所献"玉百隻"。

㉑重䳿氏之先：重䳿氏的祖先。洪颐煊云：䳿，疑"䳒"字之讹。重黎、三苗，皆颛顼之后，见《山海经》。陈逢衡云：洪疑"䳿"即"䳒"，亦非。案，"重䳿"上已七见，不得疑此字作"䳒"也。顾实云：然重䳿氏之先，必与三苗有关，故其所居同在一地，则甚明矣。

㉒三苗氏之□处：阙文□，唐本补作"后"，檀萃亦补作"后"字。檀萃云：处者，因柏夭之言，量处以加赐之也。陈逢衡云：三苗氏之□，此"□"当是"所"字，与下"处"字连成句"三苗氏之所处"。处，犹守。守，犹保也。盖重䳿氏之先所封国在三危山，即舜窜三苗之地。檀本空方填"后"字，以"处"字连下成文，不可从。小川琢治云：因本文之字有脱落，固不能十分明了。然由文义上推寻，大约当补以"后"字或"裔"字也。顾实云："处"上缺文亦甚多，檀本作"三苗之后处"，恐误。……下有阙文，不可详知。赵俪生云：这个脱字很可能是"裔"，或其同义字。王贻樑云：此处虽有缺文，但大意可明，乃言重䳿氏之先出于三苗氏。天海案：据诸说，此阙文□，译文且作"后裔"。三苗氏：古代部族名。《史记·五帝本纪》："三苗在江淮、荆州。"正义："吴起云：三苗之国，左洞庭而右彭蠡。"《尚书·舜典》"窜三苗于三危"，赵俪生云："三苗"是中原迁出来的种姓。可是从另外一些记载里，这一地区又是"塞种"的居地。……《穆传》中的浊繇、骨飦、重䳿诸部落则恰好反映了Saka人与中原华夏人又冲突又融合历程中的一个截面，反映了允姓之戎与三苗共居费尔干地区的一点情节。郑杰文云：唐、檀近是。重䳿与三苗或有族源关系。《尚书·舜典》"窜三苗于三危"，《尚书·禹贡》"三危既宅，三苗丕叙"，言三危在

雍州。《山海经·大荒北经》:"西北海外,黑水之北,有人有翼,名曰苗民。"黑水即今弱水,西北海或即古居延海,彼时为重毗氏居处。

㉓以黄木璆银采:疑为黄木彩绘镀银漆器。檀萃云:黄木璆银采,"璆"仍为"璪",同"藻"。而字屡变者,古人写字不拘一定之画也。黄木银者,黄为黄色,木为青色,银为白色,盖三采也。翟云升云:"以"字上、"黄"字下,似皆有阙文。"木璆银采"疑与下"银木琂采"同,二处有一颠倒错误者。陈逢衡云:"以黄木璆银采"上疑脱"赐"字。黄木璆采,犹后文赐䝙奴之银木琂采也。"黄木"当是"黄金"之讹,盖"黄金"一物,而"银采"又一物也。小川琢治云:末有"黄木"云云,今改木为金,从赐某氏某物品之例。王贻樑云:"黄木璆银采"与卷三之"狗瑰采"及下文之"银木琂采"当同类物,具体未明。天海案:"黄木"原文作"黄水",梅鼎祚本亦作"黄水",此据《道藏》本与诸说改。璆,音义未详。小川琢治改作"黄金之罌"。此句"以"上当补一"赐"字,或"采"当补"赐之"二字,否则文义不全。故译文"以"上且补一"赐"字。

㉔□乃膜拜而受:此阙文□,陈逢衡、翟云升俱认为是"脄齤"二字。天海案:据文意,作"脄齤"是,译文据补。

㉕三苗,舜所窜于三危山者:天海案:郭璞此注见《尚书·舜典》"窜三苗于三危"。小川琢治云:关于三苗之古传说见于《禹贡》者,"黑水西河惟雍州",继续曰:"三危既宅,三苗丕叙。"由是观之,则三苗居于雍州也。《舜典》曰:"窜三苗于三危。"而此三危之山,据《西次三经》,遥在昆仑之丘之西。郭璞注曰:"今在敦煌郡。"顾实云:舜窜三苗于三危,禹导黑水至于三危。此与三危之国不同,当分别观之。三危黑水,地本密接。况《山海经·大荒北经》云:"西北海外,黑水之北,有人有翼,名曰苗民。"《海内西经》云:"洋水黑水南入海,羽民南。"此所谓海,皆即今罗布泊。苗民有翼,则羽民亦即苗民,足证苗民居黑水之北,黑水行苗民之

南，而苗民在今塔里木河罗布泊之北，亦可知也。钱伯泉云：重䰣
氏之祖先为三苗氏，三苗被尧流放于敦煌的三危山。王贻樑云：
三苗窜于三危，古之一则传说。三危之地，古多以为在西北，而今
人则渐趋于南方（如湖南、云南等）。而《穆传》所载，则与古说
在甘肃相合。

【译文】

初秋癸巳这一天，穆天子命重䰣氏为王室部属供给食物用品。

到第五日丁酉这一天，穆天子登上了彩石山，于是在那里采取各种
彩石。穆天子让重䰣氏的人在黑水河上将彩石熔铸成器物，这些器物佩
饰美好无比。穆天子在这里休息了一个月。

仲秋癸亥这一天，穆天子向重䰣氏的首领𩰚𩰚敬酒，又赏赐他黄金
缶十八件，银制鸟形酒器一双，贝带五十条，朱砂七百袋，竹笋、桂皮、干
姜一百箱，还有栓有丝带的雕管乐器。𩰚𩰚就合掌加额，伏地跪拜后接
受了。

乙丑这一天，穆天子向东行进，𩰚𩰚送穆天子到了长沙山，献上美玉
一百双，穆天子让柏夭接受了他的礼物。柏夭说："重䰣氏的祖先，三苗
氏的后裔曾居处在这里。"并赏赐他黄木彩绘镀银漆器。𩰚𩰚又合掌加
额、伏地跪拜后接受。

4.4

丙寅^①，天子东征，南还^②。

己巳^③，至于文山^④，西膜之所谓□^⑤。觞天子于文山^⑥，
西膜之人乃献食马三百、牛羊二千、穄米千车^⑦，天子使毕矩
受之^⑧。曰：□^⑨。天子三日游于文山，于是取采石^⑩。以有
采石，故号文山。

壬申^⑪，天子饮于文山之下。文山之人归遗^⑫，归遗，名

也。乃献良马十驷[13]、四马为驷。用牛三百、守狗九十、牝牛二百[14]，以行流沙[15]。此牛能行流沙中，如橐驼。

　　天子之豪马、豪牛[16]、豪，犹髦也。《山海经》云："髦马，如马，足四节，皆有毛。"[17]龙狗[18]、龙，龙茸谓猛狗，或曰龙亦狗名。豪羊[19]，似髦牛。以三十祭文山[20]。又赐之黄金之罂二九[21]、贝带三十、朱三百裹、桂姜百籅。归遗乃膜拜而受。

【注释】

①丙寅：丁谦《干支表》："距前一日，东征，南还。"天海案：顾实作"八月初四日"，亦距前一日。

②东征，南还：天海案：穆天子西征至此，开始转向东，南行返回。

③己巳：丁谦《干支表》："距前三日，至于文山。"天海案：顾实作"八月初七日"，亦距前三日。

④至于文山：山名。大约在今巴丹吉林沙漠东南部，今甘肃、宁夏北部，具体位置无考。丁谦云：文山者，今木素尔岭也。顾实云：文山，当即今哈密之俱密山，而其连麓尚有星星峡也（亦作猩猩峡）。王贻樑云：此文山绝对不是岷山，地约在今甘、宁北部，具体难定。天海案："至于"上当有"穆天子"三字，译文从此。文山，下文言穆天子取采石于文山，故郭璞注云："以有采石，故名文山。"

⑤西膜：即西域，说见前。顾实云：西膜，亦即今之哈密。……则西膜当以在沙漠之西而得名。岑仲勉云：提到西膜语言的地方，都属于今新疆范围内。《汉书·西域传》之南道，而特提"西膜之人"只有文山一处，可见文山是彼时西膜的住地。……顾氏拟文山为哈密之山，虽不必中，或亦不远矣。卫挺生云：自甘肃以西直至大夏边境及里海、咸海，其居民之语言皆用西膜语，其礼俗皆用

"膜拜"，皆当今世所谓回语、回俗也，语言学家所谓突厥语系也。所谓□：天海案：此阙文必是西膜人对文山的又一称谓，然不可考知，译文以省略号代之。

⑥觞天子于文山：天海案："觞"上似脱"西膜之人"四字。此或承下文而省，译文据补。

⑦西膜之人：天海案：此"西膜之人"或专指居于文山的一个部族，但又与文山之人各居文山之一侧。

⑧毕矩：人名。陈逢衡云：毕矩，毕公高之后。天海案：周文王的第十五子毕公高是周初第一武将。周武王八年，发动了决定性的"戡黎"战争，主帅就是毕公。此役之后，商朝大势已去。清华简《耆夜》记载周武王亲自举行"饮至"礼，欢迎毕公凯旋。武王克殷后，封于毕，因以为姓。《史记·魏世家》称"高（毕公高）封于毕，于是为毕姓。"

⑨曰：□：陈逢衡云：上下两空方脱误甚多。顾实云：阙文之空围，以前文之"曰天子一月休"句为比证，则空围不当有，而宜删矣。郭侃云："曰"下当有大量缺文，或是柏夭对穆王讲述文山下部族的状况。天海案：此处□阙文当有不少，具体未知。顾说不可从。译文以省略号代替。

⑩采石：天海案：疑与上文采石山之采石同，亦为彩色玉石之类。顾实云：采石，当兼有天然之石质及人造之玻璃。顾颉刚云：采石，这是天然的颜料。

⑪壬申：范本作"壬寅"。檀萃云：当作"壬申"。陈逢衡云：以上文"天子三日游于文山"计之，则"壬寅"当从檀本作"壬申"。丁谦《干支表》云：距前三日，饮于文山之下。原作"壬寅"误，盖上明言三日游于文山，且作"壬寅"，是仲秋至孟冬有一百余日矣，核改"壬申"，则五十九日，两皆密合。顾实云：寅，当作"申"，古文"寅""申"二字形近易误也。天海案：顾实亦改作"壬申"，八月

初十日，距前亦三日。作"壬申"是，此据诸说改，译文从之。

⑫归遗：人名。此人为文山部族首领。

⑬十驷：驾车的马，每四匹为驷，故十驷为四十匹。陈逢衡云：《太平御览》八百九十九引"天子饮于文山，乃献良马驷、牪牛二"，误，脱"十"字、"百"字。郑杰文云：《太平御览》卷八百九十九引作"良马驷"，《事类赋注》卷二十二引作"良驷"。

⑭牪牛：古代称单峰骆驼。郭璞注认为此牛能行流沙中，如橐驼。檀萃云：牪，音方，良牛名，日行二百里。天海案：牪牛，又名封牛。《玉篇》："牪，良牛名。日行二百里。又云牪驼。"参见本书卷二2.11节注⑥。

⑮流沙：沙漠。洪颐煊云："百"下本有"以行流沙"四字，当是注文，传写之讹，今删。陈逢衡云：此下本有"以行流沙"四字，今从洪本删。顾实云：洪说非。流沙，即今哈密东南之大沙海。钱伯泉云：这里穆王所经行的流沙，当是今甘肃北部的巴丹吉林沙漠。王贻樑云：此"流沙"乃一般名词，非指某地。天海案：洪颐煊校本认为"以行流沙"四字为注文混入正文，故删去。王贻樑说近是。

⑯天子之豪马、豪牛：豪马、豪牛，与全身长满长毛的牦马、牦牛相似。檀萃云："豪牛"即旄牛也，《尔雅》谓之犣牛。陈逢衡云："之"上脱落"赐"字，故下文"又赐之"云云。旄马，见《海内南经》；旄牛，见《北山经》"潘侯之山"。又《中山经》有"牦牛"，郭注："旄牛属也。"此盖以旄马、旄牛等物赐归遗之人。顾实云："天子"下，当脱"赐"字，下文云"又赐之"句，可证。郑杰文云：髦马，今《山海经·海内南经》作"旄马"。……又，《山海经·北山经》曰："潘侯之山……有兽焉，其状如牛，而四节生毛，名曰旄牛。"此下言"豪马、豪牛"等非中原出产，穆王又从未将此赐于其他部落，疑顾说亦未妥。郭侃云：豪，通"毫"，《商君书·弱民》："今离娄见秋毫之末，不能以明目易人。"《庄子·知北游》：

"今于道，秋豪之端万分未得一处焉。"可知，"豪"可训作长而细的毛。天海案：下即言"龙狗、豪羊，以三十祭文山"。据文意，即"天子用三十头豪马、豪牛、龙狗、豪羊，以祭文山"，故此"之"字当作动词用，有"取"或"用"的意思。这些马牛狗羊是供祭祀用的牺牲，并非以此为赏赐之物。陈、顾二说失察。

⑰"豪"几句：洪颐煊云：今《山海经》作"旄马"，"髦""旄"古通用。陈逢衡云：髦，本作"髭"，误，下同。今俱从洪本改。郝懿行云：郭注引《山海经》"髭马"当为"髦马"。顾实云：注"髦"，范本作"髭"，下同，俱误。洪校据今《山海经·海内南经》作"旄"，"髦""旄"古通用。天海案：郭璞此注原文中两"髦"字皆误作"髭"，此据洪校本改。

⑱龙（máng）狗：长毛狗。意思是多毛的狗。《说文》："尨，犬之多毛者。从犬、彡。"檀萃云：今西番之狗大而多茸毛。陈逢衡云：以上下文马、牛、羊例之，则此狗盖长毛犬也，今谓之狮子狗。顾实云：曰豪、曰尨，皆以多毛而得名。郑杰文云：尨狗，疑即拂菻狗，《旧唐书·西戎列传》云：唐高祖武德七年（624），高昌国主曲文泰"献狗雌雄各一，高六寸，长余尺，性甚慧，能曳马衔烛，云本出拂菻国。中国有拂菻狗，自此始也"。拂菻国，即东罗马帝国。或彼时此狗已传至西域，为商旅所见，而被作者写入《穆传》。王贻樑云：《说文》："尨，犬之多毛者。"并引《诗·召南·野有死麕》："无使尨也吠。"《一切经音义》六十三引《说文》云："尨，犬之多毛、杂色不纯者。"可知尨、龙本非一字，后世方有混用者。郭侃云：《博物志·物名考》："周穆王有犬名耗，毛白。"《玉篇·毛部》："耗……强毛也，亦作'耗鼗''㹰'。"此训强毛之"耗"或与"尨狗"有关。天海案："尨"字，底本原文与郭注中皆误作"龙"字，此据《道藏》本径改。此"尨狗"与豪马、豪牛、豪羊，皆西域之地所特产，是穆天子用来祭文山的牺牲。诸说辞费而远

离文义。

⑲豪羊：似长毛绵羊之类。郑杰文云：亦因毛多而细长得名。天海
　案：此与上豪马、豪牛、尨狗皆一类，即全身及四肢长满长毛者。

⑳以三十祭文山：此云以豪马、豪牛、龙狗、豪羊三十头祭祀文山。

㉑黄金之罂二九：黄金之缶十八只。

【译文】

丙寅这一天，穆天子向东行进，转南路前行。

己巳这一天，穆天子到达了文山，西膜人把文山叫做……西膜人在
文山向穆天子敬酒，又献上食用马三百匹、牛羊二千头、糜子一千车。
穆天子让毕矩收下这批礼物……穆天子在文山游玩了三天，又在那里选
取彩石。

壬申这一天，穆天子在文山下饮酒。文山人归遗又献上良马四十
四、供役用的牛三百头、猎狗九十只、骆驼二百头，准备越过沙漠。

穆天子用当地特产的长毛马、牛、狗、羊共三十头，来祭祀文山。又
赏赐文山人归遗黄金缶十八件、贝带三十条、朱砂三百袋、桂皮干姜一百
箱。归遗就合掌加额，伏地跪拜后接受。

4.5

癸酉①，天子命驾八骏之乘②，右服蠗骝③，疑"骅骝"字。
而左绿耳④；右骖赤蘎⑤，古"骥"字。而左白俄⑥。古"义"字。
天子主车，造父为御⑦，啻啻为右⑧。次车之乘⑨，次车，副车。
右服渠黄⑩，而左逾轮⑪；右骖盗骊⑫，而左山子⑬。柏夭主
车⑭，参百为御⑮，奔戎为右⑯。天子乃遂东南翔行⑰，驰驱千
里，一举辔千里，行如飞翔。

至于巨蒐氏。巨蒐之人剭奴⑱，乃献白鹄之血⑲，以饮
天子。所以饮血，益人炁力⑳。因具牛羊之湩㉑，湩，乳也。今江

南人亦呼乳为湩,音寒冻之冻。**以洗天子之足**^㉒,令肌肤滑。**及二乘之人**^㉓。谓主天子车及副车者也。

【注释】

①癸酉:丁谦《干支表》:"距前一日,东南驰行,至于巨蒐。"天海案:顾实作"八月十一日",亦距前一日。

②八骏之乘:八匹骏马拉的车。八骏其名已见于卷一,与下文略异。乘,车。檀萃云:特申八骏者,为遄归挈领。陈逢衡云:《太平御览》八百九十六引自"天子命驾"至"以洗天子之足"。

③右服:右边的辕马。蘜骝:天海案:卷一作"华骝",或"骅骝"之异体字。《列子·周穆王》作"右服蘜骝",而左骊耳。蘜,亦"骅"字异文。洪颐煊云:《列子·周穆王篇》作"蘜骝"。《尔雅·释畜》注、疏俱引作"右服盗骊"。翟云升云:蘜,《列子·周穆王》作"蘜",《玉海》百四十八作"䮵"。陈逢衡云:《尔雅·释畜》郭注引《穆天子传》曰:"天子之骏,盗骊、绿耳。"又曰:"右服盗骊。"此"服"字当作"骖"字。盖即指下文之"右骖盗骊,而左山子"也。《穆传》八骏,而郭止云"盗骊、绿耳"者,约举之辞耳。其引"又曰"者,盖即指下文"次车之乘"而言。疏不详察,遂云"右服盗骊,而左绿耳",其实是"右骖盗骊,而左山子"也。孙诒让云:"蘜"当作"騝",即籀文"骕"字。"騝"讹为"蘜",又讹为"蘜"。……"蘜"者,《说文·马部》"骕"字籀文作"騝",此变"𥄂"为"旬","㸚"为"莆",又左右互易,遂不可辨。顾实云:《尔雅》郭注、邢疏,俱因下文之盗骊而误引也。不然,则八骏之中,将有两盗骊而为九骏,必不可通矣。王贻樑云:此八骏及御、右者,多出异字,而《列子》《博物志》等异字更多,此皆相传所致歧异也。郭侃云:《诗·郑风·大叔于田》:"两服上襄,两骖雁行。"郑玄笺:"两服,中央夹辕者。襄,驾也。"《吕氏春秋·爱士》:"昔者秦缪公乘马车为败,右服失

而野人取之。"高诱注:"四马车,两马在中为服。"

④而左绿耳:左,左服。绿耳,亦作"骔耳"。《竹书纪年》卷下:"(周
穆王)八年春,北唐来宾,献一骊马,是生骔耳。"《史记·秦本
纪》:"造父以善御幸于周缪王,得赤骥、温骊、骅骝、骔耳之驷。
西巡狩,乐而忘归。"裴骃集解引郭璞曰:"八骏皆因其毛色以为
名号。"

⑤右骖赤麓(jì):右骖,右侧的边马。赤麓,卷一作"赤骥"。郭璞
注古"骥"字。天海案:《列子·周穆王》作"右骖赤骥,而左白
𬳶"。可见此"麓"字,乃"骥"之异文。

⑥而左白儀:左骖白义,亦八骏之一。郭璞注古"义"字。洪颐煊
云:《列子·周穆王篇》作"白𬳶"。《太平御览》八百九十六引云:
"右服骅骝,而左绿耳,右骖赤骥,而左白义。"唐、宋类书引此书,
凡遇古文皆从注中今字。翟云升云:《玉海》作"儀"。王贻樑云:
由前"义"字,此作"儀"字视,则其他异字亦当有假借字在。天
海案:《列子》作"白𬳶"(参见上注),其下注云:"𬳶,古犠字。"
《史记·赵世家》作"白犠",亦为异文。本书卷一作"白义"。

⑦造父为御:造父做驭手。造父,嬴姓,赵氏始祖。造父祖先大费
(伯益)为白帝少昊裔孙,伯益被帝舜赐姓嬴,造父为伯益的十四
世孙。周穆王时为驾车大夫。后受周穆王封于赵城(今山西洪
洞),遂以赵为氏。《史记·赵世家》:"穆王使造父御,西巡狩,乐
之忘归。而徐偃王反,穆王日驰千里马,攻徐偃王,大破之。乃赐
造父以赵城,由此而为赵氏。"

⑧啬啇(tài bǐng)为右:檀萃云:《列子》作"造父为御,啇啇为右",
则"啬"同"啇",音泰;"啇"同"啇",音丙。洪颐煊云:《列子·周
穆王篇》作"啇啇",释文云:"啇,音泰,篆作㐹;啇,音丙,《石经》作
死。"翟云升云:啬啇,《列子》作"啇啇",《玉海》作"啇啇"。陈逢
衡云:《淮南·原道训》:"昔者冯夷、大丙之御。大,音泰。"又《览

冥训》:"若夫钳且大丙之御。"又云:"夫钳且大丙不施辔衔,而以善御闻于天下,即此是也。"郝懿行云:盬盬,今文作"泰丙"。右,即车右。亦名骖乘。骖乘即车上卫士,以有勇力者担任。天海案:盬盬,依诸说,且读为"泰丙"。古制一车三人,尊者居左,御者居中,骖乘居右,以有勇力者担任。下文"奔戎为右"即是明证。可见此盬盬非御车者,乃是天子车上卫士。

⑨次车之乘:即副车。郭璞注云:"次车,副车。"

⑩右服渠黄:右边服马名渠黄。洪颐煊云:黄,《太平御览》八百九十六引作"胥"。陈逢衡云:"胥"字误。鲍刻本正作"黄"字。郑杰文云:今检涵芬楼影宋本《太平御览》卷八百九十六引仍作"黄"。

⑪而左逾轮:左边服马名逾轮。逾轮,骏马名。周穆王八骏之一。见本书卷一:"天子之骏:赤骥、盗骊、白义、逾轮、山子、渠黄、华骝、绿耳。"《列子·周穆王》:"次车之乘,右服渠黄而左逾轮。"

⑫右骖盗骊:右边骖马名盗骊。洪颐煊云:"骖"字本脱,从《太平御览》八百九十六引补。《列子·周穆王篇》亦有"骖"字。郝懿行云:"盗骊"上当脱"骖"字,《御览》八百九十六卷引此文有"骖"字。顾实云:骖,程本、范本皆脱,洪、郝校据《御览》引补,但翟校本不脱。天海案:原文脱"骖"字。依上文"右骖赤骥"例,此"右"字下必缺一"骖"字,此据补。

⑬而左山子:左骖是山子马。

⑭柏夭主车:柏夭乘坐的主车。

⑮参百:即参百,人名。卷一作"三百","参"与"三"通。御:御车者。

⑯奔戎为右:奔戎,人名。高奔戎做车右卫士。顾实云:奔戎,高奔戎也。本为七萃之士,盖擢升车右也。王贻樑云:以上考释八骏之名、人名者,大多难以据信,只是彼一说而已。天海案:奔戎,即本书卷三:"七萃之士高奔戎。"本书原文中出现"高奔戎"三次。

⑰翔行：飞行，喻急驰而行。郭璞注："一举辔千里，行如飞翔。"洪颐煊云：《文选》王元长《三月三日曲水诗序》注引无"驱"字。陈逢衡云：驰驱千里，盖总计翔行至于巨蒐氏里数，非一举辔即千里，郭说不可据。郝懿行云：李善注王融《三月三日曲水诗序》引此文"驰"下无"驱"字。顾实云：穆王此时正自今哈密而东南，通过大沙漠，故有翔行驰驱千里之必要也。然此言驰驱千里，较下文言驰驱千里，入于宗周，同名曰千里，而案其实则大有迳庭也。以此为荒服之里数，彼为畿甸侯绥之里数。卫挺生云：一日驰驱，号称"千里"者，实当三百里上下。

⑱至于巨蒐氏。巨蒐之人爝（ruò）奴：巨蒐，部族名。一作"巨搜"。部族名称"巨蒐"，其义，巨指大，蒐指狩猎。所谓巨蒐，就是以狩猎为大事，以狩猎立邦国。《列子·周穆王》："驰驱千里，至于巨蒐氏之国。"殷敬顺等释文："巨蒐音渠搜，西戎国名。"汪中注："巨蒐，即《禹贡》之渠搜也。"洪颐煊云："巨搜氏"三字本脱，从《太平御览》三百七十二、八百九十六引补，《史记·匈奴列传》索隐引作"臣蒐"，误。郑杰文云：今检《太平御览》九百十六、《事类赋注》卷十八所引皆有"巨搜氏"三字，《事类赋注》卷二十一引作"巨搜"。郭侃云：此"巨搜"下当有一重文符号，与上文"至于赤乌之人其""入于曹奴之人戏"相类。天海案："巨蒐氏"三字原文脱，此据诸说补。巨蒐，别本作"巨搜"；字又作渠搜、渠溲、渠叟。巨蒐氏，古代西域部族名。诸家皆认为此"巨蒐"为《禹贡》之"渠搜"古国，只是具体地望各执一说。《书·禹贡》："织皮、昆仑、析支、渠搜，西戎即叙。"《文选·扬雄〈解嘲〉》："今大汉左东海，右渠搜。"李善注引应劭曰："《禹贡》析支、渠搜，属雍州，在金城河间之西。"渠搜，古部族名，一作渠叟，西戎之一，分布于今甘肃酒泉迤西至鄯善一带。其东徙者居于今内蒙古鄂托克旗南，故朔方城附近；其西迁者曾建国于葱岭之西。爝奴：檀

萃云:《说文》“叒”,读若弱,“日初出东方,汤谷所登榑桑。叒,木也。象形”。今称“若”,木字从叒;㒳者,主若水之义,不流为奴,故曰“𦺇奴”。当音“弱”。洪颐煊云:钱詹事云“𦺇”疑即“若”字。古文“若”作𦱶。《说文》之“叒”即“若”本字。陈逢衡云:《太平御览》八百九十六引无“𦺇奴”二字,下即接“因具牛马之湩”二句。又九百十六引亦无。顾实云:𦺇,洪校引钱大昕说“从叒,即若字”。然其从㒳,终不可晓。王贻樑云:此是《穆传》中能够与其他古文献相印证的为数寥寥中的一个。其地距阳纡之东尾仅一日程,可知其必在今阴山东麓之北至多百里左右处。其他诸说皆不合。天海案:𦺇奴,巨蒐氏部族首领名。且读作“若奴”。

⑲乃献白鹄之血:白鹄,鸟名。即白鹤。一说白鹄为白天鹅。《书钞》《事类赋》《御览》俱引作“白鹤”,洪颐煊认为“鹄”与“鹤”通。翟云升云:《太平御览》九百十六、《事类赋》十八,“鹄”皆作“鹤”引入。鹤,类“鹄”,或“鹤”之讹也。《尔雅翼》谓“鹄”即是“鹤”音之转,非是。陈逢衡云:盖以白鹄之血和酒以饮天子也。顾实云:献白鹄之血以饮天子者,盖其地北临翰海,故产白鹄也。古书单言曰鹄,连言曰黄鹄,皆即此物。其形似鹤而色苍黄,亦有白者,其翔极高,一名曰天鹅。郑杰文云:阴山以北,大漠以南,向为候鸟春夏栖息地,《山海经·海内西经》:“大泽方百里,群鸟所生及所解,在雁门北。”《史记·卫将军骠骑列传》“登临翰海”,索隐引崔浩《汉纪音义》云:“北海名。群鸟之所解羽,故曰翰海。”泷川资言考证云:“翰海,大漠之别名。”巨搜氏正居大漠之南,故能猎白鹄以献血。

⑳所以饮血,益人炁力:洪颐煊云:注“饮血”本讹在“所以”下,今改正。陈逢衡云:“所以”本在“饮血”上,今从洪本改正。顾实云:郭注“饮血以益炁力”,炁,为“气”之俗字。太古之民,茹毛饮血,今俗犹有饮动物之生血,以益气力,医术名之曰“生血疗

法"者。王贻樑云：洪改无据，如此未能从。

㉑因具牛羊之湩（dòng）：湩，乳汁。《说文·水部》："湩，乳汁也。"
陈逢衡云：三苍云："湩，乳汁也。"郝懿行云：《太平御览》三百七
十二卷引此文作"且具牛马之湩"，《广韵》亦作"牛马"。常征
云：《左传》言，楚令尹子文生而被弃于野，母虎乳之得不死。楚
人谓虎曰"於兔"（乌杜），谓乳曰"斗谷"（斗构），故名子文曰
"斗谷於兔"（乳虎）。《穆天子传》"牛马之湩""牛羊之湩"之
"湩"字，读如"动"，即"斗谷"急读之音，是"湩"亦即是"乳"。
郑杰文云：《汉书·匈奴上》："得汉食物，尽去之，以视（示）不如
重酪之便美也。"师古注："重，乳汁也。……字本作湩。"王贻樑
云：《说文》《广韵》《集韵》等俱训"湩"为乳汁，是"湩"本南方
方言，后则普及，常征说已明。翟云升云：郭注"音寒冻之冻"，
诸本皆误作"音寒冻反"，今改正。《事类赋》二十一从省作"音
冻"。《太平御览》八百九十六作"音东"，则"冻"之讹也。陈逢
衡云：旧"之冻"作"反"，从《御览》三百七十二改，八百九十二
作"湩，乳。音东"。郝懿行云：李善注孙楚《为石仲容与孙皓
书》引郭注作"湩，乳汁也，竹用切"，此注"寒冻反"，"寒"字误
也。天海案：郭注原文作："湩，音寒冻反。"今从翟云升校本改
为："湩，音寒冻之冻。"

㉒以洗天子之足：顾实云：用牛马乳洗足，而不以为饮料，盖三千年
前黄种人尚未发现牛乳可饮之习惯。阿利安人宜更无从学习
矣。今欧洲人尚有以牛乳浴身者，则仍是三千年前之旧俗。天海
案：此可见用牛羊之乳洗足可以滋润皮肤，防止皲裂。

㉓及二乘之人：谓天子主车及副车之人。二乘，指天子主车和副车。
檀萃云：盖造父、啇啇、柏夭、参百、奔戎，皆与洗，为劳其远回也。
洪颐煊云：《列子·周穆王篇》自"天子命驾八骏之乘"以下至此
俱同，惟下云"已饮而行，遂宿于昆仑之阿、赤水之阳，别日升昆

仑之丘以观黄帝之宫”，与今次为少异耳。

【译文】

癸酉这一天，穆天子命人用八匹骏马驾车。右边辕马名骅骝，左边辕马名绿耳；车右骖马名赤骥，车左骖马名白义。穆天子乘坐的主车，是造父做驭手，囷固在车右做卫士。穆天子的副车，右边辕马名渠黄，左边辕马名逾轮；车右骖马名盗骊，车左骖马名山子。柏夭乘坐的主车，参百作驭手，高奔戎为右卫。

穆天子于是向东南方向飞速前进，驰驱千里，到达了巨蒐氏。巨蒐人首领䮘奴就献上白鹤的鲜血，请穆天子饮用。又准备了牛羊的乳汁，要为穆天子洗脚，并且对天子主、副两车的人也是这样。

4.6

甲戌[①]，巨蒐之人䮘奴[②]，觞天子于焚留之山[③]，乃献马三百[④]、牛羊五千、秋麦千车[⑤]、秋麦，禾也。膜稷三十车[⑥]。稷，粟也。膜，未闻。天子使柏夭受之。

好献枝斯之石四十[⑦]，精者为英。侄韶、鼍䴝[⑧]、珌佩百只[⑨]、琅玕四十[⑩]、䴏鹬十箧[⑪]。疑此纻葛之属。天子使造父受之。

□乃赐之[⑫]，银木飏采[⑬]、黄金之器二九、贝带四十、朱三百裹、桂姜百崴。䮘奴乃膜拜而受。

【注释】

①甲戌：丁谦《干支表》：“距前一日，觞于焚留之山。”天海案：顾实作“八月十二日”，亦距前一日。

②巨蒐之人：天海案：“人”字，原文脱，此据上文径补。翟校本“之”下亦有“人”字。

③焚留之山：山名。或为阴山山脉中一支脉。卫挺生云：所谓焚留

之山，当即今马鬃山也。王贻樑云：当在今内蒙乌拉特中后联合旗至乌拉特前旗一带。

④乃献马三百：顾实云："马"上当脱"食"字，以前珠泽、赤乌、曹奴、潜时、智氏、西膜皆云献"食马"可证。黄校朱笔添食字，不知据何本。天海案：顾实认为"马"上当脱"食"字。依《穆传》文例，当有"食"字，译文据补。

⑤秋麦：秋熟之麦。檀萃云：其地苦寒，麦至秋始熟，故谓之秋麦。今西边往往而然。郭之注《山海》《尔雅》及此传多称江东、江南，拘于所见而遂以秋麦为禾，则不达也。陈逢衡云：即今之大小麦也。周正五月为秋，正割麦之时，故谓之秋麦。《月令》："麦，秋至。"《初学记》三引蔡邕《章句》曰："百谷名以其初生为春，熟为秋，故麦以孟夏为秋。"衡案，江南割麦在芒种，黄河以北割麦俱在夏至。郝懿行云：麦有春种者，食之不益人。秋种者良，故以著名。顾实云：秋麦者，《礼记·月令篇》曰："孟夏麦秋至，农乃登麦。"故麦虽夏收，而得称秋麦。……禾乃稻属之名，但浑言不别，故郭注训麦为禾也。郑杰文云：《广志》曰："秋麦，三月种，八月熟，出西方。"（见《太平御览》卷八百三十八）或即此秋麦。或曰秋麦即荞麦，详《政和类证本草》卷二十五。王贻樑云：秋麦者，秋种之麦，《月令》甚明。郭侃云：《四民月令·正月》："可种春麦。"《八月》："凡种大、小麦，得白露节，可种薄田；秋分，种中田；后十日，种美田。"《四民月令》中虽无"秋麦"，但由"春麦"可知"秋麦"当为八月时播种，即秋种之麦，而非秋熟之麦。天海案：王贻樑、郭侃皆以"秋麦"为"秋种之麦"，且以《月令》为证。岂不知冬季严寒，西北尤甚，秋种之麦又何时成熟呢？此说不确。况且《月令》并无"秋麦"，其"春麦"（春种之麦）正是秋熟之麦。故檀萃、郑杰文所说是。

⑥膜稷：即西域之粟。檀萃云：膜，同"漠"，言沙漠之粟。陈逢衡

云：膜稷，盖未去肤壳者，或曰膜，大也，与下文"膜菫"同义。顾实云：今河套北岸，地味膏腴，而北部地近沙碛，所在茂草荒沙，犹宜畜牧。古或兼宜麦稷。膜稷必以产于沙漠而得名，犹后世番薯西红柿之类。……然膜与番，究有微别。膜借为漠，以近沙漠者为限；而番则后世用语，非出自古，其含义颇广，凡异域之人禽草木等物，皆可泛指之曰番也。王贻樑云：膜稷，即西膜之稷，其与中原之稷可能有品种上的差异，亦可能仅作供食之用。

⑦好献枝斯之石四十：好献，为交好而献礼。其献礼者仍为獯奴。枝斯，美玉之石。参见卷二2.4节注⑮。即枝斯为玉石精品，故洪校本据郭注改"石"为"英"。檀萃认为枝斯即玉荣。翟云升云：以注证传当如前作"枝斯之英"。"石"者，"英"之误也。注上亦疑脱"玉之"二字。王贻樑云：由注文视，"石"当作"英"，但改之无本，故仍旧作。天海案：此"四十"与下"琅玕四十"下似脱量词，依《穆传》文例，凡言玉石者，皆以"隻"作量词，故译文据补量词作"隻"，亦即"雙"。

⑧僮韶、舅鼅：此四字字书不载，音义不详，据文意，必为玉器佩饰之名。檀萃云：韶，玉厄匜也，音贻。僮，古"僮"字，僮韶者，僮仆所捧之玉匜也。舅，同"彚"。鼅，言其罋形如猬隐文针起，如碟也。……舅，抑或为"男"，《释典》作"偊"。小川琢治认为"僮韶"二字为"华琯"，"舅鼅"为"毕雍"二字。顾实云：鼅，范本、《道藏》本作鼅，与前重鼅氏之鼅极相似，疑系一字，但亦知其当为实物，而不能说其形声。郑杰文云：僮韶舅鼅，疑皆玉石制品，故与玭佩并言之。

⑨玭（bì）佩百隻：玭佩，佩刀上的玉饰。隻，亦"雙"字省文。檀萃云：玭佩，刀上饰，天子玉瑹而珧玭也。郑杰文云：玭佩，刀、剑鞘末端的饰玉。天海案：玭佩，佩刀上的玉饰。

⑩琅玕：玉石名。见本书卷四4.2节注⑭。

⑪**纑麣十筐**：疑此纻葛之属。檀萃云：郭见以筐贮，遂疑为纻葛，恐不然也。"好"献六种，五皆以玉，不应后荐纻葛。纑，同"壅"，为"冕旒"之"旒"，缫十二，小玉。小，同"玌"，佩玉之细者，故以筐为量而贮至，犹之以斛量珠十筐，言其盛也。陈逢衡云：当以郭注"纻葛"之说为长。郑杰文云：疑此亦玉制品。王贻樑云："纑麣"以筐装，则非植物即织物。但具体皆未名。郭侃云：以"筐"与"出小"二字上半部结合分析，二字所从为"艹"无疑，"山""出""小"皆应是"艹"之形讹，或指某种食物，如前文之"桂姜"。此物装在"筐"中便更显合理。天海案："纑麣"二字不见于字书，音义未详。郭注"疑此纻葛之属"，译文从此，且按苎麻、葛布解。筐，竹箱。

⑫**□乃赐之**：此阙文□疑为"穆天子"三字，译文从此。

⑬**银木荱采**：器物名。具体未详。檀萃云：荱，犹"瑰"也，文画之变也。洪颐烜云：荱采，疑即上文"瑰采"。天海案：或与前文"黄木银醜采"同为木质镀银彩绘漆器一类。荱，字书不载，音义未详。

【译文】

甲戌这一天，巨蒐人首领䝙奴在焚留山上向穆天子敬酒，又献上食用马三百匹、牛羊五千头、秋麦一千车、当地粟米三十车。穆天子命柏天接受了这些礼物。

䝙奴还献上枝斯美玉四十双，㑣韬、矞琱、珌佩等玉器饰物一百双，琅玕玉珠四十串，苎麻、葛布十箱。穆天子命造父收下了这批礼物。

穆天子于是就赏赐䝙奴，木质镀银彩绘漆器若干、黄金缶十八件、贝带四十条、朱砂三百袋、桂皮干姜一百筐。䝙奴就合掌加额、伏地跪拜后接受。

4.7

乙亥①，天子南征阳纡之东尾②，尾，山后也。乃遂绝绝簪之谷③。

辛巳④，至于赮璘河之水北阿⑤。爰有夔溲之□⑥，河伯之孙，今西有渠搜国。疑夔夔，"渠"字⑦。事皇天子之山⑧。有模堇⑨，其叶是食明后⑩。模堇，木名。后，君也⑪。堇，音谨。天子嘉之，赐以佩玉一只⑫。柏夭再拜稽首⑬。

癸丑⑭，天子东征。柏夭送天子至于䣙人⑮，䣙伯絮筋天子于澡泽之上⑯。斵多之汭⑰，汭，水涯。河水之所南还⑱。还，回也。音旋。曰：天子五日休于澡泽之上，以待六师之人。

戊午⑲，天子东征，顾命柏夭归于丌邦⑳。天子曰："河宗正也㉑。"柏夭再拜稽首㉒。辞去也。天子南还㉓，升于长松之隩㉔。坡有长松㉕。

【注释】

①乙亥：丁谦《干支表》："距前一日，南征，绝夔胥之谷。"天海案：顾实作"八月十三日"，亦距前一日。

②阳纡之东尾：此即卷一之"阳纡山"东部，约在今阴山山脉东部。陈逢衡云：穆王回驭由西北至东南，故历阳纡之东尾。小川琢治云：所谓"阳纡之东尾"者，乃沿河水屈曲，自东西折而南，哈拉纳林鄂拉之南端，"东"字当为"南"之误字。顾实云：阳纡之东尾，当即今乌喇特旗北之噶扎尔山。王贻樑云：小川说"东"为"南"字之误，不确。穆王一行明明在阳纡之北，何能不越阳纡而至其南钦？且阳纡之山（今阴山山脉）本即东西横亘，言"东尾"方合情理。天海案：王贻樑之说可参。

③夔胥之谷：山谷名。具体未详，约在今阴山东部稍北侧。"夔胥"二字不见于字书，音义未详。丁谦云：夔胥之谷，当即今库勒尔城

东遮留谷。《水经注》所谓铁谷关也。顾实云:"燹胥"二字不可识,然燹胥之谷,按其地望,当即今巴颜鄂博河(清《一统图》《会典图》皆有此河,喀尔喀右翼旗扎萨克驻此)。高夷吾云:燹胥之谷,即五达谷,在萨拉齐西。卫挺生云:自马鬃山以东约二千余里而至于阳纡之东尾,其间可称横绝之谷,唯阳纡之三个山口。……此谷最长,在战国以后称高厥。天海案:"燹胥"二字尚无人能识,所言地望皆臆测,不足为信。

④辛巳:天海案:"辛"字原文无,"巳"上应为天干纪日,据《穆传》文例补。翟云升云:巳,盖"辰巳"字,其上脱干名也。陈逢衡云:"巳"上脱"辛"字,乙亥后第六日也。小川琢治补"卯"字,作"己卯"。丁谦《干支表》补作"乙巳"并云:"距前三十日,至纍瑌水之北阿。"顾实云:巳,翟曰"盖辰巳字",非也。巳,犹既也,巳而也,既而也。卫挺生云:翟说非也,乃"己丑"日。王贻樑云:以上下文义衡之,此处当是干支日名,只是字是"巳"或"巳"未能确定。此权作"巳"。天海案:陈逢衡说作"辛巳"近是,距前六日。

⑤至于纍瑌河之水北阿:纍瑌,此或地名,音义未详。一说为水名。地名或水名皆无可考。但应与焚留之山、燹胥之谷相距不远。译文且作地名。檀萃云:纍瑌者,漆洛也。初"癸酉,天子舍于漆濢"者,即此河。丁谦云:纍瑌河,即今拜河。小川琢治认为"纍瑌"为"薄珞"二字。"薄落"一语,与准语之Bulak相当。即为"泉"之意味。顾实云:"纍瑌"二字,虽不可识,而其为地名,则可以断言。此二字之下,原作"河之水北阿",陈曰"之"字当在"水"字下,是也。全书多以"河水"二字相连,卷一云"钘山之西阿",与此言"河水之北阿"句式正同一例,故乙正之。卫挺生云:然则所谓纍瑌,殆在今狼山县之东北。王贻樑云:陈校是,只是改之无本,故仍旧作。天海案:"至于"上,当有"穆天子"三字,译

文从此。豵瑐，似为地名，依文意，当在黄河之北岸，具体未详。陈逢衡认为"之"字当在"水"下，此说近是，译文从之。

⑥爰溲之□：天海案：顾实疑阙文□为"邦"字，译文从此说。顾实云："爰"字不可识，必非"渠搜"则亦可断言。王贻樑云：前"巨蒐"既为"渠搜"，则此"爰溲"不当再释"渠搜"。郭侃云：关于"爰溲"究竟为何，诸家观点各异，有释其为部族名、山名或水名。因其字为何不可晓，故亦难定其确为何物之名。但"爰溲"显与"河伯之孙"关系密切，河伯之孙当为"河宗氏"后，故"爰溲"不应为部族名无疑。此或为地名、山名。天海案：爰溲，疑为部族名。"爰"字音义未详。郭璞注疑"爰"为"渠"字，非是。王贻樑说是，只是具体地望未明，然一定靠近河宗氏。

⑦"今西有渠搜国"几句：檀萃云：郭说非也。其字从炭从阳从水，盖汤泉也。溲，浸沃也。河伯之孙即柏夭也。言此山在汤泉之口也。爰，古"汤"字。翟云升云：注疑"爰"之为"渠"，而不言"溲"字之异，或传故如注作"搜"而今误也。陈逢衡云：渠搜，即上文"巨搜"，此"爰溲"非"渠搜"明矣。□系空方，檀本竟作"口"字解，谓是"汤泉之口"，亦非。事皇天子之山，犹《海内南经》之"三天子鄣"、《海内东经》之"三天子都"也。又《西山经》有"天帝之山"，此或类是，盖河宗氏境内之名山，河伯之子孙所得而主祭者。天海案：郭璞此注与上文"巨蒐"相冲突。

⑧事皇天子之山：檀萃云："事皇天子之山"者，即前河宗致命于皇天子之处也。卷一有"河宗柏夭逆天子燕然之山"，或即此山。卫挺生云：当即燕然之山。天海案：事皇天子之山，侍奉崇高的天子之山。事，即侍奉。皇，乃尊崇之辞，犹广大、崇高、美好之意。

⑨模堇：植物名。檀萃云：即木槿也，其花可食，柏夭以供天子也。陈逢衡云：《诗·大雅》"堇荼如饴"，传："堇，菜也。"《尔雅·释草》"苦堇"，郭注："今堇葵也，字又通作槿。"《礼·月令》："木

董荣,一名舜。"《诗·郑风·有女同车》"颜如舜华",是也。《尔雅·释草》:"椴木槿,榇木槿。"郭注:"别二名也,白曰椴,赤曰榇,一名日及。"《南方草木状》:"赤槿名日及,一名王蒸。"即此"模董"是也。顾实云:模,训大也,则"模董"亦"荅董"之类也。"模""膜""漠",俱同声可通用,则"模董"犹"荅董"之类也。郑杰文云:此"模董"当即"木董"。"模""木"同为明纽。模,鱼部;木,屋部。鱼、屋音近可通。"木董"又作"木槿",《礼记·月令》言"仲夏之月木董荣",孔疏引《尔雅·释草》:"椴,木槿。……或呼为日芨。"木槿属锦葵科,落叶灌木。叶卵形,往往三裂,有三大脉。树皮和花入药,能活血润燥。王贻樑云:董可入药有二:一为董草,又名芨、蘸、萌蘸、陆英;一为木槿。此当为木槿,属锦葵科,性甘、平,有清热解毒功效。天海案:模董,依诸说即木槿,锦葵科木槿属落叶灌木,其树木高大。《本草纲目》记载:"此花朝开暮落,故名日及。"

⑩其叶是食明后:陈逢衡云:其叶是食明后,如《大荒南经》所云:"有盈民之国,有人方食木业。"《吕氏·本味》高诱注云"赤水玄木,其叶皆可食"是也。其曰"是食明后"者,盖贵重之义,故天子嘉之。王贻樑云:《本草纲目》云其可"洗目令明",与此可大致吻合。并本传"明后"之"后"字,盖"目"字之形讹,作"后"字于义殊不类。天海案:此云"是食明后"显与"洗目令明"不类,王贻樑说亦不妥。或云模董之叶可供明君食用,此乃河宗柏夭阿谀逢迎之词,郭注不误。

⑪后,君也:"后"的本义指远古时代的君主或诸侯,后来专指君主之妻。《左传·僖公三十二年》:"殽有二陵焉,其南陵,夏后皋之墓也。"

⑫一隻:一双。隻(只的繁体),亦"雙"(双的繁体)之省文。译文作"双"。

⑬稽首：叩头至地，为臣拜君之礼。

⑭癸丑：丁谦《干支表》："距前（乙巳）八日，越阳纡东尾，至于䣙人。"天海案：顾实作"九月二十二日"，距前"八月十三日（乙亥）"则四十九日。前补作"辛巳"，此距前当三十二日。此处或文有脱误，据传文所载位置，穆天子不当行一月余才至䣙人国。

⑮䣙人：河宗氏属国名。地在河套一带。参见本书卷一1.3节注②。

⑯䣙伯絮：人名。䣙人国君主。本书卷一作"䣙柏絮"。参见本书卷一1.3节注③。澡泽：湖泊名。卷一作"漆澤"。即渗泽，参见本书卷一1.3节注⑪、注⑬。

⑰斳多之汭（ruì）：博托河的北部湾。斳，读音未详。丁谦云：水北曰汭，斳多之汭，当即指渗泽之水西流入河也。顾实云：无党河又有博托河，因音别而为包头。清《会典图》作"包头河"，此真包头矣。最古当是名曰"斳多"。……大概䣙邦之境跨连今图尔根河与博托河之间……其当在今萨拉齐之南境，黄河折而南流之处乎！汭，有数义，此当训水口也。卫挺生云：斳多，今字为"博多、包头"，乃今包头市所在。河水南还处，乃包头县属之河口。王贻樑云：斳多，河水南还处，俱当在今内蒙包头至托克托一带，诸说大多近同。郑杰文云：河道转弯处，多在外侧形成高地水崖。天海案：据顾说，此"斳多"乃今博托河之古音，"斳多之汭"即博托河的北部湾。汭，河流弯曲的地方。

⑱河水之所南还：黄河转弯折向南流的地方。即当今内蒙古托克托城一带。陈逢衡云：河水所南还，是纪水道之趋向，犹前卷一"积石之南河"是也，非谓穆王始还。顾实云："还""旋"，古字通，犹言转也。郭注训回，亦为转折之义。郑杰文云：还，古通"旋"。《诗经·召南·采蘩》"薄言还归"，《诗经考文》足利本"还"作"旋"。……河水之所南还，黄河向南回旋处。

⑲戊午：丁谦《干支表》："距前五日，东征南还，升于长松之隥。"天

海案：顾实作"九月二十七日"，亦距前五日。

⑳顾命：本为君王临终遗命。此指临别时君王的诏命。亓：古文"其"字。檀萃云：亓，古"其"字。命柏夭归河宗邦。卫挺生云：柏夭导穆王游万余里，今始归。郑杰文云：顾命，感念而下诏令。顾，眷念，感念。《尚书·康诰》"顾乃德"，孔传："谓顾省汝德。"天海案：《尚书·顾命》："成王将崩，命召公、毕公率诸侯相康王，作《顾命》。"孔安国传："临终之命曰顾命。"孔颖达疏："顾，是将去之意，此言临终之命曰顾命，言临将死去回顾而为语也。"

㉑河宗正也：省略语，意即穆天子任命柏夭为河宗氏的执政君主。正，同"政"，执政。檀萃云：美之也。陈逢衡云：伯夭为河宗氏嫡派子孙，故曰"河宗正也"。顾实云："正""政"，古字通。河宗正者，盖命河宗氏归而治政也。卫挺生云：《尔雅·释诂》："正，长也。"《广雅·释诂》："正，君也。"郑杰文云：正，嫡长、正宗之意。《榖梁传·隐公四年》"诸侯与正不与贤"，集解："雍曰：正，谓嫡长也。"《尚书·说命下》"昔先正保衡"，孔传："正，长也。""河宗，正也"者，即惠命柏夭为河宗诸国（河宗氏、鄜邦等）的盟邦之主，故下言"柏夭再拜稽首"的谢恩。此与后少数民族邦国接受汉王朝天子诰封相似，是作者"大一统"思想的表现。顾说非。郭侃云：郑杰文认为此为穆王"诰封"柏夭之正统地位，观点可从。但引申为作者"大一统"思想似不妥，以《穆天子传》成书年代看，"大一统"思想似并不适用于先秦时期的典籍，且以此为"大一统"思想的表现，似论据不足。

㉒再拜稽首：稽首，伏地跪拜，叩头至地。卫挺生云：再拜稽首，乃华礼也。盖河宗氏乃边疆封建之最大诸侯，而柏夭乃有志于沟通民族间之善行而热心推广周代文化于西北者也。郑杰文云：此"再拜稽首"含谢恩与辞去两意。

㉓天子南还：穆天子向南返回。黄河由今内蒙古托克托处大转弯，

改东西流向为南北流向,故穆天子于此处循黄河南向返回。洪颐煊云:自上文"辛丑","天子西征至于邺人",遂由河宗西至昆仑丘见西王母,至此始还,故此书自第一卷至第四卷,虽中多断简,皆一时事。陈逢衡:前三卷"己亥",天子东征,归六师□起,已还辙矣,非至此始还也。

㉔长松之隥(dèng):地名。大约在今内蒙古与山西交界处。隥,险峻的山坡。此坡因长满高大的松树而得名。洪颐煊云:隥,《太平御览》五十三引作"坂"。翟云升云:隥,《北堂书钞》作"阪",《太平御览》五十三作"坂",以注证之,似是"阪""坂"同。郝懿行云:《御览》九百五十三卷引作"升长松之山"。顾实云:长松之隥,当在今朔平府右玉县牛心堡迤北一带,旧有大松树山是也。

㉕长松:高大的松树。

【译文】

乙亥这一天,穆天子南行,到达阳纡山东头山后,于是从那里穿毲膏山谷。

辛巳这一天,穆天子到达了鼗璊,那里是黄河的北岸。那里有鼗渡国,有河伯子孙侍奉过周天子的燕然山。山上有木堇,它的叶子供明君食用。穆天子嘉奖了柏天,赏赐他佩玉一双。柏天伏地跪拜,两次叩头至地。

癸丑这一天,穆天子向东行进。柏天送穆天子到了邺人国。邺伯絮在澡泽上向穆天子敬酒。斸多河北部湾,是黄河水向南流去的地方。穆天子在澡泽上休息了五天,以等待六师后续部属。

戊午这一天,穆天子向东进发,临别时命柏天回到他自己的邦国去。穆天子说:"你是河宗氏的宗正啊!"柏天跪地叩头拜了两次,才辞别而去。穆天子向南返回,登上了险峻的长松山坡。

4.8

孟冬壬戌^①，至于雷首^②。雷首，山名。今在河东蒲坂县南也。犬戎胡^③，觞天子于雷首之阿^④，乃献食马四六^⑤。天子使孔牙受之^⑥。曰雷水之平寒^⑦，寡人^⑧，具犬马牛羊^⑨。爰有黑牛白角，爰有黑羊白血^⑩。记异也。

癸亥^⑪，天子南征，升于髭之隥^⑫。音訾。

丙寅^⑬，天子至于钘山之队^⑭，东升于三道之隥^⑮，乃宿于二边^⑯。命毛班、毛班，毛伯卫之先也^⑰。逄固先至于周^⑱，以待天子之命^⑲。

【注释】

①孟冬壬戌：丁谦《干支表》："距前四日，至犬戎南界雷首之地。"天海案：顾实作"十月初一日"，亦距前戊午（九月二十七日）四日。孟冬，初冬（十月）。

②至于雷首：雷首，山名。大约在今山西朔州附近。洪颐煊云："天子"二字本脱，从《水经·河水注》《玉海》一百四十八引补。丁谦云：雷首者，雷水上源之山，当在犬戎西南，盖即今索尔古。郭注误。小川琢治云：要在雷首为雷水之源无疑。其正确位置，据《支那地图帖》，在朔州北十余千米东南山麓，桑干泉池侧。桑干泉水故以甘冽名，从郦道元说。此泉为灅水支流漯涫水，于其侧求雷水阿当较可信。即累头山。顾实云："天子"二字原脱，洪校据《水经注》《玉海》引，补。雷首，即今朔平府马邑县之洪涛山。出雷水，即漯水，今之永定河。其源出洪涛山，流至直隶天津府之大沽河，北入海，即桑干河是也。王贻樑云：洪校是，此亦从补。依文意，此雷首、雷水，非卷一之"当水"甚明。雷首，非郭注所云今山西永济、芮城一线的雷首山，彼山乃卷六之薄山。此雷首当

以小川、顾实说是。天海案："至于"上，当有"穆天子"三字，洪
校本补"天子"二字，译文从之。

③犬戎胡：犬戎首领名胡。翟云升云：前云"犬戎□胡"，此"胡"字
上亦当有缺文。王贻樑云：翟校此云"胡"上亦当有缺文则未必，
文献与本传如"昆仑之丘"亦可作"昆仑丘"；"太山之稽"马王堆
帛书作"太山稽"，则此"犬戎胡"前亦可能称"犬戎之胡"，故不
必定有缺文，则此"犬戎□胡"之□可能是"之"字。天海案：此
"胡"字上不当有缺文，参见卷一："犬戎胡觞天子于当水之阳。"

④雷首之阿：雷首山的山坡。檀萃云：初天子北征于犬戎，此犬戎在
内地，其君胡也。北征者，北行也，非征伐也，于是犬戎胡觞天子
于当水之阳。其归也，又觞于雷首之阿，其恭顺如此，岂自是荒
服不至者哉？洪颐煊云：《水经·河水注》《北堂书钞》八十二引
作"雷首之阿"。陈逢衡云：雷首，洪本作"雷水"，下注云："《水
经·河水注》《北堂书钞》八十二引作'雷首之阿'。"衡案，《太平
御览》九百二引作"雷首之阿"，犬戎成王时献文马，盖臣服于周人
矣。穆王勤远，故后此荒服不至。顾实云：首，各本如是，惟洪校
本作"水"，洪据《水经注》《北堂书钞》引作"首"。余检《御览》
九百二引，亦作"首"。雷首之阿，与"钘山之阿"同例也。虽下文
云"雷水之平"，则此与雷水密迩之故耳。郑杰文云：雷首之阿，指
雷首山某山坡。卷一"钘山之阿"旧注："阿，山陂也。"山陂，即山
坡。王贻樑云：洪本改作"水"当涉下文而误。依传文惯例，此觞
宴之地，当即此前所云、所致之地，故当作"雷首"为是。

⑤食马四六：食马，当作"良马"。檀萃云：他本引此作"良马四
驷"。翟云升云：食马，《水经注》四、《太平御览》九百二、《玉
海》百四十八皆引作"良马"。郑杰文云：以上文言"献食马三
百""献食马九百""献良马百匹"（卷二）、"献食马三百"（卷四）
看，此献"四六"者当为"良马"。王贻樑云：卷一已言，本传献

食马概以百十记,献良马概为四马（一乘之驾）之倍数,此作"良马"为是,从诸校改。天海案:依《穆传》文例,言"良马"者必以四的倍数计,言"食马"者皆以百十计。此以四六相乘计,必为良马,此马主要供驾车用。译文从诸校作"良马"。

⑥孔牙:人名。陈逢衡、刘师培皆认为此孔牙即《尚书·周书·君牙序》中的君牙。君、孔系一声之转,顾实亦从此说。据《周书·君牙序》:"穆王命君牙为周大司徒。"

⑦曰雷水之平寒:曰,此为句首语助词,无义。雷水,水名。今桑干河,此流域雷水在今山西朔州一带。参见上文注④。檀萃云:"曰"者,犬戎胡谓孔牙也。洪颐煊云:平,《水经·河水注》引作"干"。《初学记》二十九、《太平御览》九百二引俱无"寒"下八字。陈逢衡云:"曰"字,是"于"字之讹。《水经注》引作"天子使孔牙受之于雷水之干",《太平御览》九百二引作"天子使孔牙受之曰雷水之平"。案,文义当从《水经注》。《御览》"平"是"干"字之误。"寒"字衍。……寡人,"寡"字误,当是"雷"字,谓"雷水之人"。郝懿行云:《初学记》引"平"下无"寒"字。刘师培云:平,同"坪",即水旁平衍之地。"寒"系衍文,盖一本误"寡"作"寒",校者复并入正文也。顾实云:曰,《水经·河水注》引作"于",古"曰""于"通用。见《尔雅》及《经传释词》。干,原作"平",洪校据《水经》注引作"干",今据改。干者,岸也。犹《诗》言"河之干"也。审文义,当读"寒,寡人"句,"具犬马牛羊"句,言以荒寒而少人,俱"具犬马牛羊"也。卷二云"寡草木",与此云"寡人",其语例正同也。卫挺生云:平,《水经注》引作"干"。挺案"平"是也。其西北有"焉居禺知之平",盖指山岭间之平地也。寒,谓气候寒,且物产贫乏,今世所谓"苦寒"也。张公量云:雷水,桑干河;平,平坝,或通作"坪"。郑杰文云:平,刘曰,通"坪",指"水旁平衍之地",然则"雷水之干"即雷水之岸,"雷水

之平"即雷水之旁,两说俱可通。王贻樑云:此句颇费解。或改"平"为"干",但仍感不佳,故此仍权从旧文不改。郭侃云:《穆天子传》"曰"字后所接多为柏夭向穆王介绍当地部族情况的内容,而此时柏夭已归其邦,且"曰"后内容与犬戎无直接关系,或为陈逢衡等人所述,此"曰"当为"于"字之讹。天海案:"曰"字,本书多用作句首语助词,无义。不当依陈、顾之说改为"于"。若改作"于",此句则连上文为"天子使孔牙受之于雷水之平"。然检本书上下文例,凡"天子使某某受之"下,皆不曾与地名相关。故此句应是"雷水之平寒"。若依刘师培、张公量说,"平,平坝;或通作坪。""寒"字不误,则指雷水之坪寒冷,译文即从此说。

⑧寡人:人烟稀少。

⑨具:准备。

⑩白血:陈逢衡云:郭氏多求诡异,故云。余谓"白血","血"字亦"角"字之误,无所为异也。刘师培云:此文倒讹,当作"雷水之平……爰有黑牛白角,爰有黑羊白血",或下仍有挩文;"寡人,具犬马羊牛"下有挩文。顾实云:刘说臆窜,更不足据。卫挺生云:黑牛白角、黑羊白血,挺案,是殆《国语·周语》所云"获四白狼、四白鹿以归"之所本。盖《周语》记者所得之传说误矣。郭侃云:自"雷水之平"至"黑羊白血"一句,如刘师培所说,其中或有脱文。上半句"雷水之平,寒,寡人"当释为"雷水岸边,天寒,人少",但"具犬马羊牛"接上文似不可通。下半句"黑羊白血",今检百科全书,并无血为白色的哺乳动物,唯有当血液中甘油三酯和胆固醇等含量过高时,血液会呈现出乳白色的状态,不知与此"白血"是否有关。天海案:疑作"白角",作"白血"令人匪闻莫解。郭璞注"记异也",实指"白血"而言。陈逢衡说近是,译文从之。

⑪癸亥:丁谦《干支表》:"距前一日,升于毙之隥。"天海案:顾实作"十月初二日",亦距前一日。

⑫髭（zī）之隥：髭，山坡名。小川琢治云："髭之隥"为雁门无疑。顾实云：当即今山西代州之句注山。句注山在代州西北二十五里，雁门山在代州西北三十五里。郑杰文云：隥，《玉篇》："险坂也。"坂，即"阪"，山坡。天海案：《说文》："頿，口上毛也。从须，此声。"字亦作"髭"。髭，是指嘴上边的长而浓密的胡须。出自《左传·昭公二十六年》："至于灵王，生而有髭。"髭之隥，想来是形容长满荒草的山坡。译文且从此。

⑬丙寅：丁谦《干支表》："距前三日，至于钘山之队。"天海案：顾实作"十月初五日"，亦距前三日。

⑭钘山之队：钘山的峡谷隧道。队，通"隧"。参见卷一1.1节注⑲。

⑮三道之隥：地名。丁谦：此钘山队为太行西谷，在今山西平定州东。三道隥、二边，均在其地。顾实云：三道之隥及二边，当俱在今正定之井陉山中。王贻樑云：今北方以二道、三道命名之地犹多，辽宁、吉林、内蒙、河北、山西俱有。此三道、二边在井陉东侧，具体难定。

⑯二边：地名。参见上注。

⑰毛班：人名。周穆王时大夫。顾实云：郭注引毛伯见《春秋》文元年、九年，及宣十五年《左氏传》。于省吾云：卷五有毛公，注谓毛公即毛公班，是也。《班簋》云："唯八月初吉，在宗周。王命毛伯更虢城公服。"又云"班捧諆首曰"，又云"王非敢见"。是毛伯名班，乃穆王时人。而郭沫若、吴其昌均考定《班簋》为成王时器，失之。王贻樑云：于说甚是。《班簋》，由其铭文内容、字体、至器形、纹饰，显然皆属西周中期，断为穆王时器不误。由《班簋》铭知毛班本只卿爵，故称伯。因继替虢城公之职而升为公爵，称公。本传卷五称其"毛公"，是已升公爵矣。天海案：此毛班，仅见于本书。郭璞此注："毛班，毛伯卫之先也。"本书卷五5.2节又有"毛公"，郭注云："毛公即毛班也。"毛伯卫，见于《左传纪事本末》

卷一:"八年秋,襄王崩。冬,穆伯如周吊丧。九年春,毛伯卫来求金,非礼也,不书王命,未葬也。"(高士奇撰)《姓源》:"周文王第八子郑封于毛,《左传》周大夫毛伯是也。后因氏。"

⑱逢(páng)固先至于周:逢固,人名。卷一作"梁固",今本《竹书纪年》作"逢公固",穆王时大夫。参见卷一1.4节注④。周,此指宗周洛邑。顾实云:周,宗周也。先归于宗周,盖以待天子之至而有所命也。

⑲以待天子之命:原为"以待天之命"。"子"字原文脱。洪颐煊云:"天"下疑脱"子"字。天海案:翟云升本、王贻樑本俱补"子"字,此据补。

【译文】

初冬壬戌这一天,穆天子到达了雷首山。犬戎首领名胡的人在雷首山湾向穆天子敬酒,又献上了良马二十四匹。穆天子让孔牙收下。雷水两岸寒冷,人烟稀少,要准备犬马牛羊。那里有白角黑牛,那里有白角黑羊。

癸亥这一天,穆天子向南行进,登上了长满荒草的山坡。

丙寅这一天,穆天子到达钘山峡谷险道,从东头登上了三道坡,就住宿在二边。穆天子命毛班、逢固先回到宗周洛邑,等待天子的命令。

4.9

癸酉①,天子命驾八骏之乘,赤骥之驷②,造父为御。

□南征翔行③,径绝翟道④,翟道,在陇西,谓截陇坂过。升于太行⑤。南济于河⑥,驰驱千里⑦,遂入于宗周⑧。

官人进白鹄之血⑨,以饮天子,以洗天子之足⑩。亦谓乳也。造父乃具羊之血,以饮四马之乘一⑪。与王同车,御右之属。《左传》所谓"四乘"是也⑫。

【注释】

①癸酉：丁谦《干支表》："距庚午三日，绝翟道，升太行山，乃济河入于宗周，亦三日行千里。"天海案：顾实作"十月十二日"，距前"丙寅"又七日。

②八骏之乘，赤骥之驷：此二句互文见义，皆指周穆王用八匹骏马驾车。顾实云：既曰"八骏之乘"，又曰"赤骥之驷"，驷者，四马也。必赤骥、白义、华骝、绿耳四马，驾天子之车者也。

③□南征翔行：此阙文□疑衍，洪颐煊校本据《太平寰宇记》引删。洪颐煊云："御"下本有"□"字，从《太平寰宇记》引删。翔行，《寰宇记》引作"朔野"。陈逢衡云：《艺文类聚》卷七引"御"下亦无空方。空方疑是日干。郝懿行云：《太平御览》一百六十四卷引此文作"翔行经翟道"，《艺文类聚》七卷引与今本同。天海案：此处"□"阙文疑衍，译文据删。

④径绝翟道：直接穿过翟道。翟道，即在翟国境内的道路。檀萃云：非此狄道。翟云升云：郭注"谓"上当有"绝"字。小川琢治云：郭注误。据《汉书·地理志》，此翟道不过居于太行山脉之翟人其部落间通行路之意味。郝懿行云：郭注"陇坂也"，明藏经本作"陇阪过"。顾实云：翟道决不止一处。不过后世仅有陇阪，以翟道之名而特著耳。郭注不辨地望，檀疏已正之。钱伯泉云：翟，即是狄，春秋战国时期，陕西、山西和河北多有白狄和赤狄居住。翟道，即是翟人的通道，并非陇西的狄道县。郑杰文云：陇坂又称"陇坡、陇山"，《说文》："陇山天水，大坂也。"在今甘肃，与穆王行程大乖，系误信"宗周"为镐京所致。王贻樑云："谓"上无"绝"字，其义甚明，故无须补。天海案：此道必在山西井陉山之南，而郭璞注"翟道在陇西，谓截陇坂过"，与穆天子返回路线即已不对，误。

⑤太行：山名。太行山在黄河北岸，今山西与河北交界处，南北走

向,绵亘数千里。顾实云:太行,即太行山,在今河南怀庆府城北。亦名曰羊肠坂。卫挺生云:升于太行,则越天井关之峡道也。

⑥南济于河:向南渡过黄河。卫挺生云:曰"南济于河",则至孟县孟津也。王贻樑案:河,即指黄河在河南境内一段。

⑦驰驱千里:顾实云:上文言"东南翔行,驰驱千里"与此亦言"驰驱千里",二者同名"千里",而实却不同。卫挺生云:所谓"翔行",所谓"驰驱千里"者,盖一日而行三日程也。天海案:宗周洛邑在黄河南岸不远,"南济于河"后,不当有千里之遥方至宗周洛邑,或此四字当在上文"南征翔行"下。据前文"天子乃遂东南翔行,驰驱千里"例,译文移"驰驱千里"四字于"南征翔行"下。

⑧宗周:周朝王城洛邑。洛邑,地名。今河南洛阳。小川琢治云:本书所谓宗周,即《尚书》所谓"成周"。顾实云:宗周,即洛邑王城。今河南洛阳县城内西偏,即周之王城故址也。

⑨官人:即"馆人",负责馆舍的官员。官,通"馆"。参见本书卷一1.4节注⑱。

⑩以洗天子之足:翟云升云:注意言"以洗天子之足"上,当如前言"具牛羊之湩"也,然则其上必有缺文。陈逢衡云:鹄焉得有乳?顾实云:巨搜氏之白鹄,当出翰海天产。宗周之白鹄,当出中国所产也。天子玉食万方,乃大劳顿之后。必饮生鹄血,以恢复元气,亦古人之卫生法,大可注目者也。卫挺生云:周时人显然以为血可用以补血,故天子饮,并洗足用白鹄血,四马饮用羊血。天海案:前文有"以具牛羊之湩,以洗天子之足"句,可知洗天子足者,非"白鹄之血",而是"牛羊之湩(乳)",译文据补。

⑪以饮四马之乘一:陈逢衡云:但饮王驭之一乘,副车不与。此饮王之一乘四马,非四乘十六马也。郭注误。顾实云:此饮生羊血,岂与生鹄血有同等之效力耶?"四马之乘"即上文所云"赤骥之驷也"。……盖马骏尚有半数之四马,副车驭之,缓行后至,故不与

也。然陈氏似以"乘一"为"一乘"之倒言，则非也。一者，盖谓
一度饮之而不再也。郑杰文云："一"疑衍文。天海案："一"疑为
衍文，译文据删。以饮四马之乘，此言造父以羊血饮穆天子主车
之四马。

⑫"与王同车"几句：翟云升云：今《左传》作"驷乘"。陈逢衡云：
《左传》"四乘"见《哀公十四年》。案，四乘，则十六马矣，郭氏
说误。又，此是饮马不是饮人。顾实云：注"四乘"，翟曰今《左
传》作"驷乘"，指《文公十一年》云"富父终甥驷乘"之文也。
郭氏或误忆《哀十四年》云"成子兄弟四乘如公"之文，亦未可
知。……郭注引《左氏传》为证，当指《文十一年》之"驷乘"而
言，则四人共乘一车也。与此《穆传》明为四马之乘者不合。天
海案：郭注臆说羊血以饮"与王同车，御右之属"，误。此处明言
"以饮四马之乘"，当然是以羊血饮穆天子主车之四马。陈逢衡说
是，译文从之。

【译文】

癸酉这一天，穆天子命人用八骏驾车，准备赤骥等四匹马，造父做
驭手。

穆天子向南飞速前进，奔驰千里，直接穿过翟国通道，登上了太行
山。然后穆天子向南渡过黄河，终于回到了王城宗周。

馆舍官吏送上白鹤鲜血，让穆天子饮用；又准备了牛羊的乳汁，为穆
天子洗脚。造父又准备了羊血，让为他驾车的四匹马饮用。

4.10

庚辰①，天子大朝于宗周之庙②，乃里西土之数③。里，
谓计其道里也。《纪年》曰："穆王西征，还里天下，亿有九万里。"④
曰：自宗周瀍水以西⑤，瀍水，今在洛西。洛即成周也。音缠。至

于河宗之邦[6]、阳纡之山，三千有四百里[7]。自阳纡西至于西夏氏[8]，二千又五百里。自西夏至于珠余氏及河首[9]，千又五百里。自河首、襄山以西[10]，南至于舂山、珠泽、昆仑之丘[11]，七百里。自舂山以西，至于赤乌氏舂山[12]，三百里。东北还至于群玉之山[13]，截舂山以北[14]。截，犹阻也。自群玉之山以西，至于西王母之邦，三千里。□自西王母之邦[15]，北至于旷原之野[16]，飞鸟之所解其羽[17]，所谓解毛之处。千有九百里。□宗周至于西北大旷原[18]，按《山海经》云"群鸟所集泽"有两处，一方百里，一方千里。即此大旷原也。一万四千里[19]。乃还东南，复至于阳纡，七千里[20]；还归于周[21]，三千里。各行兼数[22]，三万有五千里[23]。

【注释】

①庚辰：丁谦《干支表》："距前七日，大朝于宗周，里西土之数。"天海案：顾实作"十月十九日"，亦距前七日。

②大朝于宗周之庙：大朝，天子大会诸侯群臣；宗周之庙，在洛邑的朝堂。庙，此指朝堂。陈逢衡云：王行大朝之礼凡四见。顾实云：此言大朝于宗周之庙，则前言大朝于燕然之山、大朝于黄之山、大朝于平衍之中，其隆重当亦大抵同矣。

③里西土之数：计算往返西域的里程。里，计算里程。顾实云：尚有古今尺度不同，周初之里数，大于六国。六国之里数，大于汉代。汉代之里数，复大于今世。……下文所言里西土之数，凡分七起，必以其里数之实，各有不同，故分别记之也。岑仲勉云：各代里数有长短者，无非根据尺度有大小而立言。尺度大小，周有古物可证，若里程则无论中外，最初皆凭人行或马行为标准，试之既久，

即相沿述,偶见例外,自有别因,与尺度之增减无涉。史地书初未尝睹历朝改正里程之记载,尤其是缺乏测量技术,并无修改之可能。总之,里之长短与尺之长短,是各别问题,顾氏欲以古里较长为解,亦不能成立。王贻樑云:古今礼制之相异,在今天是早已为学界之常识了,岑说未确。顾实虽明古今里数不同,但云愈古里数愈大则非。而经诸多学者探研,早已确定其演变恰是自小而大,古里小于今里,这也已是学界的常识了。顾实不明,故愈走愈远。而更多的则是根本对这个问题毫不注意,故也就自顾自说,离真实愈远矣。金宇飞云:《穆天子传》中的里程记录,历来受到学者们的普遍质疑,故有的认为"周时里程小,而近世里程大。由汉、唐里程与现时之比,可以知也"。但是,如果因为周时里程与现时里程不同,从而怀疑甚至否定《穆天子传》中的里程数据,那么除了无法得到准确的结论之外,只能是继续地众说纷纭下去了。周时里程与现时里程有所不同,但并不等于周时里程就没有其大小尺度的。

④ "《纪年》曰"几句:檀萃云:还里,《纪年》作"还履",据传所履之数无此多也。陈逢衡云:《纪年》所谓"亿有九万里",乃总穆王一生车辙之所至共有此数也。"亿"字有误。顾实云:《开元占经》卷四引古本《竹书纪年》曰:"穆王东征天下,二亿二千五百里,西征亿有九万里,南征亿有七百三里,北征二亿七里。"更较郭注所引为备,惟其西征里数,与《穆传》所记者,大有迳庭。必战国人所记,与周初人所记不同也。故《纪年》者,魏国史官所记也。《穆传》者,周初史官所记也。岑仲勉云:穆王时,吾人尚无计算两地直距之技术,穆传所记里数,断是经行之路。王贻樑云:《纪年》所载未可全然据信,原因有两:一是古无精确计量技术,距离越长误差也就愈大;二是战国人多好夸大之辞,穆王事迹又多传奇色彩,再夸张一些便就上亿了(古一亿为十万者,与今为万万

不同）。郭侃云:《说文解字》卷十:"意,十万曰意。"《玉篇·心部》:"意……《说文》'满也,十万曰意',今作'亿'。"《诗·魏风·伐檀》:"不稼不穑,胡取禾三百亿兮?"毛亨传:"万万曰亿。"可知"亿"既有训作"万万",又有训作"十万"。天海案:郭璞注引《纪年》所载与本传不合,或《纪年》有误。且古代一亿为十万,与今万万不同。

⑤瀍水以西:瀍水,水名。郭璞注:"瀍水,今在洛西,洛即成周也。音缠。"洪颐煊云:"北"字本脱,从《水经·河水注》引补。顾实云:瀍水出今河南洛阳县西北縠城山。……北,原脱,洪、郝校据《水经》注引补,然不当以西北连读,而当读"北至于河宗之邦",与下文云"北至于旷原之野",同一句例。不与所云"自河首襄山以西南"同一句例者,言各有当也。

⑥河宗之邦:即卷一所载河宗氏,在今阴山下内蒙古河套地区。阳纡之山:即阳纡山。即今阴山山脉。参见本书卷一1.3节注㉑。河宗,即河宗氏。参见本书卷一1.3节注③。阳纡山,天海案:洪颐煊校本据《水经·河水注》所引,于原文"至于"上补"北"字,依文意当有此字,译文从之。

⑦有:同"又"。天海案:周之度制小于今。据出土实物测之,商一尺当今15.8厘米,战国一尺当今23厘米。周尺虽无实物可证,必承商制,或略小于战国尺。汉人常云周尺为汉尺(23.1厘米)八寸,则周尺约今18.5厘米,周之一里约今333米,约合今里三分之二。

⑧西夏氏:古代国名。檀萃云:西夏,大夏也。洪颐煊云:《周书史记解》云:"昔者西夏性仁非兵,城郭不修,武士无位,唐氏伐之,西夏以亡。"顾实云:西夏氏,当即穆王西济于河,在今甘肃兰州府,河州大夏河之西。王贻樑云:西夏,当文献之大夏,地约在今甘、青,或宁一带,具体难明。天海案:此西夏氏,与下珠余氏、河首、襄山等地,皆不见于前面传文中,依行程推之,当脱于卷二之首。

⑨珠余氏：古代西域部族名。顾实云：珠余氏，当即膜昼之所封，在
今青海大雪山西。河首：黄河上游，黄河之源。小川琢治云：黄
河在兰州、宁夏间至中卫之西成为峡谷，由是开出平地。本书所
呼河首者，即指黄河上流之溢处而得名。常征云：河首（兰州地
区），古人谓黄河出于积石，故此区被目为"河首"。

⑩襄山：山名。具体所载未详。小川琢治云：襄山即《北次三经》之
首"崇吾山"、《北山经》之首"单孤山"，其名音读缓急而已。其
位置盘绕于今宁夏府之西南，中卫县之西。王贻樑云：河首、襄
山，在昆仑北七百里。河源置此，以今天的地理知识衡之，自属荒
谬。但在当时却就是如此认识的，并不足为奇。河源的正确位置
是自元代以后才逐渐得到正确认识的。这自然是后话了。而释
《穆传》之河首为今青海巴颜喀喇山，实是以后人的见解来代替
古人的认识，看似正确而实则错误。

⑪春山、珠泽、昆仑之丘：此三处地名，本书前文已见。

⑫赤乌氏春山：檀萃云："赤乌氏春山"者，言赤乌亦国此山。岑仲
勉云：由赤乌氏春山至群玉山中间一小段路似有数（七？）百里未
计也。卫挺生云：漏列里数，实约八百里。王贻樑云：陈逢衡、顾
实、岑仲勉俱云此下当缺"七百里"……当以"七百里"为妥。郭
侃云：陈逢衡、顾实未提此下当缺里数。依文例，此或有缺。天海
案："赤乌氏"下"春山"二字，疑因上文而衍。陈逢衡亦疑衍。

⑬群玉之山：山名。参见本书卷二2.8节注②。

⑭截春山以北：截，截止，此犹"至于"。天海案：此句"北"下似脱
"七百里"三字。陈逢衡、顾实、岑仲勉，俱云此下当缺"七百里"，
按里程计，缺"七百里"正合"宗周至于西北大旷原一万四千
里"，而文意方全，故译文补之。

⑮□自西王母之邦：翟云升云：缺文宜删。陈逢衡云："三千里"下
空方当衍。王贻樑云：当慎而不删。天海案：此阙文□疑衍，译文

以省略号代替。

⑯旷原之野：地名。参见本书卷三3.3节注⑬。

⑰解其羽：指飞鸟脱毛后死去。参见本书卷三3.3节注⑫。

⑱□宗周至于西北大旷原：天海案：此处阙文□檀萃本填"自"字，
翟云升认为"当从之"。译文亦从之。西北大旷原，即旷原之野。

⑲一万四千里：天海案：若不于"截春山以北"之下补"七百里"三字，
则只一万三千三百里。故知"截春山以北"之下有"七百里"无疑。

⑳"乃还东南"几句：此指由西北大旷原再走东南方向，又回到阳纡
山有七千里。陈逢衡云：照原里数当有九千九百里。顾实云：或
曰"七"上当脱"万"字，云万七千里，乃略合于下文"兼数三万
有五千里"之谱。王贻樑云：实误，乃牵合于三万五千里之数。

㉑周：此指宗周洛邑。

㉒各行兼数：各地往返行程合计。

㉓三万有五千里：檀萃云：其间有由山者迂道至彼山者，积算之更
倍。陈逢衡云：照原里数少四百里，各行兼数三万有五千里。刘
师培云：此文言"各行兼数三万五千里"，"三"盖"二"字之讹。
小川琢治云：今按总里数三万五千。其"三"字，当为"二"字之
讹。此误谬之理由，当由传钞者致误。顾实云：各，别也。兼，并
也。各行兼数者，往还各别之行程，并合而统计之，犹今言总结
数也。……然统计上数，实止二万四千里，此必古文"四"字作
"三"，五字作"三"，皆以积画书之，故其形易混，而又误四为五
欤？顾颉刚云：他去的时候走一万四千里，回来时只走一万里，大
概去路多回旋，归路则径直的缘故。岑仲勉云：照现本计算，实二
万三千三百里，如已相增七百里，则为二万四千里，刘师培以三万
为二万之误，其说可信，因将去时各段里数结合地理作估较，不
可能增加一万里，回路较直，更不应比去时万四千里而多。惟回
时里数亦许有所省略，则二万五千里无须依顾氏校改为二万四千

也。王贻樑云：总里数三万五千之"三"当"二"之讹，因总计《穆传》所载里数只有二万四千里。顾氏云作"三"而讹为五(弎)，非是。两周文字"五"无作"弎"者。此处"四"作"五"者当别有因(如或为计算有误、或为约数等等)。天海案：原文作"三万有五千里"，校其实数，仅二万四千里，译文从此说。

【译文】

庚辰这一天，穆天子在宗周朝堂举行盛大的朝觐仪式，并统计了这次前往西域的里程。从宗周瀍水以西，向北到达河宗氏邦国的阳纡山，有三千四百里。从阳纡山向西行到达西夏氏，有二千五百里。从西夏氏到达珠余氏及河首，有一千五百里。从河首、襄山往西，南行到达舂山、珠泽、昆仑山，有七百里。从舂山往西，到达赤乌氏有三百里。往东北方向又回到群玉山，至舂山以北有七百里。自群玉山往西，到达西王母的邦国有三千。从西王母的邦国往北到达了旷原平野，飞鸟到这里解羽而死，有一千九百里。从宗周到达西北大旷原，总计一万四千里。从那里返回，走东南方向又回到阳纡山是七千里，再回到宗周是三千里。各地往返行程合计是二万四千里。

4.11

吉日甲申①，天子祭于宗周之庙②。告行反也。《书大传》曰③："反必告庙也。"

乙酉④，天子□六师之人于洛水之上⑤。

丁亥⑥，天子北济于河⑦，□羝之队⑧。以西北升于盟门九河之隥⑨。盟门山，今在河北。《尸子》曰⑩："河出于盟门之上。"乃遂西南⑪。

仲冬壬辰⑫，至襄山之上⑬，乃奏广乐，三日而终⑭。

吉日丁酉⑮，天子入于南郑⑯。今京兆郑县也⑰。《纪年》：

"穆王元年,筑祗宫于南郑。"⑱《传》所谓"王是以获没于祗宫"者⑲。

【注释】

①甲申:丁谦《干支表》:"距前四日,祭于宗周之庙。"天海案:顾实作"二十三日",亦距前四日。

②庙:此指家庙、祖庙。顾实云:此当祭文、武、成、康及昭王之庙也。卫挺生云:穆王还宗周后,一宿而命征伐徐戎,六日而大朝告百官也,十日而祭宗庙,一切整理完竣而后告先王也。郑杰文云:古代征巡,反必告庙。《白虎通义·巡狩》:"王者出,必告庙何? 孝子出辞反面,事死如事生。"《[img]伯[img]簋》:"唯王伐来鱼,延伐朝黑,至,燎于宗周。"(唐兰《西周青铜器铭文分代史征》,中华书局1986年版第342页)《逸周书·世俘解》:"燎于周庙。"

③《书大传》:即《尚书大传》。《尚书大传》是《尚书》的最早传文,是对《尚书》的解释性著作。即《汉书·艺文志》著录之传四十一篇。旧题西汉伏生撰,可能系其弟子张生、欧阳生所记师说,于经文之外,掇拾遗文,推衍旁义。有郑玄注。宋时已无完本。唯《洪范五行传》一篇首尾完整。《尚书大传》作者和成书时间均无法完全确定。只有后人辑本传世。清陈寿祺重辑为五卷,有《四部丛刊》本;又有清皮锡瑞《尚书大传疏证》七卷。一般以皮锡瑞版本最佳。顾实云:郭注引《书大传》,盖即伏生《尚书大传》。

④乙酉:丁谦《干支表》:"距前一日,休六师于洛水之上。"天海案:顾实作"二十四日",亦距前一日。

⑤天子□六师之人于洛水之上:此阙文□,檀萃填"筋",陈逢衡认为是"饮"字,丁谦《干支表》作"休"字。卫挺生认为当是"劳"六师之人。檀萃云:饮至之礼举。丁谦云:盖西征凯旋之师,于洛水上犒劳之也。顾实云:此当是解散,或遣归六师之事。天子六师,有事则出征,无事则各还其乡里。卫挺生云:告宗庙之次日,

即劳师于洛水之上,可证宗周果在洛邑。周王之对王属之师众,
不忘礼貌。郑杰文云:疑"大飨"字,卷三"天子大飨正公、诸侯、
王勤、七萃之士于羽琭之上",此番顺利来归,故大飨六师之众。
天海案:依文例,作"劳"近是,译文从此。洛水,水名。源出今陕
西洛南县,经河南巩县入黄河。

⑥丁亥:丁谦《干支表》:"距前二日,北济于河,升于盟门九阿之
　隥。"天海案:顾实作"二十六日",亦距前二日。

⑦北济于河:向北渡过黄河。

⑧□狋之队:此阙文檀本填"绝缟"二字。狋,檀萃云:《中山经》:
　"缟狋之山,无草木,多金玉。"顾实云:檀说良确。当在今河南济
　源县邵源关之西北,山西翼城县东南。天海案:译文且依檀说,补
　此句作"绝缟狋之队",即通过缟狋山谷险道。缟狋在此为山名,
　见《山海经·中次六经》:"缟狋(gǎo dí)山之首,曰平逢之山,南
　望伊洛,东望谷城之山,无草木,无水,多沙石。"队,通"隧"。此
　指山谷险道。

⑨盟门九河之隥:盟门,山名。又作"孟门"。即今山西、陕西两省
　交界之孟门山。洪颐煊云:盟,《山海经·北山经》注、《水经·河
　水注》俱引作"孟"。《史记索隐》云:"盟,古孟字。"檀萃云:《一
　统志》:"孟门山在吉州西七十里。"陈逢衡云:"盟""孟"一声之
　转。孟诸,一作"明诸";孟津,亦曰"盟津",此其例也。丁谦云:
　盟门,即孟津。《史记正义》云:"在河阳县南。"今为孟县西河阳
　堡。王贻樑云:盟门,即孟门山,地在今山西吉县与陕西宜川间黄
　河边上、壶口瀑布之北。天海案:王贻樑说近是。九河之隥,"河"
　字,丁谦改为"阿"。顾实云:河,当为"阿"之误;卷五云"天子
　西征,升于九阿",可为比证。况于事理,可以有九阿之隥,而决不
　可能有九河之隥,尤极明白也。然《山海经》注、《水经注》引均
　作"河",其误久矣。丁谦云:九阿隥,考今济源县西一百五十里

有十八盘坂，为西行至秦孔道，当即古时九阿，以东近孟津，故冠以孟门字。天海案：顾实之说极是，译文从此，作"九阿之隥"，此即孟门山上的一个地名。

⑩《尸子》曰："河出于盟门之上"：天海案：郭注所引不确。今本《尸子》作："龙门未辟，吕梁未凿，河出孟门之水，大溢逆流，无有丘陵高阜灭之，名曰洪水。大禹疏通，谓之孟门。"《尸子》一书，作者尸佼，尊称为尸子，战国时期著名的政治家、先秦诸子之一，也是先秦三晋思想文化杰出代表人物之一。约生于周安王十二年（前390），约卒于周显王三十九年（前330）。魏国曲沃（今山西曲沃）人。刘向《书录》云："今按《尸子》书，晋人也，名佼，秦相卫鞅客也。卫鞅、商君谋事画计，立法理民，未尝不与佼规之也。商君被刑，佼恐并诛，乃亡逃入蜀。自为造此二十篇书，凡六万余言。卒，因葬蜀。"《汉书·艺文志》中有："《尸子》二十篇。名佼，鲁人，秦相商君师之，鞅死，佼逃入蜀。"尸佼的著述，汉唐史籍著录《尸子》，俱言合20篇，共6万余言。据汪继培说，此书在宋代"全书已亡"，"只存二篇，合为一卷"。清代汪继培、孙星衍在嘉庆年间辑刻为现通行本《尸子》。

⑪乃遂西南：于是又向西南行进。

⑫仲冬壬辰：仲冬，农历十一月。天海案：壬辰，顾实作"十一月初一日"，距前丁亥（十月二十六日）五日。

⑬蠱（lěi）山：山名。一作"蠱山"。具体所在不详。檀萃云：蠱，古"累"字。按《水经注》"横溪之水出三累山，其山层密三成，故以三累名"，顾实云：蠱山，即今陕西同州府韩城县西之三累山。当本作"蠱"，讹作"蠱"、作"蠱"，而均不见于字书。以形声求之，则与"累"为同声字，宜可通用也。王贻樑云：檀、顾说是。蠱，非"累"之古文，而当是别体或假字。

⑭三日而终：三天后才结束。

⑮丁酉：丁谦《干支表》："距前十日，入于南郑。"天海案：丁谦所谓
　　"距前"，指"丁亥"。顾实作"十一月初六日"，距前壬辰（十一月
　　初一日）只五日。

⑯南郑：西周时城邑名。周穆王时以此为别都，因在镐京南，故称南
　　郑。又因在新郑西，也叫西郑。故城在今陕西渭南华州区北。小
　　川琢治云：南郑，在今华州北，当《汉书·地理志》："京兆郑县。"天
　　海案：王贻樑认为南郑在今凤翔一带的可能性最大，然而上文所
　　言羸山，只距南郑三四日之程，与今渭南华州区地望相合，故王说
　　误，郭注是。

⑰今京兆郑县：秦武公十一年（前687）设郑县，故址在今陕西渭南
　　市华州区华州街道附近。秦始皇二十六年（前221）属内史。汉
　　太初元年（前104），属京兆尹（郡）。

⑱"《纪年》"几句：祇官，《左传·昭公十二年》正义："马融曰：祇
　　官，坼内游观之宫也。"天海案：郭注所引《竹书纪年》已不可见，
　　只见今本《竹书纪年》引郭璞此注。

⑲传所谓"王是以获没于祇官"：檀萃云：《纪年》自武王至穆王享国
　　百年，穆王以下都于南郑五十五年，王陟于祇官。顾实云：郭注又
　　引传，见昭十二年《左氏传》。郑杰文云：此传文见《左传·昭公
　　十二年》。天海案：郭注所引见《左传·昭公十二年》子革曰："祭
　　公谋父作《祈招》之诗以止王心。王是以获没于祇官。"

【译文】

甲申这一天是吉日，穆天子到宗周祖庙祭告先王。

乙酉这一天，穆天子到洛水岸边慰劳随他西征的六师部属。

丁亥这一天，穆天子北渡黄河，穿过缟羿山谷险道。向西北方前进，
登上了孟门山九阿隥，于是转向西南行进。

十一月壬辰这一天，穆天子到达羸山上，于是演奏广乐，三天才结束。

丁酉这一天是吉日，穆天子进入别都南郑。

卷五

【题解】

　　本卷与前四卷内容不相连属。前四卷所载，皆周穆王远征西域往返之事。本卷所载，为周穆王在中原巡行、狩猎事。这一卷所记穆王活动范围大致在今河南郑州至许昌一带，其时间据今本《竹书纪年》，则在周穆王十四年至十六年之间。周穆王在巡行过程中，接见并宴请了许国男爵，设置了以圃田为中心的十个山泽官，建范宫、造西台、狩猎、捕虎；祭先王、拜夏启故居、作诗哀民，最后又回到别都南郑。

　　据丁谦《穆天子传地理考证》："此卷舛错甚多。考《竹书纪年》，畋于军丘、翟人侵毕（即本卷"毕人告戎"）、蒐苹泽、作虎牢，均十四年事（当作十五年）；留昆氏来宾、作重璧台（即本卷"作台以为西居"）、观于盐泽，均十五年事（当作十六年）。而霍侯之蒉，亦在是年，此皆前后错乱。又梦羿射于涂山，宜列于'曰有阴雨'之先；'是以选扐，载之神人'二句，似与'祭公占之'为一事。此皆分裂数处，致文意不贯。晋人奉敕校缀次第，何同出汲冢之《纪年》亦不取以互譬？未免草率。又按《左传·昭四年》言穆王有涂山之会，《竹书纪年》言穆王三十九年，王会诸侯于涂山。未必非先因是梦，后见诸实事。"故本卷所载穆王行程、时间、所历事件，皆因错简而有颠倒错乱。但晋人整理原书已如此，不能强作移改。

　　本卷脱阙之文亦有四十余处之多,有的地方可以酌采前人之说或根据上下文意填补其缺,试作通译,但有的地方则未可臆测。凡文意有难明之处,注释只好存疑,译文也只能付缺。

卷五　周穆王日程经历名物一览表（附:阙文次处、疑难字数）

干支	地名 （山水）	部族 （邦国）	人名	事物、献赐名 （数量）	职官	经历
	宝处、漠泽					休漠泽,于是射鸟猎兽
丁丑	圃郑、留昆、□东牡、洎上	留昆、陵翟、毕、陵子	祭父、冏胡、毛公、硲氏	玉百枚、良马百驷。羔、玉帛,束帛加璧。出尊。骏马十六	许男	饮许男于洎上
癸亥	大沼					乘鸟舟、龙舟,卒浮于大沼
庚午	洎上、圃郑		祭父		诸侯	饮于洎上
辛未	渐泽、桑野					北还
丁丑	圃田、房、□丘、桑野、经林、煮□之薮。兔台、栎丘、富丘、相其					里圃田之路
□辰	军丘、薮□					次于军丘
甲寅	范宫				桑虞	作居范宫
甲申						□所
庚寅	祭					西游
壬辰			祭公	《阚天》之诗、《南山有麹》、宴乐		祭公饮天子酒

续表

干支	地名（山水）	部族（邦国）	人名	事物、献赐名（数量）	职官	经历
丁酉	西居					作台
壬寅	雀梁					东至于雀梁
甲辰	荥水					浮于荥水，乃奏广乐
庚□	范官					休于范官
丁巳	雀梁	孟氏		《白鹤》二八		射鹿于林中，还宿于雀梁
辛巳	□来				虞人	司戎于□来
孟冬				鸟至		王吕□弋
丁酉	深薞			麋麚豕鹿四百有二十，二虎九狼	先王、庖人	射兽，休于深薞
戊戌	中□方落	虞人、邴	井公			西游
辛丑	台、乘人□、虎牢	东虞	□公、高奔戎	虎、柙。畋马十驷。太牢	七萃之士	居于台
丙辰						北游于林中
甲戌	雀梁、羽林。防、军丘	毕人、陵翟、戎	孟念、霍侯旧			东游、□蠹书于羽林
甲戌	留祈、丽虎、荔丘、黄泽、曲洛			灵鼓、黄蛇、桐、琴	宫乐	东游
丙辰	黄、□室之丘，夏后启启室。苹泽。黄竹，涂山。曲山		夏后启、逢公、筮史狐□羿、祭公	骏马十六、缔纻三十篋。骆	正公、筮史、公侯、百辟冢卿	南游于黄；作诗三章以哀民。宿于曲山

干支	地名 （山水）	部族 （邦国）	人名	事物、献赐名 （数量）	职官	经历
壬申	曲山、九阿，丹黄					西升于曲山、南宿于丹黄
戊寅	阳□、灵□、窴轮、泲水之阳		井公博	鹿		西升于阳□
丁亥	南郑					入于南郑
附1	阙文次处	47处				
附2	疑难字数 （不计重复）	8字	防　吕　闛　廗　逤　惠　劄　哥			

卷五古文

5.1

□□宝处^①。曰：天子四日休于瀌泽^②，今平阳瀌泽县是也。瀌，音获^③。于是射鸟猎兽^④。

丁丑^⑤，天子□，雨乃至^⑥。

祭父自圃郑来谒^⑦：郑有圃田，因云“圃郑”。谒，告也。留昆归玉百枚^⑧。留昆国，见《纪年》^⑨。陵翟致赂^⑩，陵翟，隗姓国也。音峻。良马百骊^⑪，传曰："文马百驷。"归毕之宝^⑫，毕，国名。言翟前取此宝也。以诘其成^⑬。成，谓平也。诘，犹责也。陵子旹胡□东牝^⑭。夷狄有德者称子。旹胡，名。

【注释】

①□□宝处：天海案："宝处"二字以上，脱缺太多，文意不明，译文以省略号代之。檀萃云：古文篇名，《周书》第二十九篇名《宝

典》，犹此也。翟云升云：此上当有缺文。陈逢衡云：“宝处”上下有缺文，檀谓是古文篇名如《周书·宝典》，非是。小川琢治云：卷五、六皆于篇首有十余简之脱落，此残篇中处处皆脱简。王贻樑云：檀说显然不妥。此处文意难明。郭侃云：“宝处”上应有缺文，而非篇名。“宝处”与本卷内容并无关联，并非篇名无疑。

②天子四日休濩（huò）泽：四日，洪颐煊云：《事类赋注》四引作“四月”。陈逢衡云：衡案，“日”字误。《太平御览》二十二亦引作“四月”。郑杰文云：今检《太平御览》卷二十二引亦作“四月”。天海案：四日，休息四天；说“四月”，或指当时正值初夏四月。未知孰是，且从原文“四日”。濩泽，古代邑名。约在今山西阳城县西北。王贻樑云：濩泽，古有三：一为战国魏邑，在今山西阳城县西偏北，《纪年》所载“晋取玄武、濩泽”即是。二为水名，《水经》卷九《沁水注》可见，即今山西阳城县南固隆河、菱泽水。三为泽名，即《墨子·尚贤中》舜“渔雷泽”之雷泽，《水经·沁水注》引应劭曰：“泽在（阳城）县西北。”此三者实际是紧邻的。故此穆王主要当然居于城中，但也难免游于水泽。天海案：休于濩泽城邑之中。王贻樑此说可从。

③“今平阳濩泽县是也”几句：翟云升云：濩，音获，汪、郑、檀本作“音濩特”，周本作“濩，音特”，并误。今据《太平御览》二十二改正。《集韵》入声二十陌：“濩，濩泽，县名。与‘获’皆胡陌切。”天海案：郭注原作“音濩特”，当是“濩，音特”之误。濩泽县，即今天山西阳城，秦代设濩泽县，“濩泽”是古代阳城境内的一个大湖泽，名气很大。

④于是射鸟猎兽：郑杰文云：猎，《太平御览》卷二十二引作“获”。

⑤丁丑：天海案：丁谦、常征、刘萧芜等人论著，其释干支日历皆止于卷四，故此卷与卷六中纪日干支具体日期难于推排，只能据干支顺序推出前后相距天数。

⑥天子□，雨乃至：檀萃云：言雨行而至。卫挺生云：阙文当作"游
于洧上"。天海案：此句中阙文可依卫挺生说，作"游于洧上"，
故译文补作"天子游于洧上，雨乃至"。乃至，陈逢衡云："乃至"
者，至于留昆氏也。刘师培云："乃至"下当脱二字，系地名。天
海案："乃至"文意已足，不必脱一地名。

⑦祭（zhài）父自圃郑来谒：祭父，人名。祭公谋父之省称，亦称祭
公。祭，古国名。姬姓，始封之君为周公之子，原为畿内之国，后
东迁，在今河南郑州东北。《逸周书·祭公》："王若曰：祖祭公次
予小子虔虔在位。"孔晁注："祭公，周公之后，昭穆于穆王，在祖
列。"圃郑，泽名。依郭璞注，圃郑又叫圃田。圃田，古泽薮名。《周
礼·夏官·职方氏》："河南曰豫州……其泽薮曰圃田。"地在今河
南中牟县西，其泽早已淤为平地。谒，禀告，陈说。檀萃云：谒，告
来见也。卫挺生云：其自圃郑来谒，乃诸侯自其封地谒见天子巡
守之常礼。郭侃云：《楚辞·刘向〈九叹·远游〉》："登昆仑而北首
兮，悉灵圉而来谒。"王逸注："众神尽来谒见，尊有德也。"此"谒"
与《穆天子传》中"谒"同，训作拜见、觐见，即祭父自圃郑而来觐
见穆王。

⑧留昆归玉百枚：留昆，即留昆氏，古代邦国名。陈逢衡云：留昆，疑
即《诗》所云"彼留子国"也，盖距圃郑不远。归，通"馈"，赠送，
敬献。《诗·邶风·静女》："自牧归荑，洵美且异。"集传："归，亦
贻也。"郑杰文云：归，通"馈"。《仪礼·聘礼》"夕夫人归礼"，郑
注："今文归作馈。"《论语·阳货》"归孔子豚"，释文："归，郑本
作馈。"馈，进献。《周礼·天官·膳夫》"凡王之馈"，郑注："进物
于尊者曰馈。"天海案：归玉即进献宝玉。归，与"馈"通，陈逢衡
说是。

⑨留昆国，见《纪年》：天海案：郭璞此注见《今本竹书纪年疏证》：
"（穆王）十五年春正月，留昆氏来宾，作重璧台。"

⑩陵翟致赂：陵翟，古代国名。约在今陕西咸阳一带。致赂，送上财
　物。郑杰文云：赂，指财货。《左传·庄公二十八年》："春，齐侯伐
　卫，战，败卫师，数之以王命，取赂而还。"可证。陈逢衡云：下文
　"毕人告戎曰：陵翟来侵。天子使孟念如毕讨戎"十八字当在此
　句上，盖惟天子是讨，故致赂以求成也。孙诒让云：后文云："毕人
　告戎曰：陵翟来侵，天子使孟念如毕讨戎。"疑此文当在彼后。郭
　侃云：陈逢衡、孙诒让观点可从，此卷错乱较多，"陵翟侵毕""陵
　翟归宝"二事当为因果关系，当有前后顺序，上下相接。天海案：
　诸说可从，译文且此从说。

⑪良马百驷：即四百匹良马。陈逢衡云：郭注引《左传》见宣二年，
　杜注："画马为文四百匹。"翟人无故侵毕，天子不削其国而受良
　马百驷之赂，许其成王，于是失政刑矣。郭侃云：以前四卷进献
　"良马""食马"数量的规律，此"良马"或应作"食马"。且前卷
　并无以"驷"为量词来计所献马匹之数。天海案：郭侃之说可从。

⑫归毕之宝：归还毕国的俘虏与宝物。毕，古代国名。姬姓，始封周
　文王之子毕公高。杜预注《左传》云在长安县西北。檀萃云：令
　翟人归取于毕之宝，于毕以责其成也。陈逢衡云：此宝盖陵翟侵
　毕时所取，今因天子来讨，故归之。孙诒让《札逐》云："归毕之
　珤"，珤，古"宝"字，此当借为"俘"。《春秋·庄六年》经："齐人
　来归卫俘"，《左传》及《公羊》《穀梁》经并作"宝"。……盖陵翟
　先伐毕，俘其人民器物，今既惧讨王命，乃归之毕而与之成，故云
　"以诘其成"（"诘"亦疑即"结"之假字）。王贻樑云：毕，文王第
　十五子毕公高所封，地在今陕西咸阳市东北。宝，孙说可为一说。
　天海案：宝，按孙说可借为"俘"，即所获人民、宝器等。译文且从
　此说。

⑬以诘其成：以此请求和解。诘，训责。责，有要求、请求之义。成，
　和解，讲和。《诗·大雅·绵》："虞芮质厥成。"毛传："成，平也。"

清胡承珙《毛诗后笺》:"成,乃邻国结好之称。"卫挺生云:察郭注释"谒"为"告",其意若"曰"。祭公已任周王卿士,而此来任务,为告王留昆归玉及陵翟致赂返宝求和等事。但愚见则不然其说,而以为此三事各自发生,似毫无联系。郑杰文云:《诗经·大雅·绵》"虞芮质厥成",毛传:"成,平也。"孔疏:"言由诣文王而成其和平也。"……即结成和平之好。郭偘云:成,当训作"媾和"。《左传·隐公六年》:"郑伯请成于陈,陈侯不许。"杜预注:"成,犹平也。"《吕氏春秋·行论》:"所以为成而归也。"高诱注:"成,平。"

⑭陵子曶胡□东牡:陵子曶胡,陵国子爵,名寿胡。□东牡,当作"献东胡雄马"。□,檀本作"贡"。檀萃云:东牡盖所得于东胡之牡马。陈逢衡云:子,盖所封之爵,非因有德也。东牡,不知何物,或曰:"盖畴胡饮天子于东牡之上,东牡,地名。"《路史·国名纪》:"陵,音俊,致赂于王。即陵子寿胡也。"据此,则"曶"即"寿"字,以"陵翟"作"陵泽",误。王贻樑云:"东牡"义未明。天海案:陵子,如下文"许男",因封子爵而称,陈说是。曶胡,人名,郭注作"畴胡",又作"寿胡"。□东牡,此阙文檀萃填作"贡"字。译文且从檀说,作"贡东牡"。贡东牡,即贡献东胡牡马。牡马,公马,即雄马。

【译文】

……宝处。穆天子在濩泽休息了四天,于是在那里射鸟捕兽。

丁丑这一天,穆天子在洧水上游玩,就遇到大雨,于是又到了留昆氏。

祭父从圄郑来禀告说:留昆氏进献美玉百枚。陵翟送来财物,有良马四百匹,归还了侵夺的毕国人的俘虏与宝物,以此要求和解。陵国子爵寿胡贡献了东胡的雄马。

5.2

见许男于洧上①。男，爵也。许国，今许昌县，洧水之所在。音羽美反。祭父以天子命②，辞曰③："去兹羔，用玉帛见④。"《礼》："男执蒲璧。"⑤许男欲崇谦，故执羔也。许男不敢辞⑥，奉王命。还取束帛加璧⑦。□毛公举币玉⑧。毛公即毛班也。

是日也，天子饮许男于洧上⑨。天子曰："朕非许邦⑩，而恤百姓□也⑪。咎氏宴饮毋有礼⑫。"《礼》："天子称异姓诸侯为伯舅。"⑬燕者，私会，不欲崇礼敬也。《管子》曰："伯舅无下拜。"⑭字亦作"舅"。咎，犹舅也。许男不敢辞，升坐于出尊⑮，《礼记》曰："反坫出尊，唯两君为好。既献反爵，坫上出尊。"⑯盖此之类也。坐之于尊边，使为酒魁⑰，欲以尽欢酬也。乃用宴乐⑱。言曲宴也⑲。

天子赐许男骏马十六⑳，称骏者，名马也。许男降㉑，再拜空首㉒，空首，头至于地。《周礼》："三曰空拜。"㉓乃升平坐㉔。及暮㉕，天子遣许男归㉖。

【注释】

①见许男于洧（wěi）上：许男，许国男爵省称。许，西周诸侯小国名。姜姓，相传为炎帝之后，武王伐纣后封于许，后为楚灭。地在今河南许昌东。男，即男爵。郭璞注："男，爵也。许国，今许昌洧水之所在。"洧上，地名。或为洧水河岸。洧水又称洧河，即今双洎河。其河源于今河南登封县东阳城山，东流至今新郑县，会溱水为双洎河，入于贾鲁河。《左传·襄公元年》："夏五月，晋韩厥、荀偃帅诸侯之师伐郑，入其郛，败其徒兵于洧上。"即此地。《说文》："洧水，出颍川阳城山，东南入颍。"天海案：此句"见"上似脱"穆天子"三字，译文据补。

②祭父以天子命:祭父传达天子的指令。祭父,人名。参见上文注⑧。

③辞曰:告诉说。

④去兹羔,用玉帛见:羔,小羊。古代卿大夫相见所赠礼物。檀萃云:卿执羔,许男以列侯而用卿礼,故天子辞之,用执璧见也。郑杰文云:《周礼·春官·大宗伯》:"王执镇圭,公执桓圭,侯执信圭,伯执躬圭,子执谷璧,男执蒲璧。"此朝见之礼。《周礼·春官·大司伯》又曰:"以禽作六挚,以等诸臣。孤执皮帛,卿执羔……"许男为封邦诸侯,并非卿士,而执羔见穆王,故旧注言其"欲崇谦"。穆王因其过谦违礼,故命其"去羔","执玉帛见"。此活画出这位异姓诸侯见天子时的谨慎与谦卑。天海案:《礼·典礼下》:"凡挚,天子鬯,诸侯圭,卿羔,士大夫雁。"许男执羔礼见天子,乃自降身份以示谦卑。用,以。玉帛,瑞玉和缣帛。古代祭祀、会盟时所用的珍贵礼物。这是周穆王看重许男、提高许男身份地位的表示。

⑤《礼》:"男执蒲璧":天海案:郭璞此注引自《周礼·春官·大宗伯》:"王执镇圭,公执桓圭,侯执信圭,伯执躬圭,子执谷璧,男执蒲璧。"许男想要表示自己的谦卑,所以执羔礼见。

⑥许男不敢辞:许男不敢推辞王命。

⑦束帛加璧:帛五匹为束,束帛之上又加玉璧。《礼·郊特牲》:"束帛加璧,往德也。"

⑧□毛公举币玉:陈逢衡云:空方疑是"命"字。卫挺生云:阙文当作"天子使"等字。天海案:译文□,且从卫此说,作"天子使"。毛公,即卷四毛班。郭璞注:"毛公,即毛班也。"今本《竹书纪年》作"毛公班",皆一人。参见卷四4.8节注⑰。举,收下。币玉,即许男所献束帛加璧。古代以束帛为祭祀或赠送的礼物,称为币。郑杰文云:币玉,束帛和玉璧。《仪礼·士相见礼》"凡执币者不趋",胡培翚正义:"散文,则玉亦称币,《小行人》'合六币'是也;

对文,则币为束帛,束锦、皮马及禽挚之属是也。"

⑨饫:设酒宴宴款待。

⑩朕非许邦:我虽身不在许国。朕,即"我",穆王自称。非,《说文》:"非,违也。"违,离开,不见。檀萃云:言朕若非许邦而能恤百姓耶,叹许男之贤也。卫挺生云:"非许邦"似指辞羔事而言。郑杰文云:朕,秦前用作第一人称,《尚书·皋陶谟》:"皋陶曰:朕言惠,可底行。"《楚辞·离骚》:"回朕车以复路兮。"自秦始皇起定为皇帝专用自称。王贻樑云:"非"下疑有脱字,亦或读作假字(具体读何字不明)。

⑪而恤百姓□:恤,体恤,关心。□,洪颐煊云:□字疑衍。天海案:此阙文□疑衍,译文径删。

⑫咎氏宴饮毋有礼:舅氏在私人宴会上不必拘礼。咎氏,即"舅氏"。咎,通"舅"。毋有礼,不要拘于礼节。有,通"囿"。檀萃云:咎氏者,郑重而呼之也;宴饮者,行燕饮之礼以为乐也。毋有礼者,毋拘于礼而不达也。刘师培云:有礼,当作"囿礼"。无囿礼者,不域于礼也,犹今语晏会,所谓不拘礼矣。郑杰文云:囿,《说文》曰:"从口,有声。"同声故可通假。囿,拘也。

⑬《礼》:"天子称异姓诸侯为伯舅":郑杰文云:《礼记·曲礼下》:"五官之长曰伯……天子同姓谓之伯父,异姓谓之伯舅。"《管子·小匡》:"葵丘之会,天子使大夫宰孔致胙于桓公……且有后命曰:以尔自卑劳,实谓尔伯舅毋下拜。"郭沫若集校:"《士昏礼》注'古文舅皆为咎',此'舅'字后人所改。……齐桓公和许男皆为异姓诸侯,故周王称之曰'伯咎'。"天海案:郭璞此注撮引《礼记·曲礼下》之文。

⑭《管子》曰:"伯舅无下拜":洪颐煊云:注引《管子》"伯咎"与下"作咎"俱讹作"舅"字,今从注意改正。钱詹事云:《士昏礼》"赞见妇于舅姑",注:古文"舅"皆为"咎"。《春秋传》"舅犯",它书

多作"咎犯",此书"舅氏"为"咎氏"足证为真古文矣。陈逢衡
云:"伯舅无下拜",见《管子·小匡篇》。

⑮升坐于出尊:出尊,亦作"出樽",即酒器旁边。古代国君与贵宾
宴饮,尊在两楹间,坫在尊之南,献酬皆自尊南出,故称。檀萃云:
时许男方下拜,因天子命不敢辞,乃升堂而天子命坐于出尊间,使
其饮酒为一坐之魁,以尽欢乐也。

⑯《礼记》曰几句:陈逢衡云:"反坫出尊"见《礼记·明堂位》。
郑杰文云:《礼记·明堂位》"反坫出尊",郑注:"反坫,反爵之坫
也。出尊,当尊南也。唯两君为好,既献,反爵于上。"孔疏:"反
坫者,两君相见,反爵之坫也。筑土为之,在两楹间近南。人君饮
酒,既献,反爵于坫上,故为之反坫也。出尊者,尊在两楹间,坫在
尊南,故云出尊。"参见金鹗《求古录礼说》。天海案:郭璞此注撮
引《礼记·明堂位》之文。坫,底本郭注原误作"玷",此据《礼
记》与《道藏》本径改。

⑰酒魁:领头饮酒的人。

⑱宴乐:即"燕乐",古代房中之乐。《周礼·春官·磬师》:"教缦
乐,燕乐之钟磬。"郑注:"燕乐,房中之乐。"

⑲言曲宴也:曲宴,犹私宴。此多指宫中之宴。陈逢衡云:宴乐者,
歌乐以燕之,如《蓼萧》《湛露》之诗是也。郭注"曲"当如歌曲
之"曲"。孙诒让《札迻》云:宴乐,即《周礼》之燕乐也,亦谓之
房中之乐。(详《周礼·磬师》郑注)后文邳公饮天子酒亦云"乃
绍宴乐",亦同。郭注非是。郑杰文云:孙说是。"宴""燕"古通。
《诗经·邶风·谷风》"宴尔新婚"。《白虎通·嫁娶》引"宴"作
"燕"。《左传·昭公七年》"或燕燕居息",《汉书·五行志》引
"燕"作"宴"。《周礼·春官·钟师》曰:"凡祭祀飨食,奏燕乐。"
又,《磬师》曰"教缦乐燕乐之钟磬",郑注:"燕乐,房中之乐,所
谓阴声也。"

⑳骏马：名马。郭璞注："称骏者，名马也。"

㉑许男降：许男离席下座。降，下座，以示恭敬。

㉒再拜空首：空首，拜头至手，为古代拜见礼之一。《周礼·春官·大祝》："辨九擈（古"拜"字）：一曰稽首，二曰顿首，三曰空首……"，注，"稽首，拜头至地也；顿首，拜头叩地也；空首，拜头至手，所谓拜手也。"天海案：郭注"空首，头至于地"不确。

㉓《周礼》："三曰空拜"：檀萃云：《春官·大祝辨》："九拜：一曰稽首，二曰顿首，三曰空首，四曰振动，五曰吉拜，六曰凶拜，七曰奇拜，八曰褒拜，九曰肃拜。"注字误。翟云升云：注下"空首"，诸本皆误作"空拜"，今改正。陈逢衡云：《周礼》郑注："空首，头至手。"郭谓"头至于地"，误。头至地则䭫首也。天海案：郭注云"空拜"，乃"空首"之误。

㉔平坐：座次不分尊卑，即平起平坐。

㉕及暮：陈逢衡云：及暮者，谓宴饮至暮也。

㉖天子遣许男归：檀萃云：是时天子猎于圃田，饮于洧上。洧近许州，故暮遣之归。陈逢衡云：遣许男又一事，不与"暮"字相连属，檀解误。天海案：穆天子与许男宴饮到了傍晚，让许男回去。檀萃说是，陈说不确。卫挺生云：此段记异姓诸侯谒见天子之礼仪，规律精密而严肃。非当时人，不易细数若此。

【译文】

穆天子在洧水接见了许男。祭父传达穆天子的意旨说："不要用这小羊羔作进见之礼，要用玉帛礼相见。"许男不敢推辞，返还取来束帛和玉璧。穆天子命毛公收下束帛和玉璧。

这一天，穆天子在洧水上请许男饮酒。穆天子说："我虽不在许国，还是关心许国百姓啊！舅氏在酒宴上不要拘礼。"许男不敢推辞，就上前坐于酒樽旁边，还奏起了宫中燕乐。

穆天子赏赐许男名马十六匹，许男离席下座，两次拜头至手，又才上席与穆天子平坐。宴饮到了傍晚，穆天子让许男回去。

5.3

癸亥^①，天子乘鸟舟、龙舟^②，卒浮于大沼^③。沼，池。"龙"
下有"舟"字，舟皆以龙、鸟为形制。今吴之青雀舫，此其遗制者。

夏庚午^④，天子饮于洀上，乃遣祭父如圃郑^⑤，用□诸侯^⑥。

辛未^⑦，天子北还，钓于渐泽^⑧，食鱼于桑野^⑨。

【注释】

①癸亥：此距前丁丑三十六日。

②鸟舟、龙舟：鸟形船、龙形船。檀萃云：龙卒者，所谓雕题之士、镂
身之卒，比饰虬龙蛟螭与对音者也。洪颐煊云：鸟舟，《文选·张
景阳〈七命〉》注引作"凫舟"。"龙"下本有"卒"字，从《太平御
览》七百六十九、《事类赋注》十六引删。又，《御览》《事类赋注》
引俱作"鸟舟、龙舟"。翟云升云：《北堂书钞》《事类赋》十六皆
依注作"鸟舟、龙舟"，而无"卒"字。"卒"字义未详，或宋以后误
增者。陈逢衡：旧本"龙"下无"舟"字，今据郭注补。郑杰文云：
《北堂书钞》卷一百三十七即引作"鸟舟、龙舟"。又《事类赋注》
卷十六引作"乌舟、龙舟"，"乌"当为"鸟"之讹。王贻樑云：据文
献记载，在春秋战国时期，已有诸多型号船舰，河南汲县所出战国
早期铜鉴上的水陆攻战图及多处发掘的先秦、秦汉船舶工场遗址
更从实物上证明了文献记载的可靠性。此鸟舟、龙舟，盖亦当时
船舶中的华贵者。郭侃云：依注文"龙"下有"舟"字可知，郭璞
所见之原本亦无"舟"字，因而郭璞在此注明。或"龙"下有一句
缺文，而"卒"字非讹误。天海案："龙"下原脱"舟"字，此据郭
注补。

③卒浮于大沼：洪颐煊据《御览》《事类赋注》引删"卒"字。浮，乘
　船在水上泛游。大沼，大湖泊。翟云升云：《书钞》二百三十七两
　引"穆天子乘鸟舟、龙舟浮于大沼"，俱无"卒"字，"龙"下俱有
　"舟"字。……"卒"乃"率"字之误。"率"与"绋"通。《尔雅·释
　水》："绋，绐也。"孙注："绐，大索也。"李注："绐竹为索，所以维
　持舟者。"盖后世虾须挽舟之类，故曰"率浮于大沼"。丁谦云：
　大沼似即洧渊，在新郑县西南。郑杰文云：今检《北堂书钞》卷一
　百三十七引"龙"下无"卒"字。按："卒"疑"舟"之讹。王贻樑
　云：《续河南通志》卷七《舆地志·山川一》："大沼，在洧川县西
　北三里许，纵广二百余顷，四望无际。"下引本传文。又言"所谓
　大沼即此，今名杨家湖。"可参。天海案：卒，最终，后来。此"卒"
　字非讹误，乃指穆天子最终泛舟在大湖之上。

④夏庚午：丁谦认为"此必孟夏"。陈逢衡认为"夏"字误，当是季
　春。天海案：下文有"甲寅，天子作居范宫"句，此距"甲寅"四十
　四日。今本《竹书纪年》载穆王十四年"五月作范宫"，上溯四十
　四日，庚午日约在三月份，故陈说"当是季春"，近是。上距"癸
　亥"七日，译文作"季春"。

⑤遣祭父如圃郑：如，前往，到。圃郑，即圃田。参见上文5.2节"祭
　父自圃郑来谒"注⑧。

⑥用□诸侯：□，檀萃补"合"字。卫挺生云：阙文当是"联络"等
　字。拟补"联"字。王贻樑云：檀、卫填字，俱未可人意，疑所缺非
　一字。天海案：卫挺生认为阙文当是"联络"等字，岂不知上古文
　中尚无"联络"一词？据文意，似当作"告"字，译文且从此。

⑦辛未：距前庚午一日。

⑧渐泽：湖泊名。陈逢衡云：《一统志·河南开封府》："渐泽在洧川县北
　二十里，广数里。《穆天子传》'钓于渐泽'即此。今名'指泽陂'。"

⑨桑野：地名。卫挺生云：康熙《开封府志》（卷十六"古迹"，页十

四:"桑野在洧川县西北。"下引《穆传》本段文。天海案:桑野,
约在今河南长葛洧川镇境内。

【译文】

癸亥这一天,穆天子乘坐凤舟、龙船,最终在大湖上泛游。

季春三月,庚午这一天,穆天子在洧水上饮酒,就派遣祭父前往圃
郑,以告知诸侯。

辛未这一天,穆天子北上返回,在渐泽钓鱼,在桑野吃鱼。

5.4

丁丑①,天子里圃田之路②:尽规度以为苑圃地,而虞守之
也③。东至于房④,房,房子,属赵国地,有嶩山⑤。西至于□丘⑥,
南至于桑野,北尽经林⑦、煮□之薮⑧,南北五十□⑨。

十虞⑩:东虞曰兔台⑪,西虞曰栎丘⑫,栎,今河南阳翟县,
音砾。南虞曰□富丘⑬,北虞曰相其⑭。御虞曰:□来虞所⑮。

□辰⑯,天子次于军丘⑰,以畋于薮□⑱。

【注释】

①丁丑:此距前"辛未"六日。

②里圃田之路:里,统计里程。参见卷四4.10节"里西土之数"。圃
田,古代泽薮名。故地在今河南中牟西。参见本书上文5.1节注
⑦。《水经注》卷二十二:"皇武子曰:郑之有原圃,犹秦之有具圃,
泽在中牟县西。西限长城,东极官渡,北佩渠水;东西四十许里,
南北二十许里;中有沙冈,上下二十四浦,津流径通,渊潭相接,
各有名焉。"陈逢衡云:此"里圃田之路"犹卷四言"乃里西土之
数"也。刘师培云:里,即"厘"字。《书序》"帝厘下土方",马注:
"厘,理也。"《周礼·兽人》郑注云:"谓虞人厘所田之野。"此文

之"里"与彼同义。王贻樑云:"里"字本名词,但在此用作动词,计里之意,故无需读破。

③虞守之:虞官职守山泽园囿鸟兽。虞,古代掌管山泽鸟兽的官吏。《易·屯卦》"即鹿无虞",注:"谓虞官。"《周礼·天官·大宰》"虞衡,作山泽之材",疏:"掌山泽者,谓之虞。"

④东至于房:房,古地名。约在今河南中牟东。洪颐煊云:注"巑山"即"赞皇山"之讹,当是彼处关文,今残脱不可考矣。又《水经·济水注》疑房在阳武县故城南,以郭氏此注为非。翟云升云:《路史》六《国名纪》引作"房子国,赵地,有巑山"。陈逢衡云:天子方里圃田之路,其云"东至""西至""南至""北尽"者,盖左右侍御之臣为之测其道里也,天子此时尚未亲至于房。……下文"季秋,乃宿于房",穆王方亲至其地。又"东至""西至""南至""北尽"连文,中间文义亦不得有"登赞皇山"四字,且以地理验之,赞皇亦不得在圃田之东。天海案:郭璞注此云:"房,房子,属赵国也,有巑山。"但赵国房子县在今河北临城、高邑、赞皇中间,显与本传圃田之东的"房"非同一地,故郭注或误。

⑤巑(cuán)山:山名。又称赞皇山。《元和郡县志》赵州赞皇县:"县南有赞皇山,因以为名。"赞皇山,在今河北赞皇西南二十里。《汉书·地理志》常山郡房子县:"赞皇山,济水所出。"《太平寰宇记》卷六十赵州赞皇县有赞皇山。

⑥西至于□丘:□丘,古地名。"丘"上阙文檀本填"顿"字,陈逢衡从之。吕调阳认为是"栎"字。天海案:檀本作"顿丘",远在圃田之东北,方位不合,必误。吕说为"栎丘",疑据下文"西虞曰栎丘"而推之,其说可从,译文且从此说。

⑦经林:古地名。未详具体所在,约在今河南中牟西北。

⑧煮□之薮:阙文□檀本填"枣"字,吕调阳从之。天海案:煮枣,在今山东菏泽西南,作"煮枣"必误。薮,亦水泽,此泽约在河南中

牟北面。

⑨南北五十□：□，此阙文檀本填作"里"。檀萃云：据《水经注》
云："圃田东西四十许里，南北二百许里。"传言"五十里"，互文
见义耳。然按《一统志》云："圃田泽在中牟县西北七里，其泽东
北五十里，南北二十六里。"则传所纪里数较之于今颇合。翟云
升云："十"下缺文，檀本疑作"里"，当从之，然非止一字，当更有
计东西里数之文也。陈逢衡云：穆王时圃田大小不以《水经》验，
况今日里数之远近乎？盖"五十"下空方不知是何字，未可臆断。
或曰此句专承上文"北尽经林"而言，有此里数也，若是合圃田而
言"南北五十里"，不遗却东西里数耶？郭侃云：据下文，"五十"下
当有较多缺文，不仅"里置"二字。即翟云升、陈逢衡所说，此亦
应有东西里数。天海案：翟说是。此处阙文除承上应有"里"字
外，还应有东西里数，然东西里数不可知。此处阙文可填"里"与
"置"二字。且"里"属上为句，"置十虞"又为一句。译文从此。

⑩十虞：虞，古代管理山泽之官。檀萃云：立十虞人，故总标之也。
设十虞而守之也。陈逢衡云：圃田泽薮广大，盖名山大川不以封
者，恐有奸宄，故设十虞守之。郭谓"尽规度以为苑圃"，非。以其
地旷，故分十虞司之。《周礼·地官》有"山虞""泽虞"，此泽虞也。
泽有大泽、大薮，中泽、中薮，小泽、小薮，以中士、下士掌之。天海
案：十虞，当作"置十虞"。下列虞官名有五，疑各有二人担任，故
有"十虞"称之。据檀说，"十虞"上当有"置"字，译文据补。

⑪东虞曰兔台：东虞，掌圃田东面的官员。下文西、南、北三虞，亦皆
以方位辖区称。兔台，古地名。檀萃云：按下文，即虎牢也。陈逢
衡云：兔氏城，今在河南开封府尉氏县东北四十里。天海案：檀说
误。陈说虽近之，但其地亦在中牟县之东南，方向亦不合，待考。

⑫西虞曰栎丘：栎丘，古地名。郭璞注："栎，今河南阳翟县。"檀
萃、陈逢衡、丁谦、张公量诸人均从郭注。王贻樑云：栎，字又作

"历",地在今河南禹县,春秋时为郑之别都。天海案:阳翟,古邑名。在今河南禹州,相传夏禹都此。春秋时为郑栎邑,战国属韩,改名阳翟。然此邑距河南中牟圃田甚远,其方位又在西南,恐与"栎丘"非同一地。

⑬南虞曰□富丘:□,此阙文疑衍。富丘,古地名。檀萃云:富,或为负。《尔雅》:"丘背有丘为负丘。"洪颐煊云:《水经·济水注》引《纪年》云:"梁惠成王十六年,邯郸伐卫,取漆、富丘城之。"陈逢衡云:《水经注》此下尚有"或亦谓之宛濮亭"……然窃疑圃田在中牟,则南虞更在中牟之南,不得北至于卫也,显另是一地。盖梁所取者是卫邑,此则丘陵之丘耳。天海案:丁谦、卫挺生亦据《纪年》为说,然方位与本传不合,故具体所在未明。

⑭北虞曰相其:相其,古地名。所在未详。檀萃云:其,当是"丘"字之误。陈逢衡云:檀说是。又兔台、栎丘、富丘、相丘,当是泽虞所居之舍。虞则有十而丘但有四者,以分察四至也。天海案:檀、陈之说可参,译文且作"相丘"。

⑮御虞曰:□来虞所:御虞,管理泽虞官的长官,即十虞之长。御,统治、治理。檀萃云:据后注"以次侍御,备有顾问",所谓"御虞"也。"曰□来十虞所"者,谓受田猎之令者,来十虞之所也。反覆举明十虞而仅称东西南北四虞者,盖分守四至之地,故特明地之所在。陈逢衡云:御虞,盖十虞之长也。"曰"是"日"字之误。"来"上空方当是"往"字。言御虞总司其事,日往来于十虞所司之地而察之也。王贻樑云:御虞,陈说可参。但"曰"字亦可不改作"日",意即御虞之言也。下有缺文而使全句文意不明晰,推测大约是言至十虞之所,具体何为不明。郭侃云:依上文例,此句有句读作"御虞曰□来",文例便与上文同,由此观之,王天海观点似可从。但下"十虞所□"之"□"不知为何,当有较多缺文,因此文意不可明确。缺文中应有一字与下文地支相连。天海案:

"曰"字不误，与上文例同。王贻樑认为"曰"字"意即御虞之言也"，亦未妥。□来，亦为地名，即御虞所居之地。下文有"天子司戎于□来"，疑即此地，然阙文不可知，具体所在未详。虞所□，天海案：此处阙文非只一字。"虞所"其下阙文□当为"主""庚"二字。"主"字属上句，作"虞所主"，意指御虞所主居地"□来"是十虞官的主要办事机构。而"庚"字属下句，作"庚辰"，距前"丁丑"三日。译文从此。

⑯□辰：此处阙文□，檀本作"甲辰"，陈逢衡疑"壬辰"，卫挺生填作"庚辰"。王贻樑云：丁丑日穆王里圃田之路，则似欲起程赴他处，故此空方似应填"庚"字。再由前"庚午""辛未""丁丑"日程安排紧凑来看，此亦当填"庚"字。穆王于此畋猎月余，再于"甲寅"日作居于范宫。天海案：依诸说，此阙文"□辰"，译文作"庚辰"。

⑰次：停留，途中止宿。军丘：地名，具体未明。今本《竹书纪年》穆王十四年："夏四月，王畋于军丘。"卫挺生云：军丘乃圃田薮上之丘。王贻樑云：军丘在圃田与范宫间，则军丘盖在圃田之北，具体不明。

⑱以畋于薮□：天海案：此阙文□，檀本填"泽"字，译文从之。薮泽，林薮、沼泽地带。檀萃云：薮者，盖经林、煮枣之薮也。陈逢衡云：下文"天子临于军丘，狩于薮"，则军丘之地另有薮，檀谓是经林、煮枣之薮，误。

【译文】

丁丑这一天，穆天子计算圃田四周的道路：向东到达房，向西到达栎丘，向南到达桑野，向北直至经林、煮□泽的尽头。南北五十里，东西……里。

共设泽虞官十个：东虞官居兔台，西虞官居栎丘，南虞官居富丘，北虞官居相丘。御虞官长居□来，是虞官主要居住地。

庚辰这一天，穆天子住宿在军丘，并在林薮、沼泽地带打猎。

5.5

甲寅^①，天子作居范宫^②，范，离宫之名也。以观桑者^③，桑，采桑也。《诗》曰："桑者间间兮。"^④乃饮于桑中^⑤。桑林之中。天子命桑虞^⑥，主桑者也。出□桑者^⑦，用禁暴人^⑧。不得令妄刲犯桑木^⑨。

仲夏甲申^⑩，天子□所^⑪。

庚寅^⑫，天子西游，乃宿于祭^⑬。祭，祭公邑。

壬辰^⑭，祭公饮天子酒，乃歌《阙天》之诗^⑮。《诗·颂》有《昊天有成命》："二后受之，成王不敢康。"疑祭公以此规谏也^⑯。天子命歌《南山有鸄》^⑰。《诗·小雅》有《南山有台》："乐只君子，邦家之基。"以答祭公之言^⑱。然皆古字，难晓所以，未详。乃绍宴乐^⑲。绍，继也。

丁酉^⑳，天子作台^㉑，以为西居^㉒。

【注释】

①甲寅：此距前"庚辰"三十四日。今本《竹书纪年》穆王十四年"夏四月，王畋于军丘，五月作范宫"，据下文"仲夏甲申"知，此距前不应超过三十日，其中必有一误。

②作居范宫：作居，兴建居所。范宫，别宫名。周穆王的别宫，具体所在未明。王贻樑认为约在圃田以北。檀萃云：谓自军丘作而起行。洪颐煊云：今本《纪年》云："十四年夏四月，王畋于军，五月作范宫。"陈逢衡云：据《纪年》"作范宫"，"居"字疑衍。檀以"作"字断句，非。郝懿行云："畋于军丘""作范宫"并在十四年，见《竹书》。

③桑者：采桑的人。陈逢衡云：此仍在四月内，盖饲蚕时也，故有桑者。

④《诗》曰："桑者间间兮"：郑杰文云：此《诗经·魏风·十亩之间》语。魏国（今山西芮城一带）多桑林。天海案：郭注所引此诗，见《诗·魏风·十亩之间》，一作"桑者闲闲兮"。

⑤桑中：桑林中。郭璞注此："桑林之中。"檀萃云：桑林，卫地。陈逢衡云：《诗·邶风》"期我乎桑中"，故檀以为卫地，然不如郭注"桑林之中"为确。盖以观桑者之故，故饮于桑中，不必求其地以实之。案，汉常山郡有桑中县，今直隶正定府平山县东南，与此无涉。郝懿行云：《汉书·地理志》桑中，属常山郡，盖汉以名县也，即此。丁谦云：桑中者，桑野之中，非《卫风》桑中地。郭侃云：此"桑中""桑林"并非地名，而是桑树林、采桑处，陈逢衡、丁谦观点可从。

⑥桑虞：古代管理桑园的官吏。郭璞注："主桑者也。"檀萃云：亦十虞之一也。陈逢衡云：此桑虞，则山虞也。郑杰文云：虞，古代掌山泽、苑囿、田猎之官。《尚书·舜典》："帝曰：俞！咨益，汝作朕虞。"孔传："虞，掌山泽之官。"又称虞人，《孟子·滕文公下》"昔齐景公田，招虞人以旌"，赵注："虞人，守苑囿之吏也。"

⑦出□桑者：此阙文□檀本填"内"字，檀萃又云："亦十虞之一也，司桑女出入之节。"郝懿行云：《艺文类聚》八十八卷及《御览》九百五十五卷并引此文，"出""桑"之间无"□"，余多仿此。蒋超伯云：《淮南子·时则训》："乃禁野虞，毋伐桑柘。"虞，即桑虞耳。郑杰文云：□，疑"采"字。出采桑者，故下言"用禁暴民"。天海案：檀本填"内"字。内，同"纳"；出内，即出入。意指桑虞负责监护桑林中出入采桑的人。译文且从檀说。

⑧用禁暴人：以禁止残暴的人。

⑨不得令妄割犯桑木：檀萃云：郭说非也。盖强暴之人不得入桑林以犯桑女耳，桑虞厉禁，岂有犯桑木者哉！陈逢衡云：毛西河《国风省篇》曰："古文云：穆天子作居范宫，以观桑者。"桑者，桑妇

也。彼以为采桑妇工，故必桑妇而后得称为桑者。故又曰"出□桑者，用禁暴人也"，盖惟恐狂夫之或及于彼桑妇也，非桑妇则暴何禁矣？刬，卢文弨云：刬，疑与"槎"同，邪斫木也。天海案："妄刬犯桑木"意即胡乱砍伐桑木，郭注未妥，檀、陈二说是。刬，不见于字书，音义未晓，疑为"斫"之异体，或即砍伐之意。周穆王在桑林中宴饮，并以观赏女子采桑为乐。他命令桑虞官监护出入桑林的桑妇，防止恶人强暴，并保护自己的安全，亦在事理之中。

⑩仲夏甲申：此距前甲寅三十一日。天海案：据今本《竹书纪年》穆王"五月作范宫"，五月为仲夏，此又言仲夏，前后相距已三十一日，设前"甲寅"为五月仲夏初一日，则此甲申必为季夏六月初一日。故"仲夏"当为"季夏"之误，译文据改。

⑪天子□所：此阙文□檀本填"于"字，檀萃又云："历十虞之所。"陈逢衡云：檀误不可据。"所"是"防"字之误，空方当是"东至于"三字，故下文云"西游"。天海案：陈逢衡所说"防"字为"房"字异体。《集韵·阳韵》："房，古书作防。"房，地名。在圃田之东，参见5.4节注④。故译文且从陈说，并补阙文作"东至于房"四字，"所"字当作"房"。

⑫庚寅：此距前甲申六日。

⑬祭（zhài）：封邑名。为祭公谋父之封邑。参见本书卷一1.3节注㉚。郭璞注："祭，祭公邑。"其封地在今河南郑州东北。

⑭壬辰：此距前"庚寅"二日。天海案：壬辰，梅鼎祚本作"壬寅"，不知何据。

⑮《阙天》之诗：阙，郝本作"闗"。檀萃云：阙，古"昊"字。王贻樑云："阙"字不识。由字从厹声视，可与"昊"通。但传未载诗文，故未可认定。郭侃云："阙"字，当从几无疑，但以读作"昊"似不可从。檀萃仅以郭璞注文所提之《诗·昊天有成命》，与《阙天之诗》篇名相近便认为"阙"与"昊"通，其据并不充分。天海案：

《阅天》，古诗篇名。"阅"字不见于字书，音义未详。郭注所引见《诗经·周颂·昊天有成命》，但本传未录其诗句，未可认定确为"昊天"之诗。

⑯疑祭公以此规谏也：郑杰文云：《诗经·周颂·昊天有成命》："昊天有成命，二后受之，成王不敢康。"郑笺："昊天，大号也。有成命者，言周自后稷之生而已有王命也。文王、武王受其业，施行道德，成此王功，不敢自安逸，早夜始信顺天命，不敢解（懈）倦，行宽仁安静之政，以定天下。宽仁所以止苛刻也，安静所以息暴乱也。"郯公正用此意，故旧注言"郯公以此规谏"穆王。天海案：郑杰文《校释》用洪颐煊本，故"祭公"作"郯公"，下与此同。

⑰《南山有甍》：古诗篇名。"甍"字不见于字书，音义未详。檀萃云："甍"字从四山，所以象高为台。台，夫须，所以从毛。洪颐煊云：《说文》"握"古文作"𢿘"，与"台"形相近。此"甍"字复与"握"形相近，皆古文也。陈逢衡云："台"是草名。《诗·南山有台》疏："夫须，莎草也。"非从四山，乃二"艸"字下加"毛"字也。《歌》"南山"者，盖取德音不已、德音是茂之义。又案，字书"握"，古文"𢿘"，与"甍"亦不相近。岑仲勉云：《礼记·内则》"桃曰胆之"，亦见《尔雅·释木》，正义云："桃曰胆之者，桃多毛，拭治去毛。"今南方人食桃犹保存先去其毛之习惯，此字从毛会意，合是"桃"字。郑杰文云：洪说是，竹书必先作"𦥑"（古文"台"），又讹作"𢿘"（古文"握"），又写作"𢿘"（籀文"握"），又讹作"𢿘"，隶定作"甍"，遂不可解。王贻樑云：诸考皆未允，不可据信。字当从手、从出、从毛，合为何字未明。天海案：台，通"薹"，莎草，又名蓑衣草，可制蓑衣。陈说可参。

⑱"《诗·小雅》有《南山有台》"几句：卫挺生云：此乃王命卿士，而乐得贤士之诗。故可证明穆王之躬亲往访，见祭公谋父于其封邑，其目的乃在得而命之为王卿士，而今乃命乐工歌"乐得贤士"

之诗以尊宠之也。郑杰文云:《诗序》:"《南山有台》,乐得贤也。得贤则能为邦家立太平之基矣。"穆王命歌此诗以答郊公,赞郊公也。天海案:郭璞此注可参。《诗·小雅·南山有台》为周代贵族宴飨宾客的通用乐歌,与《小雅·鱼丽》《小雅·南有嘉鱼》三首诗是同一组宴饮诗。先歌《鱼丽》,赞佳肴之丰盛;次歌《南有嘉鱼》,叙宾主绸缪之情;最后歌《南山有台》,极尽祝颂之能事,敬祝宾客万寿无疆,子孙福泽延绵。前人或以为"乐得贤"(《毛诗序》),或以为"颂天子"(姚际恒《诗经通论》),或以为"祝宾客"(方玉润《诗经原始》)。就此诗与《小雅·鱼丽》《小雅·南有嘉鱼》为宴饮的通用乐歌来看,它应是贵族宴饮聚会时颂德祝寿的乐歌。

⑲乃绍宴乐:又继续奏起宫中燕乐。郭璞注:"绍,继也。"陈逢衡云:犹前宴许男用宴乐也。盖奏《鹿鸣》以下五诗以饮祭公。郑杰文云:宴乐,即燕乐。

⑳丁酉:此距前壬辰五日。

㉑天子作台:檀萃云:因歌有台,故作台以彰之,为西游所止舍也。陈逢衡云:此台盖作于范宫之西,故曰以西为居。檀以"南山有台"直作楼台之台看,大错。此台盖作于范宫之西。丁谦云:作台为西居,即下卷重璧台,以时方兴筑,故未有名。郑杰文云:《竹书纪年》曰:"(穆王)十五年,作重璧台。"天海案:据今本《竹书纪年》载,周穆王十五年"春正月留昆氏来宾,作重璧台",乃第二年事,此台必非"重璧台"。

㉒以为西居:把此台作为范宫西边的居所。卫挺生云:此穆王于东虞原有之兔台外,另筑一台以为西居。所谓"西居"者,乃对范宫之为"东居"者而言也。盖已西返成皋。

【译文】

甲寅这一天,穆天子兴建居所范宫,为观看采桑的人,就在桑林中饮酒。穆天子命令桑园官吏监护出入桑林的采桑人,以查禁暴徒捣乱。

季夏甲申这一天,穆天子向东到达房地。

庚寅这一天,穆天子西游,就住在祭邑。

壬辰这一天,祭公请穆天子饮酒,就唱起《闢天》诗篇。穆天子命唱《南山有臲》一诗,接着又奏起宫中燕乐。

丁酉这一天,穆天子兴建高台,以它作为范宫西边的居所。

5.6

壬寅①,天子东至于雀梁②。

甲辰③,浮于荥水④,今荥阳荥泽是。乃奏广乐。

季夏庚□⑤,休于范宫⑥。

仲秋丁巳⑦,天子射鹿于林中⑧,乃饮于孟氏⑨,爰舞《白鹤》二八⑩。今之畜鹤、孔雀,驯者亦能应节鼓舞。还宿于雀梁⑪。

季秋辛巳⑫,天子司戎于□来⑬,虞人次御⑭。以次侍御,备有所问。

【注释】

①壬寅:此距前丁酉五日。

②雀梁:古代地名。约在今河南荥阳汜水镇一带。檀萃云:当在荥阳间。洪颐煊云:《水经·济水注》云:"黄水又东北至荥泽南,分为二水:一水北入荥泽,一水东北流,即黄雀沟。"引此传云"壬寅,天子东至于雀梁"者也。丁谦云:雀梁在洛河东,见《水经·黄雀沟》注,在今汜水县境。王贻樑云:《水经·漕水注》谓黄雀沟又名黄渊。渊周一百步,在今郑州市西北,古荥泽南。天海案:据诸说,雀梁当为一小水潭而已,其地在今郑州西,荥阳附近。

③甲辰:此距前壬寅二日。洪颐煊云:《水经·济水注》引作"甲

寅",下又有"天子"二字。陈逢衡云:甲辰,壬寅后二日,误。当
从《水经》注作"甲寅",相距壬寅十二日。……据赵一清《水经
注释》作"甲寅",张匡学《水经注·释地》作"甲辰",然当作"甲
寅"为是。天海案:雀梁与荥水相距不远,此距前壬寅二日,作
"甲辰"是,译文从此。

④荥水:水名。在今河南郑州、荥阳一带。《广韵》:"荥,又水名,在
　郑州。"丁谦云:荥水在荥阳县东。郑杰文云:《水经·济水(一)》
　注引"浮"上有"天子"二字。天海案:古代有荥泽,即荥水所注,
　地在今郑州市西北。"浮于"上当有"天子"二字,译文径补。

⑤季夏庚□:阙文□,檀本作"戌"。陈逢衡云:窃疑当是"庚申"。
　天海案:上文"仲夏甲申"本当作"季夏甲申",即六月初一日,则
　此季夏"庚"下阙文当补作"戌"字,"庚戌",上距"甲辰"七日,
　距前"甲申"则二十七日,当为六月二十七日方妥。檀萃本即填
　作"庚戌",卫挺生从之。译文据此补"戌"字。

⑥休于范宫:檀萃云:言休息于所作之范宫。陈逢衡云:穆王盖于
　此避暑,故休息之久。卫挺生云:右三事(指"至雀梁""浮荥
　水""休范宫")记穆王复东返洀上。范宫落成,遂往渡夏,休居两
　月。范宫,自始作至落成,才五十余月。则其宫非华丽之宫殿,乃
　草草而成之行宫,可从而知。其有成皋新作西居之台,当亦如是。
　天海案:"休于"上当有"天子"二字,译文径补。

⑦仲秋丁巳:此距前"季夏庚戌"(六月二十七日)七日,当七月初
　四日,不当称"仲秋"。天海案:如果推为下一"丁巳"日,则距
　"季夏庚戌"六十七日,时已季秋。下文有"季秋辛巳",距此"丁
　巳"只二十四日,更不应分属两月。故此"丁巳"亦属季秋,可知
　周穆王在范宫休息两月有余,以消盛夏之暑热。总言之,此"丁
　巳"日为九月初四日,作"仲秋"则与上下日程皆不合,以作"季
　秋"近是。译文从此。

⑧天子射鹿于林中：檀萃云：即桑林之中也，天子之饮于此。陈逢衡云：林中当泛指，不必泥定桑林。若桑林为妇女采桑之地，何得容留有鹿？卫挺生云：周代月令，春生秋杀。仲秋畋猎当令，故八月离在洀上之范宫，而西行射猎山林。

⑨孟氏：疑为地名。具体所在未详。檀萃云：孟氏即下文孟念，盖夏启臣，孟涂裔神明之后，故天子从之饮而有《舞鹤》之异。陈逢衡云：孟氏，地名。《路史·国名纪六》："孟，孟涂国，今河南孟津偃师西三十一里。《穆传》至于孟氏。"丁谦云：孟氏邑，未详。观下"还宿于雀梁"，必地与相近，当亦在洀水境。

⑩爰舞《白鹤》二八：于是让舞女十六人表演《白鹤舞》。爰，于是。《白鹤》，舞曲名。二八，十六人。古代乐舞每队八人，二八即两队十六人。《左传·襄公十一年》："女乐二八。"檀萃云："二八"凡十六鹤，其舞成行列也。陈逢衡云：二八者，舞列也。《白鹤》，舞曲名。《尚书大传》："和伯之乐舞《玄鹤》。"知《玄鹤》之为舞曲名，则"舞《白鹤》"亦若是矣。即或真是舞鹤，亦是教训纯熟之鹤并无异处。郑杰文云：鹤为大型涉禽，常活动于水际沼泽地带。古时郑、卫之地盛行养鹤之风……又有托名淮南八公的《相鹤经》在此地流传（见《太平御览》卷九百十六）。据说，鹤能起舞。天海案：依郭注，似指使驯鹤起舞；依陈说，则为舞曲名。陈说近是，亦可能是舞女饰作白鹤而舞。

⑪还宿于雀梁：返回时住在雀梁。可知孟氏必与雀梁邻近。

⑫季秋辛巳：此距前"仲秋（当为"季秋"）丁巳"二十四日。或为九月二十八日。参上注⑦。

⑬天子司戎于□来：陈逢衡云：司戎，盖行秋狝之事。孙诒让云："司"古与"治"通。司戎，即治兵也。《春秋·庄公八年》经："正月甲午，治兵。"《公羊》经作"祠兵"，"司""祠"并声近通借字，故下文即记弋射得兽之事。郑杰文云：孙说是。古人按季节畋猎

以治兵。《左传·隐公五年》:“故春蒐、夏苗、秋狝、冬狩,以讲事也。三年而治兵,入而振旅。”讲事,即讲习武事。王贻樑云:孙说是。古帝王畋猎多有兼习军戎者,即大搜礼,可参见业师杨宽《古史新探》(中华书局一九六五年版)大搜礼考,故畋猎可称司戎。天海案:司戎,本指练兵,也可指畋猎事。译文即从此说。□来,此当为地名。前文有“御虞曰□来”,与此当为同一地。参见上文5.4节注⑮。

⑭虞人次御:山泽官乘车在穆王车后,以备顾问。虞人,古代掌管山泽、苑囿、田猎的官员。次御,王车之后。陈逢衡云:盖需次于王御,以备顾问道里之数。卫挺生云:虞人以次侍御待命,因大规模之狩猎将举行也。……此乃三代安不忘危,平时以狩猎习征伐之制度也。穆王方欲北征犬戎示威戎狄。故天子之司戎,召十虞之虞人,咸来次御待命。

【译文】

壬寅这一天,穆天子向东到达雀梁。

甲辰这一天,穆天子在荥水上泛游,又奏起广乐。

季夏庚戌这一天,穆天子到达范宫休驻。

季秋丁巳这一天,穆天子在林中射鹿,又到孟氏家中饮酒,于是让舞女十六人跳起《白鹤舞》。后又回到雀梁住下。

季秋辛巳这一天,穆天子在□来阅兵狩猎,山泽官乘车在穆天子车后以备顾问。

5.7

孟冬鸟至①,雁来翔也。王邑□弋②。下云“王邑诸侯姬姓,姓女”③,疑是妇官也。

仲冬丁酉④,天子射兽,休于深雚⑤。雚、苇之藂。得麋麇

豕鹿四百有二十⑥，得二虎九狼。乃祭于先王⑦，命庖人熟
之⑧。庖人，主饮食者。

　　戊戌⑨，天子西游，射于中□方落⑩，草木鲜⑪。命虞人
掠林除薮⑫，以为百姓材⑬。以供人之材用，掠，谓刭伐之⑭。是
日也，天子北入于邴⑮，邴，郑邑也。音丙。与井公博塞⑯，三日
而决⑰。疑井公贤人而隐枋⑱，故穆王就之游戏也。

【注释】

①孟冬鸟至：十月雁来。孟冬，初冬十月。鸟至，大雁南飞。檀萃
云：周之孟冬，夏正八月，正鸿雁来宾之候也。顾实云：孟冬者，十
月也；而雁来翔则于夏正为八月也。卫聚贤、常征亦从此说。天
海案：此用周正，亦可证《穆传》作于春秋战国之前。

②王吕□弋：阙文□，檀萃补"共"字。檀萃云：共弋者，妇官供
弋丝以备缯燉之用也。洪颐煊云：吕，古"姬"字之省，今本讹
作"臣"，从《道藏》本改。陈逢衡云：臣，洪本据《道藏》本改
作"吕"，何本、吴本俱作"吕"，注并同，今特改正。檀本空方填
"共"字。……空方是"供"字，"王臣供弋"与上文"虞人次御"
紧对，盖虞人是田猎之官，此王臣是武备之士，或即指七萃之士，
未可知。《诗》曰"弋凫与雁"，弋，亦射也。此非妇官所能。……
今人省手，俗字，以"吕"即"臣"字。卫挺生云：穆王方励武事。
故阙文当是"习"等字。拟为"王臣习弋"。郑杰文云：□弋，疑
言穆王射弋飞鸟之事。上言"鸟至"，《水经·河水（五）注》《太
平御览》卷一百五十九引有"天子射鸟"，可证。王贻樑云：当为
"吕"之"吕"草体，吕，即"以"之古体。此句盖言王以缯矢之类
弋射。郭注等皆涉下文而误。天海案：郭璞注："下云'王臣，诸
侯姬姓之女'，疑是妇官也。"则郭引卷六文，视此为"臣"字，或

误。□弋,此阙文依王贻樑说,阙文或"以缯"二字,即用带丝绳
的箭射鸟。译文从王贻樑说,此句作"王以缯弋"。

③王吕诸侯姬姓,姓女:郭注"姬姓姓女",檀本作"姬姓女",洪本、
翟本、陈本皆作"姬姓之女"。洪颐煊云:《汉书音义》臣瓒曰:
"汉《秩禄令》及《茂陵书》'姬'并内官也,秩比二千石,位次倢
伃下,在八子上。"陈逢衡云:郭注"下云,王臣姬姓之女",见卷六
"王臣姬姓之女倍之",但彼文有"姬姓之女"四字,郭以内官解之,
诠释的当。若此处止有"王臣"二字,何得云"疑是妇官",因而檀
氏、洪氏俱从此说,误矣。不知王臣是穆王臣,谓侍从诸臣。天海
案:郭注"姬姓姓女"误,当作"姬姓之女"。然注"王吕"则非。

④仲冬丁酉:天海案:上文有"季秋辛巳",推为九月二十八日。下
一"丁酉"距前"辛巳"近者只有十六日,如何便到"仲冬"? 这
之前,传文又确有"孟冬鸟至"之文,证明已过孟冬十月,到了仲
冬十一月,但干支推算则不合。疑本作"辛酉",因与"丁酉"音
近而误。如作"辛酉",距前"季秋辛巳"四十日,涉孟冬而到仲
冬,时序正合。故译文改作"仲冬辛酉"。

⑤休于深藋(huán):檀萃云:猎于薮故。洪颐煊云:藋,本作"雈",
《说文》:"雈,小爵也。""萑,苇之萑,从艸,雈声。"今改正。陈
逢衡云:藋,本作"雈",注同,今从洪本。……深藋,当是地名。
天海案:深藋,茂密丛生的芦苇。藋,即丛生的芦苇。"藋"字通
"萑",孙诒让《墨子间诂》引《说文·艸部》:"萑,薍也。"颜师古
注《汉书·货殖传》云:"萑,薍也,即今之荻也……萑音桓。"据
此,萑,本为芦荻,无须改字。又,陈逢衡认为"深藋"是地名,亦
不妥。古人野外畋猎,露营于芦苇深处亦合情理,郭注可从。

⑥麋麇(jūn)豕(shǐ):麋,即麋鹿。哺乳动物,比牛大,毛淡褐色,
雄的有角,角像鹿,尾像驴,蹄像牛,面像马,原产中国,是一种珍
贵的稀有兽类。俗称"四不像",国家一级保护动物,但野生的早

已灭绝。《周礼·兽人》："夏献麋。"疏:"麋是泽解兽。"《说文》:
"麋,鹿属。从鹿,米声。麋,冬至其角。"麋,与鹿相似,没有角,
即獐子。《诗经·召南·野有死麇》:"野有死麇,白茅包之。有女
怀春,吉士诱之。"豕,即野猪。

⑦得二虎九狼。乃祭于先王:檀萃云:举尝祭献腥而荐熟也。陈逢
衡云:豕,野豕也。此地无先王之庙,古者出行皆载木主,故得命
庖人熟而荐之。窃疑此二语系卷二中错简。荥阳、荥泽之间焉得
有如许虎狼豕鹿之多?卫挺生云:"畋猎则获""祭祀则熹",此诚
然矣。王贻樑云:陈疑此间无如许多野兽,乃泥于后世之貌,非
也。古代中原地区亦多兽,文献与考古皆可证明。

⑧庖人:古代掌膳食之官。天海案:据文意,此句当在"乃祭于先
王"句上,必先熟之,然后祭之。

⑨戊戌:此距前仲冬"丁酉"只一日。天海案:上注④已推算"仲冬
丁酉"为"仲冬辛酉",则此"戊戌"必为"壬戌"之误。壬戌,即
辛酉次日,与传文合,译文从此。

⑩射于中□方落:阙文□,檀萃补"林"字。陈逢衡云:檀本填"林"
字。"中"上疑缺"林"字,空方当是"木叶"二字。天海案:依檀、
陈二说,此句可补作"射于林中,林中木叶方落",译文从此,补足
文意。

⑪草木鲜:草木凋零。檀萃云:方林中黄落之时,草木希鲜而可射
也。陈逢衡云:鲜,解也。《礼记·月令》:"季夏行春令,则谷实鲜
落。"《吕氏春秋》作"解落"。又《列子·汤问》:"辄沐之国,其
长子生则鲜而食之。"《博物志》作"解而食之"。丁谦云:鲜,盖
"解"字之讹。王贻樑云:陈说"鲜,解也",可参。《左传·昭五
年》"葬鲜者自西门",注:"不以寿终为鲜。"《列子·汤问》"则鲜
而食之",注:"人不以寿死曰鲜。"是鲜有终、死义,故可与"解"
字互用。天海案:鲜,借用作"解",有脱落凋谢之意。

⑫掠林除薮：砍伐林中树木，清除沼泽杂草。

⑬以为百姓材：意即砍伐的树木柴草供百姓使用。陈逢衡云：以为百姓材，见不私其利之意。卫挺生云：此"万民平局"政策下之施为也，大有"文王之囿……与民同之"之风。穆王效法文王，可谓"能贤"。

⑭掠，谓劋伐之：天海案：郭注"劋"字不见于字书，音义未详。檀萃认为"劋，音差"，然无据。劋伐，亦即砍伐之意。

⑮天子北入于邴（bǐng）：郭璞注："邴，郑邑也，音丙。"檀萃云：盖休与之山在其境，上有帝台之博棋，故天子北入于邴从之博，亦犹西游宿于祭，祭公饮之也。陈逢衡云：《御览》七百五十四引作"音枋"。郝懿行云：邴，郑邑。见《春秋经传》。天海案：邴，原文与郭注皆误作"刚"，此据《道藏》本径改。邴，地名。据《通志》载，邴是春秋时的一个城邑，邴又名枋，是春秋时祭祀泰山的一个城邑。故城址在今山东费县东。晋国大夫邴豫的封地就在邴，他的后代遂用祖先的封地"邴"作为自己的姓氏。后来也有的省文去掉邑字旁，以"丙"为姓，称丙氏。又，最初的"邴"是齐国的一个地名。根据《穀梁传》上记载："郑伯使苑来归邴。"郭璞注"邴，郑邑也"，不知何据。又，《春秋·隐八年》"郑伯使宛来归枋"，注："枋，郑祀泰山之邑，在琅邪费县东南。"又，通"邴"。《公羊传·隐八年》作"来归邴"，注："彼命反，又音丙。"

⑯与井公博塞：井公，人名。即前井公利。郭璞注："疑井公贤人而隐枋，故穆王就之游戏也。"檀萃云：井公，即井公利，其爵公，见《竹书纪年》甚明。孙诒让云：井公，即前之井利，盖井国之君从王行者，注说误。博塞，古代一种游戏，即六博、格五等类。卫挺生云：两年中再度与井公博。博，弈也，所以练习战略。郑杰文云：博，即六博，古代的一种博戏，有六白六黑十二棋子，对局双方每人六棋子，故名。《史记·苏秦列传》"六博蹋鞠"，索隐：

"按王逸注《楚词》云,博,著也,行六棋,故曰六博。"《论语·阳货》"不有博弈者乎",刘宝楠正义:"博以掷采而后行棋。"七十年代,马王堆三号墓北边箱中曾出土一套博具,包括博具盒、博局、骰子、筹码、棋子等。……盒里面有方形、长方形和椭圆形的格子,存放着角质方块形的棋子,六白六黑,共十二枚。(见《马王堆汉墓》,文物出版社1982年版,第42—46页)……六博,又作六簙,《楚辞·招魂》:"菎蔽象棋,有六簙些。"王贻樑云:博为六博,又名簙、象棋(因棋子多用象牙制而名,非后世之象棋)。六博棋原貌,旧久已不知。自七十年代以来,在湖北云梦睡虎地秦墓、江陵凤凰山八号汉墓、湖南长沙马王堆三号汉墓等都出土了多具完整的博棋,方使今人能揭开其庐山真貌。……六博棋盛行于战国秦汉之时。《战国策·齐策》:"临淄甚富而实,其民无不吹竽鼓瑟……陆博蹹踘者。"《史记·滑稽列传》载齐谐人淳于髡语"若乃州闾之会,男女杂坐,行酒稽留,六博投壶"。皆战国时行六博之证。而西周时尚无六博棋,此亦可见《穆传》不会在西周时成书。此"塞"字与下"至于台"了不相干,疑当在上文"博"字下。郭侃云:下文"塞"字所在位置似不妥,王贻樑、王天海以"博""塞"二字连,辞例亦通,其观点似可从。但不能明确下"塞"为误文。亦可能此有缺文,或为简序错编。卫挺生便以二句不相连解。天海案:《管子·四称》:"流于博塞,戏其工瞽。"《庄子·骈拇》:"问谷奚事,则博塞以游。"古代六博十二子,六黑六白,二人对博,各六子,故名。格五,黑白子各五,二人对局,共行中道,一步一移,遇敌则跳越,以先抵敌境为胜。其走法如今之跳棋,遇诸塞则跳越。故与六博合称"博塞"。原文"博"字下脱"塞"字,"塞"字在下文"辛丑"之下,于文不类,疑窜误,现移此。译文从之。

⑰三日而决:博塞三日而决胜负。陈逢衡云:决,河决。此千古河决

之始，盖在荥阳、成皋间，王游于此而适值河决，王因留此塞河而与井公博三日，以观其成，未必作因井公交帝台而与博棋。天海案：此"决"非"河决"，乃"博塞"而决胜负。观郭注"故穆王就之游戏也"可知。

⑱疑井公贤人而隐枋：檀萃云：注以"邴"作"枋"；枋，同"邴"，本音。枋头，地名。……郭以井利为穆王之嬖臣，以井公为隐枋，分而二之，似无所据。洪颐煊云：《太平御览》七百五十四引此注讹作正文。又注"祊"字讹作"者"字。《公羊·隐八年》"郑伯使宛来归邴"，《左氏》作"归祊"，二字古通用。翟云升云：祊，诸本皆讹作"枋"，今改正。"祊"与"邴"同。《左传·隐八年》经"郑伯使宛来归祊"，《公羊》《穀梁传》皆作"邴"也。陈逢衡云：隐者，檀本从旧本作"隐枋"，故有"枋头"之说……衡案，《御览》七百五十四引"疑井公贤人而隐者，故王就戏"，作"隐者"甚合。盖上文郭注不引《左传》《公羊》为证，是不以其地为琅琊费县之"祊"矣，洪说误。天海案：郭此注以为"井公贤人"而隐居邴地，则字当作"隐祊"，"枋"字误。且上文未言"祊"与"邴"通，故陈说是，郭此注"隐枋"当作"隐者"，于义为长。

【译文】

初冬十月，大雁飞来，穆王用带丝绳的箭射鸟。

仲冬十一月辛酉这一天，穆天子射猎野兽，在茂密的芦苇丛中休息。捕得了麋鹿、獐子、野猪和野鹿共四百二十只，捕得两只虎、九只狼。穆天子命膳食官把野牲煮熟，用来祭祀先王。

壬戌这一天，穆天子西游，在树林中射猎，正是叶落草衰的季节。穆天子命山泽官砍伐树木，清除沼泽，供给百姓木料与柴草。这一天，穆天子向北到达邴邑，与井公博塞对局，三天才决胜负。

5.8

辛丑^①，塞^②，戒不如，故进为塞也^③。至于台^④，乃大暑除^⑤。天子居于台，因以避暑。以听天下之^⑥。远方□之数而众从之^⑦，是以选扐^⑧，音勒。乃载之神人^⑨，□之能数也^⑩，有道数也。乃左右望之^⑪。占候也。天子乐之^⑫，爱其术也。命为□^⑬，而时□焉^⑭。□其名曰□公^⑮，去乘人□^⑯。

【注释】

①辛丑：此距前"壬戌"三十九日。

②塞：陈逢衡云：《艺文类聚·巧艺部》引"天子与井公塞也"，案所引"鹊突之至"，似全不阅上下文者。《太平御览》七百五十四引"天子北入邶，与井公塞"亦误，以"塞"为行棋、相塞之"塞"。……投琼曰博，不投琼曰塞。琼，今骰子也，盖六博有博有塞，今因有此二字，遂谓穆王不能取胜，而更与井公塞，不知博是行棋。"与井公博"是一事，"三日而决，辛丑塞"又一事，不可相蒙。今注《穆传》者，忘却"而决"二字，但取"博塞"为义，辄所未安，不知穆王巡方非徒游玩也，故特冠"辛丑"二字以著塞河之日，盖因河决而留博三日，至河塞而止。此与《史记·孝武本纪》所云"还至瓠子，自临塞决河，留二日，沈祠而去"同。卫挺生云：谓筑要塞也。所筑要塞即虎牢关。天海案：此"塞"字，与上下文不类，已移上文"博"下，参见上文5.7节注⑯。

③戒不如，故进为塞也：郝懿行云：此注文义难晓，疑必有误。郭侃云：郭注以"塞"为设立之屏障。《左传·僖公二十年》："春，新作南门。书，不时也。凡启塞，从时。"杜预注："门户、道桥谓之启，城郭墙、堑谓之塞。"孔颖达疏："城郭、墙堑，所以屏蔽往来，故以为塞。"天海案：郭璞此注不知所云，疑正文有脱误。

④至于台：此台即上文"丁酉，天子作台"之台。陈逢衡云：檀以"乃大暑"断句，而以"除天子居于台"为文，大误。当以"除"字断句，即今所谓处暑也，谓暑自此除去耳。……案，此段至"命为□而时□焉"与下不成文义之一段，俱当在前"季秋辛巳，虞人次御"后。季秋，夏令九月，周七月，故曰"至于台，乃大暑除也"。台，即"天子作台，以为西居"之台。卫挺生云：此"至于台"殆指一旧台也。因旧台必先扫除而后可用，故曰"除天子居于台"。后作新台以为天子行宫。郑杰文认为"台"为地名，在今山东省济南市，距邴较近。王贻樑云：台即上文天子所作之台。

⑤乃大暑除：于是酷热已过。又一说，大暑乃农历六月中最炎热的节气。陈逢衡云：即今所谓处暑也，谓暑自此除去耳。郭侃云："大暑"不当为节气名，应以天气酷热为解。《山海经·大荒西经》："寿麻正立无景，疾呼无响。爰有大暑，不可以往。"郭璞注："言热炙杀人也。""大暑除"即天气酷热的一段时间过去以后，即郭璞注文所谓"因以避暑"。天海案：以前后干支纪日推之，此时不当"大暑"节气，郭侃之说近是。

⑥以听天下之：听，处理，决断。檀萃云："之"下疑有缺字。洪颐煊云："之"下疑脱"政"字。陈逢衡云"之"下诚如洪说脱"政"字，盖王虽出外，其所以体国经野者，仍于所在剖断，所谓"礼乐征伐自天子出"也。卫挺生在"之"下填"政"字。王贻樑云："之"下恐有脱字，是否"政"字未可断定。郭侃云："之"下当有缺文，或即"政"字。天海案：诸说"之"下疑脱"政"字，译文且从之。

⑦远方□之数而众从之："远方"下阙文□，檀萃补"人"字。檀萃云：谓天子居于台上，以听览天下之远方人之数学，而为众人所信从者，是以选而用之，扐而挚之，不使成遗人也。陈逢衡云："远方"上疑缺"与"字，空方疑是"版籍"二字。数，此指卜筮之数。上文"之"字下脱"政"字，檀遂牵连而下，既曰"天下"，又曰"远

方",无此文法。又谓数是数学,此与今西洋人以算法试士同。不知穆王时《周礼》具在九章算法,掌自地官保氏,无庸取之民间也。夫所谓"远方之数"者,乃稽察民数,如司民献齿之义。卫挺生云:"远方"二字以下之缺漏太多,不可解矣。天海案:丁谦考证云:按此节脱佚过甚,又多舛误。如"是日也"至"而众从之"当移入上文"休于范宫"下,盖皆夏日事也;"是以选扐"至"天子乐之"当移入后文"祭公占之"下,盖皆卜筮事也;而捕虎一段,乃与上"以为百姓材"接,盖皆冬狩事也。丁说可参。此"远方"下阙文□,檀本填"人"字,译文且从此说。译文且作"远方之人卜筮之数,众人信从他"。

⑧是以选扐(lè):选扐,古代用蓍草卜筮的一种方法。即计算蓍草以卜吉凶。每次把蓍草数剩之余挂在手指间,称为"选扐"。洪颐煊云:韩维镛云:"选,数也。选扐,即揲蓍之法。"陈逢衡云:"而众从之,是以选扐"者,盖谓此林林总总之内有贤能者,选而挂之朝籍也。韩谓是揲蓍之法亦非,揲蓍之法自有太卜在。郑杰文云:揲蓍,以蓍草卜卦,用蓍草五十根,先取其一,余四十九分为两叠,然后四根一数,以定阴爻阳爻。……选,即揲。郭侃云:《易·系辞上》:"五岁再闰,故再扐而后卦。"《说文解字》卷十二:"扐,《易》筮,再扐而后卦。"扐,为一种卜筮方法,但"选扐"一词,并不见于《穆天子传》外的其他文献。此句又有两处缺文,文意难定。

⑨乃载之神人:于是把他当神人一样拥戴。载,通"戴",尊奉,拥戴。檀萃云:谓载种人能数者,与之登台也。陈逢衡云:郭以正文有"神人"二字,遂云"有道数",而檀更以"与之登台"为说,以串通下文之义。案,此皆属梦梦。"乃载之"三字当断句,与上文连接。谓此所选之贤能载之后车也。"乃"字承上文而言。"神人"七字有脱误不可解,必强为解之则凿矣。郭侃云:此"神人"

或与下文"灵鼓""黄蛇"有关，与《列子·周穆王篇》中对描述"化人"的内容相近，似有关联，亦皆为穆王时怪人异事。

⑩□之能数也：天海案：此阙文疑作"因"字。此句下郭璞注"有道数也"，道数，即道术。道家自身的修炼与修行，称为道术。《庄子·天下》"道术将为天下裂"，这里又指道家的哲学。

⑪乃左右望之：望，郭璞注："占候也。"陈逢衡云：望者，望其山川风景也。郭所长在占候，而取以注《穆传》不类。郑杰文云：《神异经·东荒经》言东王公"左右顾望"，疑此仍写井公（东王公）。天海案：郭注与文意合，此指术士望其云气、征候。

⑫天子乐之：乐之，穆王喜爱术士的术数。一说穆王因登台四望而乐。陈逢衡云：登台而望其乐，可知凡此皆寻常浅见所能识，无容深思，反致晦塞。若云爱其术，将爱占候之术乎，抑爱算数之术？周时方技不甚录用，非如后世也。

⑬命为□：此阙文□，檀萃补"君"字。檀萃云：命其主此台而天子来与之居也。陈逢衡云：檀意盖指化人而曰。"命其主此台"殊不可解，"命"之为言名也，盖肇锡斯台以嘉名，如文王名其台曰灵台之类。"命为"下阙文当是"范台"二字，以在范宫之西，故曰范台。天海案：陈逢衡之说可从，译文从此说，阙文补为"命为范台"。

⑭而时□焉：此阙文□，檀萃补"居"字。陈逢衡认为"时"下阙文当是"游"字，言王恒乐此而来游也。天海案：译文且从陈逢衡此说，此与上并作"命为范台，而时游焉"。

⑮□其名曰□公：天海案：据文义，因穆王喜其术士之术，故此处阙文当为"穆天子赐神人之名曰化公"，译文且从此。

⑯去乘人□：乘，檀萃云：应作"来"。此"乘人"下阙文□，檀萃补"侍"字。又云：神人者，即《列子》所记化人也。翟云升云：自"远方"以下至此，疑《晋书·束皙传》所称穆王见帝台事，而

残缺于郭注之后也。陈逢衡云：《列子》所说多寓言，不可据以为实。《穆传》乃当日起居注，皆是事实不可以彼而证此也。此段本不可晓，又兼缺字，何必求解？檀以"至于台"至此为《化人神游章》，又云"化"古音回，今作"回人"。案，《穆传》并无"化人"字面，乃于"其名曰"下空方填"化"字，何武断？至此既曰"帝台"，又曰"化人"，得毋谓"化人"即"帝台"乎？牵混之至。丁谦云：此节脱佚过甚，又多舛误，如"是日也"至"而众从之"当移入上文"休于范宫"下，盖皆夏日事也。"是以选扮"至"天子乐之"当移入后文"祭公占之"下，盖皆卜筮事也。而"捕虎"一段，乃与上"以为百姓材"接，盖皆冬狩事也。郑杰文云：翟注疑是。帝台，是古代中原人传说中的神人，《山海经·中山经》曰："苦山之首，曰休与之山，其上有石焉，名曰帝台之棋。五色之文，其状如鹑卵。"郭注："帝台，神人名。棋谓博棋也。"是帝台亦以善博出名，故疑其与东王公之神话传说为一原型，亦即《穆传》上文之"井公"。王贻樑云：此段不可确解，但檀说不足取。郭侃云：此缺文较多，但依郭注所言，此段或与《列子·周穆王篇》相关。学界多认为今存张湛注《列子》为魏晋时人伪作，或"化人"部分即依《穆天子传》而作。天海案：此句阙文甚多，不可强解，译文付阙，以省略号代之。

【译文】

辛丑这一天，穆天子来到新建的高台，当时酷热已过。穆天子居住此台，并处理天下政事。有个远方人通术数，很多人都信从他，他能用蓍草占卜吉凶，被尊奉为神人，因为他懂得占卜术数。他在台上左右观望征候，穆天子喜爱他的术数，便命名此台为范台，并时常来此游乐。穆天子赐神人之名曰化公……

5.9

犹□有虎在乎葭中①。葭，屮。天子将至，七萃之士高奔戎，请生捕虎②，必全之③，乃生捕虎而献之。《诗》所谓"袒裼暴虎，献于公所"④，此之谓也。天子命之为柙⑤，柙，槛也。《论语》曰："虎兕出于柙。"⑥而畜之东虞⑦，是为虎牢⑧。因以名其地也。今荥阳成皋县是。天子赐奔戎畋马十驷⑨，《尔雅》曰："畋猎，齐足，尚疾也。"⑩归之太牢⑪，牛、羊、豕为太牢。奔戎再拜稽首⑫。

丙辰⑬，天子北游于林中，乃大受命而归⑭。

【注释】

①犹□有虎在乎葭（jiā）中：葭，芦苇。洪颐煊云：于，本作"乎"，从《事类赋注》二十引改。《太平寰宇记》五十二引作"天子猎于郑国，有虎在葭中"，"国"疑"圉"字之讹，约上文而言耳。陈逢衡云：《太平御览》一百五十八引"有虎"作"有兽"，此句上有"天子四鸟"四字。案，上文"仲冬丁酉，天子射兽"即此。自"有虎在乎葭中"至下文"奔戎再拜稽首"，俱当在"仲冬丁酉，天子射兽，休于深蘽"之下。按其文义，当紧接"命虞人掠林除薮，以为百姓材"一段后，《水经·河水注》可据。郑杰文云：葭，即初生的芦苇。王贻樑云："乎""于"音义俱通，无须改字。天海案：陈说可参，《水经注》卷五所引正如陈逢衡所言。"犹"下阙文□疑衍，译文据删。乎，乃"于"字形误，译文径改。

②生捕虎而献之：活擒老虎。捕，洪校本改作"搏"。洪颐煊云："天子"二字从《汉书》注引补。陈逢衡云："献之"下，洪本据《汉书》注引补"天子"二字。……搏虎得生者难，奔戎盖欲示勇于王前。故有此请。郝懿行云：《太平御览》一百五十八卷引此文曰"天子射鸟，有兽在葭中"与今本异。又，"高奔戎"作"高贲戎"。又

日"虎牢",唐讳"虎",故改"武",然则"兽在葭中","兽"亦当为"虎",并唐人所改也。天海案:捕,洪校本改作"搏";"之"下又补"天子"二字。文意已明,不须校改。

③必全之:一定要保全老虎的皮毛不受损伤。

④《诗》所谓"袒裼暴虎,献于公所":暴虎,指空手和老虎搏斗。陈逢衡云:郭引《诗》见《郑风》。郑杰文云:《诗经·郑风·大叔于田》曰:"檀裼暴虎,献于公所。"释文:"檀,本又作袒。"《水经·漯水注》:"季秋之月,圣上亲御圈上,虎士效力于其下,事同奔戎,生制猛兽,即《诗》所谓'袒裼暴虎,献于公所'也,故魏有《捍虎图》也。"天海案:郭注见《诗·郑风·大叔于田》:"檀裼暴虎,献于公所。"毛传:"暴虎,空手以搏之。"

⑤柙(xiá):关猛兽的木笼。《说文》卷六:"柙,槛也,以藏虎兕。"

⑥《论语》曰:"虎兕出于柙":天海案:郭注见《论语·季氏》:"孔子曰:虎兕出于柙,龟玉毁于椟中,是谁之过与?"

⑦畜之东虞:畜,饲养禽兽。《易·离》:"畜牝牛。"东虞,地名。此乃东虢之误,洪颐煊据《汉书·地理志》注引改为"东虢"。东虢为周初诸侯国名,故地在今河南荥阳县,原为虢叔封邑,后为郑国所灭。陈逢衡云:《太平寰宇记》河北道孟州汜水县亦引作"东虢"。《太平御览》一百五十八引:"有兽在葭中,七萃之士高奔戎擒之以献,天子命畜之东虢,曰虎牢。"又一百九十八、三百八十六、八百九十一引俱作"东虞"。郝懿行云:《水经·河水》"东过成皋县北",注引此文"东虞"作"东虢"。孙诒让云:东虞,似即上文"东虞曰兔台",两《汉志》注所引疑臆改。《水经·河水注》引亦作"虞",则六朝时本不为"虢"字也。天海案:东虞,依诸说,译文径改为"东虢"。

⑧虎牢:虎牢,古地名。原属东虢,春秋时属郑。旧地在今河南荥阳市汜水镇。天海案:《今本竹书纪年疏证》穆王十四年作"冬葸于

萍泽,作虎牢"。

⑨畋马:打猎的马。十驷:四十四马。古代一车四马称"驷",十驷,即十车四十匹马。

⑩"《尔雅》曰"几句:郑杰文云:《尔雅·释畜》作"田猎齐足",郭注"尚疾"。又,《诗经·小雅·车攻》:"我车既攻,我马既同。"毛传:"田猎,齐足,尚疾也。"旧注者必混同此二处而引之。天海案:此郭注所引乃混用《诗经》毛传、《尔雅》之文,单作《尔雅》乃讹。

⑪归之太牢:把祭祀的牛、羊、猪供品,馈赠给高奔戎归。檀萃云:馈太牢者,以公侯礼礼之。陈逢衡云:归,犹馈也,此句疑有错简。天海案:归,通"馈",赠送。古代祭祀之后,君王将祭物赏赐臣下,以示恩宠。太牢,古代祭祀时盛放牺牲的器具叫牢,大的叫太牢。也把牛、羊、猪三牲全备称作太牢。故郭璞注:"牛、羊、豕为太牢。"

⑫諙首:同"稽首",古代跪拜礼,叩首至地。諙,"稽"之古文。陈逢衡云:《太平御览》八百九十一引自"有虎在于葭中"至"再拜諙首"同,惟无"天子将至"及"生搏虎""必全之"二句。卫挺生云:本段纪事,乃穆王居东虢之台避暑时,命筑要塞。其卫队高奔戎捕生虎。王命作虎牢养虎,因以虎牢名关。《纪年》记此事于十四年,显然误也。

⑬丙辰:此距前"辛丑"十五日。陈逢衡云:此"丙辰"一条亦有讹误。

⑭天子北游于林中,乃大受命而归:檀萃云:即桑林也。大受天子之命,奔戎先归祭。陈逢衡云:"乃大受命而归"前无所承,檀属之高奔戎于文理不顺,窃疑此六字当是前文"用□诸侯"下错简。卫挺生云:所谓"大受命而归",殆指大受灵感而言。郑杰文云:受命,犹言受教。《晏子春秋·内篇谏上》:"公曰:不幸有社稷之叶,不择言而出之,请受命矣。"即此意。天海案:陈说可参。又疑"大受命"乃"受大命"之误。大命,即天命。译文且从此。

【译文】

……还有猛虎藏在芦苇中。穆天子将到时,禁军卫士高奔戎请求活捉猛虎,并保证不损伤它的皮毛,于是他活捉了这只猛虎并献给了穆天子。穆天子命他制作木笼,把猛虎饲养在东虢,这里就称为虎牢。穆天子赏赐高奔戎猎马四十匹,还把祭祀后的牛、羊、猪供品馈赠他,高奔戎伏地跪拜了两次。

丙辰这一天,穆天子北游到了林中,接受天命而返回。

5.10

仲秋甲戌①,天子东游,次于雀梁②。一宿为舍,再宿为信,过信为次③。□蠹书于羽林④。谓暴书中蠹虫,因云蠹书也。

季秋□⑤,□乃宿于防⑥。毕人告戎⑦,告戎难也。曰:"陵翟来侵⑧。"天子使孟念如毕讨戎⑨。念,音豫。霍侯旧告薨⑩。霍国,今在平阳永安县西南有城。天子临于军丘⑪,狩于薮⑫。

【注释】

①甲戌:此距前"丙辰"十八日。

②次于雀梁:次,行军至某处留宿三日以上。雀梁,地名。参见上文5.6节注②。

③"一宿为舍"几句:陈逢衡云:"一宿为舍"三句见《左·庄三年传》。天海案:《左传·庄公三年》孔颖达疏:"舍者,军行一日止而舍息也;信者,住经再宿得相信问也。《穀梁传》曰:'次,止也。'则次亦止舍之名。过信以上,虽多日,亦为次,不复别立名也。"郭璞注乃增改此文。

④□蠹书于羽林:丁谦云:"蠹"上当脱"曝"字。译文且从此说。曝,即晒。蠹,乃书中蛀虫。羽林,地名,具体未详。亦即前文

之"羽陵"。檀萃云：他书引此作"羽陵"。洪颐煊云：陵，本作"林"，从《左传》襄廿七年正义、《太平御览》二十四引改。翟云升云：陵，诸本皆误作"林"，前注云"下有羽陵"，谓此。《太平御览》二十四、五十三、九百四十九，《玉海》二十一皆作"羽陵"，知前注是，今据改。陈逢衡云：《太平御览》五十三引作"曝蠹书于羽陵"，九百四十九引"天子东游，次于雀梁，蠹书于羽陵"。卫挺生云：曝书之事，经常皆盛夏为之。今曰"仲秋"，盖周历建子，较夏历建寅早二个月，实即夏历六月季夏也。郑杰文云：今检《事类赋注》卷五引亦作"羽陵"。王贻樑认为地在雀梁左近。天海案：依诸说作"羽陵"是，译文从之。蠹，底本原文与郭注皆误作"蠹"，此据《道藏》本径改。

⑤季秋□：秋九月。陈逢衡云：空方当是"甲辰"，由仲秋至季秋，方一月也。天海案：陈逢衡认为"季秋"下还当脱日干支名"甲辰"，此说可从，译文从此。

⑥□乃宿于㤃：此阙文□，檀萃补"天子"二字。㤃，即古文"房"。此为地名。参见上文5.4节注④。洪颐煊云：即上文"东至于房"也。汉隶《唐公房碑》《校官碑》皆作"㤃"。郑杰文云：此"房"或即古房国（地在今河南遂平县）之"房"。房国为穆王母族，《国语·周语上》："昔昭王娶于房，曰房后……生穆王焉。"故宿于此。王贻樑云：㤃，即"房"字，翟本径作"房"。字作"㤃"，乃后人字体，非原文如此。天海案：檀此说可参，"乃"上阙文□当脱"天子"二字。故译文且依此说，连上补为"季秋甲辰，天子乃宿于房"。

⑦毕人告戎：毕，国名。参见5.1节注⑫。告戎，告发戎人。此戎人，即陵翟。陈逢衡云：此"毕人告戎"至下"讨戎"，俱当在上文"陵翟致赂"前，说见上。郭侃云：《韩非子·奸劫弒臣》："商君说秦孝公以变法易俗而明公道，赏告奸，因末作而利本事。"告，训作揭

发。陈逢衡观点可从,此卷两见"毕""陵翟",内容皆关于两国战争、交好之事,两段当相连。天海案:陈逢衡、郭侃二说可参。

⑧陵翟来侵:陵翟,国名。来侵,即上文所告之"戎"事。参见5.1节注⑩。卫挺生云:古书中"翟"与"狄"字通用,而"戎"与"狄"字亦互用。故"翟"即"狄",即"戎"。天海案:《今本竹书纪年疏证》穆王十四年"秋九月,翟人侵毕"正与此合。

⑨孟忞(yù)如毕讨戎:孟忞,人名。穆王时大夫。如,前往。讨戎,讨伐陵翟。檀萃云:《纪年》:"穆王十四年秋九月,翟人侵毕。"与"搜苹泽""作虎牢"为一年事,而书"霍侯旧薨"在十六年。大抵传所记不标年而日辰错杂难准。郭侃云:《尔雅·释诂》:"如……往也。"《说文解字》段玉裁注:"如,凡有所往曰如,皆从随之引伸也。"

⑩霍侯旧告薨(hōng):霍侯旧,古代霍国国君,侯爵,名旧。周武王封弟叔处于霍,始有霍国,春秋时为晋所灭。故地在今山西霍州境内。薨,周代天子死称"崩",诸侯死称"薨"。今本《竹书纪年》:"穆王十六年,霍侯旧薨。"檀萃云:《纪年》:"穆王十六年,霍侯旧薨。"与"陵翟侵毕"隔两年。郭侃云:《纪年》记"霍侯旧薨"事与"陵翟侵毕"事并不相近,如檀萃所说,此两事相隔两年,应当为简序编联有误所致。……此当即霍国使臣上报穆王"霍侯旧薨"一事。

⑪临(lìn)于军丘:到军丘视察。又,临,哭吊。《左传·宣公十二年》"卜临于大宫",杜预注:"临,哭也。"军丘,地名。王贻樑认为"地当近霍"。参见5.4节注⑰。檀萃云:盖自房闻,赴至军丘而临之,仍田于经林煮枣之薮也。陈逢衡云:临,谓哭临。郭侃云:由上文可知"霍侯旧薨"一事在穆王十六年。"临于军丘"与"霍侯旧告薨"似当不相连。《尔雅·释诂下》:"临,视也。"郭璞注:"谓察视也。"《说文解字》卷八:"临,监临也。"临,当训监临、察视为妥。天海案:临于军丘,到军丘察视。《大雅》:"上帝临女,

无贰尔心。"笺:"临,视也。"《尔雅·释诂》:"临,视也。"霍侯去世,穆天子亲临察视可也,哭吊未必。

⑫狩于薮:在林薮围猎。陈逢衡云:薮,即军丘之薮。

【译文】

仲秋甲戌这一天,穆天子东游,留宿在雀梁。在羽陵上曝晒书中蛀虫。

季秋甲辰这一天,穆天子住宿在房地。毕国人告发狄人说:"陵翟来侵犯我国。"穆天子命孟念前往毕国讨伐陵翟。又有报告说霍侯旧去世,穆天子到军丘察视,然后又到林薮围猎。

5.11

季冬甲戌①,天子东游,饮于留祈②,射于丽虎③,读书于苹丘④。君举必书。苹,音犁。□献酒于天子⑤,乃奏广乐。天子遗其灵鼓⑥,乃化为黄蛇⑦。《周礼》曰:"灵鼓四面。"《洪范》所谓鼓妖也⑧。是日,天子鼓,道其下而鸣⑨,从失鼓而击鼓也。鼓在地下,鸟道从也。《韩非》曰:"道南方来也。"⑩乃树之桐⑪。因已树梧桐。桐亦响木也⑫。以为鼓,则神且鸣⑬,则利于戎⑭;宜以攻戎。以为琴,则利□于黄泽⑮。

东游于黄泽⑯,宿于曲洛⑰。洛水之回曲,地名也。废□⑱,使宫乐谣⑲,宫乐,典乐者。曰:"黄之池⑳,其马歕沙㉑,歕,鞴也。善问切㉒。皇人威仪㉓。威,畏也。黄之泽㉔,其马歕玉㉕,皆诸谣辞。皇人受榖㉖。"榖,生也㉗。

【注释】

①季冬甲戌:此距前"仲秋甲戌",历季秋、孟冬、仲冬至季冬,约四月之久,一百二十天,正好两个甲子。

②留祈:地名。当在范宫东,具体未详。

③丽虎:地名。亦在范宫东,具体未详。

④荕（lí）丘:地名。具体未详。荕,古文同"黎"。

⑤□献酒于天子:此阙文□,檀萃补"帝台"二字。陈逢衡云:《太平御览》二十六引无空方,盖删截成文。……此献酒盖是荕丘之人,檀必谓是帝台,而神其说,泥于束皙之言,于《穆传》本文外添设似属无谓。天海案:此阙文或是荕丘献酒之人。译文且从陈逢衡此说,阙文补作"荕丘之人"。

⑥天子遗其灵鼓:遗,丢失。灵鼓,古代乐器,祭地祇用,鼓有六面。檀萃云:《地官·鼓人》"以灵鼓鼓社祭",注:"四面鼓也。"《汉·五行志》:"听之不聪,是谓不谋。时则有鼓妖,君严猛而闭下,臣战栗而塞耳。则妄闻之气发于音声,故有鼓妖。"陈逢衡云:饮留祈、射丽虎、读书荕丘,皆甲戌后数日内事。其献酒,奏乐又必数日。天子于其时遗其灵鼓,及觅取之,但见黄蛇蟠于其上,一时惊以为灵鼓所化。而注《起居》者妄书于策,郭氏不察,谓为鼓妖,失之。俞樾认为,灵鼓之灵为"霝"之借字,鼓上画龙纹。龙为水物,故以祀地祇(详《茶香室经说》卷五《龙鼓》)。郑杰文云:《周礼·春官·大司乐》"灵鼓",郑注引郑司农云:"灵鼓、灵鼗四面。"《周礼·地官·鼓人》:"以灵鼓鼓社祭。"王贻樑云:陈说合于科学,但未必合于当时人之宗教观念,颇显勉强。天海案:《周礼·地官·鼓人》:"以灵鼓鼓社祭。"郑玄注:"灵鼓,六面鼓也。"一说为四面鼓。《周礼·大司乐》郑司农注云:"雷鼓、雷鼗,皆谓六面有革可击者也……灵鼓、灵鼗四面,路鼓、路鼗两面。"

⑦乃化为黄蛇:檀萃云:言所遗灵鼓化为黄蛇而入于地下,天子之鼓乃从其下而随之鸣也。陈逢衡云:"乃"者,继事之辞,盖遗其灵鼓是当日事,化为黄蛇则异日事,史臣追书未得其实,故讹以传讹耳。郝懿行云:《御览》九百二十五卷引《古今乐录》曰:"吴

王夫差时,有双鹭飞出鼓中而去。"《艺文类聚》九十卷引《临海记》曰:"昔有晨飞鹄入会稽雷门鼓中,于是屯门鼓鸣,洛阳闻之。孙恩时斫此鼓,见白鹤飞出,翱翔入云,此后鼓无复远声,皆此类也。"蒋超伯云:汉世儒者所云鼓妖,系指异声而言之。此乃龙蛇之孽。郑杰文云:《太平御览》卷九百二十五引《古今乐录》作"吴王夫差时,有双鹭飞出鼓中而去"。又,《太平御览》卷五百八十二引《临海记》曰:"郡西有白鹤山,山上有石鼓,数十里闻如金石之响。相传云:有鹄飞入会稽郡雷门鼓中,打鼓声洛阳闻之。后遂逆孙恩斫破此鼓,见一白鹄飞出去。"郝氏乃误合此二文而引之。

⑧"《周礼》曰"几句:天海案:郭璞此注乃截引郑司农所注,非《周礼》原文。《洪范》所谓鼓妖也,天海案:郭璞此注乃略引《洪范五行传》。鼓妖,见于《汉书·五行志》曰:"君严猛而闭下,臣战栗而塞耳,则妄闻之气发于音声,故有鼓妖。"又见于《洪范五行传》曰:"听之不聪,是谓不谋。厥咎急,厥罚寒,厥极贫。时则有鼓妖,时则有鱼孽,时则有豕祸……时则有黑眚黑祥。惟火沴水。"《洪范五行传》是《尚书大传》中的一篇,因此《洪范五行传》被认为是伏生所作。也有人认为《洪范五行传》的作者是夏侯始昌。

⑨天子鼓,道其下而鸣:鼓,击鼓。道,通"导",引申为从。陈逢衡云:"鼓道其下"谓从荔丘之下鸣鼓而出也,如公孙瓒所云"鼓角鸣于地中"之类。天海案:依郭注,此句大意是说天子失灵鼓后,又击鼓,引导灵鼓之声从地下发出。译文作"天子击鼓,引导鼓声从其下而鸣"。

⑩"鼓在地下"几句:檀萃云:注中"鸟"字或衍或误。翟云升云:上"从"字当是"以"字,因下"从"字相涉而误也。天海案:檀说是,郭注"鸟"字衍,应删。郭注乃截引《韩非》曰"道南方来",亦以此"道"字解作"从"。原文见《韩非子·十过》:"平公曰:'寡人

之所好者,音也,愿试听之。'师旷不得已,援琴而鼓。一奏之,有玄鹤二八,道南方来,集于郎门之垝。"

⑪乃树之桐:就在发出鼓声的地方栽上桐树。檀萃云:嫌其鸣不可止,乃树桐以镇之,顾桐亦响木,其鸣更甚。陈逢衡云:檀说与正文、注意皆背,盖天子因鼓道其下耳鸣,则山鸣谷应,故树此响木于其地以应之,俟之长而成材可取为乐器,则其声必宏亮。此与卷二"树之竹",卷三"树之槐"一例,盖穆王喜种植,欲留以为手泽也。天海案:陈说可参。

⑫桐亦响木也:桐树木料也是制作乐器的响木。响木,能够制作乐器的木料。

⑬以为鼓,则神且鸣:以此桐木做成鼓,就有神奇的鸣声。檀萃云:其声如神。

⑭则利于戎:就对战事有利。陈逢衡云:谓此桐成材之后,可剖为鼓为琴也。戎,兵,谓可以征伐示威。

⑮以为琴,则利□于黄泽:檀萃云:以为琴而鼓之,则黄泽之人受福如邹衍吹律,回黍谷之春。陈逢衡云:以为琴,亦谓此桐木成材之后,非谓今日也。……若云"利于黄泽之人"殊属武断。王贻樑云:自"天子遗其灵鼓"至此,是《穆传》中唯一一段非纪实性文字而颇具神怪色彩。灵鼓、变化、树桐,传说多见,诸释已言。郭侃云:由于古代社会意识形态具有局限性,在我国古代正史中亦有一些神话色彩的史实记载,这些记载出于政治神学的目的,以确立王朝的正统。上古时期,这种带有神话色彩的"史实记载"更广见于典籍之中,因此《穆天子传》中有此"灵鼓化蛇""树桐作鼓"的记载亦不足为奇。天海案:此处"利"字下阙文□当作"于乐"二字。黄泽,地名。张公量认为"太室山在今河南登封县北,则黄泽在嵩高山之东"。卫挺生云:下即在太室,黄泽亦当在彼近处。天海案:黄泽,诸说各异,以此二说近之,然具体未详。

王贻樑云：此三字上之□中，阙文甚多。以上下文意补足，当大致如下："以为琴则利于□。□□（干支日期），天子至于黄泽。"如此方上下切合。因原书只一□，不能一切为二，故此权以"于黄泽"单独为一句。天海案：王贻樑说可参。译文从此说，上句"利"下当补"于乐"二字，此句"于黄泽"上可补"天子至"三字，因干支未明，故不补字。译文且从此，与上句作"以为琴，则利于乐，天子至于黄泽"。

⑯东游于黄泽：此"东"字上，洪颐煊云："天子"二字本脱，从《太平御览》五百七十二、八百九十六引补。陈逢衡云：《艺文类聚》四十三引有"天子"二字。郑杰文云：今检《艺文类聚》卷四十三、《初学记》卷二十九、《事类赋注》卷二十一引，亦有"天子"二字。天海案：诸说是，故译文据补"天子"二字。

⑰曲洛：地名。大约在今河南偃师一带，具体未明。王贻樑云：顾名思义，曲洛，当即洛水曲折处。但此处不可能在洛水中、上游（距下太室山过远），而当在自洛邑至入河一段中。《寰宇记》所载可参。

⑱废□：此阙文□檀萃填"县"字。檀萃云：废撤众县，使官乐徒歌而谣也。陈逢衡云：《艺文类聚》四十三引无"废□"二字。《太平御览》五百七十二引亦无，又八百九十六引无此六字。郝懿行云：《艺文类聚》四十三卷及《太平御览》五百七十二卷并引此文，"使官"上无"废□"二字。天海案：县，同"悬"，古称悬挂的乐器，如钟、磬等。废县，即放弃悬挂的乐器，亦即不用乐器。据文意，檀萃说近是，译文从此说。

⑲使宫乐谣：使乐官清唱。官乐，古代主管音乐的官吏。谣，徒歌，清唱。不用乐器伴奏而歌唱。《诗·魏风·园有桃》："心之忧矣，我歌且谣。"毛传："曲合乐曰歌，徒歌曰谣。"

⑳黄之池：即黄池，古代地名。地约在今河南封丘西南。参阅《太平寰宇记·封丘县》。洪颐煊云：池，《艺文类聚》四十三引作

"陁"。郑杰文云:《玉篇》曰:"陁,俗陀字。"陀,古文作🈳。池,古文作🈳。形近易讹。疑"陁""陀"皆"池"之讹。郭侃云:战国文字"㐬""也""它"皆为同形。

㉑欨（pēn）沙:欨沙,喷气如沙。欨,同"喷"。檀萃云:其欨气如沙雾,言其盛也。陈逢衡云:欨,《说文》云"吹气也"。郑杰文云:欨,有吹气意,《文选》卷一班固《东都赋》"敞野欨山",李善注:"欨,吹气也。"王贻樑云:"喷"为"欨"之后字,"喷"行而"欨"隐。

㉒欨,鞉（hán）也。善问切:曰本郭璞此注文为"欨,扇汗也。贲问切"。翟云升云:以"鞉"训"欨",其义不协,疑字误。普冈反,诸本皆讹作"善问切",今据《太平御览》五百七十二及《玉篇》改正。陈逢衡云:《御览》八百九十三作"欨,音普问切",檀本从旧本作"善问切",洪本作"普冈切"。郝懿行云:郭注"鞉"字误,"善"当为"普"字之误。《艺文类聚》四十三卷及五百七十二卷"欨沙",注云:"欨,普冈反。"王贻樑云:诸本作"善问切"之"善"字显然错误,此从诸类书所引改作"普问切"。郭侃云:《说文解字》卷八:"欨,吹气也。从欠,贲声。"郭注当作"普冈反",方与"欨"音同。天海案:"鞉"字,《说文》:"鞉,马毛长也。"不知郭注"欨,鞉也"何据。郭注"善问切",亦"普冈切"之讹。诸说是。

㉓皇人威仪:皇人,帝王的亲族。威仪,威严可畏的仪容。陈逢衡云:《艺文类聚》四十三引无"皇人威仪""皇人受谷"二句,《太平御览》五百七十二引同《类聚》。天海案:《左传·襄公三十一年》:"有威而可畏,谓之威;有仪而可象,谓之仪。"

㉔黄之泽:即"黄泽",亦或"黄池"之别称。

㉕欨玉:喷气如玉。

㉖皇人受谷:王族长寿福禄。受谷,洪颐煊校本据《初学记》《太平御览》改作"寿谷"。陈逢衡云:谷,福也,善也。天海案:诸说可从,译文从洪校作"寿谷",即长寿福禄。

㉗穀，生也：于省吾云：注训"穀"为"生"，不词甚矣。穀，谓福禄，
翟校本据《初学记》《太平御览》《事类赋》《玉海》皆作"寿穀"，
是也。皇人寿穀，与上"皇人威仪"，相对成文，作"受穀"则非对
文矣。郑杰文云：今检《事类赋注》卷二十一引亦作"寿"。寿
穀，犹言长生。寿，久也，《诗经·小雅·天保》："如南山之寿。"
天海案：郭璞此注有误。注当作"寿穀，长生也"。

【译文】

冬十二月甲戌这一天，穆天子东游，在留祈饮酒，在丽虎射猎，在荔
丘读书。荔丘之人向穆天子献酒，于是又奏起了广乐。穆天子丢失了的
灵鼓，就变成了黄蛇。这一天，穆天子击鼓，引导黄蛇从地下发出了鼓
声，就在那里栽上桐树。认为用这桐树做成灵鼓，就会发出神奇的声音，
就有利于战事；用它做成琴，就有利于调合音乐。

穆天子到达黄泽，向东漫游黄泽，住宿在曲洛。不使用乐器伴奏，
让乐官清唱，歌辞是："黄池之上，众马喷气如沙，王族威风凛凛。黄泽之
上，众马喷气如玉，王族长寿福禄。"

5.12

丙辰①，天子南游于黄②，□室之丘③，以观夏后启之所
居④，疑此言太室之丘嵩高山。启母在此山化为石，而子启亦登仙。
故其上有启室也。皆见《归藏》及《淮南子》⑤。乃□于启室⑥。
似谓入启室中。

天子箧猎苹泽⑦，音瓶。其卦遇讼䷅⑧。坎下乾上。逢
公占之曰⑨："讼之繇⑩，繇，爻辞。音胄⑪。薮泽苍苍⑫，其中
□□⑬，宜其正公⑭。戎事则从⑮，水性平而天无私，兵不曲挠则
戎事集也⑯。祭祀则憙⑰，畋猎则获⑱。"

□饮逢公酒⑲，赐之骏马十六、绤纻三十箧⑳，绤，葛精

者。逢公再拜稽首。

赐笾史狐□㉑，有阴雨梦神有事㉒，有事祭也。是谓重
阴㉓。因以纪也。天子乃休㉔。

【注释】

①丙辰：此距前"季冬甲戌"三十三日。

②黄：西周小国名。嬴姓，后为楚所灭。故地在今河南潢川西。

③□室之丘：洪颐煊云："黄"下本有"□"字，从《太平御览》二十
四、五百九十二引删。《文选·雪赋》注引作"黄台之丘"。陈逢
衡云：《艺文类聚·天部》引"北风雨雪，天子游黄室之丘，鹜于萍
泽。日中大寒，北风雨雪有冻人。天子作《黄竹诗》"。盖约前后
文而钞变其词，非原文如是也。……洪本删"□"字，非是。"游
于黄"当断句，"□室之丘"当是"东升于太室之丘"，与下句联接
方合。《文选》注引作"黄台之丘"不可从。郑杰文云：今检《初
学记》卷二引亦作"黄台之丘"。王贻樑云："□"中缺字颇多，当
是"天子南游于黄□（□中可能非"泽"字）"，再至于"□（当是
太字）室之山"。天海案：洪颐煊校本删"黄"下之阙文符号□，
遂作"黄室之丘"，似未妥。"黄"下阙文据陈逢衡云"游于黄"当
断句，"□室之丘"当是"东升于太室之丘"，与下句联接方合。译
文从陈说。太室：山名。即嵩山。在今河南登封北。因山上有巨
大石室，故称。

④夏后启：史称禹受舜禅，建立夏朝，国号夏后。《史记·夏本纪》：
"禹于是遂即天子位，南面朝天下，国号曰夏后，姓姒氏。"启，人
名。夏禹之子名启，禹死继位。禹是夏朝第一位君主。

⑤"疑此言太室之丘嵩高山"几句：檀萃云：《淮南子》云："禹治水
时自化为熊，以通辕辕之道，涂山女见而惭，遂化为石，时方孕启。

禹曰：'还我子。'于是石破北方而生启。"其石在嵩山，夫启亦登仙者，言夫禹及子启皆登仙也。洪颐煊云：《艺文类聚》六十二引《归藏》曰："昔者，夏后启葬，享神于晋之墟。作为璇台，于水之阳。"《山海经·海外西经》注引《归藏·郑母经》曰："夏后启筮，御飞龙登于天，吉。明启亦仙也。"是说此事。陈逢衡云：郭乃以启母石为言，此事亦见《随巢子》，然皆妄诞不足信。衡案，《淮南·修务训》言"禹生于石"，高注："禹母感石而生。"今又云"启母化石而生启"，则是夏禹二代皆出于石也，殊非事实。又洪引《归藏》二条，皆与此事无涉。《海外西经》注引《归藏》末句"明启亦仙也"，"王"字是郭注添设，非《归藏》本文，阅者察之。卫挺生云：以上所记，乃神话性传说。然古人思想往往"人神糅杂"。故古代传说与神话不分，正未可以其为神话而轻视之。天海案：郭注中"子启"误作"夫启"，此据洪校本改。

⑥乃□于启室：启室，夏启出生或住过的房屋。后为人们祭祀或朝拜的宫室。卫挺生云：此在嵩山太室之丘。郭侃云：此启室性质与前文之"黄帝之宫"相似，郭注以《淮南子》《归藏》所记启出生的传说为解，过于荒诞。"启母石""启母登仙"均为上古神话传说，以此解启室似不妥。天海案：此处郭璞注"似谓入启室中"。檀本填"入"字，陈逢衡认为当是"祭"字。译文且从陈说。

⑦筮猎苹泽：筮猎，古人打猎之前占卜吉凶。苹泽，地名。一作萍泽。具体未详。今本《竹书纪年》穆王十四年："冬蒐于萍泽，作虎牢。"檀萃云：《纪年》："穆王十四年冬，蒐于苹泽。"即蓬泽也，今开封府城东北蓬池。洪颐煊云：今本《纪年》云"十四年，蒐于苹泽"。《艺文类聚》七十五引作"萃泽"，误。郝懿行云：《初学记》引作"猎于苹泽"，《艺文类聚》与今本同。丁谦云：考《水经注》，洮、涑之间，陂池甚多，如王泽、董泽、晋兴泽等，均去安邑不远，未知孰即苹泽。《竹书》作"猎于萍泽"为十四年事。当作

"十五年"。郑杰文云：苹泽，太室山下原有大泽，《水经·颍水注》曰："颍水又东，五渡水注之。其水导源嵩高县东北太室东谿县……山下大泽周数里，而深清肃洁，水中有立石，高十余丈，广二十许步，上甚平整，缁素之士，多泛舟升陟，取畅幽情。"或因此有平顶石，而曰苹（平）泽。郭侃云：此处《竹书纪年》与《穆天子传》记载稍有异，《竹书纪年》载穆王"猎于苹泽"，而《穆天子传》并未载穆王在"筮猎"之后"猎于苹泽"之事，仅载逄公解卦为吉之事。若依《竹书纪年》来看，《穆天子传》记此事当不完整，"解卦"后或有缺文。

⑧其卦遇讼☰☵：讼卦是《易经》六十四卦之第六卦。天、水讼（讼卦），慎争戒讼。郑杰文云：今《易经·讼卦》曰："有孚，窒惕，中吉，终凶。利见大人，不利涉大川。"王贻樑云：自张政烺先生《试释周初青铜器铭文中的易卦》（载《考古学报》1980年三期）揭破阴阳卦爻源于数字卦号以后，又有诸多学者依据出土的竹简帛书《周易》、结合文献，判明从数字卦号演变为阴阳卦号不会早于西周末年。故《穆传》此出现的阴阳卦号，若非后人所改，则必是西周以后成书。天海案：讼☰☵，《周易》卦名。本卦是异卦相叠，即上卦为乾（☰），乾为天；下卦为坎（☵），坎为水。讼卦上卦象为乾，为天为阳，其性质向上；下卦为坎为水，其性质向下，两卦同性相斥，并且天往上升，水往下流，目标相违背，这便是讼卦的卦象。这就好比人们各自怀着私心，都为自己的利益着想，思想不能统一起来。所以人们在争夺利益的同时，便会引发争斗，到头来只有通过诉讼进行解决。

⑨逄（páng）公：即卷二中逄固，为周穆王大夫。陈逢衡云：《太平御览》八百十九引"逄公占之"下，即接"赐之骏马"云云。

⑩讼之繇（zhòu）：讼卦的爻辞。

⑪繇，爻辞。音胄："音胄"范本作"音由"。郭侃云：《广韵·宥韵》：

"繇,卦兆辞也。"《说文通训定声·孚部》:"繇,叚借为籀。"繇,
通"籀"。天海案:郭注"音胄",范本误作"音由",此据《道藏》
本径改。繇,通"籀",古代占卜的文辞。《左传·闵公二年》:"成
风闻成季之繇,乃事之而属僖公焉。"杜预注:"繇,卦兆之占辞。"

⑫薮泽苍苍:林薮水泽苍苍茫茫。

⑬其中□□:天海案:此处□□必缺二字,方上下成文。然所缺未可
臆测,译文付阙。

⑭正公:古代官名。西汉今文经学家据《尚书大传》《礼记》等书以
为"三公"指司马、司徒、司空。古文经学家则据《周礼》以为太
师、太傅、太保为"三公"。参见卷一郭璞注:"正公,谓三上公。
天子所取正者,郊父为之。"

⑮戎事则从:巡狩、征战就顺利。戎事,此指打仗、阅兵、狩猎之事。

⑯水性平而天无私,兵不曲挠则戎事集也:檀萃云:坎为水而性平,
宜其正也。乾为天而无私,宜其公也。师直为壮,曲为老。正则
不曲,所以壮。乾道至刚,所以不挠。戎事之集,无有不从。其
占如此。郑杰文云:高亨曰:"讼遇此卦,战争中有所俘虏。"(见
《周易大传今注》,齐鲁书社1979年版)

⑰祭祀则熹(xǐ):熹,同"喜",幸福,吉祥。檀萃云:国之大事在祀
与戎,取以习戎供祀。于省吾云:熹,应读作禧,《尔雅·释诂》
"禧,福也","祭祀则禧"谓祭祀则福也。《庄子·让王》"时祀尽
敬,而不祈喜",俞樾亦谓"喜,当作禧",是也。《礼记·礼器》:
"祭则受福。"《少仪》:"为人祭曰致福。"《易经·九三》"王明,并
受其福",明,应读盟,谓盟祀并受其福也。郑杰文云:古代军礼,
有俘则献于太庙以告成功。《左传·僖公二十八年》:"丙申,振旅
恺以入于晋,献俘授馘。"杜注:"献楚俘于庙。"以俘祭先祖求福
佑。郭侃云:"戎事则利""祭祀则熹""畋猎则获"当为此卦象所
体现的三个方面,并无从属关系。郑杰文则以祭祀为军礼而解,

将俘祭先祖与"戎事则利"混淆，此观点似不可从。天海案：惠，同"喜"，"喜"与"禧"通，有幸福、吉祥之意。《庄子·让王》："昔者神农之有天下也，时祀尽敬而不祈喜。"俞樾云："喜，当作禧。"

⑱畋猎则获：狩猎就有捕获。陈逢衡云：此上皆繇辞。"获"当读平声，与上"从"字叶。王贻樑云：逢公所释此卦显为大吉，故穆王大喜而重赐。又，此讼卦繇辞与今本《周易》不同，可知《周易》乃当时繇辞千万中之一也。

⑲□饮逢公酒：天海案：此阙文□檀本填"天子"二字。当是，译文从之。

⑳绤纻（chī zhù）三十箧（qiè）：绤，细葛布。纻，粗麻布。此泛指葛麻精品。箧，竹箱。藏物之具。大曰箱，小曰箧。出自《左传·昭公十三年》："卫人使屠伯馈叔向羹与一箧锦。"

㉑赐筮（shì）史狐□：此阙文□，檀萃补"对曰"二字。檀萃云：狐者，史之名，盖史狐筮《讼》之卦，而逢公占其辞，故赏逢公而赐亦及于史狐者也。陈逢衡云：赐筮史狐者，复令史狐占也，故史狐云云。丁谦云：赐筮史狐，谓逢公所得物，转赐掌筮之史名狐者。郭侃云：诸家皆认为狐为筮史之名。缺文亦有可能为数量词，即"狐"为穆王赏赐筮史之物，文例亦与上文穆王赏赐近臣、部族首领的部分相合。由下文看，缺文不仅一字，此处缺文较多。天海案："狐"字底本误作"狐"，此据《道藏》本径改。赐筮史狐□，此处缺文甚多，当作"天子赐筮史狐□□，筮史狐对曰"，如此文意方全。筮史，即筮和史。古代巫、史合一，掌占卜与记事。狐，此即筮史名狐。所"赐史狐"以下，当为所赐之物与数量。然阙文不可晓，译文以省略号代替。又，"古之良史"有董狐。董狐，春秋晋国太史，亦称史狐。他是周太史辛有的后裔，因董督典籍，所以以官为姓氏。此史狐当是周太史辛有之族，不可谓"狐"为穆王赏赐筮史之物。

㉒有阴雨梦神有事：天海案："有阴雨"之"有"上当缺"天"字，译

文且补之。梦神有事，梦见神灵与祭祀。有，同"又"；事，祭祀之事。陈逢衡云："梦神有事"谓梦神当令迷蒙之象，犹后世课法用值日神将之类，非谓祭也。郝懿行云：《初学记》引作"有降雨"，疑"降"字误。丁谦云："梦神有事"即下文所言梦羿射于涂山也，亦前后错置。郑杰文云：郝懿行疏指《初学记》卷二《雪》"黄竹"所引。

㉓是谓重阴：这就叫重阴。天阴雨为阴，梦神亦为阴，故称"重阴"。重阴无阳非吉兆。檀萃云：天、水违行，阴雨之象，乾为寒、为冰；坎为加忧心病，梦神之象。重阴恐有下人以谋上，此史狐不以逢公之占为然而阻穆王也。天海案：上三句皆筮史狐占卦之辞。

㉔天子乃休：穆天子于是就休息。檀萃云：从史狐言。陈逢衡云：《艺文类聚·杂文部》引"至于黄竹，天子乃休，日中大寒，北风雨雪，天子作诗《我徂黄竹》三章以哀民"。据此，则"天子乃休"句上有脱文，《艺文类聚》五十六卷引此文有"至于黄竹"四字，宜增入。天海案：陈逢衡之说可从，"天子乃休"句上，译文补入"至于黄竹"四字。

【译文】

丙辰这一天，穆天子南游到了黄国，向东登上了太室山，并观看夏启居住过的地方，又祭拜了夏启的故居。

穆天子占卜苹泽狩猎的吉凶，遇到的卦象是上乾下坎的讼卦。逢公分析此卦说："讼卦的繇辞说：薮泽苍茫，其中……有利正公，巡狩顺畅；祭祀吉祥，畋猎多藏。"

穆天子请逢公饮酒，又赏赐他骏马十六匹、葛麻细布三十箱。逢公伏地跪拜了两次。

穆天子赏赐巫史狐……史狐说："天有阴雨，梦神祭祀，这叫重阴。"穆天子到达黄竹，于是就休息。

5.13

日中大寒①,北风雨雪,有冻人②。天子作诗三章以哀民③。哀,犹愍也。

曰:"我徂黄竹④,□员闵寒⑤。闵,闭也,音祕。帝收九行⑥。行,道也。言收罗九域之道里也。《左传》曰:"经启九道。"⑦嗟我公侯⑧,百辟冢卿⑨。辟,君;冢卿,冢宰。皇我万民⑩,皇,正也。旦夕勿忘⑪。恒念之也。我徂黄竹,□员闵寒。帝收九行。嗟我公侯,百辟冢卿,皇我万民,旦夕勿穷⑫。令无困也。有皎者鵅⑬,鵅,鸟名,皎白皃。音路⑭。翩翩其飞⑮。言得意也。嗟我公侯,□勿则迁⑯。自"侯"以下似当云:"百辟冢卿,皇我万民,□勿则迁。"⑰居乐甚寡⑱,言守一,居少乐。不如迁土⑲。居无求安。礼乐其民⑳。言当以礼乐化其人也。"

天子曰:"余一人则滔㉑,滔于游乐。不皇万民㉒。"□登㉓,乃宿于黄竹㉔。

天子梦"羿射于涂山"㉕。羿,有穷氏帝,善射者。祭公占之㉖,疏□之□㉗,乃宿于曲山㉘。

【注释】

①日中:指春分这一天。《尚书·尧典》"日中星鸟,以殷仲春",孔传:"日中,谓春分之日。"

②冻人:冻死的人。檀萃云:突发恒寒,人有冻死,天变至大,天子因惧而哀思。洪颐煊云:《太平御览》十二、三十四引"冻"下有"死"字。翟云升云:《太平御览》十二、《事类赋》"冻"下皆有"死"字。天海案:冻人,译文作"冻死的人"。

③哀民:怜悯百姓。洪颐煊云:《初学记》二、《太平御览》十二引

"作"下有"黄竹"二字。陈逢衡云:《御览》三十四"哀民"作"愍之,误。郝懿行云:《文选·雪赋》注引作"以哀人夫"。郑杰文云:今检《北堂书钞》卷一百二、《艺文类聚》卷二卷五、《太平御览》卷三十四、《事类赋注》卷三,引亦有"黄竹"二字,而《艺文类聚》卷五十六引则作"我徂黄竹"四字。"以哀民"……今检《初学记》卷二引则作"以哀之",当唐人避李世民讳而改。

④徂:往。黄竹:地名。所在未详。

⑤□员闶(bì)寒:陈逢衡云:"员""陨"通,谓陨雪也。檀萃云:员,同"云"……石鼓文"云"俱作"员"。言其云闶闶严寒。洪颐煊云:负,本作"员",从《初学记》二、《文选·雪赋》注、《太平御览》十二引改。注五字本脱,从《御览》引补。唐《开元占经》百一引《穆天子传》云:"雪盈数尺,年丰八节。"或是此处。脱文今姑附于此。翟云升云:《太平御览》十二,此下注云:"闶,闭也,音祕。"五百九十二亦注云:"闶,闭也。"盖郭氏原文,而今佚也。陈逢衡云:《文选·雪赋》注引"天子游黄台之丘,大寒,北风雨雪,天子作诗三章以哀人夫,我徂黄竹,负闶寒,乃宿于黄竹",盖抄撮之辞。《艺文类聚》卷二引"北风雨雪,天子游黄室之丘,骛于苹泽,日中大寒,北风雨雪,有冻人,天子作黄竹诗",亦是约举之词。又,重"北风雨雪"四字,《太平御览》五百九十二引无空方,误。……仍当作"员"字为是。"员""陨"通,谓陨雪也。郑杰文云:按,《开元占经》卷一百一引应作"雪盈数尺,年丰",洪氏误读。旧注:"闶,闭也。"王贻樑云:此八字语气、风格,非先秦时文,陈说是。郭侃云:郑杰文观点可从,洪颐煊、陈逢衡所引皆句读有误,"八节"当接下文,《开元占经》卷一百一《穆天子传》曰:"雪盈数尺,年丰。八节占曰:'东有积雪,岁美人和。'"《六书故·工事二》:"闶,掩也。"《汉书·韩彭英卢吴传》:"绾愈恐,闶匿。"颜师古注:"闶,闭也,闭其踪迹。"闶寒,当训作避寒,《太平

御览》《初学记》所引郭璞注作"冈,闭也"即是,不应作"酷寒"解。天海案:陈说可从,则阙文疑为"雪"字,雪陨,即大雪坠落之意。译文且从此说。冈寒,闭寒。亦即躲避严寒。冈,《说文》:"冈,闭门也。从门,必声。"与"闭"略同。洪本"冈寒"下补有郭璞注文"冈,闭也,音祕",今据诸说补。

⑥帝收九行:此言冰天雪地,天帝掩埋了九州大道。檀萃云:言疾威上帝降此大戾,九州道里为袤丈表沴,收埋于阴德之中,柱折维倾之会矣。陈逢衡云:行,列也,天有九列。收谓收敛。言此时天气不下降,闭塞而成冬也。郭引"经启九道",见襄公四年传,杜注:"启开九州之道。"案,与上下文义不合。刘师培云:收,盖"牧"字之讹。牧九行者,犹言"牧九域也"。丁谦云:帝收九行,言雪后九衢填塞,似天帝将世间道路尽行收藏者然。近人谓"收"当作"牧",云"牧治九州",果尔,则上下文气尚可通耶? 天海案:丁说近是。译文从此说。

⑦《左传》曰:"经启九道":天海案:郭注引此见《左传·襄公四年》:"芒芒禹迹,画为九州,经启九道。"杜预注:"启开九州之道。"

⑧嗟我公侯:告诫我公卿诸侯。嗟,告诫。

⑨百辟冢卿:即诸侯宰臣。百辟,指众多的诸侯国君;冢卿,指孤卿,即六卿中主宰国政的大臣。陈逢衡云:卿,读如"羌"。……穆王咨内外臣工,俱当永怀斯民也。郑杰文云:辟,旧注"君",按,此指诸侯国君主。冢卿,冢宰。

⑩皇我万民:皇,通"匡",匡正。檀萃云:谓美大之使无困于恒寒也。陈逢衡云:皇,当作"惶",忧也。言此雨雪大寒之际,甚可忧也。或曰皇,大也,言莫大于万民之轸念也。刘师培云:皇,读为"沉"。沉者,益也。《书·无逸》"则皇自敬德",与此"皇"同。《尚书大传》曰"皇于听狱乎",郑注:"皇,况也。""况"义与"厚"字、"益"字相符。郑杰文云:皇,旧注:"正也。"按,皇、匡,古通。

天海案:《诗·豳风·破斧》:"周公东征,四国是皇。"毛传:"皇,匡也。"《尔雅·释言》:"皇,正也。"

⑪旦夕勿忘:旦夕,早晚。比喻经常、随时。檀萃云:一章,章七句。"行""卿"叶,"羌"与"忘"应。陈逢衡云:《太平御览》五百九十二引"勿"作"忽",误。

⑫旦夕勿穷:什么时候都不要使百姓穷困。郭璞注:"令无困也。"底本原误作"今无困也",此据《道藏》本改。郑杰文云:穷,应训"尽",与上"忘"之意方协。

⑬有皎者䴔(lù):有洁白的鹭鸶。皎,羽毛洁白;䴔,同"鹭"。檀萃云:䴔,同"鹭",即鹭鸶也。翟云升云:䴔,即"鹭"之异文。《说文》四:"鹭,白鹭也。洛故切。"音、义与传、注合。《太平御览》九百二十五引此传入《鹭类》,而字仍作"䴔",亦可证也。或曰"䴔"与"鸹"同,考《尔雅·释鸟》:"鸹,鹍鹅,音格。"又"鸹,乌,音洛",皆无"路"音,亦非白色。陈逢衡云:《太平御览》九百二十五引"天子作诗三章,以哀民曰:'有皎者䴔,翩翩其飞。'"……此章以䴔之白取譬雪之白,比而兼兴也。郑杰文云:䴔,翟、郝皆曰"鹭之异文",皆引《太平御览》卷九百二十五所引此文作"鹭"为证,然今检涵芬楼影宋本《太平御览》卷九百二十五引仍作"䴔"。天海案:有皎者䴔,有洁白的鹭鸶。䴔,古同"鹭",水鸟名。体形多高大瘦削,喙直而尖,颈和腿都很长,趾有半蹼。常在水田、湖沼觅食鱼、蛙、贝类、水生昆虫。常见的有白鹭、苍鹭等。《集韵·莫韵》:"鹭,鸟名。"《说文》:"白鹭也,亦省作䴔。"《尔雅·释鸟》:"鸹,鹍鹅。"郭璞注:"水鸟也。似鸭而短颈,腹翅紫白,背上绿色。今江东呼鸬鸹为鹍鹅。亦谓之鸹鸹。"

⑭"䴔"几句:唐本以郭璞注文为"䴔,音路。鸟名,皎白儿"。洪颐煊云:注"皎白儿"三字本在"鸟名"下,今依义改正。陈逢衡云:《太平御览》五百九十二、九百二十五引,俱无"皎白儿"三字。

天海案：唐本、洪校郭注是。皃，与貌同。

⑮翩翩其飞：轻盈自在地飞翔。檀萃云：鹭，性喜于雨雪，群飞。水鸟乐而冻人悲，当作"其飞翩翩"。叶韵也。洪颐煊云：翩翩，《太平御览》九百二十五引，讹作"鹔鹴"。陈逢衡云：翩翩飞貌，以兴下文"迁土"之义。丁谦云："有皎者骆"二句，乃形容大雪情景。惟细审诗旨，所谓"皇我万民""礼乐其民"，皆虚廓无实之言，并无矜恤编氓真意。曰以"哀民"，微辞也。天海案："有皎者骆"二句乃比兴之手法，以白鹭自由自在地飞翔与下文"不如迁土，礼乐其民"相呼应，丁说似臆测。

⑯□勿则迁：此阙文□，檀本填作"胡"。陈逢衡云：此谓地脊民贫，故有冻人，欲迁之沃土，令得所也。天海案：依文例，此"□勿则迁"或"旦夕勿迁"之误。译文据此改。

⑰"自'侯'以下似当云"几句：天海案：据郭璞此注，依上二章诗文例，郭注可从，译文从此说补足文意。

⑱居乐甚寡：居处很少欢乐。陈逢衡云：言此方地脊，居住之乐甚寡，以起下文"不如迁土"之意。

⑲不如迁土：迁土，迁居，移居他方。陈逢衡云：迁，即上"□勿则迁"之"迁"，"迁"的古字，盖迁之乐土，则能尽年不致冻死也。天海案：郭璞注："居无求安。"意即居处没有不求安乐的。

⑳礼乐其民：用礼乐来教化民众。檀萃云：此章言白鹭逢冻尚能不拘一处而其飞翩翩，我公侯胡不皇民而他徙乎，况居无乐而迁为优，可以教民脱此厄。陈逢衡云：乐土既适，则斯民有养而教民，尤不可缓。盖民知教化则能周恤贫乏，不至有冻人也。民，当读如萌，与下"登"字叶。郑杰文云：据诗意，"民"当作"居"。天海案：陈逢衡之说近是。

㉑余一人则滛：滛，同"淫"。淫，此指纵意游乐。天海案：滛，梅鼎祚本作"淫"。

㉒不皇万民：不能匡扶百姓。陈逢衡云："不皇"二字当属上，"皇"犹"遑"。天海案："皇"与上同为"匡正"之意，不当作"遑"解。

㉓□登：天海案：此阙文□檀本填"乃"字，译文且从此说。乃登，意即于是起程上路。檀萃云：不暇胥万民以登上理也。陈逢衡：檀说与哀民之意相背，盖此乃穆王自谦之辞。空方当是"何"字，言余一人方从事于游乐宴饮之不遑，则万民何能登衽席之上而安全乎？言虽自谦，实自励也。天海案：陈说纯出臆测，不可从。

㉔黄竹：地名。大约在今河南登封一带。

㉕羿（yì）射于涂山：羿，人名。古代传说中，羿有三人，皆以善射出名。涂山，山名。檀萃云：传内记留昆归玉则穆王十四年，二十一年祭公薨，三十九年王会诸侯于涂山，则梦与羿射者，乃兆二十年后涂山之会也。盖自《祁招》托讽已悔心矣。陈逢衡云：涂山，禹会诸侯之所。羿，善射者。是时天子志在射猎，故有是梦。丁谦云：《左传·昭四年》言穆王有涂山之会，《竹书纪年》言穆王三十九年，王会诸侯于涂山，未必非先因是梦，后见诸实事。禹会诸侯之涂山，《左传》注在寿春东北。《地理今释》在濠州钟离县西九十五里，山前有禹会村。按今山在怀远县东南八里，见《一统志》。郑杰文云：古传说中羿有三人：一曰帝喾射师，见《说文》；一曰尧时人，射九日者，见《楚辞·天问》《淮南子·本经训》及《览冥训》；一曰夏代有穷氏国君，因夏民以夏代政，见《左传·襄公四年》。皆以善射闻名。涂山，《左传·昭公四年》曰"穆有涂山之会"，杜注："周穆王会诸侯于涂山。涂山在寿春东北。"寿春，今安徽寿县。王贻樑云：涂山之地望，旧说有四：一、今浙江会稽；二、今安徽当涂；三、今安徽怀远；四、今四川巴县。此中以浙江、安徽影响更大。此处为梦境，故所在何处尚不占主要地位。郭侃云：檀解此句作穆王梦"羿射于涂山"，而以此为兆穆王三十九年"会诸侯于涂山"之事，似误。此应为穆王梦"羿射于

涂山"，非穆王至于涂山而梦。天海案：羿，古代传说中人名。据《左传·襄公四年》载，羿为夏代有穷氏的国君，因不修民事，为家臣寒浞（zhuó）所杀。此为郭璞注文所本。涂山，山名。古代称涂山者有三处：一在今安徽怀远县东南，淮河东岸，又称当涂山。《左传·哀公七年》"禹合诸侯于涂山"即此处。二在今重庆巴县，《华阳国志》"禹娶于涂山"即此处。三在今浙江绍兴西北，亦传为大禹娶妻处。此文所记为穆王梦境，具体何在未明。

㉖祭公占之：祭公为穆王的梦占卜吉凶。祭公，人名。即祭公谋父。参见本书卷一1.3节注㉚。

㉗疏□之□："疏"下阙文，檀本填"梦"字，陈逢衡亦认为当是"梦"字。"之"下阙文，檀本填"由"字，并云："言占《易》而疏明卦辞由来也。"陈逢衡云：此占梦，非占《易》也。空方当是"疏梦之由"。《周礼·春官·占梦》："以日月星辰占六梦之吉凶：一曰正梦，二曰噩梦，三曰思梦，四曰寤梦，五曰喜梦，六曰惧梦。"今王梦羿射于涂山，盖思梦也。天海案：陈说近是，此处阙文当作"疏梦之由"，意即祭公为穆王占梦后讲解做梦的原因。译文从此说。

㉘曲山：山名。具体位置无考。卫挺生云：此行错乱。"天子梦羿……"当在"孟冬鸟至，王臣□弋"之前后。"乃宿于曲山"句，当在"西升于曲山"句下。"祭公占之"当在十一年秋冬前后。郑杰文云：自上"黄竹"至此，似说穆王南征事。王贻樑认为：曲山，地未详，大致在今河南中部自嵩山至西北部九阿之间。

【译文】

春分这一天特别寒冷，北风中飞扬着大雪，路上有冻死的人。穆天子写了诗歌三章来哀怜百姓。

诗写道："我往黄竹，雪落避寒。天帝掩道，告我公卿、诸侯宰臣，匡扶百姓，早晚记心。我往黄竹，雪落避寒。天帝掩道，告我公卿、诸侯宰臣，匡扶百姓，时时不困顿。皎皎白鹭，翩翩飞舞。告诫公卿、诸侯宰臣，匡扶百姓,早晚莫困。居处少欢,不如迁居。教化百姓,要用礼乐。”

　　穆天子说:“我一人这样放纵游乐,不能匡扶百姓。”于是就上路起程,住宿在黄竹。

　　穆天子梦见夏羿在涂山射猎,祭公为他测梦,解释了做梦的原因。穆天子就住宿在曲山。

5.14

　　壬申[①],天子西升于曲山。

　　□[②],天子西征,升九阿[③]。<small>疑今新安县,十里九坂也[④]</small>。南宿于丹黄[⑤]。

　　戊寅[⑥],天子西升于阳□[⑦],过于灵□井公博[⑧]。<small>穆王往反辄从井公博游,明其有道德人也</small>。乃驾鹿以游于山上[⑨],为之石主[⑩]。而□寔轮[⑪],<small>即轮坂也,今在河东大阳县[⑫]。《传》曰:“入于寔岭。”[⑬]巅、轮二音</small>。乃次于湿水之阳[⑭]。<small>今之湿津也,在河东河北县。音项胚之胚[⑮]</small>。

　　吉日丁亥[⑯],天子入于南郑[⑰]。

【注释】

①壬申:此距前“丙辰”十六日。

②□:□,卫挺生补“乙亥”二字。陈逢衡云:空方当是日干。天海案:此缺文必为纪日干支,具体未明。译文且从卫说,作“乙亥”二字,距前“壬申”三日。

③九阿:地名。在今河南新安境内。陈逢衡云:新安县属弘农郡,晋属河南郡,今河南府渑池县东。若从旧本作西安县,则在今山东青州府临淄县西三十里,去此远矣。王贻樑云:此九阿在阳山,寔铃之东北,上九阿在孟门山,非一也。郭注可信。

④疑今新安县,十里九坂也:檀萃云:"西"当作"新"。洪颐煊云:注本讹作"西安",从《御览》引改正。翟云升云:新安,诸本皆误作"西安",今据《昭明文选》张平子《东都赋》注所引改正。又《水经注》十五:"洛水东迳九曲南,其地十里有坂九曲。《穆天子传》所谓'天子西征,升于九阿',此是也。洛水又东与豪水会,水出新安县密山,南流历九曲东,而南流入于洛。"亦"新安"非"西安"之确证,且足证"九坂"当作"九曲之坂"也。天海案:郭注原文为"西安县",此据诸说改作"新安县"。

⑤丹黄:地名。具体未明。

⑥戊寅:此距前"壬申"六日。

⑦阳□:或为"阳山",大约在今山西垣曲东南。此阙文檀本填作"阳山",檀萃云:《北山经》云:"阳山,其上多玉,其下多金、铜,留水出焉,南流注于河。"案,是山介于太行、王屋之间,则西升之山即此阳山,而下即铃坂也。洪颐煊云:"黎丘之"三字本脱,从《太平御览》九百六、《事类赋注》二十三引补。陈逢衡云:旧作空方,今从檀本。洪本从《太平御览》九百六、《事类赋》二十三注引改作"黎丘之阳"。王贻樑云:以上下文核之,檀、陈说是。若为"黎丘之阳",则与下寴轭去之过远矣。天海案:测行程、地望,穆王此时当向西登上今中条山。中条山,在今山西与河南交界处,沿黄河北岸,东西走向。因此山在黄河北岸,故称阳山。犹阴山在河套南岸,又称阴山。译文从檀萃说,作"阳山"。

⑧过于灵□井公博:"灵"下阙文,檀萃填"与"字。郝懿行云:《御览》九百六卷引此作"天子西升于黎丘之阳,过井公博,乃驾鹿游乎山上"。王贻樑云:缺文不止一字,檀填一字似不够。天海案:灵,当为地名,具体未明,或其下阙文与"灵"共为地名,皆未可知。井公,人名,即井公利,卷一作"井利",此卷前文有"天子北入于邴,与井公博,三日而决",当为同一人。"灵"下阙文□,译文

且从檀萃填"与"字。

⑨驾鹿：以鹿驾车。檀萃云：以鹿驾车而游山上，即骖驾白鹿云中游也。陈逢衡云：此驯扰之鹿故可驾游于山上，当即是阳山也。

⑩石主：石刻神主。古代祭祀刻石像以代社稷之神，故称石主。檀萃云：即玉检金绳之意。陈逢衡云：檀说附会，穆王盖为此山立社也。《中山经》桑主，以桑为之；此石主，则以石为之耳。《淮南·齐俗训》云："殷人之礼，其社用石。周人之礼，其社用粟。"此盖防殷制，故用石不用粟。……据此则"为之石主"定为社主无疑。王贻樑云：陈说太泥，实用堆石为社主，在红山文化时期即已有之（如辽宁喀左东山嘴祭祀遗址），非殷人始有，且殷人之后亦仍沿用，故未可谓"防殷制"。

⑪而□䆞轮：䆞轮，地名。大约在今山西平陆一带。洪颐煊云：《太平寰宇记》五引作"天子自䆞轮次于湢水之阳"。《说文》"䆞"在穴部，《水经·河水注》引作"真"，传写之讹，《河水注》引《左传》作"入自巅轮"，今本《左传》又作"颠轮"，皆字之异。郝懿行云：《水经·河水注》引作"天子自䆞轮，乃次于湢水之阳"。卫挺生云：据《地名大词典》："然则䆞轮当在平陆县茅津渡之附近地带。"郑杰文云：《水经·河水（四）注》《太平寰宇记》卷五俱引作"天子自䆞轮"。天海案：此处阙文□，卫挺生补"入于"二字。译文且从此说。

⑫即轮坂也，今在河东大阳县：翟云升云：轮坂，当作"䆞轮坂"。今《左传》作"颠轮"，注："河东大阳县东北有颠轮坂。"陈逢衡云："河东"上旧衍"杜"字，今删。郝懿行云：此注"杜"当为"在"字之讹也。王贻樑云："在"字本作"才"（甲骨、金文皆同），战国时期变作"𡉈"，隶写作"在"。"杜"即"𡉈"之形讹。郭伟云：王贻樑观点似不可从。此"在""杜"之讹误出现在郭璞注文中，并非出现于《穆天子传》原文，应不涉及因整理时不识古文字字形

而导致的错误隶定。此"杜"或为衍文,或为与"在"楷体字形形近而误。天海案:郭注中"轮坂"当作"窴轮坂";"在"字原文形误作"杜",此据改。

⑬ 传曰"入于窴岭":郑杰文云:此《左传·僖公二年》文。窴、真、巅、颠古并通。天海案:检《左传·僖公二年》则作"入自颠钤",杜注:"河东大阳县东北有颠钤坂。"故疑"窴钤"即此"颠钤坂",春秋时在虞国境内,故地在今山西平陆东北。

⑭ 乃次于洰(dòu)水之阳:于是就住宿在洰水北岸。洰水,水名。源出中条山麓,一名仪家沟,南流经今山西芮城,入黄河。即今山西芮城东洰水涧。《水经·河水注》:"河北县有洰水,南入于河。"洰水之阳,古人以山南水北为阳、山北水南为阴。《说文解字》曰:"阴,暗也,水之南、山之北也。"段注:"《穀梁传》曰:水北为阳,山南为阳。注云:日之所照曰阳。然则水之南、山之北为阴可知矣。"

⑮ "今之洰津也"几句:唐本郭璞注文为"音项胆之胆。今之洰津也,在河东河北县"。天海案:洰津,为古黄河津渡名。因河北有洰水流入故名。故址在今河南灵宝西北。河北县,古为魏国。春秋时桓公三年(前709),芮伯万因其母而被逐出魏,筑城居之,因名芮城。晋献公灭魏,封予大夫毕万。汉置河北县,以在大河之北,故名,属河东郡。故地在今山西芮城。

⑯ 丁亥:此距前"戊寅"九日。

⑰ 南郑:丁谦云:南郑者,穆王所都,一作西郑。《竹书》附注"穆王以下都于西郑"是也。今陕西同州府。天海案:南郑,西周时城邑名。周穆王时以此为别都,因在镐京南,故称南郑。又因在新郑西,也叫西郑。故城在今陕西渭南华州区北。

【译文】

壬申这一天,穆天子从西面登上了曲山。

乙亥这一天,穆天子西行,登上了九阿磴。穆天子又南行,住在丹黄。

　　戊寅这一天，穆天子向西登上了阳山，经过灵□，与井公下棋。又驾鹿车到山上游览，在山上刻了神主的石像。又进入真铃，住宿在洹水北岸。

　　丁亥这一天是吉日，穆天子进入南郑。

卷六

【题解】

据《晋书·束皙传》载:"《穆天子传》五篇,言周穆王游行四海,见帝台、西王母。"又云:"杂书十九篇"中有《周穆王美人盛姬死事》一篇。本卷所记即周穆王宠妃盛姬死后的丧葬之事,必在郭璞为之作注之前就已附入《穆天子传》卷五之末,成为《穆传》第六卷。

虽然本卷以记述周穆王美人盛姬死丧事而独立成篇,但从穆王这期间活动的范围来看,与卷五似乎仍有某种联系。卷五记穆王南巡狩猎至今河南郑州、许昌一带,而本卷亦记述穆王南巡河、济之间。他狩猎于菹泽,祭神于漯水;西北巡行得盛姬,并为之建造重璧台。不料盛姬遇寒疾而夭亡,周穆王悲伤欲绝,并为之举行隆重而盛大的丧祭活动。从这里我们可以了解到西周时期王室丧礼的全部过程:哭丧、祭祀、哭灵、送丧、出殡、祭吊、下葬等,无不依礼而行,次序井然。这些具体翔实的记述,为后人研究西周丧葬礼制保存了一份极为珍贵的文献资料。

本卷开篇即有脱文,用囗标示的阙文也有三十余处之多,其注释、翻译原则仍依前五卷之例。

卷六　周穆王日程经历名物一览表（附：阙文次处、疑难字数）

干支	地名（山水）	部族（邦国）	人名	事物、献赐名（数量）	职官	经历
	□□之虚、皇帝之间、先王九观					
己巳	菹台					□征，舍于菹台
辛未	菹、五鹿、漯水之上、甘			白鹿、渠黄之乘	官人	
癸酉	漯□	乐人		白鹿		南祭白鹿于漯□，乃西饮于草中，大奏广乐
甲戌	重璧之台		盛柏之子		上姬之长盛门	天子西北□
戊寅	□泽、寒氏、壶辒、重璧之台、哀次、榖丘之庙		盛姬			东狃于泽中。殡盛姬
壬寅	造舍		启、祭父、叔㛷、伊扈、井利	策、肺盐羹、韯脯、枣醯、醯、鱼腊、糗、韭。腥俎十二、乾豆九十、鼎敦壶尊四十器。肺盐、祭酒；琴瑟、□竽、籥、敔、筦	内史、官人、大师、曾祝、御者、抗者、佐者、乐□人、士女	命哭
癸卯						大哭殇祀而载

干支	地名（山水）	部族（邦国）	人名	事物、献赐名（数量）	职官	经历
甲辰	乐池之南、河济之间、哀次、重璧之台、姑繇之水	韦、谷、黄城三邦	盛姬、井利	旗、钟、鼓	皇后、诸侯、七萃之士、曾祝、大匠、王吏、外官、王属、宦官人、官贤庶妾、王臣姬姓之女	南葬盛姬
辛亥			邢侯、曹侯、太子		内史	邢侯、曹侯来吊
壬子			邢侯、曹侯	襚赗	王官	具官见邢侯、曹侯
癸丑						大哭
甲寅	大次					丧三日于大次
辛酉						大成，百物皆备
壬戌	大次、淑人之丘		史录䞍、伊扈、叔𡥶、井利、盛姬	文锦明衣九领、变裳。茵组	七萃之士、士女、嬖人、丧宗、女主、官师	
乙丑	五鹿、女娃之丘		叔𡥶、盛姬			东征
丁卯	溧水、祭丘				淑人	东征、以祭
己巳	溧水、马主					东征
癸酉	菹台					南征
甲戌	河、姑繇之水	因氏				西征

续表

干支	地名（山水）	部族 （邦国）	人名	事物、献赐名 （数量）	职官	经历
丁丑						北征
戊寅	河上	鄑氏		祥祠	王臣姬□	终丧于鄑氏
己卯	鄑氏之遂	鄑氏				西济于河
庚辰	茅尺	素氏		素服		禩祀除丧
癸未	野王					至于野王
甲申	大北之隥		盛姬	蘷豫	七萃之士	思淑人盛姬
乙酉	钘隥					乃遂西南
戊子	盬池					至于盬
己丑	薄山窴轸之隥	虞				宿于虞
庚寅						南征
辛卯	南郑					入于南郑
附1	阙文次处	31处				
附2	疑难字数	4字	狨　酖　葅　罝			

卷六古文

6.1

　　□□之虚①，皇帝之间②，乃□先王九观③，以诏后世④。

此复是登名山，有所铭勒封建也。残缺字多不可推考耳。

　　己巳⑤，天子□征⑥，舍于涅台⑦。

辛未⑧，纽菹之兽⑨。《管子》曰："菹菜之壤。"⑩今吴人呼田猎茸草草地为菹。音置。于是白鹿一牾乘逸出走⑪。言突围出。牾，触也。或曰所驾鹿迊，犹（触）驾也⑫。天子乘渠黄之乘□焉⑬。自此已上，疑说逐得鹿之状。

天子丘之⑭，丘，谓为之名号，方言耳。是曰五鹿⑮。官人之□是丘⑯。□其皮⑰，是曰□皮⑱；□其脯⑲，是曰□脯⑳。

【注释】

①□□之虚：此上脱文甚多。陈逢衡云："之虚"上有阙文，当是：某某日次于某地之虚。小川琢治云：卷五、六，皆于篇首有十余简之脱落。此起首似是访某处古迹记事之一断简。郭侃云："之虚"上有缺文无疑。"虚""间"二字相对，缺文即当作某一处所。天海案：上三说可参，脱文疑是"天子览往古"数字，译文且从此。虚，同"墟"，此指处所、遗址。

②皇帝之间：前代帝王的故居。皇帝，对前代帝王的尊称。檀萃云：皇，同"黄"，黄帝也。间，石间所封禅之山也。陈逢衡云："皇帝之间"，间，犹宫盖，古皇人之所守。檀谓是黄帝，然古封禅之君七十有二，《管子》所知者十二，则不独黄帝也，仍当作"皇"。王贻樑云：此处最可注意的是"皇帝"一辞。后世习见的"皇帝"起于秦始皇尽并天下之后，"皇帝"之称乃尽兼古代"皇""帝"之功威风光。而本传此处之"皇帝"却未可与之混同。此"皇帝"之"皇"乃"三皇五帝"之"皇"。"皇"作修饰辞，周代金文多见，如"皇考""皇母""皇祖""皇王""皇宗""皇兄""皇辟君""皇天子"之类通通可见。郭侃云：此"皇帝"非指秦以后封建帝王称号无疑，王贻樑、王天海观点可从。……"间"与上文"虚"相对，此应指穆王到一处先人故居，如前文"黄帝之宫""启室"。天海

案：《尚书·吕刑》："皇帝哀矜庶戮之不辜，报虐以威。"又，"皇帝清问下民，鳏寡有辞于苗。"一说为"黄帝"，释文："皇帝，本又作黄帝。"间，本为乡里，此指故居。

③乃□先王九观：阙文□，檀萃补"示"字。檀萃云：先王，文王也。《大戴礼记》文王观人伦有七属，属有九用，用有六征，六征既成，以观九用。……亦曰"九观"也。陈逢衡云：先王，谓文武也。《官人解》见《逸周书》第五十八。郭侃云：《易·观》："象曰：风行地上，观。先王以省方观民设教。"此"观"训作卦象，王天海观点可从。天海案：此处阙文檀本填"示"字，依郭注"此复是登名山，有所铭勒封建也"，当填"铭"字，译文从此。先王，此指周文王。九观，九种卦象名合称。观，《周易》卦名。其卦☶，下为坤，坤为地；上为巽，巽为风。意即风行大地，吹拂万物，喻国君巡视邦国，观察民情，施行德政，风化社会，所以卦名为"观"。《周易》载观卦有：大观、下观、观天、童观、阔观、观我生进退、观国之光、观我生、观其生九种卦象，合称为"九观"。

④以诏后世：以此诏告后世子孙。后世，后人，后世子孙。陈逢衡云：后世谓子孙。天海案：此下郭璞注："此复是登名山有所铭勒封建也。残缺字多，不可推考耳。"

⑤己巳：此干支纪日，具体日期未详。

⑥天子□征：此处阙文□，檀本填"南"字。陈逢衡云：上无明文，此不定为"南征"。天海案：观穆王行程，似当南行，译文且从之。

⑦舍于菹（jù）台：菹台，地名。大约在今河南濮阳一带。具体所在未明。王贻樑云：菹台，由下文知在五鹿近傍，具体未明。郑杰文云：菹，指水草茂密的沼泽。《孟子·滕文公下》"驱蛇龙而放之菹"，赵注："菹，泽生水草也。"

⑧辛未：此距前"己巳"二日。

⑨纽菹之兽：用网套捕捉沼泽地的禽兽。檀萃云：《说文》："纽，系

也。一曰结而可解。”盖蹄禽之类生获之也。洪颐煊云：猎，本
作“纽”，从《事类赋》二十三注引改，《太平御览》九百六引作
“狃”。陈逢衡云：《太平御览》九百六引“天子征于菹台，狃菹之
兽。”……《庄子·人间世》释文引崔注“系而行之曰纽”，“纽菹
之兽”盖谓绊其足而群兽惊，故有逸出之鹿。郝懿行云：《御览》
九百六卷引此文“纽菹”作“狃菹”，疑“纽”为“狃”字之讹也，
下文“狃泽”可证。于省吾云：下文“天子东狃于泽中”，则此纽
字本应作狃。《诗·大叔于田》“将叔无狃”，传：“狃，习也。”此文
“狃”字，当指穆王躬自搏兽而言。天海案：纽，绳、带的扣结。引
申为用绳绊、网络捕捉野兽。洪颐煊校本从《事类赋注》引改作
“猎”。菹，水草多的沼泽地。

⑩《管子》曰：“菹菜之壤”：天海案：郭注所引见《管子·国准篇》：
“彼菹菜之壤，非五谷之所生也，麋鹿牛马之地。”

⑪牾乘逸出走：突出猎网撞车逃逸。牾，抵牾，碰撞；乘，指车乘。牾
乘，即撞车。檀萃云：郭意两解，或疑乘鹿，而实非也。传谓诸
兽已就纽，独白鹿脱纽而走。洪颐煊云：遻，本作“牾”，从《文
选·长笛赋》注引改。《事类赋》二十三注引作“有白鹿一迕乘而
逸”，“遻”“迕”皆古今字。翟云升云：注又作“迕”者，与“牾”音
义同。《昭明文选》马季长《长笛赋》注引“牾”作“遻”，《一切经
音义》四：“古文牾、遻、迕，三形。”是也。然《太平御览》《事类
赋》二十三引传皆作“迕”。或传、注两“牾”字，宋本皆作“迕”
耳。陈逢衡云：前卷穆王驾鹿以游，故尝以鹿自随而有逸出之事，
驾鹿不止一鹿，今所逸者，特一白鹿耳。郑杰文云：今检商务印
书馆刊影宋本《六臣注文选》之《长笛赋》李善注所引作“遻”。
又，《太平御览》卷九百六引作“迕”。……遻，《正字通》：“同遻。”
王贻樑云：“午、吾、仵、迕、忤、牾（啎）、牾、遻、遻”，诸字音义俱
通，故此亦无需改字。……郭注意在两可之间，诸释亦不一，皆由

传文不清所致。此处言"牾乘"，则白鹿当是驾车之兽，与卷五穆王驾鹿而行亦相呼应。但上文言纽兽，下文又言膳鹿，则白鹿又似围猎中一兽。故诸说皆犹豫未决。余经反复考察，可断定此白鹿当是驾乘之一，因逸走故穆王改乘马。下文所膳之鹿，或是围猎而另得者，或是此白鹿被逐得者（有可能已死伤），但皆当不影响此白鹿为驾乘者。天海案：据上下文意，檀说近是，此白鹿当为围猎中突围而逃之鹿。

⑫"言突围出"几句：陈逢衡云：郭注"或曰所驾鹿"，甚是。郝懿行云：李善《长笛赋》注引郭氏此注作"遻，触也"。盖"遻""牾""迕"三字古本通用。天海案：底本郭注中"鹿迕"，《道藏》本作"鹿牾"。

⑬乘（chéng）渠黄之乘（shèng）□焉：前一"乘"为动词，乘坐；后一"乘"为名词，即所乘之车。渠黄，穆天子八骏之一，参见卷一1.5注㉔。□，檀本补作"获"。檀萃云：渠黄之乘，天子副车也。柏夭主车，参伯为御，奔戎为右者也。洪颐煊云："驰"字本脱。又"□"字讹在"焉"字上，从《事类赋》二十三注引改。翟云升云："驰"字旧缺，今据《太平御览》九百六、《事类赋》二十三补。陈逢衡云：《御览》九百六引作"驰焉"，下无空方。郝懿行云：《御览》九百六卷引此作"天子乘渠黄之乘驰焉"。天海案：□焉，此阙文洪颐煊从《事类赋注》引填作"驰"字，并将阙文符号□移至"焉"下。译文从洪校，作"驰焉"，意即追逐捕捉逃逸的白鹿。

⑭丘之：为所在之丘命名。檀萃云：言于获鹿处筑丘，以表识之，重其地也。注说非也。王贻樑云：檀说非。此"丘"乃名丘之意，而非筑丘。郭注以为方言，亦非。郭侃云：此"丘"为名词作动词用，训作"命名此丘"。天海案：王贻樑说近是，译文从之。

⑮五鹿：地名。檀萃云："五"同"牾"，上言"鹿牾"，此言"五鹿"，倒文耳。卢文弨云："五"即"牾"也。王贻樑云：五鹿之"五"，檀萃、卢文弨说同"牾"是也。……五鹿，古有二：一为晋地，亦名五

鹿墟、沙鹿（麓），在今河北大名县东；一为卫地，在今河南濮阳北略偏东，即晋文公乞食之处。本传由下文即在漯水视，此五鹿乃在今河南濮阳。此所叙五鹿名之由来，与前虎牢一样，皆其他文献不载之珍贵史料。

⑯官人之□是丘：官人，即馆人，当地驿馆小吏。□是丘，此阙文□，檀萃填作"地"字。陈逢衡云：当是"膳"字。檀萃云：官人者，即上示九观以官人于石间之下，盖古明堂之处，故封禅文，亦曰登介也。陈逢衡云："官人"以下至"是曰□脯"二十字俱当在"官人膳鹿"后。官人，即膳鹿之官人，于上文"九观"毫不相涉，盖惟天子食而甘之，故名其地曰"官人之丘"。而皮与脯亦分志。其名庶几联贯，其为错简无疑。空方当是"膳"字，即指膳鹿之"膳"。王贻樑云：陈说二十字当在"官人膳鹿"下者，未必，因一般多是先剥皮制脯，余者烹食。天海案：作"膳"近是，译文从陈说。即驿馆小吏在此丘为穆天子制作鹿膳。

⑰□其皮：此阙文檀萃填"献"字，陈逢衡认为或是"用"字。天海案：译文从陈说。

⑱是曰□皮：此阙文檀萃填作"丘"字，陈逢衡认为或是"白鹿之"三字。译文且从陈说。

⑲□其脯（fǔ）：此阙文檀萃填作"献"字，陈逢衡认为或是"食"字。译文且从陈说。脯，干肉。

⑳是曰□脯：此阙文檀萃填作"丘"字，并云：丘皮、丘脯，皆随所献之处而名为皮丘、脯丘也，但语倒耳。陈逢衡云："是曰□皮""是曰□脯"，犹下文"是曰盛门""是曰壶辐""是曰哀次"之例。其空方不知是何字，檀必以字实之，凿矣。无已，则当云"用其皮，是曰白鹿之皮；食其脯，是曰白鹿之脯"，当可望文生义。若作"丘皮""丘脯"，真不可解。……"官人"以下至"是曰□脯"二十字，俱当在"官人膳鹿"后。王贻樑云：此处缺文过甚而义难全

明,大意盖言剥皮制脯。檀说全不可取。郭偘云:上四"□"所缺当为同一字,或即为穆王所获之兽名。因所缺之字在句中位置相同,整理者不识此字,便皆作"□"。天海案:此以上四处阙文,愚意当作"剥其皮,是曰白鹿之皮;制其脯,是曰白鹿之脯",译文且从此。

【译文】

周穆王游览古代遗迹,以及前代帝王的故居,又铭刻周文王《易卦》中的"九观",用来告诫后世子孙。

己巳这一天,穆天子南行,住在葙台。

辛未这一天,穆天子在沼泽中布网捕猎禽兽,当时有一只白鹿撞车突围逃出。穆天子乘坐渠黄骏马拉的车,前往追逐,捕得逃逸的白鹿。

穆天子为这座山丘命名,叫"忓鹿丘"。馆舍官吏把膳食送到了这个山丘。剥了鹿皮,叫白鹿皮;把鹿肉做成食脯,叫白鹿脯。

6.2

天子饮于漯水之上①,漯水,今济阴漯阴县。音沓②。官人膳鹿③,献之天子。天子美之④,是曰甘⑤。自此以上,皆因鹿以名所在地⑥,用纪之也。今元城县东郭有五鹿墟,晋文公所乞食于野人处者也⑦。

癸酉⑧,天子南祭白鹿于漯口⑨,乃西饮于草中⑩,草地之中。大奏广乐⑪,大,谓盛作之也。是曰乐人⑫。亦以纪之。

【注释】

①漯(tà)水:古水名。为古黄河支流。别名獭河,亦称杨绪沟。流域在山东济南章丘区境内。王贻樑云:漯水,又名漯川、濕水。源出今河南濬县西南,东北流经濮阳而入今山东范县地,又过莘县、

聊城、禹城、滨县、沾化而入海。其在今山东境内故河道与今徒骇河大致相合。

②济阴漯阴县。音沓：天海案：唐本郭璞注文为"漯，音沓。漯水，今济阴漯阴县"，唐本引郭注是。漯阴县，古代旧县名称。在今山东德州齐河县、临邑县、济南商河县、济阳区四区县交界处。

③官人膳鹿：驿馆小吏用鹿肉做成菜肴。刘师培云：此"官人"盖旅次掌食之人。"官"与"馆"同。《易·随卦》"官有渝"，蜀本"官"作"馆"。《周礼·遗人职》云："五十里有市，市有候馆，候馆有积。"《诗·郑风·缁衣》："适子之馆兮，还予授子之粲兮。"是馆为旅人聚餐之地。《说文》："馆，客舍也。从食官声。"盖古代旅行之人食于客舍，故客舍亦名为馆。"馆"字从食，此其证也。客舍名馆其义起于授养，引伸之，则客舍司职之人亦称曰"馆"，字或作"管"。

④天子美之：穆天子认为鹿肉味道很美。

⑤是曰甘：把此地命名为"甘"。檀萃云："是曰甘"者，谓甘丘也。注引"五鹿""乞食"者，应在上文"是曰五鹿"之下。陈逢衡云："是曰甘"者，是赞美此鹿膳，檀云谓"甘丘"，误。天海案：檀说与郭注合，译文从之。

⑥地：底本郭注原误作"池"，此据《道藏》本径改。

⑦今元城县东郭有五鹿墟，晋文公所乞食于野人处者也：檀萃云：注引"五鹿乞食者"应在上文"是曰五鹿"之下，而顾于此者，盖引而比类言之。郝懿行云：郭注"一食"，明《藏经》本作"乙食"，并"乞"字之误也。金蓉镜云：注"一食于野人"，今本正作"乞食"。天海案：郭注"元城县"，战国时期魏武侯将今大名境内一块属地作为公子元的食邑。西汉初年，建县时以元城县名之。乞食，《道藏》本作"乙食"，字误。五鹿墟，一为春秋时晋地。又名沙鹿。在今河北大名东。又说为春秋时卫地，在今河南濮阳南。

⑧癸酉：此距前"辛未"二日。

⑨天子南祭白鹿于漮□：檀萃云：谓用白鹿南向而望于漮也。陈逢
衡云：空方当是"水"字。……此条当在"是曰五鹿"之下，"天子
饮于漮水"之上。盖先用白鹿祭漮水，而后饮于此，官人乃膳鹿
也。鹿即菹台所逸之鹿。……檀谓望祭，非是。时天子已至漮水
之上，不必望祭。天海案：此阙文陈逢衡认为当是"水"字，译文
从此说。

⑩乃西饮于草中：郭璞注："草野之中。"檀萃云：草中，大泽之中。
故能奏广乐。陈逢衡云：草中，亦犹之甫草也。西，谓漮水之西。
天海案：西饮，在漮水之西饮酒。草中，草坪之中。

⑪大奏：大举演奏。大，谓盛大。檀萃云：所谓千人唱万人和。

⑫是曰乐人：把此地命名为"乐人"。陈逢衡云：乐人，谓于此地作
乐，故名之，不得作"欢乐"解。盖以"乐人"名草中，草中是地，
不是丘。自"癸酉"至此，俱当在"官人膳鹿"上。

【译文】

穆天子在漮水上饮酒，馆舍官吏用鹿肉做膳食，献给穆天
子。穆天子认为味道很美，便把当地命名为"甘"。

癸酉这一天，穆天子用白鹿做牺牲，南向祭祀漮水，又在漮水西边草
坪中饮酒，大举演奏广乐，还把那里命名为"乐人坪"。

6.3

甲戌①，天子西北□②，姬姓也，盛柏之子也③。盛，国名。
疑上说盛姬事④。《公羊传》曰："成者何？盛也。曷为谓之盛？讳灭
同姓也。"⑤天子赐之上姬之长⑥，今盛柏为姬姓之长位，位在上
也⑦。是曰盛门⑧。天子乃为之台⑨，为盛姬筑台也。是曰重璧
之台⑩。言台状如垒璧⑪。

戊寅^⑫，天子东狙于泽中^⑬，逢寒疾^⑭。言盛姬在此遇风寒得疾。天子舍于泽中，盛姬告病^⑮，天子怜之，□泽曰寒氏^⑯。以名泽也。盛姬求饮，天子命人取浆而给^⑰，得之速也。传曰："何其给也^⑱。"是曰壶辒^⑲。壶，器名。辒，音遄。速也，与"遄"同。

天子西至于重璧之台^⑳，盛姬告病□^㉑，天子哀之，上疑说盛姬死也。是曰哀次^㉒。哭泣之次位。天子乃殡盛姬于穀丘之庙^㉓。先王之庙，有在此者。汉氏亦所在有庙焉^㉔。

【注释】

①甲戌：此距前"癸酉"一日。

②天子西北□：此处阙文甚多。檀萃云：缺者有数字，当云："天子西北至于盛，盛伯献女，姬姓也。"陈逢衡云：当是"征于某地"，此处脱落甚多。王贻樑云：因上缺文甚多，未可确定陈改当否。郭仞云：此处缺文，檀萃观点可从，大意如此。为追溯盛姬家世及如何称为穆王妃子之事。天海案：译文且从檀萃此说，补作"天子西北至于盛，盛伯献女"。

③姬姓也，盛柏之子也：郝懿行云：《艺文类聚》六十二卷引作"盛姬，盛伯之子也"。陈逢衡云：将欲言盛姬死事，故先追叙所出。推寻文义，并无盛伯献女事，不必添设。盖盛姬与王同出，路得寒疾，因有此传。天海案：盛柏，即盛伯。盛国伯爵。柏，古"伯"字。盛，古代小国名。盛，通"郕"，西周甲骨文作"宬"。《春秋·隐公五年》："秋，卫师入郕。"《左传》作"郕"。周武王封弟叔武于此。《左传·隐公五年》："郕人侵卫。"《公羊传·桓公三年》作"盛"。后为春秋鲁孟氏邑。汉时为成阳县，故地在今山东范县。参阅《太平寰宇记》卷十四《濮州·临濮》。子，此处专指"女子"。《诗·大雅·大明》："缵女维莘，长子维行。"毛传：

"长子,长女也。"

④"盛"几句:翟云升云:"姬事"上当有"盛"字。天海案:郭注"姬事"上原脱"盛"字,此据翟说补。

⑤"《公羊传》曰"几句:檀萃云:改"成"称"盛",讳以同姓为姻戚也。翟云升云:"盛则,曷为谓之成?讳灭同姓也",诸本皆作"曷为讳之盛,讳戚同姓者",颠倒脱讹。今依《公羊传·庄公八年》原文改正。陈逢衡云:旧作"成者何?盛也。曷为讳之盛?讳戚同姓者",今从洪本。……讳"成"为"盛",盖以同姓为嫌,然尚谓之"姬",则亦未尝深讳也。盖自是《周礼》坏矣,此穆王之失德也。案,《公羊传》:"盛降于齐,讳其灭同姓。"《书》曰:"成盖谓鲁,与盛同姓。故讳之。"郝懿行云:《春秋·庄八年》公羊传曰:"成者何?盛也。盛则,曷为谓之成?讳灭同姓也。"此注引其文脱误,不可读,宜据以订正。郑杰文云:此引《公羊传·庄公八年》文而有小异。王贻樑云:此处郭注引《公羊传》文,错讹不可读。天海案:郭注所引《公羊传》文,系传抄讹误,当依《公羊传·庄公八年》原文"盛则,曷为谓之成?讳灭同姓也"改正。

⑥天子赐之上姬之长:上姬之长,盛国始封之君为周文王第七子姬武,故为姬姓国。因此周穆王封盛伯为姬姓族长,位在诸姬姓国君之上。陈逢衡云:此"姬"当解如姬妾之"姬",盖妇人之美称,若以为姬姓,则是穆王多取同姓以备后宫,恐无是理。郑杰文云:此句言赐盛姬为众姬妾之长。上下文皆言盛姬,此不当言盛伯。又,《艺文类聚》卷六十二引作"盛姬,盛伯之子也,天子乃赐之上姬之长",正是言赐盛姬为长。王贻樑云:陈逢衡说盛姬之"姬"非姓而是姬妾之"姬",极误。盛姬之姬乃其姓氏,此为先秦女子名称之惯例。先秦时期虽有"同姓不婚"之常礼,但并非绝无变例,春秋时鲁君即有其事,故此无需曲尽其力为穆天子讳。郭侃云:"上姬之长"一句再次出现似显突兀,此句之上述"盛姬"之

事,之下述"盛门"之事。此句与上下皆可相连,但又指代不明,诸家观点皆言之有理。或此句之上有缺文,大意盖为"盛柏献女有功,天子赐之上姬之长,是曰盛门"。天海案:王贻樑之说可参。

⑦今盛柏为姬姓之长位,位在上也:郝懿行云:注"今盛"之"今"疑当为"令"。天海案:郭注"今"当为"令"之误,译文从此。长位,翟云升认为当作"长上"。

⑧盛门:高门望族。檀萃云:贵其门也。陈逢衡云:门,犹大门,宗子之门,即《梓材》所谓大家也。盖表为望族之义。吕调阳云:在今濮州南有大小成阳城。郭侃云:门,指门第,并非地名。《左传·成公十六年》:"晋政多门,不可从也。"杜预注:"政不出一家。"

⑨乃为之台:就为盛姬建造高台。檀萃云:表盛门者,为盛伯筑台为姬。陈逢衡云:《艺文类聚·居处部》引"盛伯之子也,天子赐之上姬之长,乃为之台,是曰重璧之台",无"是曰盛门天子"六字。

⑩重璧之台:即重璧台,言其台状如军事堡垒。洪颐煊云:今本《纪年》云:"十五年作重璧台。"陈逢衡云:《艺文类聚·居处部》引《文选·雪赋》注引"为盛姬筑台,是曰重璧之台"。案,上一语是约举之词。《太平寰宇记》河南道濮州雷泽县引"天子游于河、济,盛君献女,天子为造重璧台以处之"。案,首句添设"盛君献女,天子"亦误。后人引古书大约往往失实如此。……王西巡时,载玉甚多,故作为此台。层累而上,皆以玉砌之,故曰重璧之台。《太平御览》一百七十八引《郡国志》曰:"濮州璧玉台,穆天子为盛姬所造也。今旁地犹多珉石。"此实录,非状如垒璧也。丁谦云:重璧台为穆王居盛姬处,《竹书》载于十五年春,与传合。惟穆王取盛姬,即在是春,作台以居,何成之速?按上卷曾云"天子作台以为西居"是台筑已久,时适竣工,乃状其形势,锡以重璧之名耳。王贻樑云:陈说此台以玉砌,恐不可全信。天海案:《今本竹书纪年疏证》:"穆王十五年,作重璧台。"

⑪言台状如垒壁：郝懿行云：注"垒壁"之"垒"疑当为"累"。王贻
樑云：垒、累，皆有堆砌之意，郝说不妥。天海案：垒壁，即垒壁。
军营的围墙或工事。壁，与"壁"通。

⑫戊寅：此距前"甲戌"四日。

⑬东狃于泽中：向东在菹泽中狩猎。檀萃云：狃，同"纽"，即上文
"纽兽"也。泽，即菹台之泽也欤？陈逢衡云：狃，疑是"猎"之讹。
孙诒让云：纽，即"狩"字，篆文相近而误。《御览》作"田"，乃不
解其义而误改，不必据校。郭侃云：狃，意与上文"纽兽于菹"之
"纽"意同，本字即当作"狃"。天海案：狃，或通"纽"，意即结网
捕猎。洪校本据《太平御览》引改作"田"。参见本卷6.1节"纽
菹之兽"注⑨。檀说是，"东狃于泽中"即向东在菹泽中狩猎。

⑭逢寒疾：遇寒疾。郭璞注："言盛姬在此遇风寒得疾。"陈逢衡云：
"逢寒疾"三字当在"盛姬告病"句下。

⑮盛姬告病：陈逢衡云：告，来告也，盖盛姬舍于重璧之台，得寒疾，
故来告。据下文"天子西至重璧之台"可见。

⑯□泽曰寒氏：此阙文□，檀本作"名"。檀萃云：言姬于此逢寒疾
也。陈逢衡云：檀本空处填"名"字。衡案，郭注云"名泽"。则
此□字断非"名"字，疑是"号"字。郑杰文云：《淮南子·墜形
训》："北方曰大冥，曰寒泽。"高注："北方多寒水，故曰寒泽也。"
天海案：此阙文檀本填"名"字。郭璞注："以名泽也。"陈说是，
然此阙文疑为"命"字，方与郭注合。寒氏，因盛姬受寒得病，故
穆王命名此泽为"寒氏"。

⑰取浆而给：浆，古代一种微酸的饮料，似今之醪糟类。《诗·小
雅·大东》："或以其酒，不以其浆。"给，便捷，迅速。陈逢衡
云：浆，酒浆也。王贻樑云：此盛姬病，不当再饮之酒。《诗·小
雅·大东》："或以其酒，不以其浆。"此浆即非酒甚明。郭侃云：
《说文解字》卷十一："浆，酢浆也。"《周礼·天官·酒正》："辨四

饮之物:一曰清,二曰医,三曰浆,四曰酏。"郑玄注:"浆,今之载
浆也。"孙诒让正义:"载、浆同物,纂言之则曰载浆,盖亦酿糟为
之,但味微酢耳。"

⑱传曰"何其给也":陈逢衡云:传见《左传·哀公十一年》:"陈辕
颇出奔郑。"郑杰文云:《左传·哀公十一年》:"国人逐之,故出。
道渴,其族辕咺进稻醴、粱糗、腶脯焉。喜曰:'何其给也?'对曰:
'器成而具。'""何其给"与"得之速"义不属。天海案:郭注所引
见《左传·哀公十一年》,此乃截取其文,注引此不当。

⑲是曰壶辌(chuán):陈逢衡云:《太平御览》八百六十一引:"盛
姬病,求饮,天子命取浆而给,是曰壶辌。"于省吾云:辌,本应作
"镩",彝器有《邾王义楚镩》,罗振玉谓镩为小觯,是也。上言盛
姬求饮,天子命人取浆而给,盖壶所以为盛浆,颈长而腹大,不可
持而饮,必须酌壶浆于觯,而后饮之,故因以名其地为壶镩也。蒋
超伯云:《广韵》:"辌,无轮车也,与辁同。"此盖借作"遄"。王贻
樑云:刘心源《奇觚室吉金文述》卷十七《徐王镩》下考云,即《说
文》之鑐,下引《穆传》此段文字相证。王国维《观堂集林·释觯
觛卮》谓此五器为一物,并云又名镩、椯,极是。其形圆腹、侈口、
圈足。郭侃云:于省吾以"镩"为"辌"之本字,当为器名,其观点
可从。但以"壶镩"为地名,似不妥。此应指穆王命人取浆饮盛
姬之事,"壶辌"或为省略而言,仅以此二字概述此事。且此处亦
未记穆王此时有巡行活动,"壶辌"似不当为地名。天海案:于省
吾所言可参。

⑳天子西至于重璧之台:周穆王东狩于泽中,故西返于重璧台。

㉑盛姬告病囗:天海案:此阙文檀本填"殁"字。然疑缺"危而卒"
三字,译文且补之。郝懿行云:李善《文选注》谢庄《宋孝武宣贵
妃诔》引此文有"盛姬亡"三字,盖此下脱文也。郑杰文云:《文
选》卷一《宋孝武宣贵妃诔》"涉姑繇而环回,望乐池而顾慕",李

善注："《穆天子传》曰:'天子西征,至于玄池之上,乃奏乐,三日
终,是曰乐池,盛姬亡,天子乃殡姬于谷丘之庙,葬于乐池之南。
天子乃用姑繇之水以环丧车。'"显系摘引卷二、卷六文字而成,
不足证"盛姬亡"为此脱文。此处旧注曰"上疑说盛姬死也",是
晋代汉魏遗老注此时已无此三字,李善怎见得耶? 王贻樑云:缺
文当较多,恐不止三字。

㉒哀次:此为穆王命名的地名,即为盛姬悲哀的地方。檀萃云:即以
为地名。于省吾云:卜辞、金文王在某次之次并作�。郑杰文云:
疑名其地,下曰"至于哀次"可证。天海案:次,泛指所在之处。
《国语·鲁语上》:"五刑三次。"韦昭注:"次,处也。三次,野、朝、
市也。"下文有:"丧三舍,至于哀次;五备,至于重璧之台。"亦可
证明"哀次"为地名,且距重璧台约六十里处。郭璞注为"哭泣
之位次",不确。

㉓天子乃殡盛姬于穀(gǔ)丘之庙:殡,停枢待葬。穀丘,地名。具
体所在未明。庙,此指同姓诸侯小国之庙。檀萃云:穀丘,地名。
汉于郡国立先帝庙也。陈逢衡云:诸侯不得祖天子,周先王之庙,
未闻有立于列邦者。此或是河、济间同姓诸侯之祖庙,故假此以
殡盛姬也。孙诒让云:时王行在河、济之间,则非畿内,不当有先
王庙。周、汉人不同,不足相证。此"穀丘之庙"当即同姓诸侯之
庙。天海案:陈、孙二说近是,只是具体何国未详。

【译文】

甲戌这一天,穆天子往西北巡狩,又到达盛国。盛伯把一女子献给
穆天子。这女子姓姬,是盛伯的女儿。穆天子封盛伯做姬姓的族长,位
在诸姬姓小国之上,因此称为盛门。穆天子又为盛姬建造高台,取名叫
重璧台。

戊寅这一天,穆天子东巡,在菹泽中狩猎,遇上了风寒疫疾。穆天子
住在菹泽中,盛姬这时遇寒得了病,穆天子怜爱她,命名菹泽为寒氏。盛

姬口渴要喝水,穆天子命人立即取来酸汤,因此这里叫"壶鞴"。

穆天子西行,到达重璧台,盛姬病危去世,穆天子为她悲哀不已,因此这里叫哀次。穆天子就把盛姬的灵柩停放在毂丘的宗庙里。

6.4

壬寅①,天子命哭②。令群臣大临也③。启为主④,为之丧主,即下"伊扈"也;上"启"疑为开殡出棺也⑤。祭父宾丧⑥,宾,赞礼也。天子王女叔娙为主⑦。叔娙,穆王之女也。音瘫痤⑧。天子口宾之⑨,命终哀礼⑩。令持丧终礼也⑪。

于是殇祀而哭⑫。殇,未成丧,盛姬年小也。内史执策⑬,所以书赠赗之事⑭。内史,主册命者⑮。官人口丌职⑯。曾祝敷筵席设几⑰,敷,犹铺也。《周礼》曰:"丧事仍几。"⑱盛馈具⑲:馈具,奠也。肺盐羹⑳、肉也。当以音行㉑。葅脯㉒、大肴。枣醢㉓、粥清也。音移。醢、肉酱也。鱼腊㉔、干鱼。糗、寒粥也。韭㉕、韭,菹。百物乃陈㉖;言备有也。腥俎十二㉗、乾豆九十㉘、鼎敦壶尊四十器㉙。敦,似槃,音堆。杂器皿也㉚。曾祝祭食㉛,《礼》:"虽丧祭,皆祭食,示有所先也。"㉜进肺盐、祭酒㉝。以肺换盐中以祭,所谓振祭也㉞。《礼》"以肝",见《少牢馈食》也㉟,乃献丧主伊扈㊱,伊扈拜受。

【注释】

①壬寅:此距前"戊寅"二十四日。

②命哭:命令哭丧吊唁。哭,吊唁。《淮南子·说林训》:"桀辜谏者,汤使人哭之。"高诱注:"哭,犹吊也。"

③大临:聚哭告哀。《左传·宣公十二年》:"国人大临,守陴者皆

哭。"郑杰文云：临，即哭临，古者帝后之丧，集众举哀曰哭临。《左传·宣公十二年》"卜临于大宫"，杜注："临，哭也。"又曰："国人大临，守陴者皆哭。"又，《汉书·高帝纪上》："汉王为义帝发丧，袒而大哭，哀临三日。"颜师古注："众哭曰临。"故旧注以"大临"释"命哭"。

④启为主：檀萃云："启"字为句，《既夕礼》"声三启"，"三"为启殡而葬也。"为主"者，刊重木以明主道也。《檀弓》曰："重主道也，殷主缀重焉，周主彻重焉。"按，丧礼，设重在小敛之前而此于启殡之后者，盖从其变。陈逢衡云：以下文"叔姪为主"证之，则"启为主"当作一句。启是人名，不可作"启殡"之启解。……案，"启"当作"扈"，盖误为"启"耳。于省吾云："启为主"谓始作主也。《书·梓材》"王启监厥乱为民"，《虢叔旅钟》"旅敢启帅井皇考威仪"，《逐鼎》"逐启谋作庙叔宝蹲彝"，全文或言"启"，或言"肇"，语例同。王贻樑云：于说甚是。此"启"亦即《礼记·曾子问》"自启及葬不奠"之"启"，始也，此段叙丧祭。天海案：依于省吾、王贻樑二说"启"为"始"，则此句"启为主"上当有脱文"伊扈"二字。那么此句应作"伊扈启为主"，即丧祭开始时，伊扈为祭主。陈逢衡说"扈"误为"启"，此说亦可通。

⑤"为之丧主"几句：陈逢衡云：郭曰"即下伊扈"，又曰"上启疑为开殡出棺"，言辞恍惚，无据。……郭谓"为之丧主"即下文丧主伊扈无疑。檀说不可从。天海案：郭注"开殡出棺"为"启"，亦指丧祭之始。

⑥祭（zhài）父宾丧：祭父，人名。即前文中祭公谋父。宾丧，主持祭丧礼仪。《康熙字典》引《韵会》"俗宾字"；《五经文字》："宾，经典相承作'賓'已久，不可改正。"檀萃云：宾，读为"傧"，去声。陈逢衡云：宾，当作如字读，此盖廷臣以大临之礼哭盛姬，而父贵臣居首，故曰宾。犹云"用宾于王，作宾王家"也，以受外廷之礼，

故伊扈为主。天海案:"祭父"底本误作"祭文",此据《道藏》本径改。宾,此指"宾赞",即举行典礼时,导引仪式的主持人。《史记·秦始皇本纪》:"阙廷之礼,吾未尝敢不从宾赞也。"

⑦王女叔娙(zuò)为主:王女,即玉女,对天子女儿的尊称。叔娙,人名。穆王女儿。为主,为主祭。洪颐煊云:王,《广韵》七《歌》注引作"三"。陈逢衡云:王女,"王"字盖"玉"字。此天子爱女,故令为主,以主内族之祭。郝懿行云:《广韵》八"戈""娙"字注引"王女"作"三女",是也。此盖字形之讹。王贻樑云:《集韵》:"娙,少也,美也。"或即因此《穆传》而来。天海案:陈说可从。此穆王爱女叔娙受命主持内眷女性的祭丧礼仪。又"娙"字,《广韵》《集韵》:"苏禾切,音莎。女字。"《太平寰宇记》:"沙麓在元城县东,亦名女娙丘。时王东征,至此丧盛姬,其女叔娙过之,思哭,因名。"

⑧"叔娙"几句:郭注"瘫",檀本、陈本、吕本皆作"痈"。洪本无"瘫"字。翟本"痤"下有"之痤"二字。翟云升云:"之痤"二字诸本皆脱,今补。王贻樑云:综而观之,以翟本较胜,但其改无据,此不从。天海案:郭注"音瘫痤",不辞,当作"娙,音痤"。

⑨天子□宾之:此阙文陈逢衡疑是"自"字。檀萃云:以宾礼待叔娙。陈逢衡云:"□"字疑是"自"字。檀说大误,此句与"祭父宾丧"同,盖天子自临祭也。扈为丧主,而父宾丧,娙为丧主,而天子宾丧,两两宾主对举。"宾"字只作"丧祭"字看最得。王贻樑云:陈说误。天子亲自宾丧,于礼不合。此句恐是言天子命某某(叔娙为女主,故此宾丧礼者当是身份甚高之女官或与祭父身份近同之重臣)宾丧。天海案:王贻樑之说可从。译文且补作"天子命……宾丧"。

⑩命终哀礼:陈逢衡云:终,成也。盛姬年小,不当成丧,故天子命之。郝懿行云:其正文"丧"字作"哀"。天海案:此文当作"穆

天子命□□完成整个丧礼",即命他主持完成整个丧礼。终,犹竟,整个。哀礼,依本文例,当作"丧礼"为是。

⑪令持丧终礼也:持丧,此指主持丧礼,完成丧礼。天海案:持丧,郭注原文误作"特丧",此据《道藏》本径改。

⑫殇祀:古代为未成年而死的人举行的祭丧之礼。郑杰文云:《仪礼·丧服子夏传》:"年十九至十六为长殇,不满八岁以下,皆为无服之殇。"祭年少亡者,故曰殇祀。王贻樑云:"殇"字之义,旧说大同而有小异。大同者,年少而亡曰殇。小异者,《说文》等说在八至十九岁;《盐铁论·未通》等说为十九岁以下皆是;《释名·释丧制》等又以二十岁以下皆是。而《周礼·媒氏》《仪礼·丧服》郑注以女子未嫁而死曰殇,则与本传显然相悖。余意殇者在先秦时盖大致指弱冠而亡者,至汉始说解愈分愈细,反使字意纠葛。天海案:王贻樑之说可参。

⑬内史执策:内史,官名。西周始置,协助天子管理爵禄废置等政务。春秋时沿置,见《周礼·春官》。《左传·襄公十年》:"使周内史选其族嗣,纳诸霍人,礼也。"杜预注:"内史,掌爵禄废置者。"《孔子家语·执辔》:"古者,天子以内史为左右手。"执策,手持简册。陈逢衡云:此哀恤册封之文。

⑭所以书赗赠(fèng)之事:天海案:郭注"内史执策"是为了书写"赠送车马等以助人送葬的事情"。汉刘向《说苑·修文》:"故古者吉行五十里,奔丧百里,赗赠及事之谓时。时,礼之大者也。"所,底本原文作大字正文,误在"内史执策"下,此据《道藏》本乙正。赗赠,赠送车马等以助人送葬。

⑮内史,主册命者:王贻樑云:此内史、官人之职事与《周礼》不合(《周礼》内史无司丧礼之职,官人亦是),而与《仪礼》《礼记》近之。天海案:《周礼·春官》记载内史职权很多,郭璞此注截取之一。原文为:"凡命诸侯及孤卿大夫,则策命之。"

⑯官人□开职：官人，即"馆人"，古代掌馆舍食宿的官员。檀萃云：开，古"其"字，言命百官人各供其职。天海案：此阙文□，檀萃补"供"字。译文从此说。供其职指负责食宿之职能。

⑰曾祝敷筵席设几：曾祝，即太祝。官名。掌祭祀，主颂祝词。见《周礼·春官》。参见本书卷一1.4节注⑯。敷，铺陈，摆设。筵席，古代铺地供坐的垫子。古时筵铺于地，席铺筵上。设几，摆设矮脚供桌。几，矮脚小桌。陈逢衡云：曾祝犹太祝也。《周礼·春官·司几筵》："凡丧事，设苇席，右素几，其柏席用萑黼纯。凡凶事，仍几。"郑注："丧事，谓凡奠也。萑，如苇而细者。"郑司农云："柏席，迫地之席，苇居其上。或曰：柏席，载黍稷之席。"玄谓：柏，椁字磨灭之余，椁席，藏中神坐之地也。郑司农曰："仍，因也，因其质，谓无饰也。"玄谓凡奠几朝夕相因，丧礼略。郑杰文云：《周礼·春官·司几筵》："凡吉事变几，凶事仍几。"郑注引郑司农云："变几，变更其质，谓有饰也。……仍，因也，因其质，谓无饰也。"《司几筵》又曰："凡丧事，设苇席，右素几。其柏席用萑黼纯。"郑注引郑司农云："柏席，迫地之席，苇居其上。"王贻樑云：此处敷席、设几，可征诸《周礼》。郭侃云：《书·顾命》："牖间南向，敷重篾席黼纯。"《周礼·春官·序官》："司几筵，下士二人，府二人，史一人，徒八人。"郑玄注："铺陈曰筵，藉之曰席。"贾公彦疏："设席之法，先设者皆言筵，后加者为席。"孙诒让正义："筵长席短，筵铺陈于下，席在上，为人所坐藉。"《说文解字》卷三："设，施陈也。"《玉篇·言部》："设……置也……陈也。"《释名·释床帐》："几，庪也，所以庪物也。"《玉篇·几部》："几……案也。"可知"敷筵席"即为铺设筵、席，安置几案。皆为丧礼前的准备工作。

⑱《周礼》曰："丧事仍几"：天海案：此郭注略引《周礼·春官·司几筵》："凡吉事变几，凶事仍几。"郑注引郑司农云："变几，变更其质，谓有饰也。……仍，因也，因其质，谓无饰也。"

⑲盛馈具：丰盛的献祭器物、供品齐备。檀萃云：盛，丰盛也。盛其遣奠之礼。陈逢衡云：盛，当读如"成"，谓粢盛也。王贻樑云：盛，盛隆，丰盛也。馈，亦作馈，进饷奠也。天海案：馈，进献祭品。《周礼·天官·膳夫》："凡王之馈，食用六谷。"郑玄注："进物于尊者曰馈。"

⑳肺盐羹：古代祭祀食物，即用盐腌制过的肺做成的肉汤。檀萃云：谓肉羹也。陈逢衡云：郭注弟解"羹"字上"肺""盐"是二物，周人以气为主，故先肺盐，即形盐之类。王贻樑云：肺盐，《仪礼》多见……羹，肉汁也。天海案：《礼记·曲礼下》："岁凶，年谷不登，君膳不祭肺。"

㉑肉也。当以音行：檀萃云："当以音行"者，"音"字盖是"渧"字之误。渧，同"汁"。谓"当以渧行之"也。洪颐煊云：注"当以音行"四字，误。汪继培云：《字林》云："羹，肉有汁也。"《仪礼》注："今文渧为汁。""音"疑为"渧"之讹。"当"字近"浦"。《左传》注："浦，汁也。"今无善本可校，姑仍之。翟云升云：注义未详，檀疏云：谓肉羹也。"当以音行"者，"音"字盖是"渧"字之误。渧，同"汁"，谓"当以渧行之也"似是。其本又讹"渧"为"渧"。郝懿行云：注"肉也"以下六字疑有脱误。郑杰文云：《仪礼·士虞礼》云"士之虞，泰羹渧自门入"，郑注："渧，肉汁也。"可与此相参。又，以上引文之"渧"疑为"渧"字之讹，《说文》："渧，幽湿也。"《集韵》："渧，羹汁也。"王贻樑云：注文六字不明，诸说"音"为"渧"（或作"渧"。渧从肉，当正字）之讹可信，但注义仍不甚明。"音"如为"渧"，则"当"字即不必再为"浦"字，否则过重。天海案：诸说是，郭注"当以音行"四字，当作"当以渧行"。渧、渧（qì），音义同。

㉒截（zì）脯：切成大块的干肉。陈逢衡云：《仪礼·士虞礼》注："截，切肉也。"《周礼·腊人》注："薄析曰脯。"《礼记·内则》"牛

脩鹿脯",注:"脯,皆析干肉也。"王贻樑云:截,有大肉、切肉两义,此未可确定。郭侃云:《一切经音义》卷十二:"切肉大者为截,截小者曰胾。"《说文解字》卷四:"脯,干肉也。"

㉓枣酏(yí):用枣做成的稀粥。酏,同"酏(yí)",稀粥。郭璞注:"粥清也。音移。"檀萃云:枣,棘实。陈逢衡云:《仪礼·有司彻》注:"枣,馈食之笾。"《小尔雅》:"棘实谓之枣。"陈逢衡云:酏,同"酏"。《周礼·酒正》:"四曰酏。"注:"酏,今之粥。"《内则》有:"黍酏,酏,饮粥稀者之清也。"郑杰文云:《集韵》:"酏,同酏,饮粥稀之清也。"王贻樑云:《说文》又云:"酏,黍酒也。"《广雅》:"酒也。"此似以粥为佳。

㉔醢(hǎi)、鱼腊(xī):醢,肉酱。鱼腊,干鱼。陈逢衡云:《左·庄公十一年传》注:"醢,肉酱也。"《说文》:"腊,干肉也。"天海案:《周礼·天官·外饔》:"陈其鼎俎,实之牲体鱼腊。"

㉕糗(qiǔ)、韭:糗,冷结成块状的粥。郭璞注:"寒粥也。"《国语·楚语下》:"(楚)成王闻子文之朝不及夕也,于是乎每朝设脯一束、糗一筐,以羞子文。"韦昭注:"糗,寒粥也。"韭,即"韭菹(zū)",亦作"韭葅"。用醋、酱腌渍的韭菜。《周礼·天官·醢人》:"醢人,掌四豆之实,朝事之豆,其实韭菹。"檀萃云:羞笾之实糗饵粉餈,而郭谓之寒粥者,熬而甘之,如寒具。朝事之豆,韭菹、醓醢。陈逢衡云:《国语·楚语》"糗一筐",注:"糗,寒粥也。"与郭注同。《礼记·内则》注:"糗,捣熬谷也。"《说文》:"糗,熬米麦也。"郑杰文云:《周礼·天官·浆人》:"掌共王之六饮:水、浆、醴、凉、医、酏。"郑注:"凉,今寒粥,若糗饭杂水也。"《尚书·费誓》"峙乃糗粮",孔疏:"郑众云:'糗,熬大豆及米也。'郑玄云:'糗,捣熬谷也。'谓熬米、麦使熟,又捣之以为粉也。"此粮粉可冷食,可加水成粥,故称寒粥。郑杰文云:即腌韭菜,系古人常菜。《周礼·天官·醢人》:"醢人掌四豆之实,朝事之豆,其实韭菹、

醢醓……"按郭注,此是已切碎之韭。王贻樑云:《广雅·释器》
等又训糗为干饭。依礼,丧多食粥,则此释粥为是。

㉖百物:此指各种祭祀器具食物。郭璞注:"言备有也。"

㉗腥俎十二:腥俎,古代祭祀时陈放生肉的礼器。腥,指生肉;俎,特
制的陈放生肉的供桌。孙诒让云:此俎十二,而鼎乃与敦壶尊同
四十,与礼例不合,恐有讹互。王贻樑云:用俎十二,《仪礼·有司
彻》多见,它书绝少。

㉘乾豆九十:乾豆,古代祭祀时陈放干肉的礼器。乾,即干肉;豆,祭
器,形似高脚木盘。《礼记·王制》:"天子诸侯无事,则岁三田,一
为乾豆,二为宾客,三为充君之庖。"郑玄注:"乾豆,谓腊之以为
祭祀,豆实也。"

㉙鼎敦壶尊四十器:鼎、敦、壶、尊,皆古代祭祀时盛物之器。陈逢衡
云:腥鱼、乾豆所以供食者;鼎敦,皆所以盛熟食者;壶尊,盛酒醴
之器。孙诒让云:《周礼·膳夫》云:"王日一举,鼎十有二物,皆
有俎。"郑注云:"鼎十有二,牢鼎九,陪鼎三。物谓牢鼎之实,亦
九俎。"若然,王祭太牢,鼎十二而俎则九,陪鼎臐膮膷实于豆,不
用俎也。于省吾云:敦,本作段,即今簋字。彝器敦制,惟《陈侯
午鐓》《陈侯因》数器耳。鐓、敦,古今字,若西周尚未发现敦制,
故知此文敦之必作段也。郑杰文云:敦,为盛黍稷之器,上下合成
圆球形,似彝有足。王贻樑云:核之出土实物,当时食器皆鼎、簋
相配,鼎盛肉鱼等菜肴,簋盛粥饭等谷食。用鼎、簋之数为当时贵
族等级之标志。敦,亦盛饭食之器皿,产生于春秋中期,盛行于春
秋晚期至战国晚期。本传以鼎、敦相配,簋、敦不分,皆与《仪礼》
相合。此亦可反映出本传的成书时代较晚。……云用"九十""四
十"如许之多者,或是撰者夸大之辞,或是礼崩乐坏的战国时代
之用数。天海案:鼎、敦、壶、尊,皆古代祭祀时盛物之器。鼎、敦
盛鱼肉、菜肴、饭食;壶、尊盛酒类饮料。

㉚"敦"几句：陈逢衡云：器字，即指腥俎，乾豆、鼎敦、壶尊之属，不得又以"杂器皿"训之。天海案：陈说是。此"器"字乃综称上列器物。郭注"槃"字，通"盘"。

㉛曾祝祭食：曾祝，是主祭祝的重臣。亦即太祝。太祝主持祭食仪式。《穆天子传》卷一："南面立于寒下，曾祝佐之。"郭璞注："曾，重也。"祭食，在进食之前，先取食物供奉受祭奠的人或神。王贻樑云：此是丧前之祭，亦即《礼记·曲礼上》所云"祭食，祭所先进"。

㉜《礼》几句：天海案：《周礼·天官·膳夫》："膳夫授祭。"郑玄注："礼，饮食必祭，示有所先。"郭注所引乃郑注，非《周礼》原文。意思是说，凡祭，皆祭先造食者。

㉝进肺盐、祭酒：肺盐，同"盐肺"，即盐腌渍之肺。盐，通"腌"。祭酒，酹酒于地，向神或死去的人敬酒。一说祭酒为祭祀之酒，亦通。

㉞以肺换盐中以祭，所谓振祭也：振祭，将肝、肺渍入盐中加以振动，比拟作祭拜状。檀萃云：九祭，五曰振祭，六曰擩祭。注兼言之也。洪颐煊云：注"换"本作"换"，"礼以肝"本作"礼以肺"。案，《少牢·馈食》"尸右兼取肝，换于俎振祭"引之，今改正。陈逢衡云：九祭，见《周礼·春官·大祝》："五曰振祭，六曰擩祭。"郑司农云："擩祭以肝、肺、菹，擩盐醢中以祭也。""至祭之末，礼杀之后，但擩肝盐中振之，拟之若祭状弗祭，谓之振祭。谓'振祭''擩祭'本同。不食者，擩则祭之；将食者，既擩必振乃祭也。"郝懿行云：换，当为"换"字，形之讹也。《少牢·馈食礼》云"取肝换于俎盐，振祭"，是。郭注所引"换"，犹染也，音而玄切，见《特牲馈食礼》也。郑杰文云：《仪礼·少牢馈食》曰："尸左执爵，右兼取肝，换于俎盐，振祭哜之。"又，《礼记·明堂位》曰："有虞氏祭首，夏后氏祭心，殷祭肝，周祭肺。"郑注："气王盛也。"《周礼·春官·大祝》"绝祭"，贾疏："周贵肺。"王贻樑云：此文亦见

《士虞礼》。《周礼·春官·大祝》郑司农注云"肺贱肝",是用肝之由。然《礼记·明堂位》云:"有虞氏祭首,夏后氏祭心,殷祭肝,周祭肝(笔者案:"肝"当为"肺")。"则与《仪礼》相异。郑注云:"夏尚黑,胜赤,故祭心。殷尚白,胜青,故祭肝。周尚赤,胜白,故祭肺。"以五脏与五色相配,乃五行说之产物。天海案:郭注"以肺换盐中"当作"以肺㨜盐中"。㨜,擩(rú;又音ruán)的异体字。字亦通"濡",沾染。《仪礼·公食大夫礼》:"擩于醢上、豆之间祭。"《仪礼·特牲馈食礼》"㨜于醢",注:"㨜于醢者,染于醢。"释文:"㨜,如悦反。"振祭,《周礼·春官·大祝》:"辨九祭……五曰振祭。"郑玄注引郑司农曰:"至祭之末,礼杀之后,但擩肝盐中振之,拟之若祭状,弗祭,谓之振祭。"

㉟《礼》"以肝",见《少牢馈食》也:洪颐煊云:注"礼以肝"本作"礼以肺",《少牢馈食》"尸右兼取肝,㨜于俎振祭"引之,今改正。天海案:郭注《礼》以肝"原作"以《礼》以肺",此据洪校改正。郭注约取《少牢馈食礼》:"尸左执爵,右兼取肝,手㨜于俎盐,振祭,唭之,加于俎豆,卒爵。"

㊱乃献丧主伊扈:丧主,主持丧事祭祀的人。古代丧礼以嫡长子为丧主。如无嫡长子,以嫡长孙充任。伊扈,人名。亦作繄扈,周穆王长子,后立为共王。《史记·周本纪》:"穆王崩,子共王繄扈立。"司马贞索隐引《世本》亦作"伊扈"。

【译文】

壬寅这一天,穆天子命群臣前来吊唁。开殡出柩时伊扈做主丧人,祭父主持丧礼,穆天子爱女叔娃做女宾主丧人。穆天子命……接待宾客,让他完成整个致哀仪式。

因盛姬年轻夭亡,为她举行殇祀之礼。内史掌册登记来宾与丧礼,馆舍官吏负责来宾食宿,太祝铺上筵席,摆好供桌,准备了丰盛的供奉食物:腌肺、肉汤、大块干肉、枣粥、肉酱、干鱼、冷粥、腌韭等各种各样;还陈列了生肉十二桌、干肉九十盘、鼎敦壶尊等四十多具。太祝主持祭食仪式，先向亡灵进奉腌肺，酹酒致敬，又向丧主伊扈献酒食，伊扈跪拜领受。

6.5

□祭女^①。又献女主叔娣^②，叔娣拜受。祭□^③，祝报祭^④，觞大师^⑤。乐官。

乃哭即位^⑥，就丧位也。毕哭^⑦。内史□策而哭^⑧，"策"上宜作"读"。《既夕礼》曰"主人之史读赗"是也^⑨。曾祝捧馈而哭^⑩，捧，两手持也。御者□祈而哭^⑪，侍御者，礼曰："御者入浴。"^⑫抗者觞夕而哭^⑬，抗，犹举也。《礼记》曰："小臣四人抗衾也。"^⑭佐者承斗而哭^⑮，佐，敛者也。斗，斟水勺也。佐者衣裳^⑯、佐饮食者。佩□而哭^⑰，乐□人陈琴瑟^⑱、□竽^⑲、疑"竽"上宜作"笙"，笙亦竽属。篪^⑳、如笛三孔。狄^㉑、今戴吏所吹者^㉒。箎而哭^㉓；箎，如并两笛，音管。百□众官人^㉔，百众，犹百族也。各□其职事以哭^㉕。

曰：士女错踊^㉖，九□乃终^㉗。错，互也。哭则三踊三哭。而九踊，所谓成踊者也。丧主伊扈哭出造舍^㉘，倚庐也。父兄宗姓及在位者从之^㉙，佐者哭^㉚，佐，敛者也。且彻馈及壶鼎俎豆^㉛。皆佐者主为之。众宫人各□其职^㉜，皆哭而出^㉝。事毕。井利□事，后出而收^㉞。井利所以独后出者，典丧祭器物，收敛之也。或曰：井利稽慢，出不及辈，故收缚之^㉟。

癸卯^㊱，大哭，殇祀而载^㊲。载，祖载也^㊳。

【注释】

①□祭女：此上阙文较多，文意难明，译文付阙，以省略号代之。此

阙文□，檀萃补"女"字。檀萃云：受曾祝之所进祭也。王贻樑
云：此处缺文较多，檀填字及释皆非。

②女主叔姒：女主，治丧时接待女宾的主妇。《礼记·丧大记》："其
无女主，则男主拜女宾于寝门内。"檀萃云：女主者，妇官，内官之
属，亦如曾祝进肺盐、祭酒于女主，备其祭也。

③祭□：据上下文意，此阙文疑"食毕"二字，即"祭食仪式完毕"。
译文且从此。□，檀本作"祝"。

④祝报祭：天海案："祝"上似缺"曾"字，即"曾祝报祭"。报祭，报
告祭食完毕。报，复命。奉命办事完毕后报告于上。檀萃云：报，
反也，曾祝报祭后致饮于乐土，为歌虞殡也，无献酬，但觞之，丧事
从略也。陈逢衡云：檀说误。虞殡在既葬之后，始死焉得有虞殡
之礼，此谓曾祝报祭，而奉上则太师也。且是时方行哭临礼，何得
用歌乐？郑杰文云：《周礼·春官·大师》曰："大师掌六律六同，
以合阴阳之声。"王贻樑云：此处缺文亦多，檀填一字恐非。由于
缺文，使文义不够明白。

⑤觞大师：向太师敬酒。大师，亦即太师。古代乐官之长。周代音
乐机构中大司乐所属的高级乐师。《国语·周语上》"瞽献曲"，韦
昭注："瞽，乐师。"徐元诰按："乐师，专指大师。"大师的主要职
能之一是掌握乐律。天海案：《周礼·春官》："大师掌六律六同，
以合阴阳之声。"

⑥乃哭即位：此指吊唁者各就其位，哭祭死者。檀萃云：曾祝先哭以
导众也。陈逢衡云：此指伊扈、叔姒，曾祝哭，见下。郭侃云：此
"即位"当指下文众人准备哭祭。

⑦毕哭：大家一起哀哭。毕，全部。檀萃云：言众人尽哭也。一曰
毕，止也，毕止，以待内史之读策也。陈逢衡云：此"毕哭"，亦指
扈、姒。郭侃云：《尔雅·释诂》："毕……尽也。"《词诠》："毕，表
数副词，皆也。"以下文众人哭祭看，"毕哭"当指众人尽哭。

⑧内史□策而哭：郭璞注："策上□，宜作读。"陈逢衡云：此疑即后世哀挽之文。天海案：此指内史哭读登记来宾所送丧礼名册。郭注是，译文从之。

⑨《既夕礼》曰"主人之史读赗"是也：赗，古时指助丧葬所送财物。郑杰文云：《仪礼·既夕礼》作"主人之史请读赗执算"。天海案：郭璞此注截取《既夕礼》。

⑩曾祝捧馈而哭：曾祝双手捧着祭祀的食物而哭。郑杰文云：馈，馈食。祭鬼神时以牲、黍稷为祭品进献，谓之馈食。郭侃云："馈"指上文"盛馈具"之"馈"。

⑪御者□祈而哭：御者，侍从。《仪礼·既夕礼》"御者四人，皆坐持体"，注："御者，今时侍从之人。"□祈，檀萃云：祈，同肵。肵，俎也。言捧肵俎而哭之也。翟云升云：檀疏云"祈，同肵。肵，俎也。言捧肵俎而哭之也"。案《礼记》"曾子问祭殇，不举肺无肵俎"。穆王于盛姬虽曰"殇祀"，而不如礼。前言"肺"，举肺也；此言"肵"，肵俎也。檀说似是。"祈"疑"肵"之讹也。陈逢衡云：如檀说，则空方当作"捧"。郭璞注"御者入浴"，见《丧大记》。王贻樑云：檀说与郭注去之甚远。由上文言馈、下文言觞视，则此檀说"祈"同"肵"可参。但亦可如此理解：郭注盖意在释御者之主职，而檀疏重在所捧之物，则两者只是侧重不同。此段叙丧祭毕而丧哭。天海案：□祈，檀、陈二说近是。阙文且作"捧肵俎"。肵（qí），此应作"肵俎"，古代祭祀时盛放牲体心舌的器物。尸每食，归其余于所俎，为主人敬尸之俎。《礼记》之《仪礼·郊特牲·少牢》正义："设馔之后，尸祭馔讫，祝取牢心舌，载于肵俎，设于馔北，尸每食牲体，反置于肵俎，是主人敬尸之俎也。"

⑫礼曰："御者入浴"：檀萃云：浴，浴尸也。郑杰文云：《礼记·丧大记》云："君、大夫、士死，迁尸于床，管人汲水，'授御者，御者入浴'，即浴尸。"天海案：郭注系摘引《礼记·丧大记》："管人汲，不

说绡、屈之,尽阶不升堂,授御者;御者入浴:小臣四人抗衾,御者
二人浴。"

⑬抗者觯夕而哭:抗,举衾的人。觯夕而哭,捧着酒器在傍晚哭。檀
萃云:"觯夕哭"者,捧觯而助,既夕哭也。陈逢衡云:"小臣四人
抗衾"见《丧大记》。郝懿行云:"觯夕"未详,郭氏无说,疑有误
字。天海案:觯,酒杯;夕,傍晚。《仪礼·丧服》第十一:"朝一哭、
夕一哭而已。"

⑭《礼记》曰:"小臣四人抗衾也":檀萃云:"小臣四人抗衾",谓抗衾
以蔽尸,所以便于浴也,为外丧也。若内丧,则内御者抗衾而浴。
是抗者盖内御,非小臣也。郑杰文云:《礼记·丧大记》言御者浴
尸时,"小臣四人抗衾",此小臣当为内小臣,即《国语·晋语二》
"饮小臣酒"韦注所说的"掌阴事阴命"的"阍士"。王贻樑云:
郭注两引《礼记·丧大记》文,然其文紧接便是"其母之丧,则内
御抗衾而浴"(相同文意又见《仪礼·既夕礼》),又《周礼·天
官·女御职》云:"大丧,掌沐浴。后之丧,持翣。"则内丧当以女
御、内御浴死者,方合于情理。天海案:郭璞此注略引《礼记·丧
大记》:"御者入浴,小臣四人抗衾。"郑玄注:"抗衾者,蔽上,重形
也。"陈澔集说:"抗衾,举衾以蔽尸也。"

⑮佐者承斗而哭:佐者,此指辅助敛尸的人。承斗,捧着舀水的木
勺。檀萃云:斗,应作"斟"。君丧,虞人出木角,角谓斟水之斗
也,以角为之,容四斗以浴尸之用也。陈逢衡云:《周礼·匜人》
"大丧之大渜设斗",注:"斗所以浴尸也。"王贻樑云:浴尸毕可以
哭丧也。郭侃云:檀萃以"斗"应为"斟"之讹,作"斟"文意可
通,其观点可从。《说文解字》卷十四:"斟,挹也。"《广雅·释诂
四》:"斟……酌也。"此指斗,为舀水之勺。

⑯佐者衣裳:佐者,此指辅助穿戴的人。郭璞注:"佐饮食者。"檀
萃云:此盖平日佐饮食者,与上"佐者"不同。陈逢衡云:本文无

"饮食"二字,郭注疑误。此二"佐者"当是上"抗者"之佐。郑杰文云:衣,疑当作"承",《礼记·丧大记》曰:"主人二手承衾而哭。"此"佐者"之哭疑亦仿此。天海案:陈说近是。此"佐者"只是辅助穿戴的人。

⑰佩□而哭:陈逢衡云:空方疑是"带"字,且窃疑浴尸、附身等事当在未殡之前,《穆传》叙于此者,盖浴尸及附身时,诸人无暇哭,且哭有仪节,非可造次,故哭于扈、娖毕哭之后,而与内史、曾祝等同哭也。承斗其职,事衣衾佩带,谓设死者之衣裳也。天海案:此阙文□,陈逢衡疑是"带"字,译文且从此说。

⑱乐□人陈琴瑟:此阙文疑衍,译文据删。乐人,善歌舞的艺人。陈,陈列,摆设。琴瑟,琴初为五弦,后改为七弦;瑟二十五弦。陈逢衡云:空方疑衍。天海案:乐□人,阙文□疑衍,据删,只作"乐人"即是。乐人,古代掌管器乐的官吏。《仪礼·燕礼》:"膳宰具官馔于寝东,乐人县。"胡培翚正义:"是悬乐诸官皆有其事,故总称乐人。"《书·益稷》:"戛击鸣球,搏拊琴瑟以咏,祖考来格。"据文献记载,伏羲发明琴瑟。琴与瑟均由梧桐木制成,带有空腔,丝绳为弦。古人发明和使用琴瑟的目的是顺畅阴阳之气和纯洁人心。

⑲□竽:檀本填"笙"字。天海案:郭注疑此阙文为"笙"字,译文亦从之。笙竽,两种管状乐器名。笙和竽因形制相类,故常联用。竽亦笙属乐器,有三十六簧。《礼记·檀弓上》:"琴瑟张而不平,笙竽备而不和。"

⑳籥(yuè):古代管乐器。是中国上古时期的一件关乎音律音阶的起源乃至华夏礼乐文明源头的神秘编管乐器。其形制据汉代以降的历代文献记载,是一种如笛、似笛的"单管"乐器,是中国笛类乐器的先祖。陈逢衡云:《诗》"左手执籥",传:"籥,六孔。"《广雅》:"籥,七孔。"王贻樑云:籥,有三孔、六孔、七孔诸说,又有管、籥等不同训释,难以定夺。据甲骨、金文"籥"字视,皆作两

管并编之形,故此篿当训管。《周礼·春官·小师》郑注:"管,如
篴而小,并两而吹之。"(《诗·有瞽》郑笺说同)天海案:篿,亦作
"龠",古代管乐器。有吹篿、舞篿两种:吹篿似笛而短,三孔;舞
龠长而六孔,可执作舞具。郭注所言当为吹篿。

㉑荻:陈本作"萩"。陈逢衡云:《风俗通·声音》引《汉书》注:"荻,
箫也。言其声音荻荻,名自定也。"《集韵》:"薖,或从狄。"郑杰
文云:荻,即笛。《正韵》:"笛,音狄。"荻字,上"竹"当为形符,下
"狄"当为声符。荻,当为"笛"的同音假字。马融《长笛赋》曰:
"近世双笛从羌起,羌人伐竹未及已。龙鸣水中不见已,截竹吹之
声相似。"张铣注:"羌,西戎也。起,谓首作也。其人伐竹未毕之
间,有龙鸣水中,不见其身。羌人旋即截竹吹之,声与龙相似。"
(《文选》卷十八)羌人始以竹作笛,传入中原后,中原人遂以其族
称名其器,曰羌笛。羌又称狄,故此器名可作"荻"。又,此《穆
传》"荻"上之"篿"、"荻"下之"筦"皆竹制管乐器,故知此"荻"
即"笛",指羌笛也。王贻樑云:荻,当"萩"之讹。《说文》:"萩,吹
箫也。"(《玉篇》《广韵》《集韵》同)陈逢衡所举《风俗通》文,则
明其名之由来矣。天海案:荻,此字不见字书。疑为"萩(qiū)"
字之讹。萩,中空可吹的竹管乐器,似今之长箫。

㉒今戟吏所吹者:翟云升云:郭注"戟吏吹荻"未详,字书亦无"荻"
字,考《晋书·舆服志》:"戟吏,卤簿之属。"应劭:"卤簿图有骑
执。"《通志·乐略》"晋先蚕",注:"车驾,往吹小箛,发吹大箛。
箛即笳也。"《玉篇·竹部》:"箛,吹鞭也。"疑箛即戟吏所吹,传讹
"箛"为"荻"也。或曰"萩"之讹,《玉篇·竹部》:"萩,吹箫也。"
《广韵》去声三十五《笑》:"萩,竹箫,洛阳亭长所吹。"未知孰是。

㉓筦:同"管",古代管类乐器名。王贻樑云:"篿"当训作"管",因
此此"筦"不应再作"并两笛"形,郭注误。此筦读为"管",是《说
文》"如莞六孔"(又有一孔、七孔、九孔说)之管。古管、篿多混,

实际还是能区别的。天海案：笢，同"管"，古代管类乐器名。《说文》："管，如篨，六孔。"郭注："笢，如并两笛，音管。"乃截引《周礼·春官·小师》郑玄注："管，如篨而小，并两而吹之。"

㉔百□众官人：此阙文□，檀本补作"工"。檀萃云：直言百众，无缺字。洪颐煊云："百"下本有"□"字，案注文不宜有，今删。翟云升云：据注，"百"下缺文宜删。陈逢衡云：下有"百官众人倍之"句，则此当亦是"百官众人"之错互，空方当衍。……"众"与"官人"字连，不与"百"字连，既曰"百"，又曰"众"无此文法。檀本填"工"字，是矣。而又以郭注"直言百众无缺字"，何哉？郝懿行云：以郭注"百众"推之，本文"百众"之间似衍一"□"。王贻樑云：以文义观之，此处似作"百官众人"较妥。天海案："百"下阙文疑衍，依下文例，当是"百官众人"之误，译文从此。

㉕各□其职事以哭：此阙文□，檀本作"执"。王贻樑云：缺文为"司""执"，或"止""辍"之类，只未可定。天海案："各"下阙文□，檀本填"执"字，译文且从之。

㉖士女：成年男女。错踊（yǒng）：古代丧礼之一，祭拜死者亡灵时交相跳跃以示哀。

㉗九□乃终：九□，丧礼之一，哭三次，跳跃九次。陈逢衡云：注义"□"当作"踊"。郑杰文云：《礼记·丧大记》曰："始卒，主人啼，兄弟哭，妇人哭踊。"哭踊，《汉书·礼乐志》"哀有哭踊之节"，颜师古注："踊，跳也。哀甚则踊。"王贻樑云：九踊，天子王室之礼。天海案：郭璞注："错，互也。哭则三踊，三哭而九踊，所谓成踊者也。"据此，阙文□当是"踊"字。九踊，丧礼之一。据郭注，即一哭三跳，三哭九跳。成踊，亦为古代丧礼之一。指哭丧者捶胸顿足表示悲痛欲绝。《仪礼·士丧礼》："君哭，主人哭，拜稽颡，成踊出。"

㉘丧主伊扈哭出造舍：主，主持丧礼之人。造舍，祭祀亡灵的屋子，犹今之灵堂。造，祭祀之一。《礼记·王制》："天子将出，类乎上

帝,宜乎社,造乎祢。"郑玄注:"类、宜、造,皆祭名,其礼亡。"郑
杰文云:造,至。舍,旧注"依庐也"。按,依庐,即庐舍,简陋茅
舍。《周礼·天官·官正》:"大丧,则授庐舍。"郑注:"庐,依庐也。
舍,垩室也。亲者、贵者居依庐,疏者、贱者居垩室。"天海案:郭
璞注"倚庐也",倚庐,是古人居父母丧临时所住简陋之屋。《礼
记·丧服大记》:"父母之丧,居倚庐,不涂。"郭注于此不确。

㉙父兄宗姓及在位者:陈逢衡云:父兄,盛姬之父兄,与下文周室父
兄异。宗姓亦盛姬之族党。在位者谓盛伯之属官。郑杰文云:在
位者,此指有官爵名号者。《礼记·丧大记》:"既正尸,子坐于东
方,卿大夫父兄子姓立于东方,有司庶士哭于堂下,北面。"此"有
司庶士"即"在位者"。天海案:陈逢衡认为此皆指盛姬父兄、同
族与盛伯之属官。译文从此说。

㉚佐者:郭璞注:"佐,敛者也。"陈逢衡云:郭璞上已注"佐敛",此又
云"佐敛",误。前云"承斗、衣裳佩□",是"佐敛"之"佐者",此
云"彻馈及壶鼎俎豆",当是佐饮食者。郭以"佐饮食"注于上,
亦误。天海案:郭注有误,陈说是。

㉛且彻馈及壶鼎俎豆:彻馈,撤去祭献食物。彻,同"撤"。壶鼎俎
豆,四种祭祀时盛祭物的礼器。壶为盛饮料用;鼎,盛鱼肉、菜肴、
饭食用;俎,盛肉类牺牲之案;豆,为盛干果之类高脚盘。

㉜众官人各□其职:官人,官名。管君主日常生活事务。见《周
礼·天官·官人》。陈逢衡云:"官人"当作"官人"。郑杰文云:
众官人,即内命妇等。《礼记·丧大记》曰:"既正尸……夫人坐于
西方,内命妇姑姊妹子姓立于西方,外命妇率外宗,哭于堂上,北
面。"天海案:此阙文□,檀本填作"供"字,译文且从之。

㉝皆哭而出:哭祭后都走出灵堂。郑杰文云:大临毕。

㉞井利□事,后出而收:井利,人名。参见本书卷一1.4节注④。□
事,此阙文疑"竣"字。竣事,即结束哭祭之事。后出而收,指井

利留后负责收藏祭祀所用器物。陈逢衡云：收，敛也。盖谓井利竣事收敛而后出也。与下文"百物丧器，井利典之"，是一例。刘师培云：下文云"百物丧器，井利典之"，下文又云"百嬖人官师皆赠，井利乃藏"，此文"而收"与彼文"乃藏"一律。收，当作"收敛"，即收敛丧器也。郭前说是。于省吾云：《书·顾命》"大保降，收"，与此文例略同。余昔以收为殷之讹，今以此文证之，始知其未允也。王贻樑云：自前"天子命哭，启为主"至此，尸祭哭丧毕。

㉟"井利所以独后出者"几句：檀萃云：郭之二议，前议优。于省吾云：注文前说是，后说非。天海案：郭注前说是，后说迂。井利稽慢，出不及辈，是说井利动作缓慢，出来没有赶上车队。《说文》："辈，若军发车，百辆为辈。"也指车列、车队。

㊱癸卯：此距前"壬寅"一日。

㊲大哭，殇祀而载：载，古代丧礼之一，即灵柩上车出丧之前举行的仪式。檀萃云：铺张极盛，然终以殇礼行之，而载于祖奠之车，以即于葬所也，穆王惑溺终不逾礼，此三代之古风也。王贻樑云：此段叙行丧。

㊳载，祖载也：祖载，陈本作"祖车"。陈逢衡云：吴本作"祖载也"。郑杰文云：祖载，乃约言《周礼·春官·丧祝》"及祖，饰棺。乃载，遂御"而成，《后汉书·蔡邕传》载蔡邕所上封事中有"桓思皇后祖载之时"之语，李贤注引郑玄云："祖谓将葬，祖于庭；载谓升柩于车也。"（此引与阮刻本"郑注"有异）天海案：祖载，将葬之际，举柩升车上，行祖祭礼，谓之"祖载"。《周礼》郑玄注："载，谓升柩于车也。"班固《白虎通·崩薨》："祖者，始也，始载于庭也，乘轴车，辞祖祢，故名为祖载也。"

【译文】

……太祝又向女宾丧主叔娷献上酒食，叔娷跪拜领受。祭食仪式完毕，太祝向天子复命后，向乐师敬酒。

　　于是各归其位开始哭祭，所有的人都一起哭泣起来。内史读着祭丧送礼名册哭泣，太祝捧着祭献食品哭泣，侍者捧着祭案哭泣，负责举食的人捧着酒器在傍晚哭泣，辅助浴尸的人捧着木勺哭泣，辅助穿戴的人捧着衣物哭泣，乐舞艺人陈列着琴瑟、笙竽、箫笛等管类乐器哭泣，所有的官员、众人，各自在自己的职事上哭泣。

　　男女哭丧的人交相跳跃，三哭九跳后才结束。丧主伊扈哭着走出灵堂，盛姬的父兄、宗族以及盛伯的属官都跟着他走出灵堂，辅佐祭食的人哭着撤去敬献的祭物和壶、鼎、俎、豆等祭祀礼器。所有的宫中内侍各守其职，都哭着走出灵堂。井利留后，待哭祭完毕，就收藏好祭祀所用的礼器，然后才出去。

　　癸卯这一天，众人放声大哭，为盛姬早逝举行祭奠，然后送灵枢上车。

6.6

　　甲辰[①]，天子南葬盛姬于乐池之南[②]。即玄池也[③]。天子乃命盛姬□之丧[④]，视皇后之葬法[⑤]，视，犹比也。亦不邦后于诸侯[⑥]。疑字错误，所未详也。河、济之间共事[⑦]，供给事也。韦、穀、黄城三邦之士辇丧[⑧]，辇，谓挽辋车[⑨]，发三国之众，以示荣侈。七萃之士抗者即车[⑩]，举棺以就车。曾祝先丧[⑪]，导也。大匠御棺[⑫]。为棺御也。《周礼》曰："丧祝为御。"《礼记》曰："诸侯御枢以羽保。"谓在前为行止之节。

　　日月之旗，七星之文[⑬]。言旗上画日月及北斗星也。《礼记》曰：日月为旗，常以通名[⑭]。鼓钟以葬[⑮]，龙旗以□[⑯]。鸟以建鼓[⑰]，兽以建钟[⑱]，龙以建旗[⑲]。

　　曰：丧之先后及哭踊者之间[⑳]，毕有钟旗□[㉑]。百物丧器^㉒，井利典之^㉓。列于丧行^㉔，行，行伍。靡有不备^㉕。击鼓以行丧^㉖，举旗以劝之^㉗。令尽哀也。击钟以止哭，弥旗以节之^㉘。为节音节^㉙。弥，犹低也。曰□祀^㉚，大哭九而终^㉛。

【注释】

①甲辰：此距前"癸卯"一日。

②乐池：地名。大约在今河南与山东交界处。陈逢衡云：此乐池与卷二之乐池当是同名而异也。……其地在河、济之间，漯水之南。丁谦云：此节纪盛姬之丧由穀丘之庙至重璧台事。丧行五舍，以三十里曰舍计，凡一百五十里。乐池当在重璧台南百五十里。以下节丧行亦五舍也，地当在禹州境。

③即玄池也：天海案：卷二有"天子西征，至于玄池……是曰乐池"之文，然彼玄池远在西域，此在中原河、济间，显然非一地，郭注不当误如此，或后人传抄致误。

④天子乃命盛姬□之丧：此阙文，陈逢衡据下文"乃思淑人盛姬"句，认为阙文□当是"淑人"二字，译文从此说。淑人，古代天子命妇的封号。丧，此指丧葬之礼。

⑤视皇后之葬法：视，比照。皇后，此与"王后"同。皇，与"王"义同。如称三皇五帝，亦同三王五帝。见《周礼·春官·外史》即有"三皇"之称。此与秦始皇时所称"皇后"有别，不得因此而疑"皇"为"王"字之讹，甚而疑《穆传》为后出之文。檀萃云：言用皇后礼葬也。郑杰文云：皇后之丧曰"大丧"，《周礼·天官·宰夫》"大丧小丧"，郑注："大丧，王、后、世子也。小丧，夫人以下。"皇后，即嘉盛的天子之后。王贻樑云：检得近年所出河北平山县战国时中山国一号墓的兆域图（即寝堂平面结构布局图），方悟其中奥妙。《兆域图》共列有五间寝室，其中表示王后堂的一个方框内书文曰："王后堂方二百尺，其葬视哀后。"无须再作繁证，只

须将本传"盛姬□之丧,视皇后之葬法"与彼"其葬视哀后"相对照,即可一目了然,两者文句如出一辙,由此亦可明本传之皇后乃彼"王后"之讹,必后世所改。郭侃云:丧视皇后之葬法,与《兆域图》"其葬视哀后"比照可知,二者文句相类,即如王贻樑所述为当时丧葬惯例,其观点可从。但若以"皇"为"王"之讹,似不妥。"皇"当训作对先代、亡亲之敬称。《楚辞·离骚》:"帝高阳之苗裔兮,朕皇考曰伯庸。"《礼记·曲礼下》:"祭王父曰皇祖考,王母曰皇祖妣,父曰皇考,母曰皇妣,夫曰皇辟。"郑玄注:"更设称号,尊神,异于人也。"上引文献中"皇"与此"皇"同。亦可明盛姬之前,有穆王之夫人(后)已死,此盛姬丧事当与前夫人(后)葬法、规格相同。天海案:此"皇后"即"王后"。

⑥亦不邦后于诸侯:洪颐煊校本改"邦"为"拜"字。檀萃云:天子七月而葬,同轨毕至,盛姬之举虽用后礼,而不俟同轨之毕至者,闲之也。"不邦后"者,不俟诸邦后来也。陈逢衡云:疑不赴告之义,"拜后"当是"拜赴"之讹。郑杰文云:"拜后"疑"拜使"之讹。"拜使"犹《国语·鲁语下》之"拜章",即"章使臣之勤"。"拜使"即劳烦使者,即派使者送讣告。王贻樑云:拜后,义未详。案:郑杰文以小篆字形为例,认为"后""使"形近易讹,但此二字战国文字字形并不相近,郑杰文观点似误。天海案:邦后,是指古代诸侯王。《隶释·汉郎中郑固碑》:"邦后珍玮,以为储举。"然于此句义不可解,译文且从陈说,作"亦不赴告于诸侯"。

⑦河、济之间共事:河济之间,古黄河、济水流域一带。共事,供给丧事耗用。檀萃云:河、济之间,附近诸国供给丧事也。丁谦云:济,为北济水。河、济间,今怀庆府境。王贻樑云:河、济间,当今河南原阳、延津、封丘、长垣、濮阳间,亦可包括今山东范县、鄄城、菏泽等在内。郑杰文云:共、供,古通,《尚书·无逸》:"以万民惟正之供。"《汉石经》"供"作"共",《汉书·谷永传》引同。

⑧ 韦、榖、黄城三邦之士辇丧：韦、榖、黄城，皆西周小邦国之名，具体所在未详。三邦之士，指这三个国家的男子。辇丧，即挽灵车。陈逢衡云：求之"三邦之士"，犹下云"七萃之士"也。丁谦云：韦，即古豕韦国，今滑县南韦城镇。榖，即榖丘，见上节。黄，即春秋黄城，《汉书》外黄县，在今杞县东南太康县地。郑杰文云：辇丧，即挽丧。《礼记·曲礼上》："助丧必执绋。"天海案："三邦之士"之"士"，底本原文误作"事"，此据《道藏》本径改。

⑨ 辇，谓挽辒车：郭注"辒"字，檀本作"楯"。檀萃云：楯车，所以载棺者，天子龙楯而椁帱。郑杰文云：辒车，此指载柩车。《礼记·檀弓上》"菆涂龙辒以椁"，郑注："天子殡以辒车，画辕为龙。"又，《礼记·丧服大记》曰"君葬用辇"，"大夫丧用辇"。旧注系依此为说。而郑玄注则曰："辇，皆当为'载以辁车'之辁，声误也。"孔疏："在路载柩尊卑同用蜃车。"

⑩ 抗者即车：抬举灵柩上车。《说文》："抗，《既夕》注曰：抗，举也。从手，亢声。"

⑪ 曾祝先丧：先丧，在出丧的队列前做先导。檀萃云：所谓祝执功布御柩登轮也。郑杰文云：先丧，即导引丧车出。

⑫ 大匠御棺：大匠，指技艺高超的木工；御棺，指抬棺而行。檀萃云：即丧祝劝防之事。劝，谓执翿以倡率前引；防，谓执披以防柩倾倒。陈逢衡云：《周礼·春官·丧祝》："掌大丧劝防之事。及辟，令启。及朝，御柩，乃奠。及祖，饰棺，乃载，遂御。及葬，御柩，出宫，乃代。及圹，说载，除饰。"郑司农云："劝防，引柩也。说载，下棺也。"据此，则上文"曾祝先丧"即丧祝引柩之事。……郭引《周礼》"丧祝为御"非《周礼》正文，见郑司农注。檀解劝防本郑康成说，《礼·丧大记》："君葬用辇，御棺用羽葆。"又《杂记》："匠人执羽葆御柩。"郑杰文云：《礼记·丧记下》有"匠人执羽葆御柩"语，郑注："御柩者，居前导正之。"孔疏："羽葆者，以

鸟羽注于柄头如盖,谓之羽葆。葆,谓盖也。匠人主宫室,故执盖物御柩,谓执羽葆居柩前御行于道,示指挥柩于路为进止之节也。然《周礼》'丧祝御柩',此云'匠人'者,《周礼》王礼,此诸侯礼也。"而孙诒让则言丧祝与大匠共御柩,曰:"御柩者,(乡师)与匠师、丧祝为官职也。"(《周礼正义》卷二十一)又,《礼记·丧服大记》曰:"君葬用辁,四绰二碑,御棺用羽葆。"郑注:"御棺,居前为节度也。"天海案:陈逢衡认为此"大匠御棺"谓舁柩而行者,似与《周礼》有别。陈说是,译文从之。郭璞以下注文似不确。

⑬日月之旗,七星之文:此"日月""七星"二句,言出丧所举之旗绘有日月、北斗七星的图案。文,同"纹",图案,花纹。天海案:洪校本改郭注为"言旗上画日月及北斗七星也"。《周礼》曰:"日月为常旗,亦通名也。"洪校是。

⑭"《礼记》曰"几句:洪颐煊云:《周礼》,本讹作《礼记》,从《御览》五百五十五引改。翟云升云:《周礼》,诸本皆误作《礼记》。"常旗"二字诸本皆颠倒,今并改正。陈逢衡云:《书·益稷》:"日月星辰。"正义云:"《穆天子传》称:天子葬盛姬,画日月七星,盖画北斗也。"盖连注文约举之词。郑杰文云:此《周礼·春官·司常》文。日月之旗称"太常",《尚书·君牙》"厥有成绩,纪于太常",孔传:"王之旌旗画日月,曰太常。"亦作大常。《周礼·春官·巾车》"建大常",郑注:"大常,九旗之画日月者。"又曰大旆,《仪礼·觐礼》"天子乘龙,载大旆",郑注:"大旆,大常也。王建大常,缘首画日月,其下及旒,交画升龙降龙。"日旗、月旗加星旗,又曰三辰旗,《左传·桓公二年》:"三辰旂旗,昭其明也。"杜注:"三辰,日月星也。画于旂旗,象天之明。"郭侃云:《周礼·春官·司常》:"日月为常,交龙为旂。"郭注"常""旗"当为倒文。《释名·释兵》:"常,九旗之名。日月为常,画日月为其端,天子所建,言常明也。"天海案:郭注引文有误,应据诸说改正。当作《周

礼》曰："司常掌九旗之物名,日月为常。"《释名》曰："九旗之名,日月为常。画日月于其端,天子所建,言常明。"

⑮鼓钟以葬:下葬时击鼓鸣钟。檀萃云:鼓钟以下棺。翟云升云:钟,古通用"锺"。陈逢衡云:《太平御览》五百五十五引:"鸣鼓击锺以下葬。"

⑯龙旗以□:此阙文□,檀萃补"窆"字。檀萃云:举龙旗则入窆。龙旗,纹龙之旗。陈逢衡云:谓鸣鼓击钟以下葬,举龙旗以偃护也。天海案:窆,穿土下棺。此指下葬时用龙旗掩护棺木。译文且从檀萃补"窆"字。

⑰鸟以建鼓:用鸾凤图装饰建鼓。建鼓,古代乐器,也称应鼓。《仪礼·大射》:"建鼓在阼阶西。"即指此鼓。其形制以大鼓穿径为方孔,贯柱其中而树之,柱上饰华盖,顶饰金鸾,柱下有四足,饰以卧狮。因柱顶有金鸾为饰,故云"鸟以建鼓"。檀萃云:鸟隼之旗,举则鸣鼓。郑杰文云:建鼓,《仪礼·大射》"建鼓在阼阶西南鼓",郑注:"建犹树也,以木贯而载之,树之跗也。"贾疏:"周人县(悬)鼓。今言建鼓,则殷法也。"鸟以建鼓,孙诒让曰:"似谓建鼓之衬以鸟为饰。"(《周礼正义》卷八十一)

⑱兽以建钟:用猛兽图形作钟的外饰。檀萃云:熊虎之旗,举则鸣钟。郑杰文云:兽以建钟,以猛兽饰钟虡。《说文》:"虡,钟鼓之衬也,饰为猛兽。"

⑲龙以建旗:用龙形图案装饰的旗。檀萃云:蛟龙之旗,举则建旗。

⑳丧之先后及哭踊者之间:丧之先后,即灵柩的前后。哭踊者,跳跃哭祭的人。檀萃云:视以为节也。

㉑毕有:所有。钟旗□:此阙文疑是一"鼓"字。

㉒百物丧器:各种祭祀礼器。

㉓井利典之:井利负责掌管百物丧器。檀萃云:使井利典者,专其责也。郑杰文云:典,掌管。

㉔列于丧行：陈列在出丧的队列中。行，队伍。

㉕靡有不备：没有不齐备的。

㉖击鼓以行丧：击鼓使送葬的队伍前进。檀萃云：鼓发则执绋争引。
天海案：击鼓使行丧，送葬的队伍前进。

㉗举旗以劝之：劝之，号令人们哀哭。檀萃云：鼓发则执绋争引。举
旗，“谓挽而哭送”。郑杰文云：古人击鼓以进军，《周礼·夏官·大
司马》：“车徒皆作鼓行。”此“击鼓以行丧”者，以鼓声号令丧葬
队伍行进。王贻樑云：上“击鼓以行丧”，如即执绋引车，此“举旗
以劝之”则是号令大哭，下击钟再止哭，弥旗以结束，示丧仪之有
节有度。

㉘弥旗以节之：檀萃云：止哭者，节其哀也。弥，同“靡”，音米。
“节之”者，节其劳逸，暂停而憩。陈逢衡云：弥，犹掩也，见《文
选·扬雄传上》集注，与上文“举旗”紧对。案，《后汉·礼仪志》
天子葬有“请哭”“止哭”诸仪。郭侃云：《集韵·纸韵》：“弥……
止也。《周礼》‘弥灾兵’。或作‘弭’，通作‘弬’。”《玉篇·弓
部》：“弬……息也……止也……灭也。此“弥”当与“弬”通，作
降旗解，与上文“举旗”相对。天海案：弥旗，同“靡旗”，即倒旗、
降旗，与上“举旗”相对而言。郭注正作“弥，犹低也”。

㉙为节音节：翟云升云：为哭者节，诸本皆讹作“为节音节”，今改正。
王贻樑云：翟本作“哭者”，无校文，未知所据，然义则胜之。天海
案：此郭注不成语，翟说是，当作“为哭者节”。

㉚曰□祀：此阙文□，檀本填“殇”字，译文且从此说。

㉛大哭九而终：大哭九，指放声大哭九次而完结。檀萃云：又举殇
祀也，九哭二十七踊。陈逢衡云：九，谓九踊。郑杰文云：“□”疑
作“天子命殇”，此句似应作“曰天子命殇，以大哭九而终”，与下
文“曰天子命丧”相类。王贻樑云：《礼记·奔丧》：“哭，天子九。”
《穆传》亦正合。天海案：郑杰文所言近是，译文且从之。

【译文】

　　甲辰这一天，穆天子决定南行，要将盛姬安葬在乐池南边。穆天子命令为盛姬举办淑人的葬礼，要比照王后的葬法，也不用向诸侯讣告。由河、济之间供给丧事耗用，韦、毂、黄城三国出男子挽灵车，禁军卫士举灵枢上车，太祝在灵前引路，工匠护卫灵枢。

　　丧旗上绘有日月、北斗七星的图形。击鼓鸣钟来送葬，龙旗用来掩棺。用鸾凤饰鼓，用猛兽饰钟，用蛟龙饰旗。

　　在送葬的队伍前后和跳跃哀哭的人中间，所有钟鼓、旗帜及各种葬礼器物，由井利负责掌管，陈列布置在送葬的队伍中，没有不齐备的。用击鼓来指挥送葬队伍前进，用举旗来号令哭泣尽哀，用击钟来号令止哭，用降旗来表示节哀。穆天子命此殇祀，都放声大哭九次，丧祭才结束。

6.7

　　丧出于门①，**丧主即位**②，就哭位也。**周室父兄子孙倍之**③，倍，倍列位也。**诸侯属子**④、宗属群子。**王吏倍之**⑤，外官王属⑥、外官所主在外者。**七萃之士倍之，姬姓子弟倍之**⑦，盛姬之族属也。**执职之人倍之**⑧，执职，犹执事也。**百官众倍之**⑨。**哭者七倍**⑩。列七重。**踊者三十行**⑪，**行萃百人**⑫。百人为一倍。萃，聚也。

　　女主即位⑬，**嬖人群女倍之**⑭，嬖人，王所幸爱者。**王臣姬姓之女倍之**⑮，疑同姓之女为大夫之妻者，所谓内宗也。**宫官人倍之**⑯，宫官为内也。**宫贤庶妾倍之**⑰。庶妾，众散妾也。**哭者五倍**⑱，**踊者次从**⑲。以次相从⑳。

【注释】

　　①丧出于门：檀萃云：出毂丘之庙门也。天海案：丧，灵枢。灵枢抬

出毂丘之庙大门。上文6.2节有"天子乃殡盛姬于毂丘之庙",故此门当为毂丘庙门。

②丧主:伊扈。即位:归于哭丧位次。

③周室父兄子孙倍之:周室父兄子孙陪同丧主。倍,同古文"陪",陪伴。下同。檀萃云:倍,同"陪"矣。洪颐煊云:倍,古"陪"字,《尚书》:"至于陪尾。"《汉书·地理志》作"倍尾",颜师古注云:"倍,读曰陪。"陈逢衡云:此云"周室父兄",所以别于上文"盛姬之父兄"也。郭侃云:倍,训作伴随,与"陪"同。《玉篇·阜部》:"陪……随也。"

④诸侯属子:诸侯宗属子弟。属子,同宗诸子。檀萃云:言诸侯之子有属籍及王庙群吏共为一行。陈逢衡云:此"诸侯属子"似指异姓,非宗属也。天海案:西周时期,诸侯大多封以同姓,也有个别异姓者。

⑤王吏倍之:周穆王所属官吏陪同丧主。

⑥外官王属:外官,古以九卿为外官。《国语·周语中》:"内官不过九御,外官不过九品。"高诱注:"九品,九卿也。"《周礼·春官·世妇》:"凡内事有达于外官者,世妇掌之。"檀萃云:外官,都邑之官,与王所属七萃之士共为一行也。王属,天子的属官,即近侍之官,与"外官"正相对。郭璞注:"外官,所主在外者。"

⑦姬姓子弟倍之:郭璞注:盛姬之族属也。檀萃云:谓盛姬同姓之子弟独为一行也。郑杰文云:上有"周室父兄子孙",故此"姬姓子弟"郭注言"盛姬族属"。

⑧执职之人:为丧事服役的人。

⑨百官众倍之:檀萃云:百官及庶人在官者为一行。天海案:此句或脱"人"字,当作"百官众人倍之",译文从之。

⑩七倍之:列队七行陪他。檀萃云:盖七行矣。郑杰文云:"七重"如何行丧? 当为列七行。天海案:列队七行,下文郭注云"百人

为一倍"，故此"七倍"则为每队百人，七行队列七百人。

⑪踊者三十行：踊者，此指跳跃哭泣送丧的人。天海案：三十行，每行百人，则三千人。

⑫行萃百人：每行聚集一百人。郭璞注："百人为一倍。萃，聚也。"檀萃云：哭者低声而哭，长哭不踊，今俗之送葬者亦然。踊者大哭有节，一哭三踊者也。行萃百人，三十行则踊者三千人矣，皆言其侈矣。盖陪丧主者，共四十三行，皆男子之送葬者也。陈逢衡云：哭踊之人不得有三千人之多，上文"七倍"，檀解作"七行"，甚是，以行百人计之则仅有七百人，疑正文"三十行"有误。檀又云"共四十三行"，则是三十行外又有十三行，不知何指。案，《后汉·礼仪志》载天子葬为挽六行，行五十人，公卿以下子弟凡三百人，汉仪如是，则周礼可知。而谓踊者有三千人之多，必有舛误。王贻樑云：传文所载是三千人，无由强否之。三千人哭踊，并不为侈。汉仪亦不足以明周礼。

⑬女主即位：檀萃云：叔姪也。天海案：女主叔姪就于丧主之位。

⑭嬖人：穆王宠爱的女人。群女：宫中众妃嫔。

⑮王臣姬姓之女：陈逢衡云：洪本前卷五"王臣囗弋"，"臣"作"呂"，此处并后文"王臣姬囗"，"臣"俱作"呂"，并于"王臣囗弋"下注云："呂，古'姬'字之省。"衡窃惑焉，何一句中"姬"字作两样写？《穆传》不云"王呂呂姓"，又不云"王姬姬姓"，而故参差于上一字从省，下一字不从省，无是理矣。据郭注"疑同姓之女为士大夫妻者"，"同姓之女"解"姬姓"，"士大夫"解"王臣"，了然明白，有何疑义。且前后盛姬及姬姓子弟俱作"姬"，无缘于"王臣囗弋""王臣姬姓""王臣姬囗"三处"臣"字省作"呂"，夫亦不待辨而自明矣。郑杰文云：作"臣"是。注言"大夫、士"正解此"王臣"。又，若作"臣"，上下两"姬"字不当两种写法。王贻樑云：此"王臣姬姓"及下"王臣姬囗"之"臣"不误，洪改不确。但前"王

臣□弋"则洪校是,二者未可混言。郭侃云:陈逢衡以"士大夫"为
"王臣"之解似不妥,上文已有王臣倍"丧主",而此皆言女主,王
臣若与女官为伍,于礼亦不通。此当作"士夫士妻"解"王臣"为
是。天海案:王臣姬姓之女,即嫁与穆王臣子的同姓之女。

⑯宫官人:即王宫中女官。郭璞注:"宫官为内也。"檀萃云:《天官》
九嫔、世妇、女御,《春官》世妇,每宫御二人,则十二卿矣;下大夫四
人,则二十四大夫矣;中士八人,则四十八中士矣。《天官》不言数,
然皆为宫官人矣。陈逢衡云:此仍是女官,如《天官》女御、女祝之
类。刘师培云:"官"字衍,盖一本误"宫"作"官",校者旁注其字,
嗣遂并入正文也。"宫人"与下"宫贤"孙(诒让)改为"竖",确甚。

⑰宫贤庶妾:王宫内次于宫官人的女官。郭璞注:"庶妾,众散妾
也。"孙诒让云:贤,当为"竖"。《周礼》内宫有内竖,注云:"竖,
未冠者之官名。"宫竖、庶妾,皆贱于宫官人,故次其后。天海案:
孙诒让说"贤,当为竖",译文从孙说。

⑱哭者五倍:五倍,五行,每行百人,共五百人。参见上注⑩。檀萃
云:哭者五行,通上之倍者,共九行。踊者以次从哭,不分行也。
以上皆女子之送丧者,以陪女主也。陈逢衡云:陪叔娌者,共四
行。上文陪伊扈七行,共十一行,此"五倍","五"字疑有误。王
贻樑云:依传文,此仅四倍,则"五倍"必有错乱。又,《周礼·天
官·九嫔》:"大丧,帅叙哭者亦如之。"《春官·肆师》:"大丧……
令内外命妇序哭。"本传正同。

⑲踊者次从:跳跃哭丧的人跟随在后。

⑳以次相从:依次相从。

【译文】

　　灵枢送出毂丘之庙大门,丧主伊扈就位,周王室父兄子孙陪侍他,诸
侯、宗族子弟、周王官吏陪侍他,九卿之官、王室属官、禁军卫士陪侍他,
姬姓子弟陪侍他,服役的人陪侍他,所有的官吏陪侍他。哭丧的人有七

队陪侍他。跳跃的人有三十队，每队集聚有一百人。

女主叔娅就位，穆王的宠妾与众嫔妃陪侍她，嫁与大臣的姬姓女眷陪侍她，宫中女官陪侍她，宫女、侍妾陪侍她。哭丧的人有五队陪侍她，跳跃哭丧的人依次跟随在后。

6.8

曰：天子命丧①，一里而击钟止哭②。曰：匠人哭于车上③，御棺不得下也。曾祝哭于丧前④，七萃之士哭于丧所⑤。曰：小哭错踊⑥，三踊而行⑦，五里而次⑧。次，犹止也。曰：丧三舍⑨，三十里为舍也。传曰："避君三舍。"⑩至于哀次⑪；五舍⑫，至于重璧之台⑬，乃休⑭。休，驻也。天子乃周姑繇之水⑮，以圜丧车⑯，决水周绕之也。繇，音遥。圜，音员。是曰囧车⑰。以号水也。曰殇祀之⑱。于此复祭⑲。

【注释】

① 曰：天子命丧：命丧，下令出丧。檀萃云：宣天子之命。陈逢衡云：上下数"曰"字，皆行丧仪节所到号令，非必天子数数出令也。郑杰文云：曰，疑"囗"之形讹。上言"止哭"，下言"哭"，中间当有缺文。天海案：此"曰"至下"曰：丧三舍"，共四"曰"字，皆为句首发语词，无义。亦非讹误。

② 一里而击钟止哭：檀萃云：哭行一里，击钟止之。天海案：参见上文"击钟以止哭"。

③ 匠人：陈逢衡云：匠人，盖即"大匠御棺"之人，当从之。郝懿行云：匠，明藏经本作"臣"，盖误。郭侃云：据郭注"御棺"，知此"匠人"当为上文"大匠御棺"之"匠人"。天海案：据郭璞注："御棺不得下也。"知此"匠人"必为上文"大匠御棺"之"匠人"。

④曾祝哭于丧前:丧前,此指灵柩之前。檀萃云:曾祝前枢,故哭于丧前。

⑤丧所:停放灵柩的地方。檀萃云:七萃之士众及丧所而后哭止次。

⑥小哭:低声哭泣。错踊:丧礼之一。指哭丧者交相跳跃。参见上文郭璞注。

⑦三踊:丧礼之一。哭丧者在灵柩前跳跃三次。

⑧五里而次:行丧五里一停。次,停下。郭璞注:"次,犹止也。"檀萃云:小哭则交错而踊,至三踊而行,行至五里止之也。

⑨丧三舍:送丧队伍前进了九十里。舍,三十里。

⑩"三十里为舍也"几句:陈逢衡云:传见僖公二十三年。郑杰文云:《左传·僖公二十三年》载重耳对楚子曰:"晋楚治兵,遇于中原,其避君三舍。"天海案:郭璞此注原文在下文"重璧之台"之下,不妥,据文例移此。

⑪哀次:地名。在彀丘与重璧台之间。参见上文6.3节注㉒。

⑫五舍:一百五十里。陈逢衡云:彀丘之庙当去重璧台不远,故姬没而即殡此此,焉得有五舍? 其中显有讹误。

⑬重璧之台:地名。参见上文6.3节注⑩。即前周穆王为盛姬所建之台,距哀次二舍,六十里。从彀丘至重璧台五舍,一百五十里。檀萃云:台为姬筑,故停枢于此,而殇祀之也。

⑭休:停驻。郭璞注:"休,驻也。"

⑮天子乃周姑繇之水:周,环绕一圈。姑繇,水名。大约在今山东菏泽一带,具体无考。陈逢衡云:"周"乃"用"字之误,"水"乃"木"字之误,姑繇之木,大木也。丁谦云:姑繇水在重璧台旁。下节言"钓于河,观姑繇水",知此水为北流入河之小涧。惟东汉时汴渠成后,河南小水尽壅导入渠,旧迹无存矣。郑杰文云:今检商务印书馆刊影宋本《六臣注文选》仍作"圜"。天海案:周,绕一圈,圜绕。《左传·成公二年》:"逐之,三周华不注。"故郭注"决水周绕

之"是也。故陈逢衡认为"周"乃"用"字之误,"水"乃"木"字之误,皆不当。

⑯以圜丧车:洪颐煊云:圜,《文选·宋孝武宣贵妃诔》注引作"环"。天海案:以圜丧车,引来"姑繇之水"环绕载灵柩的车子。圜,同"环",环绕。

⑰是曰囧(jiōng)车:檀萃云:姑繇大木生于河边,而水因得名,是知重璧之台临河,可掘沟引水而圜丧车也。"是曰囧车"者,非以水名,盖以名其停丧之地也。翟云升云:"囧"疑"圜"之讹。陈逢衡云:盛姬停枢重璧之台不过数日,何至引水沟河周绕此地,"周"是"用","水"是"木",皆字形相近而误,盖穆王使人取姑繇大木以圜丧车为遮蔽也。此时枢在车上至葬所方下,故须有木屏障之,是曰圜车。洪本虽不云据某本某书,然案文义当近是,旧作"囧单"虽可,音、释于义难晓。郝懿行云:囧车,明藏经本作"囧单"。于省吾云:囧,应读作"明",《广雅·释诂》四:"囧,明也。"《说文》:"囧,贾侍中说囧与明同。"《弓镈》"中專井",孙诒让谓"井,即明刑"。又"雁恤余于恤",容庚谓"即《君奭》囧不秉明恤之明恤",是也。下文云"明衣九领",注云"言神明之衣"。《礼记·檀弓》:"其曰明器,神明之也。"《后汉书·范冉传》注:"礼送死者,衣曰明衣,器曰明器。"上言天子乃周姑繇之水,以圜丧车,故以明车为名也。天海案:囧车,即"明车"。囧,同"冏",原义为窗透明,引申为明亮,故囧车即明车。古代祭神、供神之物必洁净,故以"明"泛指祭祀神灵之物。《礼记·中庸》:"使天下之人,齐明盛服,以承祭祀。"郑玄注:"明犹洁也。"故明车又为"洁车",意用姑繇水使灵车洁净。郭璞注"以号水也",似未确当。

⑱殇祀之:为盛姬早亡而祭祀。

⑲于此复祭:郭璞注以为"于此再次为盛姬祭祀"。

【译文】

穆天子下令出丧，每前进一里路就击钟止哭。工匠在灵车上哭泣，太祝在灵车前哭泣，禁军卫士在停放灵车的地方哭泣。低声哭泣，相互跳跃，跳跃三次后又前进，前进五里就停下来休息。出丧走了九十里，到达哀次；走了一百五十里，到达重璧台，就停驻休息。

穆天子命人引来姑繇河水以环绕灵车，这就叫"明车"，再次为盛姬天亡举行祭祀。

6.9

孟冬辛亥①，邢侯、曹侯来吊②。曹国，今济阴定陶县是也③。内史将之以见天子④，天子告不豫而辞焉⑤。不豫，辞病也。《尚书》曰："武王不豫。"⑥

邢侯、曹侯乃吊太子⑦。太子哭出庙门以迎邢侯⑧，曹侯不进。再拜劳之⑨，问劳之也。侯不答拜。谦，不敢与太子抗礼⑩。邢侯谒哭于庙⑪，谒，告也。太子先哭而入⑫，西向即位⑬。内史宾侯⑭，傧相。北向而立⑮，大哭九⑯。邢侯厝踊⑰，三而止⑱。与太子拾踊⑲。太子送邢侯至庙门之外，邢侯遂出，太子再拜送之。

曹侯庙吊入哭⑳，太子送之，亦如邢侯之礼㉑。虽吊异而礼同。

壬子㉒，天子具官见邢侯、曹侯㉓。具官，备礼相见。

天子还返㉔，将归。邢侯、曹侯执见㉕，拜天子之武一㉖。义所未闻。天子见之，乃遣邢侯、曹侯归于其邦㉗。王官执礼㉘，共于二侯如故㉙。言不以丧废礼。曰：天子出宪㉚，宪，命。以或禭赗㉛。此以上似说赗赠事。衣物曰禭，音遂。

【注释】

①孟冬：初冬十月。辛亥：此距前"甲辰"七日。

②邢侯、曹侯来吊：邢侯，邢国国君，侯爵，故称邢侯。西周初，周成王将周公第四子姬苴封于邢地（在今河北邢台），建立邢国，爵位为侯，故称邢侯，他的子孙便以国名为姓，世代相传姓邢。姬苴则成为邢国第一代邢侯，此后历代相传十几位邢侯，享国数百年之久。参见本书卷二2.8节注⑮。曹侯，曹国国君，侯爵，故称曹侯。周武王灭商，封其弟叔振铎于曹，春秋时为宋所灭。故地在今山东菏泽定陶区、曹县一带。檀萃云：二国同姓，又近丧次，故来。陈逢衡云：《太平御览》一百四十六引此句上有"盛姬之丧"四字，乃统举上文之辞，下引至"侯不答拜"。

③曹国，今济阴定陶县：天海案：秦始皇二十六年（前221）始置定陶县。西汉建元三年（前138），改济阴郡，后又改为定陶国，东汉时又改为济阴郡。济阴，济水之北。定陶县，今为山东菏泽定陶区。

④内史将之：内史带领他们。陈逢衡云：内史见《周礼·春官》。

⑤天子告不豫而辞焉：不豫，天子有病的讳称。犹今言不适、不舒服。辞焉，称病推辞不见他们。王贻樑云：豫，安也，舒也。不豫，犹今有病称"不适""不舒服"。

⑥《尚书》曰："武王不豫"：郑杰文云：此《尚书·顾命》文。王贻樑云：今本《书·金滕》作"武王有疾，弗豫"，《内史·鲁世家》引作"武王有疾不豫"。天海案：郭注所撮引，见《尚书·周书·金滕》："既克商二年，王有疾，弗豫。"

⑦吊：就向太子表示悼念。太子：即丧主伊扈。

⑧太子哭出庙门以迎邢侯：檀萃云：时穆王命太子为丧主，故因就而见之。……曹侯退而让邢侯先。天海案：据上文，盛姬灵柩此时已至重璧台，未闻此地有宗庙，太子何出庙门？故陈逢衡认为，邢侯、曹侯来吊，当在殡盛姬于榖丘之庙下，故得哭于庙。若在丧行

之后，则当送葬，不得仍哭于庙也。王贻樑认为陈说是，此可能是整理者之误。

⑨再拜劳之：拜了两次后，慰问邢侯。劳之，慰问邢侯。

⑩"侯不答拜"几句：郑杰文云：《礼记·曲礼下》："凡非吊丧，非见国君，无不答拜者。"郑注："丧，宾不答拜。"旧注误。天海案：据《仪礼·士丧礼》载，吊者不拜丧主。郭此注似不确。

⑪邢侯谒哭于庙：谒哭，祭告哀哭。檀萃云：告之太子请哭于庙。天海案：此地不当有庙。参见上注⑧。

⑫太子先哭而入：天海案：丧主当先哭而入。

⑬西向即位：檀萃云：即丧主位。郑杰文云：《礼记·杂记上》曰："凡丧服未毕，有吊者，则即位而哭。"又曰："吊者入，主人升四堂面。"天海案：据《礼记·丧大记》："哭尸于堂上，主人在东方。"丧主在尸体东方就位，面向西，故言西向即位。

⑭内史宾侯：宾侯，为邢侯做宾相，意指接待邢侯。檀萃云：内史相邢侯入庙也。郑杰文云：侯相，引导、赞礼。亦作"摈相"。《周礼·秋官·司仪》："掌九仪之宾客摈相之礼。"后因称此种引导、赞礼者为"侯相"。天海案：宾，即侯相，亦作宾相。即接待宾客之人。

⑮北向而立：尸位在北，故吊唁者站南朝北。

⑯大哭九：丧礼之一，对丧者大哭九次。《礼记·奔丧》："哭天子九。"

⑰厝踊：同"错踊"，哭丧者交互跳跃。厝，通"错"。参见上文6.5节注㉖。檀萃云：厝，同"错"，犹拾也。洪颐煊云：上文作"错踊"，此作"厝踊"，"错""厝"古字通用。王贻樑云：诸说是，文献亦多见作"厝"者。

⑱三而止：即三踊而停止。王贻樑云：此"三踊"者，盖诸侯吊礼。

⑲拾（jiè）踊：双方轮流更替跳跃，义同"错踊"。

⑳庙吊入哭：即"入庙吊哭"。

㉑亦如邢侯之礼：也跟拜送邢侯的礼节一样。郑杰文云：此为避免

重复叙写,开史家"互见法"之先河。

㉒壬子:此距前"辛亥"一日。

㉓具官:完备君臣礼仪。

㉔天子还返:穆天子转身返回盛姬柩旁。陈逢衡云:此四字当在
"是曰哀淑之丘"下,若此时方见邢侯、曹侯,何据"还反"也? 郑
杰文云:还,通旋。……旋返,言天子出见二侯,礼未毕而旋身返
归于盛姬柩旁,以见穆王情之专。

㉕邢侯、曹侯执见:执见,义同"贽见",即献礼以见。檀萃云:执,同
"挚",谓执玉以见,行朝礼也。天海案:据下文"拜天子之武一",
二侯贽见之礼,即各献虎皮一张。

㉖拜天子之武一:郭注"义所未闻"。檀萃云:武,步也,言二侯拜
见,其步一者,爵等耳。盖上公朝位,宾、主之间九十步,立当车
轵;侯、伯七十步,立当前疾;子、男五十步,立当车衡。邢侯、曹
侯其爵等,故其步一也,春秋时曹为伯爵,然侯伯位同。陈逢衡
云:《管子·揆度篇》:"令诸侯之子将委贽者,皆以双武之皮。"房
玄龄曰:"双武,双虎也。"据此,则"拜天子之武一"者,乃各以
一虎皮为贽也。郑杰文云:"拜天子之武"即拜天子之迹。《诗
经·大雅·生民》"履帝武敏歆",毛传:"武,迹。"上言"天子旋
返",故此言二侯拜天子离去之足迹,使天子无奈返见之,怂而遣
二侯归于其邦。天海案:陈逢衡之说是。"武一"即二侯各献虎皮
一张,译文且从此说。又,陈逢衡云此邢侯、曹侯执贽见王,当在
"禋祀除丧始乐,素服而归"一节下。盖二侯远送天子,故于一见
之后即命归于其邦。若在此时,是于丧次行朝礼,非其所也。陈
说可参。

㉗归于其邦:回到他们自己的封地邦国。

㉘王官:周穆王侍臣。陈逢衡云:王官,亦内史之属。郑杰文云:王
官,穆王属官供丧事者。

㉙共于二侯如故：共，通"恭"。如故，对二侯如当初未行丧之前一样恭敬。郭璞注："言不以丧废礼。"陈逢衡云：行丧，凶礼也；诸侯来见，吉礼也。此与上文俱当在"是日素氏"下，盖天子除服作乐之后，专行吉礼，故曰"如故"，犹如初也。

㉚天子出宪：出宪，发出命令。郭璞注："宪，命。"郑杰文云：《周礼·天官·小宰》"宪禁于王宫"，郑注："宪，谓表县（悬）之，若新有法令云。"

㉛以或襚赗（suì fèng）：或，此为古"國"字；"以或襚赗"即按邦国收受丧礼。襚，向死者赠送衣被；赗，向死者赠送车马、束帛。郭璞注："此以上似说赗赠事。衣物曰襚，音遂。"檀萃云：此言警示于众曰："天子有令，各随所有，或襚或赗。"故下天子使嫛人与伊扈、叔姪、百辟官师，各有所赠也。洪颐煊云："襚"上疑脱"口"字。陈逢衡云：《广雅》："或，有也。"此二句相承不贯，疑有脱误。《礼记·文王世子》"至于赗赙承含"，释文："车马曰赗，布帛曰赙，珠玉曰唅，衣服曰襚。总谓之赠。"《说苑·修文》："赠襚所以送死也。"郑杰文云：赗，赠丧家以送葬之物。《公羊传·隐公元年》："赗者何，丧事有赗。"王贻樑云：此段叙丧葬、赠襚、谥号、终丧、除丧。赗襚，《公羊·隐元年》传曰："车马曰赗，货财曰赙，衣被曰襚。"与释文所云相同。何休注云："此者，春秋制也。赗犹覆也，赙犹助也，皆助生送死之礼。襚犹遗也，遗是助死之礼。知生者赗赙，知死者赠襚。"由此亦可明赠襚之出发点在于事死知生。郭侃云：《仪礼·士丧礼》："君使人襚。"郑玄注："襚之言遗也，衣被曰襚。"《集韵·送韵》："赗……赠死之物。"《左传·隐公元年》："秋，七月，天子使宰咺来归惠公、仲子之赗。"郑玄注："赗，助丧之物。"《荀子·大略》："货财曰赙，舆马曰赗。"此"襚赗"或与下文赠伊扈、叔姪有关。此二句或为简序错乱而误于此。天海案：或，此为古"國"字，后加土成"域"。《说文·戈

部》："或，邦也。从口，戈以守一。一，地也。域，或，又从土。"段
玉裁注："《邑部》曰：'邦者，國也。'盖或、國在周时为古今字。古
文只有'或'字，既乃复制'國'字。以凡人各有所守，皆得谓之
'或'。"故"以或襚赗"，即按邦国收受丧礼。

【译文】

初冬十月辛亥这一天，邢侯、曹侯前来吊祭。内史领着他们去见穆
天子，穆天子因病推辞未见他们。

邢侯、曹侯就去拜见太子。太子哭着走出庙门迎接邢侯，拜了两次
后慰问邢侯，邢侯依礼不回拜。邢侯要到庙内祭告哀哭，太子哭着先入
庙内，站东向西就位。内史领邢侯站南向北，放声大哭九次，邢侯与太子
交相跳跃三次才止哭。太子送邢侯到庙门外，邢侯于是走出庙门，太子
拜了两次送别他。

曹侯又入庙哭祭，太子送他出去时的礼节也同邢侯一样。

壬子这一天，穆天子完备宫廷礼仪，正式接见邢侯和曹侯。

穆天子将要返回，邢侯、曹侯带上礼物拜见穆天子，各自献上虎皮一
张。穆天子接见了他们，就让他们回到自己的邦国。周穆王的侍从官对
邢侯、曹侯恭敬行礼，像举丧之前一样。穆天子发出命令，按照邦国收受
助丧的衣被、车马、束帛等财物。

6.10

癸丑①，大哭而□②。

甲寅③，殇祀④。大哭而行丧⑤，五舍于大次⑥。曰：丧三
日于大次⑦，停三日也。殇祀如初⑧。

辛酉⑨，大成⑩，百物皆备⑪。送葬之物俱备。

壬戌⑫，葬⑬。史录緜鼓钟⑭，以亦下棺⑮。窆也⑯。七萃
之士□士女⑰，错踊九□丧下⑱。下谓入土。

【注释】

①癸丑：此距前"壬子"一日。

②大哭而□：天海案：此阙文檀萃认为当是"踊"字，译文且从之。陈逢衡云：空方当是"踊"字。

③甲寅：此距前"癸丑"一日。

④殇祀：是指给未成年人举行的丧祭之礼。未成年人是指男子未行冠礼，女子未行笄礼。

⑤大哭而行丧：放声大哭而送葬。行丧，出丧送葬。

⑥五舍于大次：五舍，一百五十里。大次，帝王祭祀、诸侯朝觐时，临时休息搭建的大帐篷。檀萃云："行丧"者，丧车行也。张大次于丧所，故曰"大次"也。自重璧之台百五十里而至于乐池葬所，故曰"五舍于大次"也。陈逢衡云：大次，犹哀次也。……大次，见《周礼·天官·掌次》，郑注："次，谓幄也。"衡案，行丧之次，盖即沿路搭丧棚之意。郑杰文云："舍"下，疑脱"至"字。上文曰"丧三舍至于哀次，五舍至于重璧之台"，皆有"至"字。此"大次"指下葬处的临时营帐。《周礼·地官·遂师》曰："大丧，使帅其属以幄帝先。"郑注："幄帝先，所为葬空之间，先张神坐也。"王贻樑云：大次，下文郭注谓："有次，神次也。"仅一般解释。《周礼》释大次为"幄之大者"。本传言大次，不仅为幄之大者，更因是行丧之末站，需停三日以行殇祀，于意义上大于诸"次"者。天海案：郑说"舍"下，疑脱"至"字，不妥。此"于大次"，是说在大次休息。《周礼·天官·掌次》："朝日祀五帝，则张大次、小次，设重帝、重案。"郑玄注："次，谓幄也。大幄，初往所止居也。"王贻樑说可参。然从文意上看，此大次已兼有地名的意义。如上文"是曰哀次"，即穆王将哀悼盛姬之处取名"哀次"。

⑦丧三日于大次：在大次停丧三天。檀萃云："停三日"者，俟葬具之备也。

⑧殇祀如初：为盛姬早亡再次举行的祭祀，跟第一次祭祀一样。檀萃云：连日殇祀如初也，殇祭必厌，盖弗成也，谓不立尸而厌祭。以其年幼未有成人之威仪也，其祭简略而易行，故祭之多而不至于渎。此亦穆王之难割所爱而为礼之变耳。王贻樑云："殇祀如初"者，即如前"内史执策"及"进肺盐、祭酒"者。

⑨辛酉：此距前"甲寅"七日。

⑩大成：大功告成。此指祭祀大礼完成。《易·井》："元吉在上，大成也。"孔颖达疏："上六所以能获元吉者，只为居井之上，井功大成者也。"

⑪百物皆备：送葬的各种器物齐备。

⑫壬戌：此距前"辛酉"一日。

⑬葬：举行葬礼。

⑭史录騋鼓钟：史录騋击钟。鼓，敲击。史录騋，疑为人名。檀萃云：騋，音繇，徭役之人，即三邦之士辇丧者，录其姓名。以齐众鼓，以趣引钟以止哭也。陈逢衡云："史录騋"者，"騋"与"由"通，盖录盛姬之始末而纳中之。……鼓钟以下棺，即前所云"鼓钟以葬"也。王贻樑云：史录騋义不明，此权作姓名。天海案：史录騋，王贻樑说权作姓名，译文且从之。

⑮以亦下棺：亦，原文作"赤"，此据《道藏》本径改。檀萃云：亦，古"帟（yì）"字。空时张帟幕其上也。《周礼》大丧用役，则帅其民而至，遂治之及纛以与匠师而御柩，犹此礼也。翟云升云：赤，檀本作"亦"，疏云："亦，古帟字，空时张帟幕其上也。"案《周礼·天官·掌次》："凡丧王则张帟三重。"注："张帟，柩上承尘。"檀说似是，"赤"疑"帟"之讹也。陈逢衡云："赤"字疑衍，或曰"以赤"当在"鼓钟"上，盖谓朱书所录之騋，亦通。王贻樑云：亦，盖假作"帟"。天海案：帟，张盖在物体上方用以遮蔽尘埃的幕布。此指掩盖在棺木上的丧帐。《礼记·檀弓上》"君于士有赐

帝",郑玄注:"赐之则张于殡上。"

⑯窆(biǎn)也:郑杰文云:窆,旧时穿土下棺。《周礼·地官·乡师》"及窆,执斧以涖匠师",郑注:"窆,谓葬,下棺也。"天海案:窆,将棺木葬入墓穴。《周礼·春官·冢人》:"共丧之窆器。"郑玄注:"窆器,下棺、丰碑之属。"孙诒让正义:"丰碑是天子下棺之器。"《说文》:"窆,葬,下棺也。"

⑰七萃之士□士女:此阙文□,檀萃填"及"字,译文从之。檀萃云:士与士错踊,女与女错踊。陈逢衡云:"士女"者,士,指前男行;女,指女行,总上文而言之也。

⑱错踊九□丧下:此阙文□,檀萃补"而"字。檀萃云:"丧下"者,言棺之下也。陈逢衡云:檀本填"而"字。衡案:当作"哭"。天海案:丧下,即下葬。译文且从檀说,作"错踊九次而下葬"。

【译文】

癸丑这一天,众人顿脚跳跃大声哭丧。

甲寅这一天,又为盛姬早亡举行祭祀,众人大哭后发丧,前行一百五十里设下大帐。在大帐停丧三天,又举行与第一次祭祀一样的殇祀。

辛酉这一天,祭祀大礼完成,各种丧葬器物都已具备。

壬戌这一天,举行葬礼。史录䟆敲钟击鼓,把丧帐掩盖在棺木上。禁军卫士与男女众人交相跳跃九次,灵柩入土安葬。

6.11

昧爽①,天子使嬖人②,所爱幸者。赠用文锦明衣九领③,谓之明衣,言神明之衣④。丧宗伊扈⑤,宗,亦主。赠用变裳⑥,变裳,裳名也。女主叔姓,赠用茵组⑦,茵,褥。百嬖人官师毕赠⑧,言尽有襚赠也。官师,群士号也。《礼记》曰:"官师一庙。"⑨井利乃藏⑩。藏之于墓所。报哭于大次⑪。报,犹反也。大次,有次，神次也⑫。祥祠□⑬，祝丧罢哭⑭，辞于远人⑮。辞，谢，遣归。为盛姬谥⑯，曰"哀淑人"⑰。恭人短折曰哀⑱。天子丘之⑲，为丘作名。是曰"淑人之丘"⑳。

【注释】

①昧爽：拂晓，天未全明之时。《尚书·太甲上》："先王昧爽丕显，坐以待旦。"

②嬖人：此指穆王宠爱的嫔妃。刘师培云：此嬖人指官中妃妾言，上文"女主即位，嬖人群女倍之"其证也。卷二"封丌嬖臣长季绰于春山之虱"，嬖臣乃司嬖之臣，非"嬖"字之讹。郑杰文云：上文"嬖人"已有注，此处又注，原本必作"嬖女"也。此"嬖女"应指王之姬妾，与下文所言"嬖人"地位不同，故此"嬖女"次于伊扈、叔娙。下文"嬖人"与"官师"并言之。天海案：郭注"所爱幸者"，是。

③赠用文锦明衣九领：赠用，同"赠以"，下文同此。文锦明衣，即锦绣内衣。文锦，锦绣彩纹；明衣，古代死者洁身后所穿的干净内衣；九领，九套。檀萃云：其义犹明器也。陈逢衡云：《太平御览》五百五十二引无"九领"二字。又八百十五引"盛姬之丧，天子使嬖人赠用文锦"。……《礼记·杂记上》"鲁人之赠也"，疏："赠，谓以物送亡人于椁中也。"《荀子·正论》"衣衾三领"，注："三领，三称也。"《左传·闵二年》传"祭服五称"，注："衣单复具曰称"。《后汉书·赵咨传》"衣衾称袭之数"，注："衣单复具曰称。"《白虎通》："崩、薨衣衾三十称，单袷备为一称。"然则"九领"谓九称也。郑杰文云：此"明衣"者，谓祭浴时所用之贴身单衫。《论语·乡党》"齐，必有明衣，布"，皇侃疏："明衣，谓斋浴时所着之衣也。浴竟未燥，未堪着好衣，又不可露肉，故用布为衣，如衫而长身也，着之以待身燥。"（参见清人蔡德晋《袒裼袭说》，载《皇清经解》卷一千三百八十二）此"明衣"王姬所用，故特标

"文锦"以示荣侈。王贻樑云:明衣,《淮南子·兵略训》"设明衣也",高注:"明衣,丧衣也。"领,称也,单复一套即一称。郭侃云:郑杰文观点可从,"赠用文锦明衣",可知明衣为赏赐之物,即祭祀、斋戒时所穿,而非"丧衣",王贻樑观点似误。《荀子·正论》:"太古薄丧,棺厚三寸,衣衾三领。""领"为量词,王天海观点是。天海案:明衣,此指陪葬的贴身内衣。《仪礼·士丧礼》:"明衣裳用布。"贾公彦疏:"下浴讫,先设明衣,故知亲身也。"《论语·乡党》:"齐,必有明衣,布。"何晏集解:"孔曰,以布为沐浴衣。"领,为量词,同"称"。称,上下衣配一套为称。《荀子·正论》"衣衾三领",杨倞注:"三领,三称也。"

④谓之明衣,言神明之衣:郑杰文云:此"明衣"之"明"与"明火""明器"之"明"有别,不当谓之"神明",下文云"变裳""茵组",亦赠之以藏于墓所而前所未着"明衣"可证。天海案:郭璞此注未确。

⑤丧宗伊扈:丧宗,即"丧主"。宗,亦主。檀萃云:对诸侯则称太子,主丧则称名。

⑥赠用变裳:变裳,丧服。郭璞注:"变裳,裳名也。"檀萃云:称变裳者,变化之裳也。陈逢衡云:王赠用衣,太子赠用裳,示不敢同于王也。变更也,言不用衣锦,降于王一等也。郑杰文云:古人衣服,上衣下裳。《仪礼·丧服》"裳内削幅,幅三袧",郑注:"削,犹杀也。……袧者,谓辟两侧,空中央也。祭服、朝服辟积无数。凡裳,前三幅,后四幅。"是下裳共享布七幅。古布幅二尺二寸,缝头一寸,是七幅共一丈四尺,于腰围太大,故要加辟积,此常裳。而丧服从简,故每幅只三处辟积,故孔疏:"幅三袧者……幅皆三辟积。"此之谓变裳。王贻樑云:《穀梁传·昭十五年》:"君在祭乐之中,大夫有变以闻乎?"注:"变,谓死丧。"此变裳亦即丧服,与"明衣"正对。郭侃云:郑杰文、王贻樑观点相近,可从。变裳,

即祭服。天海案：王贻樑之说可参，译文从之。

⑦赠用茵组：茵，垫褥。组，系褥之带。檀萃云：组，绶也。陈逢衡
云：《太平御览》八百九十引："盛姬之丧，叔姺赠用茵组。"郑杰文
云：组，丝带。王贻樑云：此组，当即系茵之带。郭侃云：《说文解
字》卷一："茵，车重席。"《汉书·魏相丙吉传》："此不过污丞相车
茵耳。"颜师古注："茵，蓐也。"《说文解字》卷一三："组，绶属。"

⑧百嬖人官师毕赠：百，这里表概数，众多之义。百嬖人，众多的亲
信侍从。官师，所有的卿士。毕赠，全都有赠送。檀萃云：嬖，应
作"辟"，君也。百辟、诸侯及卿士之人与群士无不赠赗也。陈
逢衡云：嬖，应如字，即上文"使嬖人"是也。若作"辟"，则"人"
字当衍。上文止邢侯、曹侯二国来吊，无所谓百辟也。檀说不可
从。"官师一庙"见《礼·祭法》。刘师培云："百"字当属上语
"女主叔姺赠用茵组"为句，"百"者，茵组之数也。本书卷二云
"黄金之环三五、朱带贝饰三十、工布之四"，又云"又与之黄牛二
六"，又云"食马九百，羊牛三千"，又云"天子乃赐之黄金之罂三
六"。卷四云"黄金之罂二九"，又云"贝带五十"，又云"乃献良
马十驷、用牛三百、守狗九十、牝牛二百"，又云"好献枝斯之石英
四十"，又云"乃献食马四六"。卷五云"天子赐许男骏马十六"。
本卷云"乃陈腥俎十二、乾豆九十、鼎敦壶尊四十"，此作"赠用
茵组百"与彼词例均同。上文"赠用变裳"，下盖缺数词。此"嬖
人"即前"天子使嬖人"之"嬖人"，盖"嬖人之赠"承叔姺言，"官
师之赠"承伊扈言。郑杰文云：官师为周代中士、下士等泛称，
《礼记·祭法》："官师一庙，曰考庙。"郑注："官师，中士、下士、庶
士、府吏之属。"王贻樑云：刘说虽甚辩，然此上天子、伊扈所赠俱
未言数，则叔姺所赠亦当不言数。故"百"字不属上句而在此句
首，表概数。百者，众也。

⑨"官师"几句：天海案：郭注引自《礼记·祭法》："官师一庙。"郑玄

注："官师,中士、下士、庶士,府史之属。"

⑩井利乃藏(zàng):藏,埋藏。郭璞注:"藏之于墓所。"檀萃云:井公利乃纳于圹中也。

⑪报哭于大次:报哭,返回时哀哭。报,反复。郭璞注:"报,犹返也。大次,有次,神次也。"檀萃云:反哭而祭于虞,次中之神次也。陈逢衡云:"大次"见前,盖停丧之所。郑杰文云:报哭,即反哭……古时丧礼:葬毕,丧主归庙而哭。《礼记·檀弓下》:"反哭升堂,反诸其所作也。"孔疏:"谓葬窆讫,反哭升于庙。"天海案:大次为送丧最后一大站,帐中必供有死者神位,故返哭于大次。郭注中,吕本无"有次"二字。翟云升认为注"有次"之"次"疑是衍文。又"大次"注当在前"大次"下。郝懿行认为注中"有次"二字疑衍。此二说是。

⑫神次:郭注此言停留之处供有死者神位,故称"神次"。

⑬祥祠□:祥祠结束。檀萃云:即举小祥之祭者,姬本殇,故以日易月而祥之。天海案:祥祠,古代祭祀名,即"祥祭"。满一年而祭称小祥,满两年而祭称大祥。《礼记·杂记下》:"期之丧,十一月而练,十三月而祥,十五月而禫。"祠,同祀。此处祥祭在下葬后举行,与《礼记》中所载不合,疑为葬后祭祀。此阙文□疑是"毕"字,译文从此。

⑭祝丧罢哭:丧祝号令众人停止哭祭。檀萃云:祝丧,丧祝之官,语倒耳。丧祝于是命众罢哭也。郑杰文云:罢哭,卒哭成事。天海案:丧祝,官名。《周礼》谓春官所属有丧祝,设上士二人、中士二人、下士领先人及府、史、胥、徒等人员。专掌丧葬时指挥行柩及祝号。檀、郑二说是,译文从之。

⑮辞于远人:向来自远方的送丧人辞谢。郭璞注:"辞谢遣归。"

⑯为盛姬谥:为盛姬确定谥号。天海案:谥,古代帝王、后妃、诸侯、大夫、贵族等人死后,依其生前事迹品行加以评判的称号叫"谥"。

⑰哀淑人：哀，为谥号；淑人为盛姬生前封号。洪颐煊云：注"仁"本讹作"人"，从《周书》谥法改正。翟云升云：仁，诸本皆误作"人"，今改正。陈逢衡：仁，本作"人"，从洪本据《周书·谥法》改正。郝懿行云：注中"恭人"二字未详，疑误。天海案：人，本可通"仁"，无须改。《荀子·修身》："体恭敬而心忠信，术礼义而情爱人。"王引之云："人，读为仁。古字'仁'与'人'通，此'人'字即仁爱之'仁'，非'节用爱人'之'人'。"

⑱恭人短折曰哀：即性情恭仁、寿命短而夭折，叫"哀"。天海案：郭璞此注参见《逸周书》卷六《谥法解》。

⑲天子丘之：穆天子为丘命名。丘之，为此丘命名。檀萃云："天子丘人"者，以人名丘为"丘人"也，讳言陵，但丘之。洪颐煊云：名之，本讹作"丘人"，从《太平御览》五十三引改。孙同元云"名之"当作"丘之"，与上文"天子丘之"为一例。翟云升云：《太平御览》五十三作"天子名之"，似是。或如前作"天子丘之"。天海案："之"原文作"人"，洪校本改作"名之"。然据本卷上文6.1节"天子丘之"例，"人"当为"之"字之讹，此据改。

⑳是曰"淑人之丘"：淑人，洪本作"哀淑"。洪颐煊云：今本作"淑人"，从《太平御览》五十三引改。陈逢衡云：此盖表墓地为"淑人之丘"也。王贻樑云：此作"淑人之丘"是。又，盛姬丧仪至此而毕，综而观之，有不少是与三《礼》及其他文献不合或无征的。此中的内容给后世留下了研究、探索的充分余地。旧时因被视为"不典"而颇遭冷遇，研究礼制文著虽多如瀚海，而《穆传》却只一匙而已。然真正理论起来，《穆传》的成书，至少也与三《礼》中的《周礼》差不多，而比《礼记》（大、小戴）要早得多。故忽视《穆传》这方面的价值，实在是很可惜、很不应该的。

【译文】

第二天拂晓，穆天子命宠妃赠送锦绣内衣九套，丧主伊扈赠送丧服，女丧主叔娙赠送褥垫、系绳，众宠妃、卿士都有赠献丧礼，由井利埋藏在墓室中。众人返回大帐哭泣，最后举行祥祀，丧祝于是命众人停止哀哭，并向远方来宾辞谢。又为盛姬取了谥号称为"哀淑人"，穆天子便为此丘命名，叫"淑人丘"。

6.12

乙丑①，天子东征②，舍于五鹿③。叔娙思哭④，思哭盛姬。是曰"女娙之丘"⑤。因以名五鹿也。

丁卯⑥，天子东征，钓于漯水⑦，以祭淑人⑧，是曰"祭丘"⑨。

己巳⑩，天子东征，食马于漯水之上⑪。乃鼓之棘⑫，是曰"马主"⑬。未详所云。

癸酉⑭，天子南征⑮，至于菹台⑯。

仲冬甲戌⑰，天子西征⑱，至于因氏⑲。国名。天子乃钓于河⑳，以观姑繇之水㉑。姑繇，大木也。《山海经》云："寻木长千里，生海边。"㉒谓此木类。

【注释】

①乙丑：此距前"壬戌"三日。

②天子东征：穆天子向东返回。

③舍于五鹿：五鹿，地名。此非《水经注》中今河北大名之五鹿，而在今河南濮阳东。参见本卷6.1节注⑮。郑杰文云：于，《太平御览》卷五十三引作"乎"。天海案：《太平御览》所引误，作"于"是。

④叔娙思哭：叔娙因思念盛姬而哭。郭璞注："思哭盛姬。"檀萃云：谓思想盛姬而哭之。郑杰文云：思，《太平御览》卷五十三引作"且"。

⑤是曰女娙之丘：由此命名为女娙丘。郭璞注："因以名五鹿也。"

天海案:将五鹿改名为"女娃之丘"。

⑥丁卯:此距前"乙丑"二日。

⑦天子东征,钓于漯(tà)水:洪颐煊云:《水经·漯水注》《太平御览》一百六十引"天子"下俱有"自五鹿"三字。陈逢衡云:洪云《水经·漯水注》《太平御览》一百六十引"天子"下俱有"自五鹿"三字。衡案,此盖引书者截入之语,不必本文如是也。天海案:漯水,水名。参见本卷6.2节注①。上文6.2节"天子饮于漯水之上",郭注云:"漯水,今济阴漯阴县。音沓。"

⑧以祭淑人:由此祭奠淑人。淑人,盛姬生前封号。檀萃云:举鱼菽祭礼,略也。陈逢衡云:此盖因食鱼而美,思盛姬,故有是祭,犹之荐鲜云尔。

⑨是曰祭丘:因此命名为"祭丘"。

⑩己巳:此距前"丁卯"二日。

⑪食(sì)马于漯水之上:檀萃云:食,同"饲",饲八骏也。陈逢衡云:食马,秣马也,或曰当是饮马于漯水之上,犹第一卷"饮马于枝洔之中也",盖"食"旁脱"欠"字耳,义甚合。天海案:食马,饲马、饮马。食,亦有吃、喝、饮水之义,不必曲解为"食"旁脱"欠"字。

⑫乃鼓之棘:鼓,吕本作"树"。檀萃云:徒击鼓谓之咢。棘,急也,亟也。鼓之急者所谓咢也。以丧,故不奏广乐,但咢之且不歌也。洪颐煊云:鼓,疑是"树"字之讹。陈逢衡云:"鼓"定是"树"字,以音相近而误也。棘,小枣。孙诒让云:《说文·木部》"树"籀文作𣟄,𣟄与"鼓"形相近,故误。郑杰文云:棘,酸枣树,丛生。《方言》卷三:"凡草木棘人……自关而西谓之刺,江湘之间谓之棘。"此谓树棘为篱笆以养马,示不再远游,所谓"放马南山"者也。王贻樑云:孙说是。《汗简》《古文四声韵》收《尚书》"树"字,古文作𣟄,即与"鼓"形近。天海案:鼓,籀文作𢻻;树,籀文作𣟄;此"鼓"字当为"树"之形误。棘,丛生的小枣树,即酸枣树。《诗·魏

风·园有桃》:"园有棘,其实之食。"毛传:"棘,枣也。"此言"乃鼓之棘",当作"乃树之棘",如郑说"树棘为篱笆"以驻马,即作马圈。参见下文"马主"注释。

⑬是曰马主:马主,郭璞注:"未详所云。"檀萃云:"马主"者,马步冬所祭也,盖祭马步于漻上而鼓之,以禳马灾,曰"马主之丘"。陈逢衡云:马主,"主"乃"丘"之讹,檀说附会。郝懿行云:上文俱云某止,疑"马主"即"马止"字形之讹也。郑杰文云:诸说俱未得。"主"乃业(㞢)之形讹。㞢,籀文作业;主,籀文作坣。形近易讹。㞢,《说文》:"出也,象草过中,枝茎益大,有所之。一者,地也。"此传之"出",即树棘于地。马㞢,即棘丛围成的马栏圈。天海案:"是曰马主"即"此名曰驻马"。主,与"驻"通,作驻扎、停留、居住解。《说文解字》:"驻,马立也。从马、主声。"《史记·孔子世家》:"孔子至陈,主于司城贞子家。"主,于此正作"居住"解。诸说皆未得。

⑭癸酉:此距前"己巳"四日。

⑮天子南征:穆天子由此转向南行。

⑯菹台:地名。参见6.1节注⑦。

⑰仲冬甲戌:仲冬,十一月。甲戌,此距前"癸酉"一日。檀本无"仲冬"二字。陈逢衡云:檀本无"仲冬"二字为是。

⑱天子西征:穆天子向西前行。

⑲因氏:国名。具体未详,或在五鹿之南,靠近黄河。郭璞注:"国名。"

⑳天子乃钓于河:穆天子就在黄河边垂钓。

㉑以观姑繇之水:檀萃云:繇,音遥。《山海经》作"榣"。槐江之山阴多榣,木之有若榣木,大木也,其上复生若木,乃木之奇灵者。想三代之时中原气盛亦有此木,犹如河图之书,未可以后世不见并遗之。洪颐煊云:《太平御览》八百八十三引无"以"字。《说文》云:"檓,昆仑河隅之长木也。"字本从木。陈逢衡云:《御览》

八百三十四、九百六十一引俱有"以"字。又案,《御览》八百八十三《鬼部》无此条。郑杰文云:《山海经·海外北经》言"寻木"。此"姑繇之木"疑与嫦娥神话有关,亦属泰山神话系统。王贻樑云:此木盖长大之木,具体不明,为可能有些神话因素在内。天海案:本卷上文6.8节有"姑繇之水",丁谦认为:姑繇水在重璧台旁。下节言"钓于河,观姑繇水",知此水为北流入河之小涧。可见此"木"或"水"之讹。古人有"观山""观水"之说,未闻"观木"之谈。《论语·雍也篇》子曰:"知者乐水,仁者乐山;知者动,仁者静;知者乐,仁者寿。"《荀子·宥坐》:"孔子观于东流之水。子贡问于孔子曰:君子之所以见大水必观焉者,是何?"上言"天子乃钓于河",此"姑繇之水"乃黄河一支流,故穆天子必观之。因此,原文"姑繇之木"据上文径改为"姑繇之水"。郭注以为"姑繇之木",可见注时《穆传》原文已误。

㉒ "姑繇"几句:洪颐煊云:注"河边"本讹作"海边",从《太平御览》八百三十四引改。陈逢衡云:《海外北经》:"寻木长千里,在拘缨南,生河上西北。"此郭所引也。千里,"千"字误,世未有如此长木,当作"十里",夫所谓十里者,非谓一木,言此大木丛生,联接长至十里也。天海案:今《海外北经》云:"寻木长千里,生河上西北。"故洪校本改郭注"海边"为"河边"。又,"长千里"者,形容此木沿河生长,绵延千里之广。又,郭注"姑繇"为"大木",颇疑其注此传时所见"姑繇之水"已讹为"姑繇之木",故有此注。

【译文】

乙丑这一天,穆天子东行,留宿在五鹿。叔姬思念盛姬而哭,穆天子便把五鹿叫"女姬丘"。

丁卯这一天,穆天子又向东行,在漯水钓鱼,并祭奠淑人盛姬,便把那里叫"祭丘"。

己巳这一天,穆天子继续东行,在漯水边饮马,又在那里栽上枣树,便把那里叫"驻马"。

　　癸酉这一天,穆天子南行,到达蒩台。

　　十一月甲戌这一天,穆天子向西行,到达因氏。穆天子就在河边垂钓,并观赏姑繇河水。

　　6.13

　　丁丑①,天子北征②。

　　戊寅③,舍于河上④,乃致父兄子弟、王臣姬□⑤,祥祠毕哭⑥,上云"王臣姬姓之女",疑此亦同也。终丧于罶氏⑦。服阕⑧。

　　己卯⑨,天子西济于河⑩,罶氏之遂⑪。

　　庚辰⑫,舍于茅尺⑬,地名。于是禋祀除丧,始乐⑭,素服而归⑮,哀未忘也。是曰素氏⑯。天子遂西南⑰。

　　癸未⑱,至于野王⑲。今河内县。

【注释】

①丁丑:此距前"甲戌"三日。

②天子北征:穆天子由此北行。

③戊寅:此距前"丁丑"一日。

④舍于河上:留宿在黄河边上。

⑤乃致父兄子弟、王臣姬□:致,招致、召集。姬□,此阙文疑是"姓之女"三字。郭璞注:上云"王臣姬姓之女",疑此亦同也。陈逢衡云:按注义,空方当作"姓"。天海案:致,招来。《史记·魏公子列传》:"致食客三千人。""王臣姬□"译文从郭注,补作"王臣姬姓之女"。

⑥祥祠毕哭:祥祭完成后结束哀哭。檀萃云:大祥之祭,卒哭终丧也。洪颐煊云:祠,本作"祀",从《道藏》本改。郝懿行云:上文

已有"祥祠",此"祀"亦当为"祠"也。陈逢衡云：夫所谓"祥祠"者，盖既葬则不用殇祀，故曰"祥祠"。祠，亦祭名，前"祥祠"为远人，此"祥祠"但父兄亲族。前但"丧祝罢哭"，此则王与亲族皆罢哭也，故曰"毕哭"。毕，止也。郑杰文云：毕哭，即卒哭。《礼记·丧服大记》："君既葬，王政于入国，既卒哭。"天海案：毕哭，结束哀哭。祥祠，《道藏》本同，即祥祭，参见上文6.11节注⑬。

⑦终丧于嚣（áo）氏：终丧，结束丧事。嚣氏，部族名。嚣，与"敖"通。丁谦云：嚣氏，考《史记·殷本纪》"仲丁迁于隞"，索隐："隞，亦作嚣。"《水经注》："济水（此北济水）东迳敖山东。"敖山在今汜水县东北，即嚣氏所居地。王贻樑云：仲丁所迁隞地在今河南荥阳东北，黄河南岸，与下文"西济于河"亦合，与上文穆王由五鹿、漯水南方亦相合。"嚣"与"敖"可通。《穆传》嚣氏盖即敖氏。天海案：嚣，亦作"嚻（áo）"，通"敖"，古地名。考《尚书·仲丁序》"仲丁迁于嚻，作《仲丁》"，孔传："嚻，地名。"《水经注·济水》："济水又东迳敖山北，《诗》所谓'薄狩于敖'者也。其山上有城，即殷帝仲丁之所迁也。皇甫谧《帝王世纪》曰'仲丁自亳徙嚣于河上'者也，或曰敖矣。秦置仓于其中，故亦曰敖仓城也。"据上可知，"嚣"与"敖"通，本为地名，后亦成为以地为氏的部族名。

⑧服阕：守丧期满除服。阕，终了。郑杰文云：《仪礼·丧服》："大夫以上为庶母无服。"伊扈系太子，盛姬是其庶母，故无服。天海案：古代丧礼规定，父母死后，服丧三年，期满除服，称"服阕"。此言"终丧"，未必除服，郭璞此注似未妥。

⑨己卯：此距前"戊寅"一日。

⑩天子西济于河：穆天子向西渡过黄河。

⑪嚣氏之遂：遂，远郊。檀萃云：遂，同"隧"，路也。洪颐煊云："嚣"上当有脱字。"遂"是"隧"字之省。陈逢衡云：此当云"升于嚣

氏之遂"。郝懿行云:"遂"或"隧"字之脱文,但篇中"隧"俱作
"队",疑未敢定。郑杰文云:遂,通"隧",指山间交通隧道。天海
案:此"遂"与"隧""队"不同,诸说皆不当。《尚书·费誓》:"鲁
人三郊三遂,峙乃桢干。"蔡沈集传:"国外曰郊,郊外曰遂。"《礼
记·王制》"不变,移之遂,如初礼",郑玄注:"远郊之外曰遂。"

⑫庚辰:此距前"己卯"一日。

⑬舍于茅尺:在茅尺留宿。茅尺,古代地名。大约在今山西平陆一
带。具体未详。陈逢衡云:茅尺,疑茅氏之说。丁谦云:茅尺,今平
陆县东茅津镇。天海案:"舍于"上当有"天子"二字,译文据补。

⑭于是禋(yīn)祀除丧,始乐:禋祀,古代祭天的一种礼仪。也泛指
祭祀。檀萃云:禋祀奏乐,犹素服归者,哀未忘也。郑杰文云:禋
祀,此泛指祭祀。……始乐,古者居丧不乐。《礼记·曲乐下》:
"居丧不言乐。"又曰:"复常,读乐章。"孔疏:"复常,谓大祥除服
之后也。"天海案:禋祀,古代祭天的一种礼仪。先燔柴升烟再加
牲体或玉帛于柴上焚烧。意为让天帝嗅味以享祭。《左传·隐公
十一年》:"吾子孙其覆亡之不暇,而况能禋祀许乎!"除丧,古代
丧礼之一。由着丧服改着吉服,或由着重丧服改着轻丧服。《礼
记·丧服小记》:"故期而祭,礼也。期而除丧,道也。祭不为除
丧也。"孙希旦集解:"期而除丧者,谓练而男子除首绖,妇人除要
带,祥而总除衰杖也。"下文言"素服而归",此除丧必为除去重丧
服,换上轻丧服。

⑮素服而归:换上白色轻丧服回去。郑杰文云:归,当归宗周洛邑。
天海案:素服,本色或白色衣服,居丧时所穿的轻丧服。

⑯是曰素氏:穆王赐姓居于茅尺的人为"素氏"。

⑰天子遂西南:穆天子于是就向西南方向行进。

⑱癸未:此距前"庚辰"三日。

⑲至于野王:野王,古代地名。春秋时属晋,战国时属韩,汉时置县,

属河内郡。地在今河南沁阳市一带。天海案："至于"上当有"天子"二字,译文据补。

【译文】

丁丑这一天,穆天子向北前行。

戊寅这一天,住在黄河岸边,又召集父兄子弟、王臣姬姓之女举行祭祀,结束哀哭,在蠹氏终止丧事。

己卯这一天,穆天子向西渡过黄河,那里是蠹氏的远郊。

庚辰这一天,穆天子留宿在茅尺,于是又举行禋祀,除去重丧服后才开始高兴一些。换上白色轻丧服起程回去,便赐茅尺的人姓"素氏"。穆天子于是向西南方向前进。

癸未这一天,到达野王。

6.14

甲申①,天子北升于大北之隥②,疑此太行山也。而降休于两柏之下③。有两柏也。

天子永念伤心④,乃思淑人盛姬⑤,于是流涕⑥。七萃之士蒉豫上谏于天子⑦,曰:"自古有死有生⑧,岂独淑人⑨?天子不乐,出于永思⑩。永思有益⑪,莫忘其新⑫。言思之有益者,莫忘更求新人。"天子哀之,乃又流涕⑬。闻此言愈更增感也。是日辍未已⑭。

【注释】

①甲申:此距前"癸未"一日。

②天子北升于大北之隥(dèng):郭璞注:"疑此太行山也。"陈逢衡云:《太平御览》九百五十四引"升"上无"北"字,引作"升于北太行山"。吕调阳云:"北升"为"北行"之讹。丁谦云:大北之

隥，当是井陉以北之山，故下文"西绝钘隥，以归南郑"。王贻樑
云：郭注是。此乃太行山脉中一山也。天海案：此距前仅一日，且
野王在今河南沁阳境内，此大北之隥当在黄河北岸太行山麓。王
贻樑说可参。

③而降休于两柏之下：降休，此指下山休息。两柏，或因有两大柏树
　而取名。郭璞注："有两柏也。"陈逢衡云：《御览》九百五十四引
　作"有两树也"。

④永念：念念不忘。《书·大诰》："予永念曰：天维丧殷，若穑夫，予
　曷敢不终朕亩。"

⑤乃思淑人盛姬：仍然怀念淑人盛姬。

⑥于是流涕：因此而流泪。

⑦蒌（yāo）豫：人名。穆王禁军卫士。上谏于天子：檀萃云："上谏"
　者，上谏书也。

⑧自古有死有生：洪颐煊云：《文选·缪熙伯〈挽歌诗〉》注引"死"
　下无"有"字。陈逢衡云：洪衡案，江文通《恨赋》注"七萃之士，
　古有死生"所引有脱字。郝懿行云：李善注缪袭《挽歌诗》引此
　文作"自古有死生"。郑杰文云：有死有生，《文选·缪熙伯〈挽
　歌诗〉》李善注引作"有死生"。

⑨岂独淑人：难道只是淑人会去世吗？

⑩永思：同"永念"，念念不忘。

⑪永思有益：念念不忘也有好处。

⑫莫忘其新：郭璞注："言思之有益者，莫忘更求新人。"檀萃云：以
　"新"叶"人"。皆韵语也。当时七萃之士每进谠言，所谓侍御左
　右，无非正人也。陈逢衡云：莫忘其新，盖蒌豫反其语以谏王，恐
　王之内作色荒而更置后宫也。郭注"莫忘更求新人"似误会蒌豫
　语意。郑杰文云：唐本载钟惺评曰："凄清确似《白头吟》。"按，
　《白头吟》，乐府楚调曲名。《西京杂记》（卷三）："司马相如将聘茂

陵人女为妾,卓文君作《白头吟》以自绝,相如乃止。"其调凄清。

⑬天子哀之,乃又流涕:郭璞注:"闻此言,愈更增感也。"陈逢衡云:董斯、张广《博物志·后妃类》于此二句后又引《穆天子传》"盛姬卒,王改其族为痛氏",盖本于《路史·高辛氏纪》下注,然《路史》注不云《穆天子传》也。

⑭是日辍未已:这一天穆天子仍然忧伤不止。檀萃云:辍,止也。洪颐煊云:"乙酉"上本有"己未"二字,从《水经·汾水注》引删。翟云升云:二字疑衍文。郝懿行云:"己未""乙酉"相去二十七日,疑"己未"之下有脱文。吕调阳云:此二字疑本是"乐"字。郑杰文云:按,辍、敠古通。《说文》:"辍,从车,敠声。"音同,故可通。天海案:辍,本义为停止,于此或通"惙"。意即忧愁。《庄子·秋水》:"孔子游于匡,宋人围之数匝,而弦歌不惙。"《经典释文》"本又作辍",据此,"辍"或与"惙"通。未已,原文作"己未",洪校本删此二字。愚意此二字当是"未已"错互,现乙正,且与"辍"连文,即忧愁不止。

【译文】

甲申这一天,穆天子向北登上了大北岭,下山时在两棵柏树下休息。

穆天子因长久的思念而伤心,乃是想起了淑人盛姬,于是流下泪来。侍卫蔓豫上书劝谏穆天子说:"人生自古以来就有死有生,难道只是淑人会去世吗?天子不快乐,是出于长久的怀念。长久怀念虽有好处,但是也不要忘记还有新人。"穆天子听了此话倍感哀痛,于是又流下泪来。这一天穆天子忧愁不止。

6.15

乙酉①,天子西绝钘隥②。即钘山之坂。一云:"癸巳游于井钘之山,吉日癸巳。"③乃遂西南④。

戊子⑤，至于盬⑥。盬，盬池，今在河东解县。盬音古⑦。

己丑⑧，天子南登于薄山寘轹之隥⑨。今轹桥西南悬绝，中央有两道⑩。乃宿于虞⑪。虞，国名，今大阳县⑫。

庚寅⑬，天子南征⑭。

吉日辛卯⑮，天子入于南郑⑯。

【注释】

①乙酉：此距前"甲申"一日。

②西绝钘隥：向西穿越钘隥山。钘隥，山名。大约在今太行山脉范围内。郑杰文云：隥，《水经·汾水注》引作"蹬"。旧注："即钘山之坂。"按，《水经·汾水注》曰："天井水出东陉山西南，北有长岭，岭上东西有通道，即钘隥也。"是此"钘隥"之"钘"指东陉山（钘、陉古通），非前所言今井陉县之钘山。据此，钘隥在今山西临汾。王贻樑云：此钘隥当非卷一之井陉，而当是太行山脉中另一陉，距盬三日程。郝云即今山西翼城县东乌岭山，于地望、日程俱近之，可参。天海案：此钘隥必非卷一之井陉山，此据前野王仅二日程，如何远至千里之外的井陉？《水经注》卷六："天井水出东陉山西南，北有长岭，岭上东西有通道，即钘隥也。"下即引本传此文。今山西晋城南有天井关，距河南沁阳约一日之程。其西有析城山，距天井亦一日之程，距盬池正三日之程，钘隥或即此山。

③"即钘山之坂"几句：檀萃云：郭引别本，然错乱不明，以存于注中以示其慎也。洪颐煊云：注"一云癸巳"以下亦校者语，"吉日癸巳"四字是坛山刻石文，不知何以误附在此。翟云升云："一云"以下言别本"西绝钘隥"之下又有此文也。"吉日癸巳"上当有"铭迹"等字。陈逢衡云：郭注"吉日癸巳"，此非校者之语。郝懿行云："吉日癸巳"四字疑误衍。王贻樑云：郭注凌乱。察其意，

盖亦引《集古录》之《图经》所云，只是有残缺而已。但彼载与本传显然不合，殊不可取。郑杰文云：按，此当旧注者校语，当系一本作"癸巳……之山"，一本"癸巳"前又有"吉日"二字。《穆传》出土后即有不同隶定本，见后《〈穆天子传〉考论》。又，翟曰：《集古录》："《周穆王刻石》曰'吉日癸巳'，在今赞黄坛山上。《穆天子传》云'穆天子登赞黄以望临城'，置坛此山，遂以为名。癸巳，志其日也。《图经》所载如此。"按，《图经》谓刻石在坛山，是坛山即井铚山也。"《穆天子传》云"者，非引《穆天子传》之文，言此刻石见《穆天子传》所云耳。于此知《图经》所据者正别本矣。

④ 乃遂西南：仍然向西南方向前进。

⑤ 戊子：此距前"乙酉"三日。

⑥ 至于盬（gǔ）：唐本引郭璞注文为："盬，音古。盬池今在河南解县。"洪颐煊云：盬，《水经·汾水注》程氏本俱讹作"鹽"（盐）。郝懿行云：盬，明藏经本作"塩"，并俗字也。……《水经》："河水东过大阳县南。"注引"至于塩"作"天子自盬"。天海案：盬，本书（范本）原文与郭注皆误作"鹽"（盐），《道藏》本原文与郭注皆作"塩"。塩（yán），古文"鹽"（盐）字，洪校本改作"盬"。盬，是没有经过熬制的颗粒盐。《史记·货殖列传》"猗顿用盬盐起"，司马贞索隐："盬，谓出盐，直用不炼也。"盬，又为古代盐池名。《广韵》引本传"戊子至于盬"注曰："盬，盐池。"在2021年，山西运城新建了一条步行街，这条街道就取名叫盬街。据此原文作"至于盬"无疑，郭璞注文亦讹作"鹽"（盐），此据改。也有人说，这个"盬"字是过去专门为运城盐池而造的。

⑦ "盬"几句：天海案：此郭注中三"盬"字原误作"鹽"（盐）字，传抄之误。只有"盬"才读作古（gǔ）。郭注"鹽，音古"，应是抄书者把"盬"字视作"鹽"字。盬，亦古盐池名。字又作"塩"，古文同"鹽"。河东解县，汉置，当今山西运城、临猗、永济一带。此

盐池，即今山西运城之解池，以产石盐，故又名盐池。据《康熙字典》解释河东盐池，袤五十一里，广七里，周行十六里。《左传·成公六年》："必居郇瑕氏之地，沃饶而近盬。"注："郇瑕，古国名，在河东解县。盬，盐也。猗氏县盐池是。"《周礼·天官·盐人》："凡齐事，鬻盬以待戒令。"疏："盬出于盐池，今之颗盐是也。"《史记·货殖列传》："猗顿用盬盐起。"司马贞索隐："盬，谓出盐，直用不练也。"一说盬盐，河东大盬。散盐，东海煮水为盐。

⑧己丑：此距前"戊子"一日。

⑨薄山寞轮之隥：薄山，山名。即今山西与河南交界处之中条山。寞轮，地名。即颠轮坂。地在今山西平陆东北七十里处。参见本书卷五5.14节注⑪。洪颐煊云：《北堂书钞》十六引"祭于冥轮之郑"，疑此讹文。《水经·河水注》引无"山"字。陈逢衡云：洪云："《北堂书钞》十六引'祭于冥轮之郑'，疑此讹文。"衡案，"祭"盖"登"字之误，"郑"盖"隥"字之误。丁谦云：薄山，在盐池南。考《水经注》云"盐池水出东南薄山"，又云"永乐涧水北出薄山，南流入于河"。永乐涧在今芮城县西南永乐镇地。薄山南即寞轮坂。王贻樑云：在今山西永济县南，即今中条山。郭璞注："今铃桥西南悬绝，中央有两道。"檀萃云：寞，音颠。《左传》作"颠铃"，杜预注曰："颠铃，虞邑，河东太阳县东北有颠铃坂。"今在平陆县东七十里。郑杰文云：《水经·河水四》注："（沙涧水）北出虞山，东南迳傅岩……孔安国传'傅说隐于虞虢之间'，即此处也。傅岩东北十余里，即颠轮坂也。……有东西绝涧，左右幽空，穷深地壑中，则筑以成道，指南北之路，谓之轮桥也。"颠轮坂，即寞轮之隥（颠、寞古通），在今山西平陆东。王贻樑云：此寞轮之隥即《左传·僖二年》传之"颠铃坂"，亦名虞坂。杨伯峻《春秋左传注》云："今平陆县东北有虞坂者，即古之颠铃坂，为中条山冲要途径。《太平寰宇记》谓晋假虞之道，即此路。"甚是。

⑩今轮桥西南悬绝,中央有两道:郝懿行云:《水经注》又云:"巅轮有东西绝涧,左右幽空,穷深地壑中,则筑以成道,指南北之路谓之为轮桥也。"以校此注"西南"当为"东西"。天海案:郝懿行说是。

⑪乃宿于虞:虞,国名。西周姬姓诸侯小国,周武王始封古公亶父之子虞仲之后于此。春秋时晋假道于虞灭虢,返回时又灭虞,即此国。地在今山西平陆境内。郭璞注:"虞,国名,今太阳县。"

⑫"虞"几句:大阳县,周武王封虞仲为虞国,春秋时为晋大阳邑,以在大河之阳(黄河之北),故名。汉置大阳县,属河东郡,晋因之。故址在今山西平陆西南。天海案:大阳,郭注原文作"太阳",此径改。

⑬庚寅:郑杰文云:寅,明诸本作"申",误。"庚寅"上"己丑"之次日。天海案:洪校本改作"庚寅",檀萃、陈逢衡、郑杰文、王贻樑皆从之。若依原文作"庚申",则距前三十四日,此"庚寅"距前"己丑"只一日,与传文合,作"庚寅"是,此据改,译文从之。

⑭辛卯:此距前"庚寅"一日。

⑮天子入于南郑:天海案:本书卷四、卷五与本卷末,皆言穆天子入于南郑。

【译文】

乙酉这一天,穆天子向西越过钘隥,就又向西南方行进。

戊子这一天,到达盐池。

己丑这一天,穆天子向南登上了薄山,越过了窴岭坡,就住宿在虞国。

庚寅这一天,穆天子南行。

辛卯这一天是吉日,穆天子回到别都南郑。

附录:《穆天子传》序

1.晋 荀勖序

侍中　中书监　光禄大夫　济北侯　臣荀勖撰①

序:古文《穆天子传》者,太康二年汲县民不准盗发古冢所得书也②。皆竹简素丝编③。以臣勖前所考定古尺度,其简长二尺四寸,以墨书④,一简四十字。汲者,战国时魏地也。案所得《纪年》⑤,盖魏惠成王子今王之冢也⑥。于《世本》盖襄王也⑦。案《史记·六国年表》⑧,自今王二十一年至秦始皇三十四年燔书之岁八十六年⑨,及至太康二年初得此书,凡五百七十九年⑩。其书言周穆王游行之事。《春秋左氏传》曰⑪:"穆王欲肆其心,周行于天下,将皆使有车辙马迹焉。"此书所载,则其事也。王好巡狩⑫,得盗骊、騄耳之乘⑬,造父为御⑭,以观四荒⑮。北绝流沙⑯,西登昆仑⑰,见西王母⑱,与《太史公记》同⑲。汲郡收书不谨⑳,多毁落残缺。虽其言不典,皆是古书,颇可观览。谨以二尺黄纸写上㉑,请事平,以本简书及所新写㉒,并付秘书缮写㉓,藏之中经㉔,副在三阁㉕。谨序。

【注释】

①侍中：三国魏、西晋置为门下之侍中省长官，员四人（加官无定员），三品、秩千石，常侍卫皇帝左右，管理门下众事，侍奉生活起居，出行则护驾；与门下其他官员同掌顾问应对，拾遗补阙，谏诤纠察，傧相威仪，平议尚书奏事，有异议得驳奏。或加予宰相、尚书等高级官员，令其出入殿省，入宫议政。中书监：古代职官名，为中书省的长官。曹魏文帝曹丕始置，与中书令职务相等而位次略高，分尚书台之权，是曹魏加强中央集权的新措施。光禄大夫：汉改郎中令为光禄勋，改中大夫为光禄大夫，秩为比二千石，员额无定，掌论议应对，在诸大夫中地位最尊，及至东汉，因权臣不复冠此衔，渐成闲散之职。魏、晋以后，作为加官与褒赠之官。晋于光禄大夫之外，又添置左右光禄大夫。济北侯：侯爵名，封地在山东济北地区。荀勖（xù）（？—289）：字公曾。颍川颍阴（今河南许昌）人。三国至西晋时音律学家、文学家、藏书家。西晋建立初年，荀勖历任中书监、侍中、尚书令等官职，受封济北郡侯。西晋太康二年（281），汲冢发现"竹书"，荀勖对竹书的整理解读卓有贡献。太康十年（289）病逝。

②太康二年：281年。太康，是西晋开国皇帝武帝司马炎的第三个年号。晋武帝在位时的年号叫"太康"，史称"太康之治"。时间为280—289年。天海案：关于汲冢竹书的出土时间，在《晋书》中就有不同的记载。应该以荀勖此言为准。汲县：县名。三国时期，属曹魏朝歌郡。西晋泰始二年（266），设汲郡，郡治汲城。辖汲县、朝歌、共县、获嘉。王贻樑云："晋汲地在今河南汲县西南。"天海案：《晋书》云出土地点皆为汲郡，《序》中言为汲县，应是汲郡汲县，在今河南卫辉。不（fǒu）准：人名。不，或读 biāo。清人张自烈《正字通》云："不姓之'不'，转注古音，音彪。"

③素丝：本色的丝，白丝。此指白色丝绳。

④简长二尺四寸,以墨书:竹片制作的称竹牍或竹简,木制称木牍。均用毛笔墨书。册的长度,如写诏书律令的长三尺(约今67.5cm),抄写经书的长二尺四寸(约今56cm),民间写书信的长一尺(约今23cm),因此人们又称信为"尺牍"。墨书,用黑漆书写。《说文解字》:"墨,书墨也。"顾实云:《左传》后序正义引王隐《晋书·束皙传》云"竹书漆字",今《晋书·束皙传》亦云:"漆书,盖古者墨书即漆书也。"王贻樑引陈梦家《汉简缀述》:"出土战国至西晋竹木简,地无分南北,全是墨书,荀氏据目验所述是正确的。"

⑤《纪年》:即《竹书纪年》。与《穆天子传》同时从汲冢出土。

⑥魏惠成王:即魏惠王(前400—前319),后称梁惠王,姬姓,魏氏,名罃(《战国策》作"婴")。魏武侯之子。魏国第三代国君。前370—前319年在位。魏惠成王子:即魏襄王(?—前296),名嗣,一名赫,战国时期魏国第四任国君,前318年即位为君,前296年去世,其子昭王即位。今王:洪颐煊云:令王,从《史记·魏世家》集解引《纪年》改作"今王"。顾实云:《魏世家》集解引荀勖曰:"和峤云:《纪年》起自黄帝,终于魏之今王,今王者魏惠成王子。"抑且杜预《左传》后序曰:"古书《纪年》篇,特不称谥,谓之今王。"皆当作"今王"之证。天海案:范本原文作"令王",此从洪校、诸说改。

⑦《世本》:世本又称作世、世系、世纪、世牒、牒记、谱牒等,是古代谱牒。"世"是指世系,"本"则表示起源。据说是由先秦时期(亦有说汉代)史官修撰的,记载从黄帝到春秋时期的帝王、诸侯、卿大夫的世系和氏姓,也记载帝王的都邑、制作、谥法等。司马迁《史记》、韦昭《国语注》、杜预《春秋经传集解》、司马贞《史记索隐》、张守节《史记正义》、林宝《元和姓纂》和郑樵《通志》,都曾引用和参考《世本》书中内容。全书可分《帝系》《王侯世》

《卿大夫世》《氏族》《作篇》和《居篇》及《谥法》等十五篇。《汉书·艺文志》记载《世本》十五篇，根据清时经史学家孙星衍的推断，这是由刘向整理时所分。《世本》的古本可能在北宋时期就已经散佚，以清雷学淇二卷本与茆泮林六卷本辑本最好，商务印书馆在1957年将古辑本合为《世本八种》。襄王：即魏襄王。参见上注⑤魏惠成王子。

⑧《史记·六国年表》：见于司马迁《史记》卷十五。是十表中的其中一篇，记述前104—前91年关于战国七雄中被秦灭掉的六国所发生的大事年表。

⑨今王二十一年：魏襄王二十一年，即前298年。秦始皇三十四年：即前213年。

⑩至太康二年初得此书，凡五百七十九年：由于《穆天子传》与《竹书纪年》同出于魏襄王墓，故而根据《竹书纪年》记载的年份可以推测《穆天子传》成书及埋入的时间。出土时间应为太康二年，即281年。埋入时间为魏襄王薨年，即前296年。共577年，并非579年。579年可能是西晋人根据司马迁《史记》排列的年表推算的。而《史记·赵世家》却提到穆王见西王母"乐之忘归"这样的细节，看来是参考了先秦转述其事的其他材料。

⑪《春秋左氏传》：即《左传》，为春秋时期左丘明所著，近人亦认为是战国时人所编，是我国古代一部叙事完备的编年体史书，原名为《左氏春秋》，汉代改称《春秋左氏传》《春秋内传》《左氏》，汉朝以后多称《左传》。它是儒家重要经典之一，是历代儒家学子重要的研习史书，与《公羊传》《穀梁传》合称"春秋三传"。所引见于《左传·昭公十二年》："昔穆王欲肆其心，周行天下，将皆必有车辙马迹焉。"

⑫巡狩：底本原作"巡守"，此据《道藏》本径改。

⑬盗骊、骠耳：穆天子的骏马名。盗骊，纯黑色的马。绿耳，青黄色

的马。见《穆天子传》卷一正文。《史记·赵世家》:"造父幸于周
穆王。造父取骥之乘匹,与桃林盗骊、骅骝、騄耳,献之穆王。"并
四曰"乘",并两曰"匹"。造父挑选了八匹骏马,还有桃林之地
的良马,献给穆王。

⑭造父:嬴姓,赵氏始祖。造父祖先伯益为白帝少昊裔孙,伯益被帝
舜赐姓嬴,造父为伯益的十四世孙。周穆王时为驾车大夫。后
受周穆王封于赵城(今山西洪洞),遂以赵为氏。周穆王于前976
年—前923年在位,造父应属同时期人。

⑮四荒:四方荒远之地。《尔雅·释地》:"觚竹、北户、西王母、日下,
谓之四荒。"郭璞注:"觚竹在北,北户在南,西王母在西,日下在
东,皆四方昏荒之国,次四极者。"《广雅·释诂一》:"荒,远也。"

⑯流沙:流动的大沙漠。

⑰昆仑:昆仑山,又称昆仑虚、昆仑丘或玉山。该山脉西起帕米尔高
原东部,横贯新疆、西藏间,伸延至青海境内,全长约2500公里,
平均海拔5500—6000米,宽130—200公里,西窄东宽,总面积达
50多万平方公里。

⑱西王母:西方母系氏族首领,见于本书卷四。"西王母"的称谓,亦
见于《山海经》,因所居昆仑丘在中原以西,故称西王母。

⑲《太史公记》:此指司马迁所撰《史记》。《史记》原名《太史公
书》,又称《太史公记》《太史记》,至东汉末年才被称为《史记》。
《史记》中有《太史公自序》。天海案:《史记·秦本纪》《史
记·赵世家》皆载有"周穆王见西王母、造父为御"之事。

⑳汲郡收书不谨:顾实云:今《晋书·束皙传》曰:"初发冢者,烧策
照取宝物。及官收之,多烬简断札,文既残缺,不复诠次。"可与
此文互证。

㉑二尺黄纸:古代公文用纸宽约二尺。西晋时一尺约今24.5cm,二
尺即今49cm。写上:缮写上呈晋武帝。顾实云:"写上"者,奏进

武帝观也。

㉒请事平，以本简书及所新写：顾实云：太康元年三月，吴平。四月，封拜平吴功臣。但至二年，《通鉴》载吴氏之未服者，屡为寇乱。冬十月，扬州刺史周浚，移镇秣陵，皆讨平之。则校上《穆传》时吴犹未全平，当指吴事而言，以为国事也。王贻樑云：《晋书·周浚传》亦云"时吴初平，屡有逃亡者，频讨平之，宾礼故老，搜求俊乂，甚有威德，吴人悦服。"是知经频讨乃平之，确需一定时日。郭侃云："事平"当指校书完成。《尔雅·释诂》"平……成也。"释为校书完成与后文藏书于祕府也可形成关联。且关于汲冢书的出土年代并无确凿定论，如若指平吴国事，太康二年的出土年代也就可成为定论了。天海案：如果"事平"是指平吴之事，谁也不能预先知道战事平息的时间在什么时候。即便要"请事平"，也应是在"事平"之前有请，但是此文写于"事平"之后，可见"请事平"非指平吴事，只能是指荀勖请求所承担的竹书校理隶定之事完成之后。故郭侃所说可从。本简书，指汲冢出土之竹简。顾实云：本简书，即汲冢《穆传》竹书本文也。所新写，即二尺黄纸写上者也。

㉓秘书：官名，职务名。掌秘要文书之官，如三国魏之秘书令、秘书丞。

㉔中经：西晋所编的官修目录《中经新薄》。晋初，秘书监荀勖与中书令张华整理书籍，乃以《中经簿》更著《中经新薄》，总括群书，分为甲乙丙丁四部，取《中经簿》之分类之法。中国图书的分类，以四部为法，起源于《中经簿》，发展于西晋荀勖，确定于东晋李充。后人称《中经簿》的四部分类有筚路蓝缕之功，该目录早佚。

㉕三阁：魏晋时的国家藏书楼，有内外三阁，属秘书监。

【译文】

以古文写成的《穆天子传》这本书，是太康二年汲县人不准盗发古墓所得的书。竹简都用素丝绳编定而成。按照臣荀勖先前所考定的古代尺度，那竹简长二尺四寸，用墨书写，每简四十字。汲县，是战国时魏国属地。据所得到的竹书《纪年》，应该是魏惠成王子今王的墓冢。在《世本》上就是魏襄王。据《史记·六国年表》推算，自魏襄王二十一年至秦始皇三十四年焚书之年共八十六年，及至太康二年初得到此书，一共五百七十九年。此书说的是周穆王游行的事迹。《春秋左氏传》说："周穆王想要满足他的心愿，周游巡行于天下，希望到处都能留下他巡游的车辙和马蹄印迹。"此书所载，就是这样的事。周穆王好巡游狩猎，得到盗骊、骤耳这样的骏马，造父做驭手，以此观览四面八方。往北穿过流沙，西去登上昆仑山，会见西王母，与《史记》的记载相同。汲郡收藏此书不谨慎，大多毁损脱落残缺。虽然其中所言不合经典，但都是古书，很可观览。恭敬地以二尺黄纸缮写呈上，请校理事成之后，以本竹简简书及所新写之书，一并付秘书缮写，收藏在中经目录，副本收藏在三阁。恭敬撰写此序。

2. 元　王渐序①

《穆天子传》出汲冢②。晋荀勖校定为六卷③，有序。言其事虽不典④，其文甚古，颇可观览。予考《书》序⑤，称穆王飨国百年⑥，耄荒⑦。太史公记穆王宾西王母事⑧，与诸传说所载多合。则此书盖备记一时之详，不可厚诬也。

春秋之时，诸侯各有国史，多庞杂之言。下逮战国，王迹熄而圣言湮⑨，处士横议而异端起⑩，人人家自为说，求其欲不庞杂，其可得乎？

其书纪王与七萃之士巡行天下⑪，然则徒卫简而征求寡矣⑫！非有如秦汉之千骑万乘空国而出也。王之自数其过⑬，及七萃之规⑭，未闻以为迕也。登群玉山⑮，命邢侯攻玉⑯，而不受其牢⑰，是先王恤民之法，未尝不行。至遇雨雪，士皆使休，独王之八骏起腾以先待⑱，辄旬日⑲，然后复发去，是非督令致期也。其承成康熙洽之余⑳，百姓晏然㉑。虽以徐偃王之力行仁义㉒，不足以为倡而摇天下，以知非有暴行虐政。而君子犹以王为获没于祗宫为深幸㉓，足以见人心之危之如此也㉔。是岂可效哉！是岂可效哉！

存其书者，固可以览其古；征其事者，又安可不考其是非欤？

南台都事、海岱刘贞庭幹旧藏是书㉕，惧其无传，暇日稍加雠校讹舛㉖，命金陵学官重刊㉗，与博雅之士共之，谂予题其篇端云㉘。

时至正十年，岁在庚寅㉙，春二月二十七日壬子㉚。北岳王渐玄翰序㉛。

【注释】

①王渐：史书无传。生卒年不详，元朝临江（今江西樟树）人，字玄翰。据《稗史集传》（元徐显撰）载，他豪于饮酒，善击剑拓戟。藏书数千卷，博览强记，以文章歌诗名。泰定（1324—1328）间，与危素、查居广、揭车并称江右后起之秀。以世人龌龊而傲世。历游南北，留居苏州，至正十年（1350）尚健在。王渐晚景凄凉，"疽发背，卒。无妻与子，其友人为殡僧舍中。后数年，前御史刘公庭幹为海道万户，访其柩，为葬之"。天海案：王渐此序亦见于明《道藏》本。郑杰文《穆天子传通解》，王贻樑、陈建敏、郭侃《穆天子传校释》皆不录此序。

②汲冢：指晋朝不準所盗发的古墓。墓在汲郡，故称。汲冢遗址在

今河南卫辉西南10公里,孙杏村乡娘娘庙(村)南。天海案:《晋书·武帝纪》《律历志》、荀勖《穆天子传序》、卫恒《四体书势》认为魏襄王是墓主,而王隐《晋书·束晳传》则认为墓主当是魏安釐王。目前,这个问题依然还没有明确的结论。

③荀勖(xù,?—289):字公曾。颍川颍阴(今河南许昌)人。三国至西晋时音律学家、文学家、藏书家,西晋开国功臣。荀勖历任中书监、侍中、尚书令等官职,受封济北郡侯,太康十年(289)病逝。

④不典:不合于经典。顾实云:不典,犹言不经也,不常见也。王贻樑云:典,训经、训常(乃常道之常,非时常之常)、训法,此言《穆传》内容不合于《诗》《书》之类儒家经典的常道法则也。郭侃案:此处典应释为经籍,《说文解字》卷五:"典,经籍也。"天海案:不典,始见于《书·康诰》:"人有小罪,非眚,乃惟终,自作不典,式尔。"曾运乾正读:"典,法也。"然此处应训为经典,语境不同训释有异。不典,犹言"不经",亦可以理解为不见于经典,没有根据。

⑤《书》序:《尚书》序,是托言汉孔安国为尚书作的序言,简要介绍了《尚书》的发现、内容与流传过程。天海案:下文言"称穆王享国百年,耄荒",查今本《书》序无此言,《书·吕刑》有此语。

⑥穆王飨国百年:周穆王,姓姬,名满。为西周第五位帝王。据今本《竹书纪年》载,穆王在位共五十五年。《史记·周本纪》亦载:"穆王即位,春秋已五十矣","穆王立五十五年,崩。"故范文澜、翦伯赞认为周穆王约前976—前922年在位。天海案:"飨国百年",非言在位百年,据《史记》应该是享寿百年;《书·吕刑》亦有此语。

⑦耄(mào)荒:年老。《书·吕刑》:"惟吕命,王享国百年,耄荒,度作刑以诘四方。"孔安国传:"耄,乱;荒,忽。言百年大期,虽老而能用贤。"孔颖达疏:"意在美王年老能用贤而言其长寿。"《礼记·乐记》:"武王之志荒矣。"郑玄注:"荒,老耄也。"可见

"耄""荒"义同,皆言年老。

⑧太史公:此指司马迁。记穆王宾西王母事:此指《史记》所记周穆
王见西王母事,不见于《史记·周本纪》,而在《史记·赵世家》
中有"穆王使造父御,西巡狩,见西王母,乐之忘归"的记述。天
海案:《史记·秦本纪》亦载:"造父以善御幸于周穆王,得骥、温
骊、骅駵、騄耳之驷,西巡狩,乐而忘归。徐偃王作乱,造父为穆王
御,长驱归周,一日千里以救乱。穆王以赵城封造父,造父族由此
为赵氏。"

⑨王迹:帝王的功业事迹。此指周王。圣言:圣人的论说。此指周
公、孔子。

⑩处士:古时候称有德才而隐居不愿做官的人。亦即未仕的士人。
《孟子·滕文公下》:"圣王不作,诸侯放恣,处士横议,杨朱、墨翟
之言盈天下。"横议:大胆而无顾忌的议论。

⑪七萃之士:甲胄卫士。古文"甲"字也写作"七"。

⑫卫简:卫国汲冢竹简。因汲冢竹简出土于先秦的卫国汲县,故称
"卫简"。

⑬自数其过:责备自己的过错。数,数落,责备。

⑭七萃之规:甲胄卫士的规劝。天海案:事见《穆天子传》卷一末尾。

⑮群玉山:传说为西王母所居处。《穆天子传》卷二:"天子北征,东
还,乃循黑水。癸巳,至于群玉之山。"天海案:《山海经·西山
经》:"玉山,是西王母所居也。"晋郭璞注:"此山多玉石,因以名
云。《穆天子传》谓之'群玉之山'。"

⑯邢侯:西周初,周成王将周公第四子姬苴封于邢地(在今河北邢
台),建立邢国,爵位为侯,故称邢侯。他的子孙便以国名为姓,世
代相传姓邢。

⑰牢:古代供祭祀的猪、牛、羊称作"牢"。古人祭祀所用的祭品
中,牛、羊、猪最常见,三种祭品同时使用称为"太牢",而只用羊

和猪作为祭品,则称之为"少牢",牛、羊、猪分别称为一牢。《左传·僖公十五年》:"馈七牢焉。"

⑱八骏起腾:八匹骏马飞腾。八骏之名为赤骥、盗骊、白义、逾轮、山子、渠黄、华骝、绿耳。以马的毛色命名。赤骥,火红色的马;盗骊,纯黑色的马;白义,纯白色的马;逾轮,青紫色的马;山子,灰白色的马;渠黄,鹅黄色的马;骅骝,黑鬃黑尾的红马;绿耳,青黄色的马。见《穆天子传》卷一。

⑲辄旬日:就十来天。

⑳成康熙洽:西周成王与康王时代清明和乐;安乐和睦。熙洽,语出汉班固《东都赋》:"至于永平之际,重熙而累洽。"天海案:成康之治,又称成康之世,指西周初成王姬诵、康王姬钊统治期间出现的治世。史家称:"成康之际,天下安宁,刑措四十余年不用。"(司马迁《史记·周本纪》)

㉑晏然:安宁,安定。

㉒徐偃王:嬴姓徐氏,名诞,字子孺,是西周时期徐国第三十二代国君。徐国统辖今淮、泗一带。建都下邳良城(今江苏邳州)。到周穆王时,由于徐偃王好行仁义,国力强盛,来归者日增,势力范围不断扩展。慑于徐偃王的威德,周穆王以徐偃王"僭越"称王、"逾制"建城等为由,"乘八骏之马,使造父御之,发楚师袭其不备,大破之,杀偃王。其子宗遂北徙彭城武原山下,百姓归之,号曰'徐山'"。(见《元和郡县志》)

㉓获没:得以善终,得以寿终正寝。杜预注:"获没,得以寿终。"《左传·昭公十二年》:"王是以获没于祗宫。"祗宫:周代宫殿名。故址在今陕西渭南华州区北。《左传·昭公十二年》:"昔穆王欲肆其心,周行天下……祭公谋父作《祈招》之诗以止王心,王是以获没于祗宫。"深幸:深感庆幸。

㉔人心之危:这里的意思是说人心难测。《荀子·解蔽篇》:"《道德

经》曰：人心之危，道心之微；危微之几，惟明君子而后能知之。"

㉕南台：御史台。因在宫阙西南，故称。南朝梁元帝《荐鲍几表》："前宰东邑，实有二鲁之风；近处南台，欲尊两鲍之则。"《通典·职官六》："后汉以来谓之御史台，亦谓之兰台寺。梁及后魏、北齐，或谓之南台。"都事：官名。元朝中书省左右司、枢密院、御史台、宣政院以及各行中书省均设此官，秩正七品或从七品。海岱：古地名。《尚书·禹贡》中称青、徐二州之地为"海岱"。约今渤海与泰山之间。刘贞庭幹：刘贞，字庭幹。生卒年不详。《大戴礼记》今传元至正本。此本前冠有遂昌郑元祐序。序中云："海岱刘庭幹，父以中朝贵官出为嘉兴路总管。政平讼理，发其先府君御史公节轩先生所藏书，刊诸梓，置之学。《大戴礼》，其一也。"甲午，即至正十四年（1354）。

㉖雠（chóu）校：校勘，校对文字。讹舛（é chuǎn）：指错误、谬误。

㉗学官：即学官令，官名。西晋王国置。东晋、南朝沿置。

㉘谂（shěn）予：嘱咐我。

㉙至正十年，岁在庚寅：至正十年，元朝至正十年，即1350年。至正，是元惠宗的第三个年号，也是元朝最后一个年号。元朝使用至正这个年号一共28年（1341—1368），是元朝使用相当长的一个年号。庚寅，干支纪年，至正十年为庚寅年。

㉚壬子：此为干支纪时，即半夜子时（当日23时至次日1时）。

㉛北岳：北岳恒山，或恒山地区的代称。王渐玄翰：其人史书无传，生卒年不详。天海案：据元徐显所撰《稗史集传》载："王渐，字玄翰，临江人也。"参见本序注释①。此序又自称"北岳"人，未知孰是。

【译文】

《穆天子传》出土于汲县古墓。西晋荀勖校定为六卷，写有序言。说所载事虽然不合于经典，但是它的行文很古朴，特别值得观赏阅读。

我查考《尚书》序言，称周穆王治国，享寿百年高龄。太史公《史记》载周穆王做客西王母的事情，与各种传说记载大多符合。那么此书大概是完备记录那时的详细情况，不能过分批评贬责。

春秋时期，诸侯国各自都写有自己国家的国史，产生很多庞乱混杂的说法。后来到了战国时期，周王的事迹和圣贤的言论就熄灭湮没，士人大胆议论国家大事，因而各种不同的思想兴起，诸子百家各自都建立自己的学说，想要史书不庞杂，那怎么可能？

这本书书记载周穆王与禁军卫士巡行天下，然而只有卫地竹简，那征求就很少了！没有像秦汉之时千骑万乘倾国出土的盛况。周穆王自己数落过失，以及卫士的规劝，没有听说这是忤逆犯上。周穆王登上群玉山，命令邢侯采办玉石，而不接受当地的贡献，这是先王体恤黎民百姓的做法，未尝不能实行。到周穆王遇上风雨暴雪，让士卒都休息，周穆王独自驾驭八骏奔驰在前面等待，就有十天左右，然后再出发前去，这并非督促责令遵守预期的时间。周穆王继承成康时代清明和乐、安乐和睦的余风，百姓安宁。即使徐偃王大力推行仁义，也不能够因此成为先导而动摇周王的天下，由此知道周穆王没有暴行虐政。然而君子还是因为周穆王在祇宫寿终正寝而深感庆幸，以此足见人心如此难测。这难道可以效法吗！这难道可以效法吗！

保存这本书的人，固然可以观赏到书的古朴；征求那事迹的人，又怎么能够不考察其中的是非呢？

南台都事、海岱刘贞字庭幹，旧时藏有这本书，担心其书不能流传，闲暇之日稍加校勘、纠正其中谬误，又令金陵学官重新刊刻，与学识渊博、品行端正的士人共有它，嘱咐我在书的开头题写此序。

时间是元朝至正十年（1350），庚寅年，春二月二十七日夜半子时。北岳王渐字玄翰，作此序。

参考文献

一、《穆天子传》出土整理与版本源流传播研究

1.周书灿、张晓琳《明清时期结衔五行本〈穆天子传〉版本源流考论》,《中原文化研究》2022年第10期。

2.刘伏玲《〈穆天子传〉在宋代的传播与接受》,《东北师范大学学报》2020年第1期。

3.刘伏玲《梅鼎祚本〈穆天子传〉考》,《南昌工程学院学报》2018年第3期。

4.刘伏玲、杨树明《檀萃与〈穆天子传注疏〉》,《贵州社会科学》2017年第11期。

5.刘伏玲、王齐洲《明代中后期〈穆天子传〉的传播与接受——以王世贞为中心》,《齐鲁学刊》2016年第4期。

6.刘伏玲、王齐洲《试探〈穆天子传〉传入日本的时间及途径》,《华中师范大学学报》2015年第4期。

7.李晓梅《郭璞〈穆天子传注〉对古籍整理的启示举隅》,《黑龙江史志》2015年第9期。

8.刘伏玲、王齐洲《试探〈穆天子传〉传入日本的时间及途径》,《华中师范大学学报》2015第4期。

9.李少波《浅谈郭璞的〈穆天子传注〉》,《青海师范大学学报》2014年。

10.张元芸《〈穆天子传〉所载黄丕烈题跋——以天津图书馆珍藏的黄丕烈校跋本〈穆天子传〉为依据》,《山东图书馆学刊》2014年第3期。

11.王华礼《〈穆天子传〉宋元版本考》,《文献》2013年第4期。

12.李国庆《王献唐先生与黄氏校跋本〈穆天子传〉》,《山东图书馆学刊》2009年。

13.李国庆《〈穆天子传〉(善本掌故)》,《人民日报》(海外版)2009年6月15日。

14.[日]岛田翔太《日本所藏〈穆天子传〉版本简介》,古籍整理研究与中国古典文献学科建设国际学术研讨会论文集,2009年。

15.朱渊清《〈穆天子传〉的古本旧注》,第二届传统中国研究学术讨论会论文集,2007年。

16.骆伟《清代黄丕烈校跋〈穆天子传〉考评》,《图书馆学刊》2002年第2期。

17.李崇新《〈穆天子传〉的发现及流传》,《安徽教育学院学报》1994年第3期。

18.郑杰文《〈穆天子传〉知见版本述要》,《文献》1994年第2期。

19.郑杰文《〈穆天子传〉所见31种版本异文录评》,《古籍整理研究论丛》,山东文艺出版社1993年版。

二、《穆天子传》的性质、真伪、产生年代及作者研究

1.刘伏玲《〈列子·周穆王〉晚出〈穆天子传〉考论》,《江西师范大学学报》2021年第6期。

2.苗江磊《〈战国士人参政风尚〉与〈穆天子传〉的创作性质解读——兼与"史官作""巫觋作"诸说商榷》,《民俗研究》2020年第2期。

3.任乃宏《"汲冢主人"新考——兼及〈穆天子传〉的作者与时代》,《邯郸学院学报》2017年。

4.方艳《〈穆天子传〉的创作意图与文本性质》,《文学遗产》2016年第1期。

5.李少波《〈穆天子传〉成书非西周说举证商榷》,《青海社会科学》2014年第1期。

6.阳清《〈穆天子传〉小说性质辨析》,《中南大学学报》2013年第4期。

7.臧振《穆王西巡三千年祭》,《贵州大学学报》2010年第1期。

8.王天海《周穆王凿空西域三千年祭》,《贵州大学学报》2008年第4期。

9.张闻玉《穆天子西征年月日考证——周穆王西游三千年祭》,《贵州社会科学》2007年第10期。

10顾晔锋《〈穆天子传〉成书时间研究综述》,《长春理工大学学报》2007年第4期。

11.常金仓《〈穆天子传〉的时代和文献性质》,《社会科学战线》2006年第6期。

12.王洪涛《〈穆天子传〉性质研究综述》,《社科纵横》2002年第17卷第4期。

13.李崇新《〈穆天子传〉成书时代考》,《西北史地》1994年第4期。

14.王贻樑《燕戈"七萃"及〈穆天子传〉成书年代》,《考古与文物》1990年第2期。

三、《穆天子传》的文献、语言文字、文化文学艺术价值研究

1.周书灿《〈穆天子传〉与汉武故事——兼论古史材料审查与中国古典学重建问题》,《贵州社会科学》2022年第10期。

2.伏彦冰《〈穆天子传〉与西周"御"游文学》,《宁夏师范学院学报》2022年第8期。

3.杨仕鑫《论〈穆天子传〉对诗经四言传统的接续——以语言形式为中心》,《邵阳学院学报》2022年第2期。

4.刘伏玲《〈穆天子传〉意象演变及其经典化过程》,《江汉论坛》

2021年第8期。

5.刘志强《"穆天子"类志怪故事与"前丝绸之路"》,《语文学刊》2020年第5期。

6.苗江磊《论〈穆天子传〉与小说文体的相通与相异——并〈穆传〉文本的虚构内涵分析》,《商丘师范学院学报》2019年第10期。

7.张雨婷《〈穆天子传〉对"知华友华"国际人才培养的价值探讨》,《智库时代》2020年第10期。

8.纪兰香《中国古代小说中外文化交流观念——从〈穆天子传〉到〈海上尘天影〉》,《嘉兴学院学报》2020年第2期。

9.韩高年《"前丝绸之路"上的文化与文学交流——以〈穆天子传〉为核心》,《文学遗产》2018年第2期。

10.王静、沈睿文《〈穆天子传〉与大使厅北壁壁画》,《美术研究》2017年第5期。

11.熊杨《〈慧琳音义〉所引〈穆天子传〉考》,《唐山师范学院学报》2017年第3期。

12.郭侃《〈穆天子传〉札记二则》,《中国文字》2017年第3期。

13.杨蒙生《〈穆天子传〉隶定古文辑证》,《中国文字》2017年第3期。

14.周丽艳、郑晓峰《巫史叙事与〈穆天子传〉的文献性质》,《古籍整理研究学刊》2016年第3期。

15.杨文文《晚清以来西王母研究范式之演变》,《青海社会科学》2014年第2期。

16.宋丽娟《中国古典小说早期西译的版本处理及其校勘学价值——以〈玉娇梨〉〈聊斋志异〉〈穆天子传〉为考察中心》,《文学评论》2014年第1期。

17.阳清《〈穆天子传〉小说性质辨析》,《中南大学学报》2013年第4期。

18.朱丽卉、徐中原《〈穆天子传〉中穆天子的永生追求及幻灭》,《文艺评论》2013年第6期。

19.方艳《巫王之玉——从〈穆天子传〉看西周玉文化的历史回归》，《聊城大学学报》2013年第3期。

20.方艳《被误读的王者之巡——论〈穆天子传〉所体现的文化差异》，《南京师范大学文学院学报》2013年第1期。

21.方艳《玉女为我师——论〈穆天子传〉的神话叙事》，《民族文学研究》2013年第1期。

22.樊荣《"汲冢学"在黄河文明继承创新中的地位》，《殷都学刊》2012年第4期。

23.王林莉《〈穆天子传〉"七萃之士"考》，《齐齐哈尔大学学报》2011年第6期。

24.李俊标《赤乌与青鸟——论〈穆天子传〉的生命观念》，《中国文化研究》2011年冬之卷第141页。

25.方艳、李俊标《神圣的国王——周穆天子之"神巫化"的历史文化意义》，《青海社会科学》2011年第3期。

26.安奇贤《〈穆天子传〉中的"天命人事"观》，《宜宾学院学报》2010年第9期。

27.王志慧《从〈穆天子传〉看周穆王的档案意识》，《兰台世界》2010年第23期。

28.方艳《从〈穆天子传〉看神话历史》，《百色学院学报》2009年第3期。

29.王建军《〈山海经〉〈穆天子传〉中的虚词"爰"》，《长江学术》2008年第4期。

30.方艳《玉石之寻——论〈穆天子传〉的历史文化意义》，《中国社会科学院研究生院学报》2008年第6期。

31.张兵《中国小说史的研究要从最基本的问题突破》，《复旦大学学报》2008年第4期。

32.叶舒宪《西游的文化范式及其转换——从〈穆天子传〉到〈西游记〉》，《陕西师范大学学报》2008年第4期。

33.刘桂英《〈穆天子传〉中先秦翻译史料钩沉》,《河北大学学报》2007年第3期。

34.邱睿《〈穆天子传〉创作人视角初探》,《新疆师范大学学报》2005年第4期。

35.陈丽平《文学审美的新视角、文化现象的新窗口——试论〈穆天子传〉对自然的关注》,《鞍山师范学院学报》2004年第5期。

36.刘蓉《〈穆天子传〉与西周社会》,《河南师范大学学报》2004年第4期。

37.刘蓉《论〈穆天子传〉的史料价值》,《文史哲》2003年第5期。

38.马振方《大气磅礴开山祖——〈穆天子传〉的小说品格及小说史地位》,《北京大学学报》2003年第1期。

39.朱渊清《王家台〈归藏〉与〈穆天子传〉》,《周易研究》2002年第6期。

40.陈丽平《试论〈穆天子传〉独特的审美观》,《社会科学辑刊》2002年第5期。

41.刘军《〈穆天子传〉文学特征探析》,《学习与探索》2001年第4期。

42.陈丽平《试论〈穆天子传〉的神话境界》,《鞍山师范学院学报》2001年第2期。

43.龙晦《评王天海新著〈穆天子传全译〉》,《贵州文史丛刊》1998年第5期。

44.王天海《〈穆天子传〉的文献价值》,《贵州社会科学》1997年第3期。

45.郑杰文《论〈穆天子传〉的认识价值》,《天津师范大学学报》1996年第1期。

46.陈炜湛《〈穆天子传〉疑难字句研究》,《中山大学学报》1996年第3期。

47.林辰《柏夭和西王母——重读〈穆天子传〉有感》,《中国图书评论》1996年第1期。

48.龚维英《〈穆天子传〉是古神话与仙话的界碑》,《求索》1992年第3期。

49.文怨《论〈穆天子传〉的神话特色》,《山西大学师范学院学报》1991年第1期。

四、《穆天子传》的地理交通、民族、名物、礼仪研究

1.雷晋豪《〈穆天子传〉"晋南"段的交通地理重建及相关问题》,《出土文献》2021年第2期。

2.李炳海《〈穆天子传〉一物二名辨析》,《民族文学研究》2021年第1期。

3.李玉洁、李丽娜《山西在先秦中亚交通中的重要地位——以〈穆天子传〉记载的西行路线和考古学为视角》,《山西大学学报》2020年第6期。

4.李炳海《〈穆天子传〉中浊繇氏、骨飦氏、巨蒐及所处地名考论》,《民族文学研究》2019年第6期。

5.李炳海《〈穆天子传〉中礼品类名物选释》,《中国文化研究》2019年第3期。

6.刘志强《告庙与巡游:论〈穆天子传〉文本之"帝德"叙事——兼谈历代典籍贬低"穆王西巡"的原因》,《喀什大学学报》2019年第4期。

7.李炳海《〈穆天子传〉的阳纡之山位于晋西北河曲考》,《山西大学学报》2019年第4期。

8.李炳海《〈穆天子传〉与昆山之玉相关名物辨析》,《中州学刊》2019年第7期。

9.任乃宏、冯小红《"瓜卢之山"与"丝绸之路大海道"》,《青海师范大学学报》2018年第2期。

10.任乃宏《"西北大旷原"与"木素尔冰川道"》,《青海民族大学学报》2018年第1期。

11.任乃宏《"西王母之邦"与"丝绸之路青海道"》,《青海民族大学学报》2017年第2期。

12.任乃宏《"阳纡之山"新考》,《宁夏社会科学》2017年第5期。

13.石继承《说〈穆天子传〉中的地名"丽虎"》,《中华文史论丛》2016年第3期。

14.任乃宏《昆仑玉与"单狐山"》,《青海民族大学学报》2016年第4期。

15.赵丽云《〈穆天子传〉中的地名、部族与地域考》,《兰州教育学院学报》2015年第10期。

16.叶舒宪《草原玉石之路与〈穆天子传〉——第五次玉帛之路考察笔记》,《内蒙古社会科学》2015年第5期。

17.任乃宏《春山考——定位"古昆仑山"续篇》,《河北工程大学学报》2015年第2期。

18.叶舒宪《特洛伊的黄金与石峁的玉器——伊利亚特和〈穆天子传〉的历史信息》,《中国比较文学》2014年第3期。

19.韩鹏《西周穆天子是东巡开封而非西游昆仑》,《开封大学学报》2011年第4期。

20.金宇飞《〈穆天子传〉中"西王母"地理位置新考》,《乐山师范学院学报》2011年第3期。

21.方艳、李俊标《赤乌与青鸟——论〈穆天子传〉的生命观念》,《中国文化研究》2011年第4期。

22.宗喀·漾正冈布、刘铁程《浩门水、湟水音名考——兼论藏、汉药学中的ShoMang类药用植物》,《烟台大学学报》2010年第3期。

23.刘桂英《西周与西王母建交考》,《河北大学学报》2008年第1期。

24.刘桂英《周穆王时代的著名翻译家——柏夭》,《时代文学》(双月版)2007年第4期。

25.贺继宏《〈穆天子传〉中有关古代新疆地理历史民族等问题的研究》,《新疆地方志》2007年增刊。

26.余太山《〈穆天子传〉所见东西交通路线》,第二届传统中国研究学术讨论会论文集,2007年。

27.周书灿《〈穆天子传〉"启居黄台之丘"考——兼论周穆王东巡》,

《中国历史地理论丛》2005年第2辑。

28.戴良佐《〈穆天子传〉中的瑶池今地考》,《西北民族研究》2004年第1期。

29.林鸿荣《木禾苔蓳苕遽薏苡》,《古今农业》2001年第1期。

30.王守春《〈穆天子传〉地域范围试析》,《中国历史地理论丛》2000年第1期。

31.温玉春《今本〈穆天子传〉新解》,《中国历史地理论丛》1999年第1期。

32.陈国生、李廷勇《论〈穆天子传〉所记的先秦民族地理学文献价值》,《贵州民族研究》1999年。

33.徐万和、王国华《"沙阴池""盐泽""穷水塞"考述》,《西北史地》1998年第1期。

34.王守春《〈穆天子传〉与古代新疆历史地理相关问题研究》,《西域研究》1998年第2期。

35.张伟《西王母会见周穆王地点国内外研究概况》,《兰州学刊》1996年第6期。

36.王贻樑《我国先秦文献中关于原始玻璃唯一记载的考察》,《考古与文物》1995年第4期。

37.李崇新《〈穆天子传〉西行路线研究》,《西北史地》1995年第2期。

38.史为乐《穆天子西征试探》,《中国史研究》1992年第3期。

五、《穆天子传》研究综述

1.周书灿《现代学术思潮下的〈穆天子传〉》,社会科学报社2021年。

2.方艳《〈穆天子传〉的域外研究及其本土研究的相互影响》,《聊城大学学报》2012年第6期。

3.周书灿《〈穆天子传〉研究述评》,《高校社科信息》2002年第5期。

4.陈丽平《〈穆天子传〉的现代解读——建国后〈穆天子传〉研究状

况》,《辽宁大学学报》2000年第6期。

5.王天海《〈穆天子传〉考略》,《古籍整理研究学刊》1997年第4期。

六、学位论文

（一）硕士论文

1.刘蓉《论〈穆天子传〉的史料价值》,陕西师范大学硕士学位论文,2002年。

2.顾晔锋《〈穆天子传〉词汇研究》,扬州大学硕士学位论文,2004年。

3.尹兴国《〈穆天子传〉的成书时代、性质和价值》,西北师范大学硕士学位论文,2004年。

4.曹培俊《〈穆天子传〉中的神话及其特征研究》,云南大学硕士学位论文,2011年。

5.申琳《〈穆天子传〉的文献与文学价值》,东北师范大学硕士学位论文,2012年。

6.王海静《〈穆天子传〉文献学研究》,河北大学硕士学位论文,2014年。

7.陈肖杉《〈穆天子传〉研究》,山东大学硕士学位论文,2016年。

8.樊祥恩《巫文化视野下的文学神秘性研究——以〈穆天子传〉〈越绝书〉〈吴越春秋〉为例》,西南大学硕士论文,2010年。

9.蒋虹《〈穆天子传〉文学研究》,西北师范大学硕士论文,2016年。

10.崔冰洋《〈穆天子传〉游记特色研究》,青岛大学硕士论文,2018年。

（二）博士论文（查阅博士论文有13篇内容涉及《穆天子传》,以下三篇专论《穆天子传》）

1.郭侃《〈穆天子传〉文本整理及相关问题研究》,吉林大学博士学位论文,2018年。

2.苗江磊《战国拟托文本研究》,山东大学博士学位论文,2020年。论文第五章题为:《〈穆天子传〉的拟托性质考释与研究》。

3.胡晓华《郭璞注释语言词汇研究》,浙江大学博士学位论文,2005年。

摘要：本文以东晋郭璞的《尔雅注》《方言注》《山海经注》与《穆天子传注》为研究对象，系统考察了郭璞注词语的构形、性质及词义特征，并探讨了注释语料词汇研究中应当重视的问题。

七、《穆天子传》整理研究的专著

1.郑杰文《穆天子传通解》，山东文艺出版社1992年版。

2.王贻樑《穆天子传汇校集释》，华东师大出版社1994年版。

3.王天海《穆天子传全译》，贵州人民出版社1997年版。

4.韩鹏、涂莉、乔建华《鸿荒开封——穆天子传原文新解》，郑州大学出版社2012年版。

5.方艳《穆天子传的文化阐释》，中国文联出版社2016年版。

6.王天海《穆天子传译注》，上海古籍出版社2018年版。

7.亚布（崔振忠）《左祖右社与阳城》之《穆天子传历算及解读》，中华文化出版社2019年版。

八、台湾期刊论文

1.刘苑如《周穆王欲肆其心·〈穆天子传〉中的巡游书写与其事类隐喻》，《成大中文学报》2012.09

2.高莉芬《会见西王母：〈穆天子传〉中的西王母与瑶池宴》，《民间文学年刊》2009.02

3.张蓓蓓《论汲冢竹书出世在中古学界造成的影响》，《台大中文学报》2015.10

4.夏含夷《〈穆天子传〉与穆王铜器》，《饶宗颐国学院院刊》2014.04

5.梁子涵《〈穆天子传〉杂考》，《国立中央图书馆馆刊》卷期：3：3/4

6.唐培智《〈穆天子传〉与中国玉器》，《故宫文物月刊》，卷期：1986.06

7.丁孝明《西王母渊源辨证》，《正修学报》，22卷，2009年第11期

8.李怡严《周穆王有三公吗——试析清华简·祭公之顾命"三公"问题》,《经学研究集刊》,卷期:21-2016.11

中华经典名著
全本全注全译丛书
（已出书目）

读通鉴论	素书
宋论	新书
文史通义	淮南子
老子	九章算术（附海岛算经）
道德经	新序
帛书老子	说苑
鹖冠子	列仙传
黄帝四经·关尹子·尸子	盐铁论
孙子兵法	法言
墨子	方言
管子	白虎通义
孔子家语	论衡
曾子·子思子·孔丛子	潜夫论
吴子·司马法	政论·昌言
商君书	风俗通义
慎子·太白阴经	申鉴·中论
列子	太平经
鬼谷子	伤寒论
庄子	周易参同契
公孙龙子（外三种）	人物志
荀子	博物志
六韬	抱朴子内篇
吕氏春秋	抱朴子外篇
韩非子	西京杂记
山海经	神仙传
黄帝内经	搜神记

拾遗记

世说新语

弘明集

齐民要术

刘子

颜氏家训

中说

群书治要

帝范·臣轨·庭训格言

坛经

大慈恩寺三藏法师传

长短经

蒙求·童蒙须知

茶经·续茶经

玄怪录·续玄怪录

酉阳杂俎

历代名画记

唐摭言

化书·无能子

梦溪笔谈

东坡志林

唐语林

北山酒经(外二种)

折狱龟鉴

容斋随笔

近思录

洗冤集录

传习录

焚书

菜根谭

增广贤文

呻吟语

了凡四训

龙文鞭影

长物志

智囊全集

天工开物

溪山琴况·琴声十六法

温疫论

明夷待访录·破邪论

陶庵梦忆

西湖梦寻

虞初新志

幼学琼林

笠翁对韵

声律启蒙

老老恒言

随园食单

阅微草堂笔记

格言联璧

曾国藩家书

曾国藩家训